ACT(アクセプタンス&コミットメント・セラピー)ハンドブック

臨床行動分析によるマインドフルなアプローチ

編
武藤 崇

星和書店

Seiwa Shoten Publishers

2-5 Kamitakaido 1-Chome
Suginamiku Tokyo 168-0074, Japan

The ACT Handbook in Japanese

edited by
Takashi Muto, Ph.D.

© 2011 Seiwa Shoten Publishers

編者まえがき

　本書は，アクセプタンス＆コミットメント・セラピー（ACT〈アクト〉）の全体像をカバーするハンドブックです。その構成は，第Ⅰ部では哲学や理論，第Ⅱ部ではACTのトリートメント・モデル，第Ⅲ部ではそのエビデンス，第Ⅳ部では他のセラピーやトリートメント・モデルとの比較・対照，となっています。つまり，星和書店から公刊されているACT関連の書籍名の『ACTをまなぶ』，『ACTを実践する』，『ACTをみる』，『ACTをはじめる』という流れで言えば，「ACTを探究する」と「ACTを見渡す」2つの名称を併せ持つものとなるだろうと考えています。言い換えれば，ACTに関する「奥行き」と「幅の広さ」の両方をご理解いただける内容になっています。そのため，既刊のACT関連書をお読みになるときに，手元につねに置いて「ちょっと，その他のことが気になったとき」，「もう少し，詳しいことが知りたくなったとき」，「ACTを研究的に検討したいと考えたとき」に手軽に使える，まさに「ハンドブック」らしい「ハンドブック」として使ってくださることを期待しています。

　また，本書は，他社から2006年に公刊された『アクセプタンス＆コミットメント・セラピーの文脈 ―臨床行動分析におけるマインドフルな展開―』（絶版）の後継に相当する書籍でもあります。そのため，部分的には，『アクセプタンス＆コミットメント・セラピーの文脈』にも含まれた章が多少の加筆修正が加えられて掲載されています。つまり，「家」に喩えると，本書は『アクセプタンス＆コミットメント・セラピーの文脈』を増改築したものと言えるでしょう。ただし，「増改築」と言っても，外壁をただ塗り直しただけというものではなく，基となっている部分を活かしつつ，さらに部屋を増やし，骨組みを補強し，今後十年くらいは耐えられるようなものとなっております。是非，この『ACTハンドブック』の「居心地」を味わっていただけると幸いです。

　　　　2011年3月8日

　　　　　　　　　　　　　　　　　　　　　　　　　　　　　武藤　崇

目　次

編者まえがき　iii

◆第Ⅰ部◆　行動分析学とACT

第1章　機能的文脈主義とは何か　………………………　武藤　崇　3

1．機能的文脈主義とは何か　4
 1-1．Pepper のルート・メタファー・メソッド　4
 1-2．文脈主義と機械主義　6
 1-3．機能的文脈主義と記述的文脈主義　7
 1-4．機能的文脈主義とは何か：まとめ　9
2．機能的文脈主義の哲学的位置づけ　10
 2-1．社会的構築主義と論理実証主義　10
 2-2．経験論的な社会的構築主義と形而上学的な社会的構築主義　10
 2-3．徹底的行動主義と方法論的行動主義　11
 2-4．機能的文脈主義の哲学的位置づけ：まとめ　12
3．機能的文脈主義からみた研究・実践行動　14
 3-1．研究行動：「知る科学」から「サービスのための科学」へ　14
 3-2．実践行動：「形態」から「機能」へ／「価値への服従」から「価値の選択」へ　16
4．まとめ　18

第2章　言語行動とは何か　………………………………　武藤　崇　19

1．文脈主義における「言語」に対する基本的な捉え方　19
2．機能的文脈主義（＝行動分析学）からみた「言語」　21

2-1. 行動分析学における「言語」の定義　21
　2-2. 行動分析学的な「言語」の捉え方に関する特徴　22
　2-3. 行動分析学的な「言語」の捉え方に関する批判　25
3．刺激等価性クラスと「意味」の基盤　26
　3-1. 「クラス」という枠組み　26
　3-2. 刺激等価性とは何か　27
　3-3. 刺激等価性クラスによる機能の転移　30
4．関係フレーム理論と「認知」の基盤　31
　4-1. フレームという枠組み　31
　4-2. 関係フレームとは何か　32
　4-3. 関係フレーム「理論」とは何か　33
5．まとめ　34

第3章　関係フレーム理論──RFTとACTの「関係フレームづけ」を目指して── ……………………………… 木下奈緒子，大月 友　37

1．関係フレーム理論（Relational Frame Theory）　37
　1-1. 関係反応と派生的関係反応　38
　1-2. 関係フレームづけ　39
　1-3. 刺激機能の変換と文脈制御　41
2．臨床心理学分野におけるRFTの有用性　41
　2-1. 刺激機能の変換に関する実験研究の基本手続き　42
　2-2. 刺激機能の変換と回避反応の拡大　44
　2-3. 刺激機能の変換と自己概念の形成　46
　2-4. 刺激機能の変換に対する文脈制御と心理的柔軟性　49
3．まとめ　51

第4章　ACTの基礎理論：ルール支配行動 ……………… 田中善大　53

1. ルール支配行動とは　54
2. ヒトと動物の違い　55
3. ルールの使用を制限する実験　56
4. 教示の実験　57
5. 自己ルールの実験　58
   - 5-1. 課題中の自己ルールを測定する—プロトコル分析とサイレントドック・メソッド—　59
   - 5-2. 強化スケジュールへの感受性に対する自己ルールの影響　62
6. ルールはどのようにして行動に影響を与えるのか？　63
7. 弁別刺激としてのルール：トラッキングとプライアンス　65
   - 7-1. トラッキングとプライアンスに影響を与える変数　66
   - 7-2. 自己ルールの制御に対する社会的基準設定の影響　68
8. 確立操作としてのルール：オーギュメンティング　71
9. 機能変容随伴性記述刺激としてのルール　73
10. ルールの影響を弱める—もっと随伴性に敏感に！—　75

第5章　行動分析学とACT—精神病理，「素朴な」心理療法のアジェンダ，メタファー，そしてACTモデル— ………… 武藤　崇　79

1. 関係フレーム理論の要約と治療的手続きへの示唆　79
2. 関係フレーム理論からみた精神病理　82
3. 関係フレーム理論からみた「素朴な」心理療法的アジェンダの不機能性　84
4. 関係フレーム理論からみたメタファーの機能プロセス　87
5. 行動分析学からみたACTの精神病理（心理的非柔軟性）／治療手続き（柔軟性）モデル　91

6．まとめ 100

◆第Ⅱ部◆ ACT とは何か

第6章　ACT における精神病理／健康論
――――――――――――――――――――― Akihiko Masuda，武藤 崇 105

1．「ノーマル」に関する ACT のスタンス 106
2．ACT における精神病理理論：心理的非柔軟性 107
　2-1．心理的非柔軟性：概要 108
　2-2．認知的フュージョン（Cognitive Fusion） 108
　2-3．体験の回避（Experiential Avoidance） 109
　2-4．概念としての過去と不安な未来の優位（Dominance of the Conceptualized Past and Feared Future） 110
　2-5．概念としての自己に対するとらわれ（Attachment to the Conceptualized Self） 111
　2-6．「価値の明確化」の不足；プライアンスと回避的なトラッキングの優位（Lack of Values Clarity：Dominance of Pliance and Avoidant Tracking） 112
　2-7．行為の欠如，衝動性，回避の持続（Inaction, Impulsivity, or Avoidant Persistent） 112
　2-8．ACT における精神病理理論：まとめ 113
3．ACT における精神病理理論と精神疾患 113
　3-1．うつ 113
　3-2．パニック障害 114
　3-3．アルコール・薬物依存障害 114
　3-4．摂食障害 115
　3-5．統合失調症 115

3-6．境界性パーソナリティ障害　116
　3-7．ACT における精神病理論と精神疾患：まとめ　117
4．ACT における精神健康論：心理的柔軟性　118
　4-1．アクセプタンス（Acceptance）　118
　4-2．脱フュージョン（Defusion）　118
　4-3．今を生きる：プロセスとしての自己（Contact with the Present Moment）　119
　4-4．文脈としての自己（Self-as-Context）　119
　4-5．価値の発見，再確認（Value）　120
　4-6．価値に沿った行動（Committed Action）　120
　4-7．ACT における精神健康論：まとめ　120
5．まとめ　121

第7章　ACT トリートメント・モデル
　　　　　　　　　　　　　　　　　Akihiko Masuda，武藤　崇　123

1．ACT の 6 つのコア・プロセス　123
2．各コア・プロセスの方略とメッセージ　126
　2-1．アクセプタンス　126
　2-2．脱フュージョン　129
　2-3．「今，この瞬間」との接触　130
　2-4．文脈としての自己　131
　2-5．価値（価値づけをする）　132
　2-6．コミットされた行為　133
3．テクニックの特徴とその使用理由　134
　3-1．メタファー　134
　3-2．パラドックス　135
　3-3．体験的エクササイズ　136

3-4．テクニックの乱用に対する注意　136
　4．ACT セラピストの基本スタンス　137
　5．まとめ　138

第8章　ACT のケース・フォーミュレーション　……… 吉岡昌子　141

　1．フォーミュレーションの核となる視座と治療のフレームワーク　142
　　1-1．DSM から機能ベースの診断へ　142
　　1-2．ケースの概念化における文脈の重視　143
　　1-3．「心理的な非柔軟性／柔軟性」という理論的枠組み　143
　2．アセスメントと治療技法の選定　144
　　2-1．問題の範囲と特性を分析する　147
　　2-2．変容への動機づけを査定する　149
　　2-3．心理的な非柔軟性を生じている要因を査定する　150
　　2-4．心理的な柔軟性を促進する要因を査定する　152
　　2-5．治療のゴールと一連の介入手続きを選定する　154
　3．インフォームド・コンセントと治療契約　155
　4．客観的な測定指標とそのツール　157

第9章　ACT のアセスメント・ツール　……… 木下奈緒子　161

　1．心理的柔軟性　162
　　1-1．AAQ を用いた ACT の効果検証に関する知見　164
　2．価値　165
　　2-1．Valued Living Questionnaire　165
　　2-2．Personal Values Questionnaire　167
　　2-3．Bull's Eye Instrument　168
　　2-4．Values Compass　168

3．認知的フュージョン　169
　3-1．Automatic Thoughts Questionnaire　169
　3-2．Stigmatizing Attitudes-Believability　169
　3-3．Cognitive Fusion Questionnaire　170
4．マインドフルネス　170
　4-1．The Freiburg Mindfulness Inventory　170
　4-2．Mindfulness Attention Awareness Scale　170
　4-3．The Philadelphia Mindfulness Scale　171
　4-4．Five Facet Mindfulness Questionnaire　171
5．児童期・青年期のクライエントを対象としたアセスメント・ツール　172
　5-1．Avoidance and Fusion Questionnaire for Youth（AFQ-Y）　172
　5-2．Child Acceptance and Mindfulness Measure（CAMM）　172
　5-3．Diabetes Acceptance and Action Scale for Children and Adolescents（DAAS）　173
　5-4．Parental Acceptance and Action Questionnaire（PAAQ）　173
　5-5．価値に関するアセスメント　173
6．行動測定法　174
7．まとめ　175

第10章　Implicit Relational Assessment Procedure（IRAP）：潜在的認知に対する行動分析的アプローチ

　　　　　　　　　　　　　　　　　　　　　　　　大月 友，木下奈緒子　177

1．IRAPの概念的基盤　178
　1-1．Relational Evaluation Procedure　179
　1-2．日常的な言語関係の行動分析的アセスメントの試み（潜在的行動測度）　179
　1-3．Implicit Association TestとそのRFT的理解　180

2．IRAP の基本的手続き　181
　2-1．IRAP の構成　182
　2-2．データの変換方法　184
　2-3．IRAP 研究の展開　185
3．RFT による IRAP の理論的説明：潜在的認知へのアプローチ　186
　3-1．RFT による IRAP の理論的説明　187
　3-2．潜在的認知に対する RFT 的解釈　189
4．まとめ　190

◆第Ⅲ部◆　ACT のエビデンス

第11章　ACT における治療効果の評価　　　　　　　　　三田村仰　193

1．心理療法における RCT とエビデンス　194
　1-1．無作為割り付け比較試験（RCT）　194
　1-2．経験的に支持された治療（EST）　194
　1-3．エビデンスの階層性と RCT　195
　1-4．メタ分析（meta-analysis）　195
2．さまざまな疾患を対象とした ACT における RCT の進捗状況　196
3．抑うつ（depression）に対する ACT のエビデンス　197
　3-1．APA 第12部会が取り上げた ACT における抑うつに対する効果研究　199
4．ACT におけるメタ分析と研究の質についての論争　200
　4-1．Öst による ACT のメタ分析と研究の質への批判　200
　4-2．Powers らによる新たなメタ分析　201
5．ACT におけるメタ分析と研究の質についての考察　202
　5-1．抑うつにおける ACT の RCT 研究の質の検討　202
　5-2．ACT のメタ分析に対する結論　204
6．その他の ACT における興味深い効果研究および効果性研究　205

7．まとめ　205

第12章　ACTにおける治療過程の評価　　　　　髙橋 稔　207

1．はじめに　207
2．プロセス研究の創生　210
　2-1．ACTの先駆的なプロセス研究　210
　2-2．ACTのエクササイズ・メタファーの重要性を支持　211
3．脱フュージョンの効果　212
　3-1．脱フュージョンの個人内比較　213
　3-2．脱フュージョンの個人間比較　214
　3-3．脱フュージョンはどの程度繰り返せばいいのか？　214
4．価値に関する研究　216
　4-1．課題への動機づけを価値の観点から操作　216
　4-2．「価値の言明」の効果　217
5．各疾患のメカニズムの理解に関する研究や臨床群を対象にした研究　219
　5-1．不安障害や気分障害患者によるネガティブ情動の抑圧　219
　5-2．うつ病患者を対象にした気分導入課題　220
　5-3．侵入思考に対する思考抑圧とアクセプタンス方略の影響──非臨床群を対象に──　221
　5-4．Thought-Action Fusion（TAF）に関する信念に対する思考統制方略とアクセプタンス方略の影響　222
　5-5．強迫性障害の患者の侵入思考　223
　5-6．ACTの介入によるMediation（媒介）分析　224
6．まとめ　225

第13章 ACTの面接過程の適切さを自動判定する
データベース構築の試み ……………………………… 熊野宏昭 227

1．言語行動とACTの面接過程 227
2．テキストマイニングと潜在意味解析 228
3．『ACTをまなぶ』に潜在意味解析を適用する 230
4．潜在意味解析の結果 233
5．まとめ 235

◆第Ⅳ部◆ ACTと諸療法との比較・対照

第14章 機能分析心理療法（FAP）という「従兄」
　　　　　—FAPとACTが指向すべき明日の「機能」を探る—
　　　　　　　　　　　　　　　　　　　　　　　　武藤 崇，松本明生 239

1．機能分析心理療法（FAP）とは何か？ 239
　1-1．FAPの基本的スタンス 239
　1-2．臨床関連行動（CRB） 240
　1-3．FAPの治療テクニックに対するガイドライン—5つのルール— 241
　1-4．FAPの持つ意味(1)—従来の認知行動療法をより有効にする 244
　1-5．FAPの持つ意味(2)—治療同盟への示唆 245
2．FAPからみたACT 247
　2-1．FAPとアクセプタンス 247
　2-2．FACT 249
3．ACTからみたFAP 250
　3-1．関係性の「文脈」 250
　3-2．リアクティブvs.プロアクティブ 251
4．発達障害児（者）に対する行動的支援からみたFAPとACT—パッシ

ブ vs. アクティブ― 251
　4-1．発達障害児（者）への行動的支援と FAP　252
　4-2．パッシブ vs. アクティブ　252
5．まとめ　253

第15章　マインドフルネス認知療法と ACT
―「第3世代の行動療法」を担う2人の登山家たち―
　　　　　　　　　　　　　　　　　　　酒井美枝, 武藤　崇, 伊藤義徳　255

1．2つの心理療法における「マインドフルネス」　256
2．MBCT の背景　257
　2-1．開発プロセス　257
　2-2．治療メカニズム　258
　2-3．MBCT のモデルと ACT のヘキサフレックス　259
3．MBCT の実際：インストラクターは「何をしている」のか？　260
　3-1．治療プロセスの実際　260
　3-2．インストラクターの姿勢　261
4．MBCT と ACT　264
　4-1．ACT における「価値」　264
　4-2．「価値」の利用に伴う危険性：「Pseudo Acceptance；擬似的アクセプタンス」　265
　4-3．「価値」を活かすための文脈：「Creative Hopelessness；絶望から始めよう」　266
5．まとめ―よりよい登山のために―　267

第16章　森田療法と ACT　　　　　　　　　Akihiko Masuda　269

1．森田療法の精神病理理論　269

1-1．ヒポコンドリー性基調：適応不安　270
   1-2．精神交互作用：とらわれ　270
   1-3．思想の矛盾（完全欲のとらわれ）　270
   1-4．欲望論への推移　270
 2．ACT と森田療法の理論的比較　271
 3．森田療法・治療過程　272
   3-1．入院治療　273
   3-2．外来治療　276
 4．治療過程・技法における比較　278
 5．まとめ　279

第17章　動機づけ面接と ACT
─MI ACTing? 私は ACT してるのか？─　　　　　　　原井宏明　281

 1．はじめに　281
   1-1．動機づけ面接と ACT　281
   1-2．著者について　282
 2．MI とは　284
 3．MI の実際　285
   3-1．GAD のクライエントに対する MI　286
   3-2．ACT から見た MI の面接　292
 4．まとめ　293

第18章　フォーカシングとの小さな一歩：
体験過程的アプローチとしての ACT　　　　　　　武藤 崇　303

 1．Gendlin から見た行動療法・認知療法　304
   1-1．アクション・ステップス　304

1-2. 認知療法　305
 2．フォーカシングから ACT への示唆　306
  2-1．クライエントとセラピストの関係性　306
  2-2．「価値」の選択方法　308
  2-3．セラピスト養成の方法　309
 3．ACT からフォーカシングへの示唆　310
  3-1．フェルト・センスの視覚化―「何か」を実体化させる機序―　314
  3-2．フォーカシングの使用方法―意味の構築における恣意性―　315

文献　319
編者あとがき　361

第Ⅰ部

行動分析学とACT

第1章 機能的文脈主義とは何か

武藤 崇

　アクセプタンス&コミットメント・セラピー（Acceptance and Commitment Therapy：ACT）の根底にある哲学的背景は「機能的文脈主義」（functional contextualism）と呼ばれるものである[13]。本書は，特定の心理療法に関するハンドブックであるとはいえ，第1章で哲学的議論を展開することは一般的に避けるべきことなのかもしれない。しかし，ACT を使いこなすには，十分な哲学的な理解が必要なのである。なぜなら，ACT は行動療法の伝統にありながら，従来の行動療法の哲学的スタンスとは非常に異なる要素を持ち合わせているからなのである。つまり，この哲学的なスタンスに関する理解を逸してしまうと，ACT が「メタファー，パラドックス，体験的エクササイズを多用する，雑多で不可思議な（行動療法と呼べないような）セラピー」のように見えてしまうからである。

　本章は，上述した「機能的文脈主義」を説明するために，以下の3節から構成されている。

1）機能的文脈主義とは何か
2）機能的文脈主義の哲学的位置づけ
3）機能的文脈主義からみた研究・実践行動

　第1節では，文脈主義の起源である Pepper[25]のルート・メタファー・メソッドが概観され，機能的文脈主義の内容的な説明がなされる。第2節では，機能的文脈主義に関連の深い，社会構築主義，徹底的行動主義などとの対比がなされる。第3節では，機能的文脈主義に立脚した場合に生じる科学的な研究スタイルを論じる。また，機能的文脈主義に基づく ACT の基本的

な実践スタイルについても論じる。

1. 機能的文脈主義とは何か[註1]

1-1. Pepper[25]のルート・メタファー・メソッド

　Pepper[25]は，世界それ自体についての仮説を，通常に認識される対象物（objects）の中のひとつとして捉え，さらにその知識の無制限な産物のことを「世界仮説」（world hypotheses）と呼んだ。つまり，「世界仮説」とは「世界観」（world views）のことである。しかし，世界仮説を対象物として研究・分析しようとすることは，すでにある種の理論に基づかざるを得ないという矛盾をはらんでしまう。そこで，彼は「独断的主張」（dogmatic claims）を拒絶し「常識」（common sense）を肯定することから論を展開していった。

　彼は，その「常識」をより疑いのないものにしようとする際，次の2つの基準を採用した。その基準とは，「視野」（scope：包含される事象の範囲）と「正確性」（precision：包含される事象について他の解釈が成り立たないこと）である。もちろん，より視野が広く，より正確性のある認識が理想的な認識である。しかし，完全な視野と完全な正確性は結局のところ，彼が定義した「世界仮説」そのものということになってしまう（つまり，トートロジーとなり，かつそのような「完全な認識」はありえない）。そこで，彼の提示した方法が「ルート・メタファー・メソッド」（The Root Metaphor Method）なのである。その方法は「ルート・メタファー」という名称から推察できるように，私たちの身の回りに存在する事象を比喩的に利用して世界観を構成するというものである。さらに，彼はこの方法の格率（maxims）を以下のように定義した。

　　ⅰ）ある世界仮説はそのルート・メタファーによって規定されている
　　ⅱ）各世界観は自律（autonomous）している
　　ⅲ）各世界観同士の折衷は混乱を引き起こす
　　ⅳ）ルート・メタファーとの関係を失っている概念は意味を持ちえない（empty abstractions）

註1）本章の第1節は，文献23を加筆・修正して作成された。

表 1-1　Pepper（1942）[25]による世界仮説（主義）の中核的特質

	（ⅰ）世界は要素で構成されているか	（ⅱ）世界は1つのストーリーとして語ることが可能か
形相主義 (formism)	YES	NO
有機体主義 (organicism)	NO	YES
機械主義 (mechanism)	YES	YES
文脈主義 (contextualism)	NO	NO

　この4つの格率は，以下のような主張を導く。ある世界仮説を用いて他の世界仮説を分析・批判することは，上述の前提条件から逸脱するだけでなく，本質的に無益であるという主張である。つまり，他の世界仮説の欠点を暴くことで強められる世界仮説はどこにも存在しないということである。

　そして，彼は科学や哲学に共通にみられる4つの基本的な比喩を抽出した。その比喩とは，類似性（similarity），有機体（organism），機械（machine），文脈内の行為（action in a context）の4つである。さらに各々の比喩に基づいた相対的に適応的な世界観（the relative adequate world views）を4つ挙げた。その世界観とは，形相的世界観（formism：以下，形相主義とする），有機体的世界観（organicism：以下，有機体主義とする），機械的世界観（mechanism：以下，機械主義とする），文脈的世界観（contextualism：以下，文脈主義とする）である。

　そして，その世界観の主な特徴は，次の基準により分類できる。

a）世界は「要素」で構成されているか
b）世界を1つの「ストーリー」として語ることが可能か

　その基準により，特徴は表1-1のように分類される。
　形相主義と機械主義は，部分的要素（elements）が実在し（部分的要素を基礎的事実として扱い），それによって世界は構成されていると考える。一方，有機体主義と文脈主義はそのような要素は実在しないと捉える。

反対に，有機体主義と文脈主義は複雑さ（complexes），文脈（contexts），つまり全体が実在する（全体を基礎的事実として扱う）と考える。また，有機体主義と機械主義は最終的に世界がある特定の状態に（たとえば，「理想世界」に）達すると考えるが，一方の形相主義と文脈主義はそのような状態を想定しない。つまり，有機体主義と機械主義の世界観は，視野（scope）に疎く，形相主義と文脈主義の世界観は正確性（precision）に疎いという問題点を抱えることになる。

次に，代表的な哲学者との関連で各主義を述べると，形相主義ではPlatoやAristotle，有機体主義ではSchellingやHegel，機械主義ではDemocritus，DescartesやLocke，文脈主義ではJames，MeadやDeweyが挙げられる。また，代表的な心理学の分野との関連で各主義を述べると，形相主義ではKretchmerやSheldonの人格類型理論，有機体主義ではMaslowの自己実現理論やPiagetの発達理論，機械主義ではHullやTolmanの行動理論，Neisserの認知理論，文脈主義ではGibsonの知覚理論，Gergenの社会心理学理論が挙げられる[11, 24]。

1-2. 文脈主義と機械主義

ここでは，機械主義と文脈主義の詳細な特徴を述べていくこととする（表1-2を参照：形相主義と有機体主義の特徴については，本章の主題との関係が薄いため割愛する）。

機械主義では「機械（ゼンマイ仕掛けの単純な機械からコンピュータのような複雑な機械まで）」がそのルート・メタファーである。その真理基準は「言語構成体（いわゆる「理論」）とその構成体によって示唆される新しい事実との一致」である。この世界観では，部分を同定し（ただし，部分は独立して存在していると考える），その部分間の関係性を同定し，さらにその部分を起動させる原動力を同定するという諸過程を通じて世界を分析・変化させようとする。また，この世界観では，部分は独立して存在していると考えるために「被認識者・物」と「認識者」という二分法を採ることとなる。さらに，その「被認識者・物」と「認識者」との関係性は不変なものであると捉える。さらに，認識者が認識するものは，世界のコピーであって，世界そのものではないと捉える。そのように考えると，直接に「真理」を検証することが不可能となってしまうことになる。そこで，ある認識者が得た認識の

表 1-2　Pepper（1942）[25]による世界仮説（主義）の特徴

	ルート・メタファー	真理基準
形相主義 (formism)	類似性	言語構成体と事実との 単なる一致
有機体主義 (organicism)	生命を有し，成長する 有機体	ある結論を導くような 諸事実の首尾一貫性
機械主義 (mechanism)	機械	言語構成体とその構成体によって 示唆される新事実との一致
文脈主義 (contextualism)	文脈中に生じている 進行中の行為	恣意的なゴールの達成

「真理」を検証するために，独立した認識者たちの一致やある認識者が提出した理論を基準とした間接的な一致で代用することとなる（そのため，機械主義の真理基準が上述のようになるのである）。また，この世界観の因果律は，時間的にも一方向（liner）なものであると捉える。

一方，文脈主義のルート・メタファーは「文脈中に生じている進行中の行為」あるいは「歴史的な行為」とされている。この世界観は，上述したように，「全体」がリアルなものとは考えるが，世界観の統一的・統合的な到達点を想定していない。つまり，その世界観では，究極的な真理は存在せず，認識者と被認識者という二分法もなく，因果律も実在しないと捉える。このように考えることは，認識すること自体を否定しなければならなくなる。そこで，ある恣意的なゴールが設定される場合にのみ認識の可能性が生じる，と捉えるのである。つまり，この世界観の真理基準は「その恣意的なゴールが達成されたか否か」（successful working）ということとなる。もし，そのゴールを「事象に対する予測と影響」（prediction and influence）とした場合には，文脈主義が持っている「ゴールを達成する」という実用的な発想から，機械主義的な理論を採用する場合も考えられる。ただし，その場合に注意が必要なのは，そのような選択は，あくまでもそのゴール達成のための手段にすぎない，ということである。

1-3．機能的文脈主義と記述的文脈主義

上述のように，文脈主義のルート・メタファーは「文脈中に生じている進行中の行為」である。そのため，文脈主義者が「分析」を行う際，機械主義

者と違って，対象の全体性や文脈性を損なうことはない。さらに，本節では，同じ文脈主義であっても，立場が異なる，記述的文脈主義（descriptive contextualism）と機能的文脈主義（functional contextualism）について述べることとする[10]。

　記述的文脈主義は，対象や参加者を検討することによって，彼らに対する全体的な評価を探究することをそのゴール（目的）としている。つまり，そのゴールは「その記述的評価に，何らかの首尾一貫性を求める」というものである。そのため，記述的文脈主義者は，歴史家（historian）に例えられる。しかし，首尾一貫性を求める有機体主義と異なる点は，①究極的な分析があるということを前提としない，②ある分野の進展がその他の分野における進展を示唆しない，③首尾一貫性の探究は非常に個人的（personal）なものである（つまり，客観的なものではなく，かつ象徴的なものでもない）という点が挙げられる。

　一方，機能的文脈主義は，その分析を実施する際に，より実践的かつ統合的な（practical and integrated）ゴールを選択する[13]。その統合的ゴールとは，事象に対する「予測と影響」である。ここでの「統合的」という意味は，正確性と視野を兼ね備え，かつ当該のゴールが持つあらゆる側面の達成を目指すということである。つまり，機械主義と異なるのは，分析それ自体を目的としない，かつ全体のバランスを欠いた特定的なゴール達成を目指さないという点である。そのような意味で，機能的文脈主義者は技術者（engineer）に例えられる。その理由は，実践に必要な最小限の知識を持ってゴール達成を目指し，全体的な視点から見てゴールが達成していれば，予測と結果との間に差が生じても，それを許容するからである。また，いわゆる心理学的な事象も，有機体（a whole organism）が生起させる連続的な行為と，歴史的（時間的）・状況的（空間的）に規定された文脈との相互作用として捉える。つまり，行動分析学における三項随伴性（"three-term contingency"のことであり，「弁別刺激」…「反応」…「結果」というユニットで定式化されるもの：詳細については第2章を参照）という分析ユニットは，実験者・観察者が恣意的に設定・文節化するものであり，先験的にかつ個別に「弁別刺激，反応，結果」が存在するとは捉えないのである。そのように捉えれば，実験者・観察者も，文脈や全体から引き離されることはないのである。

1-4. 機能的文脈主義とは何か：まとめ

　文脈主義は，その名のとおり，時空間的に連続している事象の流れ，つまり文脈を，その世界観の中軸に据えた認識論的な立場である。そのため，認識論的にリアルなものは「部分」ではなく「全体」である。しかし，全体をリアルなものであると捉えたとしても，言語によって，それを記述することはできない。それ故に，何かを認識するためには，ある恣意的なゴールを選択する必要が生じてくる。さらに，そのゴール達成の是非によって初めて，その認識の是非が判定できるようになるのである。ただし，そのゴール選択には当事者の責任が伴うことはあっても，その選択そのものの正当性を主張することはできない。つまり，このゴール選択とは，当事者による価値の表明と同じなのである。また，このゴールの選択（価値の表明）によって，単なる相対主義，懐疑主義とは異なる立場となるのである。

　機能的文脈主義は「予測と影響」という統合的なゴールを選択する。そのようなゴール選択をするという点で，記述的文脈主義とは異なる。また，心理学的な事象を「有機体が生起させる連続的な行為」あるいは「歴史的・状況的に規定された文脈との相互作用」として捉える。さらに，分析行為が目的化し，文脈とは切り離された一方的で部分的な操作主義を採らないという点で機械主義とも異なるのである。もちろん，以上のことは，機能的文脈主義者それ自体にも当てはまる。つまり，ここで主張しているのは，機能的文脈主義の方が機械主義や記述的文脈主義より適切である，ということではない。ACTの研究者・実践者は，機能的文脈主義という立場を選択しているという表明にすぎないのである。それでは，なぜ，そのようなゴールを選択しているのか。それは，従来の行動療法をより進展させたいという目的を選択しているからである。さらに，マインドフルネス，アクセプタンス，クライエント─セラピストの関係性，価値，スピリチュアリティ，「今，この瞬間」との接触，感情に対する深化などというトピックを積極的に扱うのも「従来の行動療法をより進展させる」というゴールを達成したいからなのである。

2. 機能的文脈主義の哲学的位置づけ

2-1. 社会的構築主義と論理実証主義

　社会的構築主義（social constructionism）は，近年，浸透しつつある「質的研究」（qualitative research：たとえば，文献14,17），あるいは「ナラティブ・セラピー」（Narrative Therapy：たとえば，文献6,19）の背景にある哲学的スタンスである。Gergen[8]は，社会的構築主義の哲学的な前提を4つ挙げている。その前提とは，①経験それ自体が世界に関する知識の基盤とはならない，②世界に関する知識は社会的に作り出されたもの，つまり複数の人間によって作り上げられた歴史的で状況的な産物である，③その知識の普及・維持は，経験論的な妥当性に基礎的に依存しているのではなく，社会的な過程・状況の変化に依存している，④その知識それ自体が社会的行為に影響を与えるようになる，という4つである。また，小森[15]は，①現実とは社会的に構築されたものである，②現実は言葉によって形づくられる，③現実はナラティブによって組織され維持される，④本質的な真実というものは存在しない，の4つを挙げている。

　一方，論理実証主義（logical positivism）とは，科学的なアプローチ全般が潜在的に依拠している哲学的なスタンスのことである。黒崎[16]によれば，論理実証主義とは「われわれの概念および知識をすべて論理的に再構成しようとする点で〈論理的〉であり，その基礎をわれわれの感覚的経験に求める点で〈実証主義的〉」（p.934）であるような立場のことである。また，この主義は，命題がその意味をなすためには検証可能性を有していないとならないと考え，形而上学の否定がその特徴的な主張であるとされる。さらに，Shimp[31]によれば，この主義においては，観察者とは独立に存在する現実や真実（truth）があるということを前提とし，それに関する歴史的な背景に依存しない，客観的かつ普遍的な法則や原理を発見しようとする。

　このように考えると，社会的構築主義と論理実証主義とは，互いに対極に位置する哲学的スタンスと考えることができる。

2-2. 経験論的な社会的構築主義と形而上学的な社会的構築主義

　しかしながら，Zuriff[34]は，前節で結論づけたような二項対立的な捉え方

を採らない。彼によれば「社会的な相互作用によって人間は知識を構築していく」という社会的構築主義の中核的な前提を保持しつつ，実証的なスタンスを捨てない立場が存在しているとしている。その立場は「経験論的な社会的構築主義」(empirical social constructionism) と呼ばれている。社会的構築主義の立場を採る家族療法，精神分析，社会心理学，フェミニスト心理学の中には，研究の対象者自身が持つ構築された世界（constructed world）の存在を認め，その一方で，それとは異なる科学者・専門家のみが記述できる自然的世界（natural world）の存在も認める者がいる，と彼は考えているからである。換言すれば，経験論的な社会的構築主義においては，何らかの共通認識に到達できる世界があり，それが操作可能であるような世界を考えているということである。一方，彼は，経験論的な社会構築主義のような世界認識間の区別も否定する社会的構築主義を「形而上学的な社会構築主義」(metaphysical social constructionism) と呼んだ。つまり，その形而上学的な社会構築主義では，現実，客観性，（科学的）知識の実在に対しても否定する。

この2つの社会的構築主義の区別を踏まえて，前節で述べたGergen[8]や小森[15]を検討すると，小森[15]は形而上学的な社会的構築主義であると言えよう。一方，Gergen[8]は，そのどちらにも該当するようにみえる。また，Zuriff[34]がこのような区別を提出したのは，心理学における社会的構築主義の価値を認めつつ，従来の実証的スタンスの価値も損なわないようにするために必要であると考えたからであることがうかがえる。

2-3. 徹底的行動主義と方法論的行動主義

Skinner[32,33]は，行動主義には「徹底的行動主義」(radical behaviorism) と「方法論的行動主義」(methodological behaviorism) という2つの異なる立場があるとしている。佐藤[30]は，徹底的行動主義の特徴を以下の3点であるとしている。

1) 研究の対象は行動それ自体である。行動を通して心ないし意識や認知あるいは脳の働きなどを研究するのではない
2) 行動に関するすべての出来事を，同一の理論的枠組みとできるだけ少ない共通の原理で分析する

3）行動の原因を，個体の内部にではなく，個体をとりまく過去および現在の外的環境のなかに求める（p.3）

「徹底的」と「方法論的」を区別する最も重要な点は1）の項目である。徹底的行動主義では，意識や認知といわれる私的（private）な出来事も，行動（特に言語行動）と捉え，外部から観察可能な行動と同一の原理に従うという立場である。つまり，意識や認知を言語行動と捉えるということは，それらが社会的な言語共同体によって形成されると捉えることと同義である。一方，方法論的行動主義とされる立場では，意識や認知を行動とは捉えずに，直接観察することが不可能な対象と捉える。そのため，意識や認知を研究対象から外すという方法を選択したり，外部からの直接に観察可能な行動を通してそれらを推論したりするという方法を選択することとなる。

また，徹底的行動主義者は，研究者自身の研究行動も，他の行動と同様，外的環境から影響を受けていると考える[29]。一般社会に流布している心身二元論的な言語随伴性からの影響を最小限に抑えるために，徹底的行動主義に基づく研究行動を維持させるような人為的な言語共同体を形成・維持することに自覚的である。さらに，徹底的行動主義が先験的な現実や真実というものを前提とするか否かについては統一的な見解が未だ得られていない[1, 2, 18]。

2-4. 機能的文脈主義の哲学的位置づけ：まとめ

ここで，文脈主義（機能的／記述的）と機械主義，社会的構築主義（経験論的／形而上学的）と論理実証主義，徹底的行動主義と方法論的行動主義を比較対照したい。それを図示したのが図1-1である。

縦方向は，各主義の対立軸であり，その距離が思想的類似や相違の程度を表している。つまり，近接していれば思想的に類似の程度が高く，逆に遠隔していれば相違の程度が高いことを表す。一方，横方向は対立軸の種類を表している。図の左より，一般哲学による分類（ただし，Zuriff[34]による分類も採用），Pepperによるルート・メタファーの分類，Skinnerによる行動主義の分類である。さらに，図1-1は3つの基準（A～C）によって4層（上部よりⅠ～Ⅳ）で分けられている。その3つの基準とは，以下のとおりである（その基準を満たせば，当該のラインより上部に分類される）。

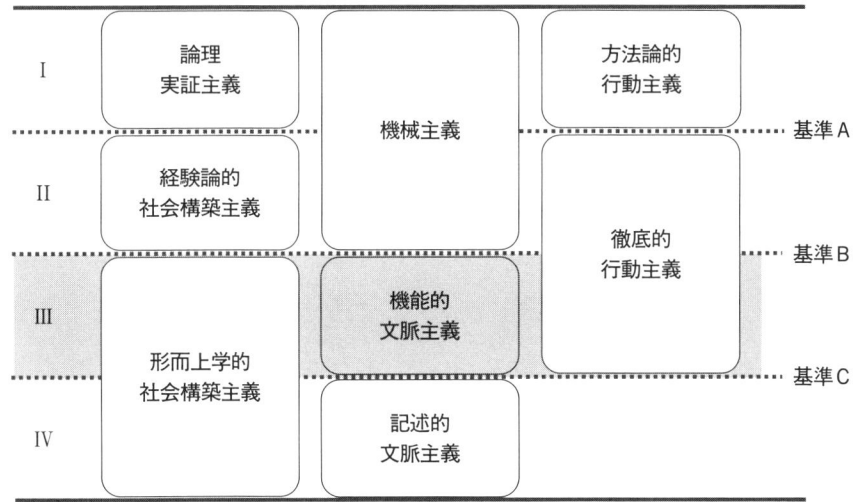

図 1-1　機能的文脈主義の哲学的位置づけ

基準 A：研究対象を観察・操作可能なもののみとする
基準 B：現実や真理の存在をア・プリオリに想定する
基準 C：対象に対する「予測と影響」というゴールをア・プリオリに選択する

　さらに，各層は思想的なスタンスの同一性を表している。たとえば，機械主義は論理実証主義と経験論的な社会的構築主義を合わせたものと同一であり，論理実証主義は方法論的行動主義と同一である。

　では，図 1-1 をもとに，機能的文脈主義の哲学的位置づけを整理してみよう。まず，機能的文脈主義は形而上学的な社会構築主義に含まれる。その一方で，経験論的な社会構築主義や論理実証主義とは異なる。次に，機能的文脈主義は徹底的行動主義に含まれる。その一方で，方法論的行動主義とは異なる。しかし，形而上学的な社会構築主義や徹底的行動主義と全く同一の思想的立場ではない。つまり，形而上学的な社会構築主義において基準 C を前提とする立場，あるいは徹底的行動主義において基準 B を前提としない立場である[註2]。換言すれば，機能的文脈主義は，ある問題解決に対して積

註2）機能的文脈主義は，形而上学的な社会的構築主義と徹底的行動主義との「架け橋的」な役割を果たす可能性があるとも言える[29]。

極的に影響を及ぼし，その責任を負っていくという社会的構築主義の立場であると言えるだろう。しかも，そのような実証的なスタンスではあるが，研究者と独立に世界が先験的に存在するという認識論的な立場を採らない。さらに，機能的文脈主義は，問題解決や研究・分析における自らのゴール選択や価値といった文脈や機能に対して徹底的に自覚的であろうとする徹底的行動主義の立場であるとも言えよう[4]。

3．機能的文脈主義からみた研究・実践行動

3-1．研究行動：「知る科学」から「サービスのための科学」へ

　ここでは，機能的文脈主義に基づくACTの基本的な研究スタイルについて述べる。機能的文脈主義は，上述したように，対象に対する「予測と影響」という統合的なゴールを選択する。このゴールを選択したうえで，科学的な研究活動（以下，「科学」と表記する）とはどのような機能なものになるだろうか。その機能とは，そのゴール達成のために有用な言語ルール[註3]を産出することである。

　そして，科学的な研究者（以下，「科学者」と表記する）は，そのようなルールを産出するための「ことばの作り手」(words makers)[9]なのである。決して，科学の機能は先験的な真理・法則の発見ではなく，科学者の機能はその真理・法則を特権的に知りうる司祭的な役割でもない。さらに，そのルールは産出されるだけでなく，他者に報告されねば機能を果たせないと捉える[22]。そのような意味では，科学者とはシンガー・ソングライターと類似の機能であると言ってもよいかもしれない。

　科学がそのような機能であるとした場合，客観性，因果律，データはどのように捉え直されるだろうか。まず，客観性とは，科学者が対象に対してどのような影響を及ぼしているかを常時モニターするための方法論的スタンスであると捉えることができる[20]。それは，決して，対象を一方的に知るためのスタンスではない。この場合，求められる客観性の精度は，当該の言語ルールに要求される精度に依存することとなる。また，完全に対象と独立した観察的視点も存在しないと捉える。つまり，客観性とは，科学者とその対象との距離を常時正確に把握し，科学者からの過度な干渉を及ぼさないよう

註3）ここでの「ルール」とは，何らかの強化随伴性を記述した言語刺激のことを指す[28]。

に，あるいは対象の属性に問題を還元しないようにするための倫理的スタンスであると言えよう[21]。

次に，因果律とは，（上述の客観性というスタンスにおいては）「予測と影響」を可能にするための効率的な言語ユニットのことである，と捉えることができる。「if...then...」という「独立変数─従属変数」で表される関数関係は，研究者の具体的なアクションとそれによる対象への影響を表記する最善なユニットなのである。さらに，その分析ユニットは，研究者がどのようなゴールを選択するかによって変化する。つまり，ある場合には従属変数であったものが，別の場合には独立変数となることもある。また，ユニットの大きさも研究者が選択するゴールによって変わることになる。

最後に，このような文脈において「データ」はどのような意味を持つのだろうか。この場合，そのデータが数値化されたものであるか否か（一般的には「量的」データか「質的」データかという問題）ということも，先験的には意味を持たない。換言すれば，選択したゴールを達成することに全く関係しないようなデータは，いくら数値化（量的）されたものであっても全く意味を持たず，逆に，そのゴール達成に有用なら，記述的（質的）データであっても意味を持つのである[23]。

以上のように，機能的文脈主義の視点から，科学的な研究活動，科学的な研究者，客観性，因果律，データについて検討してきた。そこで明確になったのは，機能的文脈主義を選択したとしても，従来の科学的方法論を捨てる必要はない，ということである。しかし，ここで重要なことは，その方法論を採用する場合の機能が従来とは全く異なるという点にある。科学で頻繁に実施される追試実験を例にとって考えてみよう。機能的文脈主義では，追試実験は先行研究で得られた結果の是非を検討することだけが目的ではない。ここでの追試実験の機能は，その先行研究で記述されている言語構成体が当該の結果を生み出すことができる程度に正確か否かを検討するということを意味する。つまり，言語ルールの正確性や妥当性を検討することが目的なのである。さらに，その言語ルールは，対象に対する「予測と影響」に直接関係するものでなければならない。このように考えると，それは，料理におけるレシピの正確性や妥当性を検討することと類似の機能であると言ってもよいかもしれない。

以上のように，従来の科学の機能を「対象を一方的に検討する」という意

味で「知る科学」と呼ぶとすれば，機能的文脈主義における科学とは「サービスのための科学」と呼ぶことができるだろう[20]。機能的文脈主義のスタンスをそのように呼ぶのは，相手の状況に最適な状況をどのようにして自分が用意できるかをモニターし，修正していくというサービス提供のスタンスに近いからである。このスタンスは，広義の対人援助文脈に含まれる心理療法により適合的であると考えられる。

3-2. 実践行動：「形態」から「機能」へ／「価値への服従」から「価値の選択」へ

　機能と文脈に徹底するACTの実践上の方法論については後続の章に譲るとして，ここでは機能的文脈主義に基づくACTの基本的な実践スタイルを述べる。最初に挙げられるのは，クライエントの症状に対して，セラピストが直接に影響を与えることができない「原因」を仮定し，そのような仮説に基づいてセラピーを実施しない，ということである。なぜなら，3-1での研究行動と同様に，機能的文脈主義では，対象に対する「予測と影響」という統合的なゴールを選択するからである。ただし，主たるゴールは「影響」を引き起こすような環境的変数の同定とその操作であって，「予測」はあくまで，その環境要因が同定できた後に，結果的に達成される副次的な産物という位置づけであることに注意が必要である（詳細については，第2章を参照）。よって，セラピストが直接に影響できない脳機能や過去の経験は原因として捉えないことになる。つまり，機能的文脈主義に基づくセラピストは「心身二元論」（dualism）や「過去・現在の二元論」の立場を採らず，「環境一元論」（＝行動一元論）や「現在一元論」（＝今，ここ）の立場を採るのである。

　しかし，これはクライエントが一般的に持っている「心身二元論」的な発想それ自体を否定するということを意味しない。たとえば，ACTセラピストは「クライエントが心身二元論的な思考をしていても，あるいは不安や強迫観念を持っていてもよい」と考える。ただし「それらに縛られることなく，適応的な行動が生起するようになればよい」と考えるのである。つまり，セラピストは，分析をする際に使用する枠組みと，実際にクライエントと接する際に使用する枠組み（言葉遣いを含む）とを使い分けるのである[12]。

ACTでは，クライエントの「主訴そのまま」(first order) にケース・フォーミュレーションをしない。たとえば，クライエントが初回面接で「パニック発作が起こるのが怖くて，自分の家から出ることができない」という主訴を述べたとしよう。その場合，セラピストは，①主訴それ自体を「行動」と捉え，クライエントがそのように言った文脈について検討する，②その主訴に含まれる「内容」(content) や因果関係に基づかないで，それらをいくつかのユニットに分解する（この場合は「パニック」や「外出できない」など），③「パニック」や「外出できない」ことに関係している外的な環境的文脈を探る，④この主訴（＝言語行動）を，ある行動レパートリーの一部であると捉え，同種の言語行動にどのようなものがあるのかを探る，ということを行うのである[13]。

　さらに，ACTではセラピーの手続きとして，メタファー，パラドックス，体験的エクササイズが多く使用される。そのため，フォーカシング[7]，ゲシュタルト療法[26]，ブリーフ・セラピー[5]などに含まれるテクニックと類似している手続きが存在している。このことから，ACTはそれらの療法の単なる折衷的なアプローチなのではないかと誤解されるかもしれない。また，体験的エクササイズは「行動的実験」(behavioral experiments)[3]と呼ばれる従来の認知行動療法の手続きと類似な部分もある。しかし，いずれの場合も，その使い方に相違がある。ACTでは，あくまでも，クライエントの行動も，セラピストの行動も，その形態 (form) ではなく，その機能 (function) が重要となる。つまり，その「内容」(content) ではなく，その「文脈」(context) が重要なのである。

　価値の選択を優先する：上述したように，機能的文脈主義の真理基準は，任意に選択されたゴールの達成 (successful working) である。ただし，そのゴールは，単に選択されるだけのものであって，そのゴールそのものの正当性は証明されることはない。つまり，ゴール選択がそのまま当事者の価値（の一部）に関する表明となるのである。このことは，ACTの実践行動でも，重要な手続き的要素となっている。

　また，クライエントやセラピストの価値は互いに意識・確認されずに，暗黙の了解の下でセラピーが続けられる場合がある。その場合，セラピストという存在が無自覚に「権力性」を帯びるようになる。その「権力性」を軽減するために，単にセラピストが積極的に介入せずにクライエントのナラティ

ブに任せるというアプローチが近年注目されるようになっている[19]。果たして，そのアプローチで，権力性が軽減できるだろうか。逆に，価値に関して無自覚だったり，積極的な配慮はしなかったりすることで，セラピストによる権力の行使がより隠蔽された状態で行われないとも限らないと言えるだろう。一方，ACTでは，クライエントによる価値の選択を手続き化し，それを顕在化させ，セラピストと共有することになっている。また，先験的にかつ究極的に「正しい」価値は存在しないことも強調される。さらに，ここでの価値とは，すぐに達成されるべき目標のことではなく，今までの生活で無自覚にしてきた行為に含まれる潜在的な哲学や，これからの生活の指針になるような方向性のことを意味している。また，ACTでは，セラピストの権力性（あるいはクライエントの依存性）を抑えるような配慮も直接的になされることがある。たとえば，セラピストがクライエントに対して「私の言うことをそのまま鵜呑みにしないでください」と言うことすらある。

以上のように，機能的文脈主義に基づくACTでは，クライエント，セラピスト共に潜在的な価値に服従しているのではなく，クライエントの価値を顕在化させ，その個人的な価値の選択に基づいてセラピーが行われる。

4．まとめ

本章では，最初に，ACTの哲学的なスタンスである「機能的文脈主義」を，その概念の提唱者であるPepperにまで遡って検討した。次に，機能的文脈主義を近接関連領域の哲学的スタンスと比較検討した。さらに，その機能的文脈主義に基づいたACTが採る研究的・実践的スタンスを明示した。

第Ⅰ部の次章以降で，機能的文脈主義というスタンスに立脚したまま，どのように「言語・認知」や「精神病理」が捉えられるかということを丹念に検討していく。また，第Ⅱ部以降では，機能的文脈主義による実践的スタンスが，いかにACTの具体的な援助手続きに色濃く反映されているかを示していくことになるだろう。

第2章 言語行動とは何か

武藤 崇

　第1章では，ACT の哲学的背景である，機能的文脈主義について，その起源にまで遡って概観を行った。そこで見てきたように，機能的文脈主義とは，問題解決や研究・分析における自らのゴール選択や価値といった「文脈や機能」に対して徹底的に自覚的であろうとする徹底的行動主義（つまり行動分析学)[38]の立場のことであると言っていいだろう。

　本章では，そのような機能的文脈主義の立場から「言語」がどのように捉えられるのかについて検討する。本章の構成は以下のとおりである。

1）文脈主義における「言語」に対する基本的な捉え方
2）機能的文脈主義（＝行動分析学）からみた「言語」
3）刺激等価性クラスと「意味」の基盤
4）関係フレーム理論と「認知」の基盤

1．文脈主義における「言語」に対する基本的な捉え方

　本節では，文脈主義における「言語」に対する基本的な捉え方を論じていくこととする。

　〈テーゼ1〉言語は単なる記号ではない：言語は，一般的に以下のように捉えられているだろう。世界（心的世界を含む）には〈モノ〉が存在し，その〈モノ〉の本質や属性それぞれに対応してコトバという〈記号〉が存在している，という捉え方である。つまり，「意味」が本質であり，「言語」は単

なる記号である，という捉え方である．これは，〈モノ〉の本質や属性に対応してラベルが貼られていくという作業に類似している．それは，〈イヌ〉の本質や属性に合致する〈モノ〉に「いぬ」とラベリングしたり，〈愛〉の本質や属性に合致する〈モノ〉に「あい」とラベリングしたりするというものである．しかし，このような捉え方は，前章で検討したように機械主義の認識論的立場である．なぜなら，それは，独立した部分・要素が先験的に存在し，そのため「被認識者・物」と「認識者」という存在を前提としているからである（それについて無自覚な場合も含む）．このような理由から，文脈主義では，そのような常識的な言語観を採らない．

〈テーゼ2〉言語の成立は複数のヒトの間で生じる円滑な相互交渉を基盤としている：文脈主義における言語に対する基本的な捉え方は，どのようなものになるであろうか．文脈主義では，世界を時空間的に未分離な全体・文脈として捉える．そこで，「言語」が成立している状態を時空間的に未分離な全体・文脈として考えていく．まず「言語」が成立していると判断できる状況とは，〈モノ〉と〈記号〉を含み込んだ状態における「複数のヒト同士のやりとりが成立している」という条件が挙げられる[注1]．

次に，その複数のヒト同士の相互交渉が円滑であるという条件が挙げられる．これは乳幼児と成人との相互交渉や，異なる言語を母語とする（言語共同体が異なる）成人同士の相互交渉を考えた場合，当初著しく時間や労力を要してしまい，円滑さを欠くこととなる．この場合，言語共同体に属していない側の者が，その言語共同体特有の交渉パターンを学習・獲得することを強いられることが多い．

〈テーゼ3〉その円滑さは，言語共同体のメンバーにおける相互交渉パターンの共有によって保障されている：円滑な相互交渉が可能となるには，どのような条件が必要であろうか．それには，その言語共同体のメンバーにおいて，一定の相互交渉パターンが確立されているという条件が挙げられる．このパターンは，メンバー間である時期に確認したり明文化されたりするようなことを必ずしも前提とされない因習的・習慣的（いわゆる文化的）なも

注1）〈モノ〉や〈記号〉と言われている対象が，ヒトと全く無関係に独立する場合，それらは認識すらされないことを意味する．

のである。たとえば、そのメンバーに「なぜ、そのようなパターンをするのか」と問うても「そのようなことを疑問にも思ったことはない。明確に教わったかも、いつからそうだったのかも憶えていない」という答えしか返ってこない、といったものである。また、共同体のメンバーやそのメンバーが共有する文化的条件が異なれば、その因習的・習慣的なパターンは変化することになる。そういう意味では、そのパターンは恣意的（arbitrary）なものであると言える。

〈テーゼ4〉文化的に規定された相互交渉のパターンを越える「円滑な相互交渉が新規かつ個別に生じる可能性」は常に存在する。それ故に、文化的に規定された相互交渉のパターンは変動する可能性を常に持っている：〈テーゼ3〉で述べたように、言語共同体のメンバー間で共有されている相互交渉のパターンは、共同体の「文化的」制約に規定されている（たとえ、それが恣意的なものとはいえ）。つまり、その交渉パターンには「他者から観察可能な一致や類似」が要求される。しかし、個々のメンバー（あるいは、特定のメンバー間）は、個体発生的な固有の歴史的・状況的文脈を持っている。さらに、他者に発せられた当該のかかわり方も「その時、その場所の」文脈にさらされている。そのため、文化的な制約を持った交渉パターンにおける一致や類似を越える、円滑な相互交渉が恣意的に成立する可能性がある。それため、交渉パターンは、常に変動する可能性を持つこととなるのである。

2．機能的文脈主義（＝行動分析学）からみた「言語」

2-1．行動分析学における「言語」の定義

　行動分析学では、Skinner[37]をもとに「言語」は、以下のように定義される。

①「言語」も行動と捉える。さらに、
②言語行動とは「同じ言語共同体に属する他の成員のオペラント行動を介した強化によって形成・維持されているオペラント行動。そして、他の成員による強化をもたらすオペラント行動は、その言語共同体特有の行

動随伴性のもとでオペラント条件づけされたものである」(文献33, pp.6-7)

この①と②は，前節の〈テーゼ1～4〉を「予測と影響」をゴールとして設定し，再定義したものと言えるだろう。なぜなら，特定の個人に対して何らかの影響を与えようとすれば，その個人が発する行動を中心に据えて事象を扱うことになるからである。

2-2. 行動分析学的な「言語」の捉え方に関する特徴

①と②から派生して生じる行動分析学的な言語観の特徴を以下に挙げていく。

③行動随伴性という分析ユニットを用いて「円滑な相互交渉のパターン」を捉える

行動随伴性とは，以下の3つのユニットからなる「三項随伴性」(three-term contingency) という枠組みである（場合によっては，行動随伴性と三項随伴性を異なるものであるとする場合がある。それについては，文献42を参照のこと）。

弁別刺激…行動（オペラント）…結果

前節で触れたように，このユニットによる対象の分節化も分析・観察者の「予測と影響」のゴールがどのようなものになるかによって恣意的に決定する。つまり，たとえ行動随伴性が「円滑な相互交渉のパターン」に関して，ある規則性を記述できたとしても，それが普遍的な（絶対的な）ものとはみなさない。なぜなら，このように三項随伴性で分節化された規則性それ自体も，言語（言語行動）によって構成されているからである。つまり，ここでの規則性は，分析・観察者が設定したゴールに対して有効である（機能する），という意味でしかない。

④そのユニットは，生起した行動によって生じる環境的変化（＝「行動…

結果」の関係）を軸とした分類方法である．

　もちろん，三項随伴性は 3 つの事象（項）の関係性を表現したユニットである．そのため，少なくとも「弁別刺激…行動」と「行動…結果」の関係が含まれる．一見すると，この 2 つの関係は同列であるように思われるかもしれない．しかし，このユニットは「行動…結果」が軸なのである．つまり，このユニットは，「結果による淘汰」（selection by consequences）という捉え方に依拠しているのであり，自然淘汰（natural selection）というダーウィニズムの延長線上に位置づけられる[6, 39, 40]．そのため，行動に後続する環境的変化（＝結果）が何らかの影響を与えたか否かを判定するには，その「行動…結果」の関係が複数回生起する必要がある．つまり，これは「一回限り」の出来事は行動分析学が取り扱う対象ではないことを意味する．なぜなら，「一回限り」の出来事は，影響を与えることもできないし，予測することも必要ないからである（つまり，「予測と影響」のゴールに合致しないからである）．

　また，行動分析学では，その「行動…結果」の関係のことを「機能」（function）という．そのため，行動分析学が「円滑な相互交渉のパターン」を分析する場合，言語行動の「形態」（form or topography）によって分類するのではなく，その「機能」によって分類するのである．そのため，①と②の定義，および機能による分類という発想によって，音声や文字を使用しない行動でも，それらを言語行動として見なすことができるようになるのである[7]．たとえば，以下のような事例を考えてみよう．

　　　ある発達障害の生徒が教室の壁に自らの頭を繰り返して打ちつけるという自傷行動を生起させると，必ず先生のうちの誰かが「ストレスが溜まっているのね，大丈夫よ」と言って肩をさするという対応をとっていた．そうすると，その生徒は，すぐに自傷行動を止め，先生に促されて席に着く．しかし，その先生が他の生徒の対応に追われ，その場を離れると，先ほど自傷行動をしていた生徒は再び自傷を始めるようになった．

　この例における自傷行動は，①と②の定義に合致し，「言語行動」と見なすことができる．その自傷行動の機能は「先生からの注目を集める」，「身体

接触を得る」ことと考えられる。
　逆に，次に挙げる事例は，一見すると言語行動と捉えられがちなのだが，実は言語行動ではない，というものである。

　　ある発達障害の生徒が「のどが渇いたら，両手を合わせるサイン（一般的に，神社仏閣で『拝む』ときに使用されるもの）」を担任から指導された。指導後，教室内では，そのサインが安定して生起するようになった。そして，その生徒が休日にコンビニエンス・ストアで，次のような行動を生起させた。その行動とは，誰もいないところで，飲料品が陳列してある冷蔵棚に向かって，何度も両手を合わせる，というものであった。その行動を見た店員は「あの子は，何を拝んでいるのだろう」と不思議に思っただけで，その生徒に対して何も対応しなかった。

　この事例での「両手を合わせる」というサインは，コンビニエンス・ストアにおいて，②の条件を満たさないため言語行動とは見なすことができない。つまり，そこで行われていた指導が，その生徒にとって「言語共同体への参加」ということを促していない，ことを結果的に示している。つまり，指導されたのは「他者（他人）に対してサインを生起させる」ことではなかったのである。換言すれば，言語とは極めて社会的な行動である，ということを意味する。

　⑤「話し手」と「聞き手」を別々に分析する

　行動分析学では，①により，特定の個人の行動に焦点を当てる。そのため，言語を取り扱うときに，話し手（speaker）に焦点を当てた場合と，聞き手（listener）に焦点を当てた場合に大別されることになる。分析のゴールは「予測と影響」であるため，どちらか一方に焦点化した方が，より対象に影響を与えるような外的変数を同定しやすいからである。「話し手」に焦点を当てた研究の代表的なものが〈言語行動〉[37]，「聞き手」に焦点を当てた代表的なものが〈ルール支配行動〉（rule-governed behavior）[13]である。紙面制限の都合上，前者に関する詳細な内容については文献33を，後者に関する詳細な内容については第4章，あるいは文献29や文献26を参照してい

ただきたい。

2-3. 行動分析学的な「言語」の捉え方に関する批判

　Skinner[37]の〈言語行動〉は，Chomskyによって批判され，それが現在の心理学（特に認知心理学）における評価の基礎となっていると考えられる[9]。その批判の中心は，言語（能力）における創造性，抽象性，普遍性を行動分析学の枠組みからは説明できないというものである。もちろん，Chomskyの生成文法理論は機械主義に分類されると考えられるため，その批判の多くが認識論的な立場の表明にしかすぎないと考えられる（文献32を参照）。つまり，その立場の違いを議論したところで進展はないのである（第1章を参照）。しかし，Chomskyの指摘する，言語において創造性，抽象性，普遍性といった事象をどのように扱うかに対して，行動分析学が答える必要はあると言える。たとえば，Miller[22]が指摘するように，英語を母語とする成人が20の単語で生成する文章数は10^{20}を越えるとされ，そのような事象を「言語能力」という概念を導入せずに，どのように行動分析学的に（つまり「行動…結果」という関係性から）扱うかということである。また，言語行動が生み出す刺激の象徴的あるいは記号的機能を，どのように扱うか（つまり「弁別刺激…行動」という関係性から）ということも問題となってくる（たとえば，文献3）。

　前節，あるいは本節の2-1と2-2で述べたように，行動分析学的な「言語」の捉え方は強調してもしすぎることはない。しかしながら，「言語の記号的な機能」と見える事象について，行動分析学はどのように対処するのかということを研究が実施できるようなレベルで述べる必要がある。それを扱うことができないとすれば，言語行動によって問題解決を行う心理療法（もちろん，ACTもそれに含まれる）も不可能となってしまうからである。

　次節以降で，本章の冒頭で述べた「言語は単なる記号ではない」というテーゼを含んだ行動分析学のスタンスを保持しつつ，「言語の記号的な機能はどのように扱うことができるか」について言及していくこととする。

3．刺激等価性クラスと「意味」の基盤

3-1.「クラス」という枠組み

　前節で説明した三項随伴性という表記において，行動（オペラント）や弁別刺激は，結果に対して1つであるかのように見える。しかし，それは正しくない。なぜなら，それらは，以下のように定義されているからである[32]。

　　オペラントとは，共通の強化をもたらす反応クラスである。したがって，同じオペラントに属する反応の個々の反応の型はさまざまである。オペラントが行動の単位をなす。
　　弁別刺激とは，そのもとでの当該オペラントに属する反応の自発が強化をもたらす機会をセットする刺激である。弁別刺激は，はじめは存在せず，強化により形成される。弁別刺激も刺激クラスであり，物理的に異なるさまざまな刺激が同じ弁別刺激のクラスに属しうる。(p.5)

　つまり，三項随伴性とは，共通の機能を持った反応の「まとまり」，刺激の「まとまり」として分類するという枠組みなのである。そして，その「まとまり」のことを「クラス」（class）と呼ぶのである。そのクラスの各メンバーは，機能的に共通であればよく，形態的に共通している必要はない。この枠組みによって検討すれば，先のMiller[22]が指摘した問題にも対応できると考えられる。たとえば，日本語を母語としない（日本語に関する読み書きが一切できない，しかも関連する道具類に関する操作の経験もないとする）外国籍の児童が日本に滞在して3カ月が過ぎたころに，1枚の紙を2枚にするという状況に接したとしよう（図2-1）。その場合，1枚の紙を2枚にするという機能を持つ反応としては「紙の端を左手で持ち，紙の手前の部分からハサミを右手で動かす」（反応A），「紙を台に置き，紙の左半分を左手で押さえ，紙の上部からカッターを手前に引く」（反応B），「定規を紙の中央に置き，その定規を左手でしっかり押さえ，紙の上部角を右手で手前に引く」（反応C），「裁断機に紙を固定し，右手でレバーを押し下げる」（反応D）という反応クラスが想定できる。そして，その弁別刺激となる可能性がある刺激群としては「隣の人と分けてくださいという黒板の文字」（刺激

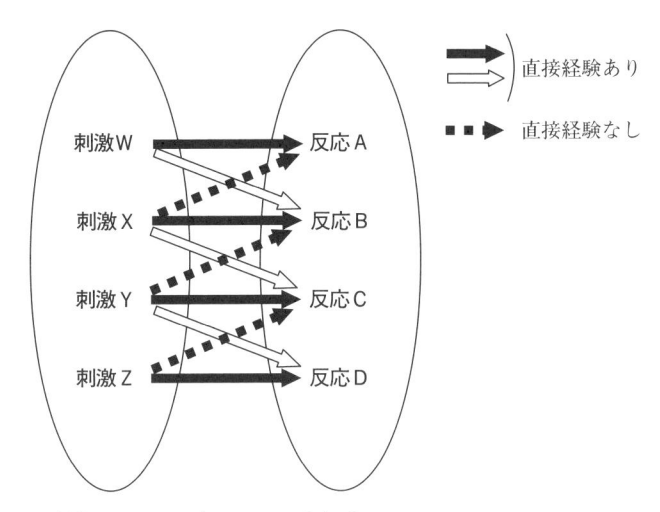

図 2-1　刺激クラス，反応クラスの確立プロセス
黒実線の矢印は最初に直接経験した関係性，白抜きの矢印は次に直接経験した関係性，黒点線の矢印は派生的に生じた関係性を表す（ただし，一部を表記）。

W），「紙が足りないので隣の人と分けてくださいという口頭での指示」（刺激X），「隣の人の困っている表情（紙が必要な状況における）」（刺激Y），「ちょうだいという隣の人からの口頭での要求（紙が必要な状況における）」（刺激Z）が想定できる。そして，「刺激Wの下で，反応Aによって紙を二分割にする」（〈刺激W→反応A〉と表記），同様に〈刺激X→反応B〉，〈刺激Y→反応C〉，〈刺激Z→反応D〉という繰り返しを経験することで，W～Zの4つの刺激のそれぞれが対応する反応A～Dの弁別刺激となる。さらに，上記の4つの組み合わせではない〈刺激W→反応B〉，〈刺激X→反応C〉，〈刺激Y→反応D〉などの組み合わせの直接経験をすると，それ以外の直接経験のない，すべての組み合わせについても機能する可能性が高いのである（この現象のエビデンスは，文献21，24，28を参照）。

3-2.　刺激等価性とは何か

　上記の「3カ月間，外国籍の児童が滞在する」という例において，刺激W～Zは弁別刺激クラスとして機能するようになるだろう。しかし，上記のような弁別刺激クラスや反応クラスの確立だけでは，言語の特徴とされる「記号的」役割の獲得・維持について答えたことにはならない。つまり「弁別刺

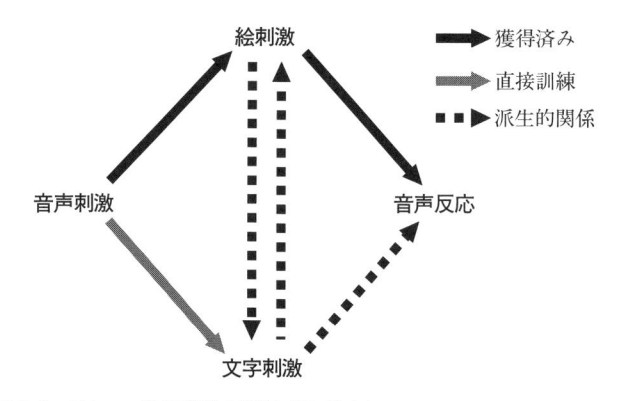

図 2-2　Sidman（1971）[34]の研究パラダイム
　　　　黒の実線矢印は対象児が既に獲得していた関係性，灰色の実線矢印は
　　　　直接訓練した関係性，黒の点線矢印は派生的関係性を表す。

激…行動」という〈刺激→反応〉関係を扱ったのみで，言語における記号的特徴，〈刺激←→刺激〉関係という刺激の双方向的な関係という特徴を扱っていない。

　それでは，行動分析学は，そのような記号的特徴を扱うことができないのだろうか。もちろん，それは可能である。ただし，その研究・実践パラダイムは今まであまり知られてこなかっただけである[27]。その行動分析学的なパラダイムは，すでに1970年代に示されており，「刺激等価性」（stimulus equivalence）と呼ばれている。その最初の研究は，Sidman[34]による，失語症や発達障害児（者）を対象とした受容・表出言語の分析・援助に関する研究である（図 2-2）。

　その研究では，対象者の言語的スキルを音声刺激，文字刺激，絵・写真刺激，音声反応の条件性弁別（conditional discrimination）[32]のネットワークとして捉えた。それに基づいて，〈音声刺激→絵刺激〉，〈絵刺激→音声反応〉という関係が確立している対象者に対して〈音声刺激→文字刺激〉という関係を新たに訓練した。その結果，〈絵刺激→文字刺激〉，〈文字刺激→絵刺激〉，〈文字刺激→音声反応〉という関係性が未訓練で成立するようになった。

　その後も，この研究パラダイムを使用し，発達障害児（者）を中心に「ことばの意味」の基盤に関する援助が行われている（文献48を参照）。ただし，上記の例だけでは，単に〈モノ〉に対してラベリングする手続きのよう

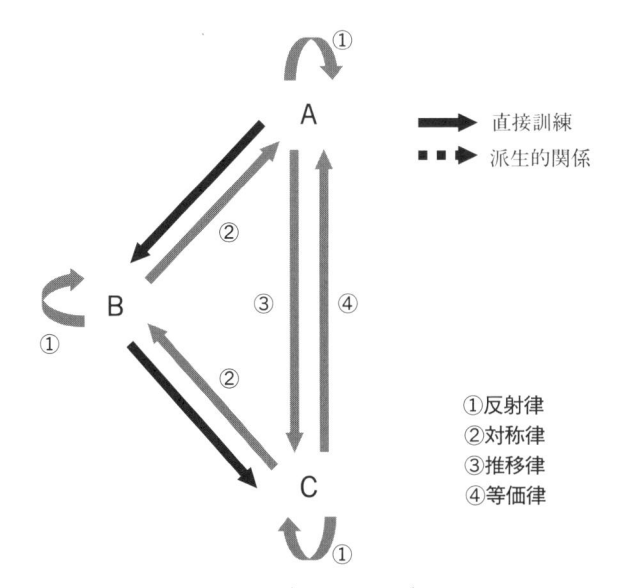

図 2-3 刺激等価性の定式化（Sidman, 1990)[35]
黒の矢印は訓練した関係性，灰色の矢印は派生的関係性を表す。

に見える。しかし，特定の文脈によっては，そのラベルが反転することすらあるということも援助可能であることが示されている[25]。

この Sidman[34]の研究では，当該のネットワークに音声反応が含まれるため，純粋な〈刺激←→刺激〉を取り扱うことができるようになったとは言いがたい。その後，さまざまな研究が蓄積され（文献 47 を参照），〈刺激←→刺激〉関係のみでも扱えるような「刺激等価性」(stimulus equivalence) の定式化が行われた[35]。

その刺激等価性の成立とは，複数の〈刺激…刺激〉関係が，以下の 4 つの条件がすべて成立した場合とされた。その 4 つの必要条件とは，以下のとおりである（図 2-3)。

①反射律 (reflexivity)：〈A→A〉という関係が訓練された後（見本合わせ手続きでは，〈見本刺激→比較選択刺激〉を表す。つまり〈A→A〉は同一見本合わせ手続きを表す），〈B→B〉,〈C→C〉という関係がテストされる。そのテストされる（つまり，未訓練の）〈B→B〉,〈C→C〉という関係が成立していた場合，反射律が成立したと呼ばれる

②対称律（symmetry）：〈A→B〉という関係が訓練された後，〈B→A〉という関係がテストされる。その未訓練の〈B→A〉という関係が成立していた場合，対称律が成立したと呼ばれる

③推移律（transitivity）：〈A→B〉および〈B→C〉という2つの関係が訓練された後，〈A→C〉という関係がテストされる。そのテストされる（つまり，未訓練の）〈A→C〉という関係が成立していた場合，推移律が成立したと呼ばれる

④等価律（equivalence）：〈A→B〉および〈B→C〉という2つの関係が訓練された後，〈C→A〉という関係がテストされる。そのテストされる（つまり，未訓練の）〈C→A〉という関係が成立していた場合，等価律が成立したと呼ばれる

ただし，④の関係だけが成立したとしても，刺激等価性が成立したとは呼ばない（①～③の成立も必ず必要となる）。

3-3. 刺激等価性クラスによる機能の転移

3-2の刺激等価性が成立した場合，従来の三項随伴性における弁別刺激とは異なる機能獲得の過程を示すような，先行刺激による行動の制御が生起することが実証されている。それは「刺激等価性クラスによる機能の転移」（transfer of function through stimulus equivalence）と呼ばれる[5, 8, 11, 20, 41]。ある特定の文脈で，刺激等価性クラスが成立したとしよう。そのメンバーは刺激A，刺激B，刺激Cの3つである。クラス成立後，別の文脈において刺激Aのみ特定の反応と結果を含んだ直接の随伴性にさらされたとする。そして，刺激Aはその特定の反応の弁別刺激となったかがまず確認される。次に，直接の随伴性にさらされていない刺激B，Gについても同様の条件で，その特定の反応が制御されるか否かが検討される。もし，刺激B，Cが制御されていれば「刺激等価性クラスによる刺激機能の転移が生起した」と呼ばれる。たとえば，心理学の概論的講義で，ある学生が以下のような課題を課せられたとしよう。多数の心理学用語の中から，関連する2つの単語を線で結ぶというものである。その中には，「行動分析学」，「B. F. スキナー」，「徹底的行動主義」という3つの単語が含まれていた。その課題は繰り返し実行され，その後，テストによって，その3つの単語からなる刺激等価性クラスが成立したことが確認された（実際に，この方法によって等

価性クラス成立が可能であることは，文献 10 で実証されている)。その数日後，ある教授からスキナーの『言語行動』を読むよう指示され，あまりの格調の高い英文に歯が立たず「難しい」とつぶやいたとしよう。その場合，さらに数日後，その教授から「行動分析学（あるいは徹底的行動主義）は面白いですか？」と質問されたとしたら「難しいです」と返答する確率は高いだろう。これは，3-1 で述べられた「3 カ月間，外国籍の児童が滞在する」という例と類似している。しかし，前例では同一の文脈下（つまり同一の機能）での現象である。一方，この「大学生と教授」の例では，クラスが成立した文脈，クラスのメンバーのひとつが実際の随伴性を通して機能を獲得した文脈，さらに機能が転移した文脈は，時空間的に離れており，関連してはいるものの，同一ではないという点で異なっている。この「大学生と教授」の例は，一般的には「概念」や「イメージ」による行動の制御と言われるものである。つまり，このような行動生起の機序は，非常に限られた経験から効率的な行動を生起させることができるというメリットがある一方で，行動レパートリーを狭めてしまうというデメリットにもなりうるのである（いわゆる「食わず嫌い」という現象もこれに該当する）。

4．関係フレーム理論と「認知」の基盤

4-1．フレームという枠組み

前節においてクラスという枠組みを扱った。本節では，その反応クラスと分類されるもののうち，特殊な反応クラスを扱う。通常，反応クラスとは，上述のように，同様の機能を持つ行動のまとまりのことを指し示すにすぎない。しかし，ここで検討する特殊な反応クラスとは「フレーム」(frame) と呼ばれる反応クラスのことである。この「フレーム」という名称は，認知的な構造のように誤解される危険性があるため，それを避けるためにフレーミング (framing) と呼ばれることもある。また，その呼称が示すように「中身は変わることはあっても，外枠はいつも変わらない」という「まとまり」を示す反応クラスのことである。そのような現象は，古くは「学習セット」(learning set)[12] あるいは「学習のための学習」(learning to learn) と呼ばれてきた[4]。

さらに，行動分析学では，より限定的な反応クラスとして「般化模倣」

(generalized imitation)[1, 23]と呼ばれる現象として検討されてきた（その他に注目行動，同一・異質見本合わせ，排他律などの行動でも同様の現象が確認されている：詳細は，文献18を参照）。般化模倣における「般化」とは，示範されるモデルそれ自体の物理的な類似性による般化を指し示す用語ではない。この「般化」は「模倣する」というフレームがヒトに内在するかのように，今までに模倣したことがない新奇なモデルに対しても，模倣反応が生起するという状態を指し示すために使用されている。さらに，そのような模倣は，いくつかの特定の模倣反応に対する強化率を変動させると，それと連動して他の強化されない個々の模倣反応も変動する，つまりフレームそれ自体が「一回り大きい反応」（higher-order/overarching response）として消長しているかのような状態なのである[2]。また，このような般化オペラント，つまりフレームを確立する必要条件としては「複数の範例による訓練」（multiple-exemplar training）[43, 44]の実施が挙げられている。つまり，そのような般化オペラントも随伴性によって確立・維持されるものであるということを意味している[17]。

4-2. 関係フレームとは何か

Hayes[14]は，クラスという枠組みで刺激等価性を考えるということを一定に評価しつつ，それ以上に〈刺激—刺激〉間の「関係」（relation）として刺激等価性を捉え直すことによって，さらに研究の進展が期待できると考えた。そのように提案した理由は，「関係」は「等価」にとどまらず，その他の多くの関係性も「言語」や「認知」に深く関与しているからである。そこで，彼らは「フレーム」という枠組みを援用し「等価」関係以外の関係性も積極的に扱っていくことを指向した。それが「関係フレーム」（relational frame）である。

関係フレームとは，4-1のフレームと呼ばれる般化オペラントのうち〈刺激—刺激〉間の関係性に関するものを指す。その関係は，a）恣意的に適用可能で（arbitrarily applicable），b）派生的で（derived），c）学習性で（learned），d）文脈の制御下にある（controlled by context）という特徴を持っているとされた[15]。そのa）の「恣意的に適用可能」とは，そのまま「恣意的に適用される（applied）」ということを意味しない。つまり，「関係」そのもの（たとえば，「同じ」，「～より大きい」など）は，特定の文

脈に縛られないものである。しかし，記号論理学，哲学，数学以外の日常的な場面では，ほとんど恣意的に適用されることはない。換言すれば，実際の文脈から離れれば離れるほど，「関係」の適用範囲は広がっていき，社会的影響から自由になっていく。それが，言語行動の重要な特性であるとも言えよう。その特性によって，ヒトは，外界（手つかずの自然）を再構築し，言語的な外界（文明）に作りかえてきたのである。また，科学とは元来，恣意的に適用可能なものである。しかし，実際場面では恣意的に適用されることはない。

　また，その関係フレームは，以下の3つの特性を持っている。その3つとは

　　ⅰ）相互的内包（mutual entailment）
　　ⅱ）複合的内包（combinatorial entailment）
　　ⅲ）刺激機能の変換（transformation of stimulus function）

である。前節の刺激等価性で考えれば，ⅰ）は対称律，ⅱ）は推移律と等価律，ⅲ）は刺激等価性クラスによる刺激の転移に相当する。特性自体も，関係性が異なるだけで，機能は同様なものと考えてよいだろう。

　さらに，その関係フレームには，①等位（coordination），②対立（opposition），③示差（distinction），④比較（comparison），⑤階層的関係（hierarchical relations），⑥間的関係（temporal relations），⑦空間的関係（spatial relations），⑧因果（conditionality and causality），⑨指示的関係（deictic relations）といった種類が挙げられている[17]。前節で扱った等価関係は，①の等位関係に含まれる。

4-3. 関係フレーム「理論」とは何か

　関係フレーム理論（relational frame theory）という名称は1992年から使用されている[19]。しかし，行動分析学は「理論が不要である」と標榜しているという他の心理学派からの誤解も根強い[31]。そのため，この名称は奇異に映るかもしれない。その誤解は，Skinner[36]による「学習理論は必要か」（"Are theories of learning necessary?"）という論文のタイトルによるものであると考えられる。しかし，Skinnerが不要だと述べた理論とは「観察

された事実とは異なる次元で測定され異なる言葉で記述された他のレベルで観察される出来事による説明」(文献33, p.104)のことを指す。つまり,不要としたのは,仮説演繹的なレベルでの事象の予測・説明を目的とした理論のことである。第1章でも述べたように,行動分析学は「制御」(影響)を目的としているため(「予測」は,あくまでその副産物である),関係フレーム理論に使用されている「理論」とは,一般的な意味での「理論」とは異なる。ここでの「理論」とは,記述的かつ機能的であるような分析・抽出的な理論 (analytic abstractive theory) のことを指している[16]。それは,対象としている行動に対して影響を与えようとした場合に有用な行動的原理を系統的に整理したものを意味する。換言すれば,関係フレーム理論における「理論」とは,分析の正確性を保持しつつ,視野を広くとるために必要な言語ルールのまとまりなのである。そのため,実際に実験的に検討された知見ばかりではなく,機能的でありさえすれば思弁的なものでも理論と呼ばれるのである[註2]。ただし,思弁的な場合には今後実験的に検討可能なレベルへの示唆を含まねばならない。近年,そのような関係フレームに関する理論的な分析を系統的にまとめた『関係フレーム理論』[17]が出版され,それと並行して関係フレームに関する実験的検討も精力的に行われている(第3章を参照)。

5. まとめ

本章は,行動分析学の言語に対する基本的スタンスである,

a) 言語は単なる記号ではない
b) 言語の成立は複数のヒトの間で生じる円滑な相互交渉を基盤としている

という2つのテーゼを軸に,

c) 三項随伴性という分析枠の機能

註2) Skinner[38]による『言語行動』も言語に対する理論分析の代表例である。

を再整理し，行動分析学内では従来あまり強調されてこなかった，

 d）クラスという分析枠
 e）フレームという分析枠

を積極的に援用することによって，a）～c）のスタンスや枠組みを保持しつつも，

 f）言語の記号的側面とされる「意味」や「認知」を扱っていくことが可能

であることを示した。つまり，機能的文脈主義を言語や認知を分析していく際に援用していくことで，「博物館の神話」[45, 46]と呼ばれる〈モノ〉にラベルを貼っていくという「無批判な意味論」から脱却できる可能性を示してきた。比喩的に言えば，「恣意的な適用可能性」あるいは「脱日常文脈性」という言語の重要な特性が，刻々と流れゆくさまざまな随伴性の中から，S. C. Hayesによって拾い出されたと言ってもよいかもしれない[註3]。

　もちろん，そのような「脱日常文脈性」は言語の長所でもあり，また短所でもある。その具体的な長短については，第5章で扱うこととしたい（第5章では，関係フレーム理論による臨床的問題や治療・援助手続きの分析・機序について明示することになるだろう）。

註3）しかし，Skinnerがその「脱日常文脈性」の重要性を把握していなかったということではない。単に分析枠において積極的に強調しなかっただけにすぎない。それは，SkinnerがユートピアSF小説を発表したことからも窺い知ることができる[30]。

第3章

関係フレーム理論
RFT と ACT の「関係フレームづけ」を目指して

木下奈緒子，大月 友

　効果的な臨床を実践するために，ACT のセラピストは関係フレーム理論 (Relational Frame Theory：RFT) を知る必要があるのだろうか？　答えはイエスである。正確に述べるとすれば，RFT を知らなくても ACT を実践することは可能である。なぜなら，ACT は機能的文脈主義や RFT の理解が不十分であっても，ある程度効果が得られるように，専門用語の使用は避け，ヘキサフレックスなどを用いてわかりやすく体系化されているからである。その一方で，このユーザビリティの高い ACT には，人間の言語や認知に対する機能分析が不明確になるというデメリットもある。その結果，セラピーが進展しない場合に，単に他の手続きを組み合わせることで対処するようになり，ACT の手続きの洗練や行動分析学の洗練にもつながらない[12]。以上のことから，ACT のマニュアルにとらわれることなく，柔軟性の高いセラピーを展開するためには，RFT の基礎知識は必要不可欠である。

　本章の目的は，RFT の概要を紹介することである。そして，ACT に基づく人間の精神病理の理解や ACT の作用機序について，RFT の専門用語を用いて再記述することを試みる。なぜなら，柔軟性の高いセラピーの展開，ACT の手続きの洗練には，これらの作業が必要不可欠だからである。

1．関係フレーム理論（Relational Frame Theory）

　RFT とは，人間の言語と認知に対する行動分析的アプローチを提供する包括的な理論である[13]。ある刺激[注1]が特定の行動の生起に影響を及ぼしている場合，その刺激には一定の機能が確立されている。RFT によれば，あ

る刺激が刺激機能を獲得するには2つの方法があるとされる。ひとつは，直接的な随伴性のプロセス（オペラント条件づけ，レスポンデント条件づけ）と，刺激の形態的次元に基づく刺激般化である。そして，もうひとつは言語プロセスである。前者は，人間にも動物にも共通するが，後者は，人間に固有の現象であり，人間が示す複雑な行動と深く関連している。この言語プロセスにおいて，中核となるのは，特定の文脈下で複数の刺激を恣意的に関係づけることである[14]。RFTでは，これを「関係フレームづけ」（relational framing）と呼ぶ。人間は，一度，刺激と刺激を関係づける行動（すなわち，関係フレームづけ）を獲得すると，さまざまな刺激に対して，それらの刺激関係を恣意的に適用することが可能となる。そして，そのような直接的に学習された複数の刺激の特徴や性質によって反応が制御されたり，直接的経験からではない「事実あるいは前提から推論された」派生的な関係づけによって反応が制御されたりするようになる[2]。RFTでは，前者を「関係反応」（relational responding），後者を「派生的関係反応」（derived relational responding）と呼ぶ。さらに，特定の機能を持つある刺激〈A〉が，関係フレームづけによって別の刺激〈B〉と関係づけられると，両者の刺激間の関係に基づいて，刺激〈B〉の機能が変容されるという現象が生じる。この現象は，「刺激機能の変換」（transformation of stimulus function）と呼ばれ，精神病理などの人間の複雑な心理的現象と深く関連があるとされる。このような刺激機能の変換は，必ずしも問題行動の原因となるわけではないが，刺激機能の変換が文脈に応じて適切に制御されていない場合，臨床的問題に関連する行動の原因となることがあるとされる。

1-1. 関係反応と派生的関係反応

　関係反応とは，ある行動が，2つあるいはそれ以上の刺激の特徴や性質によって影響を受けている場合に生じる反応である[2]。たとえば，大小さまざまなボールの中から，〈一番大きいボールを選択する〉という行動は関係反応である。また，AさんとBさんでは，Aさんの方が優しいという関係性を学習した場合に，「より優しいのはどちら？」と尋ねられ，Aさんを選択す

註1）ここで言う「刺激」とは，一般的に，人が直面する，認識する，または何らかの方法で反応を示す，人，モノまたは事象（たとえば，思考，感情，記憶，人，他者の発言や行為，音，物体，匂い，身体的感覚，味覚など）のいずれかを意味する[6]。

る行動も関係反応である。いずれの例も，選択するという行動が直接学習された関係性によって影響を受けているが，前者の例は，刺激の非恣意的な特徴に基づく反応である。非恣意的とは，刺激の物理的性質や特徴に基づいて刺激を区別できることを意味する。このような刺激の非恣意的特徴に基づく関係反応は，関係反応の中でも，特に条件性弁別による関係反応と呼ばれる。人間以外の動物でも，この条件性弁別による関係反応は可能である。一方，後者の優しい人を選ぶというのは，複数の刺激を刺激の恣意的な特徴に基づいて区別している例である（〈優しい〉というのは，触れたり匂いを嗅いだりといったように感覚器官を通じて知覚できるような特徴ではない）。人間は，動物とは異なり，さまざまな刺激に対して学習された刺激関係を恣意的に適用することができるという特徴を持つ。ここで注意しなくてはならないのは，「恣意的に適用可能」（arbitrarily applicable）というのは，常に恣意的に適用される（自由な選択によって決まる）ということを意味するものではないということである。たとえば，あなたが「今日から犬は植物の一種である」（犬と植物の階層的な関係フレームづけ）と考えようと突然決めることはないだろう。なぜなら，あなたは周囲の人はそれに賛同してくれないということを知っているからである。私たちが日常的に行っている関係フレームづけは，私たちが所属する言語共同体の社会的な慣習によって確立されているのである。

派生的関係反応とは，直接学習された関係性によって影響を受ける行動ではなく，そこから派生される間接的な関係性についての過去の経験から引き出される行動である[6]。たとえば，AはBよりも〈大きい〉という関係性を学習した場合に，「小さいのはどれ？」と尋ねられ，〈Bを選択する〉という行動は派生的関係反応である。なぜなら，この例では，AはBよりも〈大きい〉という関係性は直接学習されているが，その逆のBはAよりも〈小さい〉という関係性は直接学習されていないからである。先述した刺激の恣意的特徴に基づく関係反応と同様に，この派生的関係反応も，人間に固有の反応であると考えられている。

1-2. 関係フレームづけ

関係反応や派生的関係反応が成立するのは，幼少期に，複数の範例による訓練によって，刺激と刺激を関係づける行動（関係フレームづけ）が獲得さ

れているからである[4]。人間は，複数の範例を用いた繰り返しの関係フレームづけの訓練によって，さまざまな関係性の種類を学習するのである。そして，この刺激と刺激の関係性を新奇な刺激と刺激のセットにも適用することが可能となる。この刺激と刺激の間の関係性のユニットは，関係フレームと呼ばれる。この関係フレームには，等位，対立，示差，比較，階層的関係，時間的関係，空間的関係，因果，指示的関係といった種類がある[13]。

このように関係フレームづけは学習された般化オペラントであり，その後の関係反応や派生的関係反応の成立の基盤となる。この関係フレームづけは，①相互的内包 (mutual entailment)，②複合的内包 (combination entailment)，③刺激機能の変換 (transformation of stimulus function) という3つの特性を持つとされる。それぞれの用語について，簡単に説明する。

(1) 相互的内包

相互的内包とは，双方向性の関係づけに対する基礎的な用語である[13]。たとえば，AはBよりも〈大きい〉と教えられた場合に，BはAより〈小さい〉という関係性を派生することである。

(2) 複合的内包

複合的内包とは，3つ以上の刺激関係が相互に複合された性質を示す用語である[13]。たとえば，AはBよりも〈大きく〉，BはCよりも〈大きい〉と教えられた場合に，AはCよりも〈大きく〉，CはAよりも〈小さい〉という関係性を派生することである。

(3) 刺激機能の変換

刺激機能の変換とは，刺激Aが特定の機能を持つ場合に，刺激Aと関係づけられている他の刺激の機能も，両者の関係性に基づいて変容される現象である[13]。たとえば，新しい大河ドラマが始まったとする。あなたは，これまで特に歴史ドラマには興味がなく，登場する歴史上の人物（X）についても特別な想いはなかったとしよう。特にこのドラマを毎週見ようとは思わないかもしれない。しかしながら，このドラマの主役を演じるのが，あなたが昔から大ファンの俳優（A）だと知ったら話は別である。あなたは，毎週欠かさずこのドラマを見るようになり，歴史上の人物（X）についてもっと知りたいと思い歴史の本を読み，ゆかりの地を訪ねるかもしれない。歴史ドラ

には興味もなかったあなたの行動が変容されたのは，刺激Aと関係づけられた刺激Xの機能が，両者の間の関係に基づいて変容されたからである。

1-3. 刺激機能の変換と文脈制御

　刺激機能の変換の特徴として，それは常に文脈によって制御されているということを理解することが重要である。たとえば，真夏のある暑い日に，帰宅途中の電車の中でビール会社の広告を目にしたとしよう。美味しそうに冷え切ったビールの写真を見て，急に喉の渇きを感じたり，冷え切ったグラスを想像したり，ビールを飲んだときののど越しを想像したりと，さまざまなことがあなたの頭の中をめぐるのではないだろうか。これは，写真のビール（X）と実際のビール（A）が，等価なものであるということをあなたは知っているからである。つまり，AとXが等価な関係によって関係フレームづけられているからである。その結果，実際のビールが持っている刺激機能が，写真のビールにも変換しているのである。しかしながら，あなたは実際のビールを一気に飲み干すことはあっても，写真のビールを見てそれを口に入れようとはしないだろう。なぜならあなたは，実際の対象物と写真は，物理的には異なるものであるということを知っているからである。つまり，この例では，刺激の物理的特徴（実際の対象物なのか写真なのか）という文脈によって，刺激機能の変換が適切に制御されているのである。

2．臨床心理学分野における RFT の有用性

　RFT の概要について簡単に紹介したが，より詳しく勉強したいということであれば，RFT の専門書を参考にするとよい（たとえば，文献 13, 15）。また，RFT の学習ツールとして，オンラインによるチュートリアルもある[1]。RFT の基本知識が幅広く網羅され，グラフィックスやアニメーションが豊富に使用されているので，英語の RFT の専門書を 1 冊読むよりは比較的わかりやすい内容となっている。

　ここからは，ACT に基づく精神病理の理解や ACT の手続きとその作用機序が，RFT の用語でどのように再記述可能であるかについて実際の研究例とともに紹介する。

2-1. 刺激機能の変換に関する実験研究の基本手続き

はじめに，刺激機能の変換に関する実験研究の基本手続きについて紹介する。いくつか例外もあるが，一般的に図3-1に示したような手続きを用いて刺激機能の変換は検証される。実験は，大きく分類すると4つのフェーズに分けることが可能である。フェーズ1では，特定の恣意的な刺激（たとえば，無意味つづり，記号，図形など）に，刺激間の関係性を表す文脈手がかりとしての機能を獲得させることを目的とした見本合わせ課題が行われる（図3-1のフェーズ1参照）。このとき，見本刺激と比較刺激に用いられる刺激は非恣意的なものである。たとえば，ある記号に〈同類〉という関係性を表す文脈手がかりとしての機能を獲得させたい場合，この記号のもとで，見本刺激と形態的に全く同一の比較刺激を選択することが強化される。一方，また別の記号に〈反対〉という関係性を表す文脈手がかりとしての機能を獲得させたい場合，この記号のもとでは，見本刺激とは形態的特徴が異なる（たとえば，大きさや長さなど）比較刺激を選択することが強化される。その後，新奇な非恣意的刺激のセットを用いて，これらの記号に文脈手がかりとしての機能が確立されたのかがテストされる。フェーズ2では，はじめに関係訓練が行われる。関係訓練とは，特定の刺激を直接的に関係フレームづける訓練である。具体的には，フェーズ1で訓練した文脈手がかりのもと，見本刺激と比較刺激をマッチングさせることが訓練される（図3-1のフェーズ2参照）。ここでは，〈同類〉という文脈手がかりのもと，A1が呈示された場合にはB1とC1の選択が強化され，〈反対〉という文脈手がかりのもと，A1が呈示された場合にはB2とC2の選択が強化されたとしよう（実際の実験で使用される刺激はすべて恣意的なものである：これ以降，A1，B1，B2，C1，C2と記述する）。この直接的な訓練によって獲得される刺激関係を，図3-1（最下段）に実線で示した。関係訓練が終わると，続けて派生的刺激関係のテストが実施される。このテストでは，未訓練の刺激間に「事実あるいは前提から推論された」派生的な関係が生成されるかがテストされる。派生的刺激関係のテストで対象となる刺激関係は，図3-1（最下段）に点線で示した。フェーズ3では，フェーズ2で使用した恣意的刺激の中の特定の刺激（たとえば，B1とB2）に，刺激機能を獲得させるための訓練が行われる。たとえば，文献10では，B1が画面中央に5秒間呈示され，その後，続けて嫌悪刺激（死体の写真と女性の叫び声）が呈示され

フェーズ1　文脈手がかりの獲得訓練

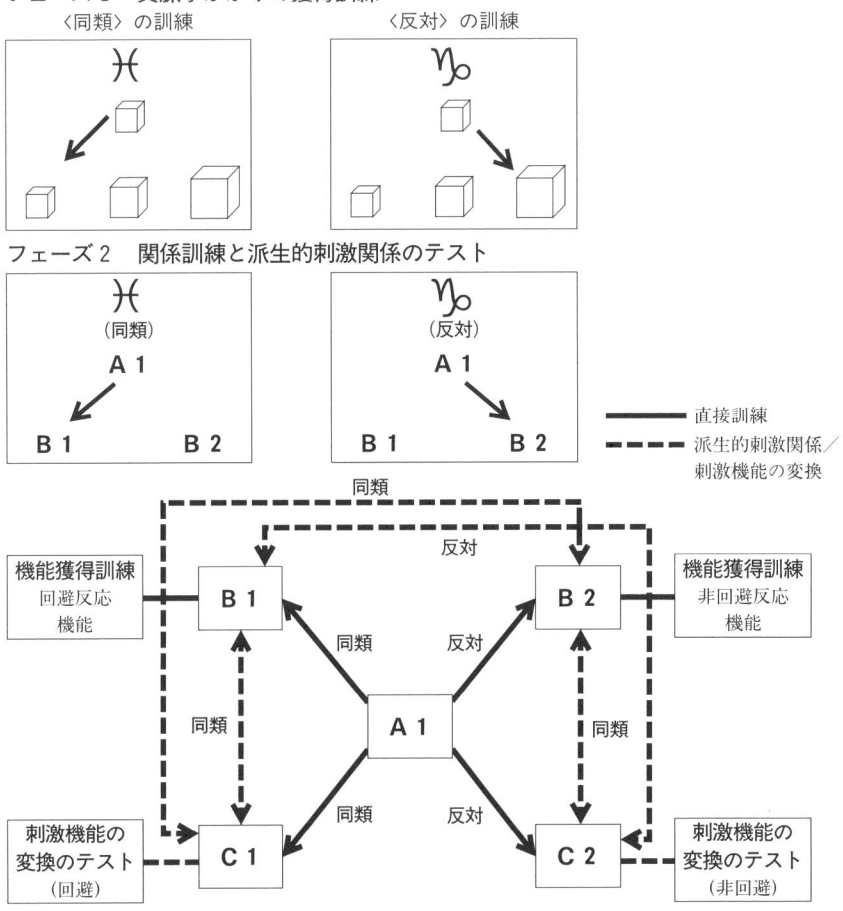

〈同類〉の訓練　　　　　　　〈反対〉の訓練

フェーズ2　関係訓練と派生的刺激関係のテスト

―――― 直接訓練
------ 派生的刺激関係／
　　　　刺激機能の変換

フェーズ3　機能獲得訓練

フェーズ4　刺激機能の変換のテスト

図3-1　刺激機能の変換に関する実験研究の基本手続き
　　　Dymond et al. (2007)[10]の手続きを参考に作成。
　　　実際の実験で使用された刺激は、すべて恣意的な刺激（たとえば無意味つづり）である。手続きをわかりやすくするため、A1、B1、B2、C1、C2と表記した。

た。ただし、B1が呈示されている間に実験参加者がスペースバーを押した場合、嫌悪刺激の呈示をキャンセルすることが可能であった。B2が5秒間呈示された場合は、続けて中性刺激（自然の写真）が呈示された。訓練の結

果，実験参加者は，Ｂ1が呈示された場合のみにスペースバーを押す（すなわち，写真の呈示はキャンセル）という反応を一貫して示した。フェーズ4では，派生的刺激関係に基づく刺激機能の変換がテストされる。Dymondら[10]の実験では，Ｃ1とＣ2がそれぞれ画面中央に呈示され，スペースバーを押すという反応が確認されるかがテストされている。その結果，実験参加者は，Ｃ1が呈示された場合のみにスペースバーを押すという反応を一貫して示した。このテストでは，Ｃ1が呈示された後に，スペースバーを押さなかったとしても，嫌悪刺激が呈示されることはなかった。つまり，Ｃ1やＣ2は直接的な学習によって刺激機能を獲得したのではなく，派生的刺激関係に基づく刺激機能の変換によって，刺激機能が変容されたのである。

　フェーズ1の文脈手がかりの獲得訓練の例では，〈同類〉と〈反対〉の文脈手がかりの例についてのみ言及したが，研究で対象となる刺激関係に応じて，見本刺激と比較刺激に用いられる非恣意的刺激は異なる。たとえば，ある記号に〈より多い〉という関係性を表す文脈手がかりとしての機能を確立したい場合，この記号のもとで，見本刺激（たとえば，赤い円が2つ）とは形態的に全く同一であるが，数がより多い比較刺激（赤い円が6つ）を選択することが強化される。このように，〈同類〉および〈反対〉以外の刺激関係についても，上述した基本手続きを用いて検証可能である[註2]。しかしながら，これまでに発表されている刺激機能の変換に関する研究では，主に〈同類〉と〈反対〉の刺激関係に焦点が当てられており，それ以外の刺激関係を対象としている研究は非常に限られている[9]。

2-2. 刺激機能の変換と回避反応の拡大

　広場恐怖を呈する人が，はじめは特定の場所や状況（たとえば，バスの中）に対して不安を経験していたとしても，その後さまざまな刺激（たとえば，列車，自動車，橋の上など）に対しても不安を感じるようになることがある。このような不安喚起刺激が拡大していく現象は，RFTからどのように理解することが可能だろうか。この現象を実験的に示した研究がある。先

註2）「1-2. 関係フレームづけ」で言及した関係フレーム（等位，対立，示差，比較，階層的関係，時間的関係，空間的関係，因果，指示的関係）のすべてについて，同様の手続きを用いて検証できるというわけではない。現時点で，実際に検討されているのは，同類／反対，大小関係，多少関係もしくはそれらを組み合わせた刺激関係であり，他の刺激関係についての方法論は確立されていない。

ほど，刺激機能の変換に関する実験研究の基本手続きの中で紹介したDymondら[10]の実験を思い出してほしい。この実験では，派生的刺激関係に基づく回避反応機能の変換が検討されている。この研究で重要な点は，未訓練のＣ１に対しても回避反応（スペースバーを押して嫌悪刺激の呈示をキャンセルする）が示されたということである。具体的には，機能獲得訓練では，Ｂ１が呈示されている一定の時間内にスペースバーを押した場合，その後の嫌悪刺激（具体的には死体の写真と女性の叫び声）の呈示をキャンセルすることが可能であった。そして，その後の刺激機能の変換のテストでは，Ｃ１はＢ１と同類の関係にあるため（Ａ１＝Ｂ１かつＡ１＝Ｃ１），Ｃ１が画面上に一定時間呈示された場合に，スペースバーを押すことによって写真の呈示を回避する反応が示されることが予想された。テストの結果，予測と一致して，派生的刺激関係に基づく回避反応機能の変換が確認された。この実験研究で得られた知見を，先の広場恐怖を呈する人の例に置き換えて考えてみよう。このクライエントは，ある時，バスの中でパニック発作を経験し，それ以降バスに乗ることを回避するようになったのである（この実験で言えば，Ｂ１の回避反応機能の獲得訓練にあたる）。その後，列車や自動車，橋の上（Ｃ１）では，同じようなパニック発作を直接的には経験していない。しかしながら，回避反応機能を持つバス（Ｂ１）が，列車や自動車，橋の上（Ｃ１）と関係フレームづけられることによって（たとえば，〈列車もバスと同じように閉塞的で混雑しているし，同じような場所だ〉と考える），その後，列車など（Ｃ１）も不安を喚起する刺激となり，回避の対象となることが予想される。このDymondら[10]の実験では，Ｃ１に嫌悪刺激が対呈示されるという直接的な訓練は行われていない。また，使用された刺激はすべて恣意的なものであった。そのため，レスポンデント条件づけやオペラント条件づけ，または刺激般化によってこの現象を説明することはできない。人間は，関係フレームづけを行うことによって，ある刺激が持つオペラント機能（たとえば，回避／逃避機能など）やレスポンデント機能が，未学習の刺激にも変換するのである[6]。派生的刺激関係に基づく刺激機能の変換を従来の学習理論に組み入れることは，人間の精神病理の理解に有用な示唆を提供すると考えられる。また，後述するが，Dymondら[10]によって示されたような臨床上問題となる刺激機能の変換をどのように制御するかを検討することは，ACTの手続きの洗練につながることが期待される。問題行動の維

持の原因となっている原理は，問題行動の治療にも応用できるのである。

2-3. 刺激機能の変換と自己概念の形成

　クライエントは，セラピー中に，自己に対するネガティブな評価について語ることがある（たとえば，「周りの方がいつも自分より優れているから，自分は何を頑張ってもうまくいかない」など）。このような臨床的問題に関連する自己概念も，RFTの観点から考えることが可能である。自己や自己認識は，自らの行動を弁別することとして定義される[11]。人間は，見る，嗅ぐ，聞く，問題を解決するなど，自身の行動を観察する能力を持つ。そして，観察した行動に対して言語的に反応することが可能である（たとえば，問題解決のためにとった行動に対して〈私は要領が悪い〉，〈トラブルメーカーだ〉と言語的に反応することが可能である）。その後，このようなネガティブな言語的事象は，所属する言語共同体の構成員との相互交流の中で，さまざまな刺激と関係フレームづけられるようになり，より一般的でネガティブな自己概念が形成されるようになる[3]。たとえば，〈要領が悪い〉ということは〈価値のない人間だ〉と考え，〈トラブルメーカー〉だから〈みんなに愛されることはない〉と考えるようになる。さらには，〈自分は愛される価値がない〉と考え，周囲の人と親密な関係を築くことを避けるようになる。そして，回避行動が維持されることによって，他者との相互作用が減少し，結果的に〈自分は愛される価値がない〉という自己概念が強化されるのである[3]。この例では，親密な関係を築こうと試みた結果，他者に拒否されたなどの直接的な経験は伴っていない。RFTの用語で言えば，派生的な刺激関係の生成とそれらの派生的刺激関係に基づく刺激機能の変換によって反応が制御されているのである。

　自己概念に対するこのようなRFTからの解釈は，現時点では理論の域を出ないが，これらの現象を実験的に検討することが試みられている。その代表的な研究として，DymondとBarnes[8]が行った派生的刺激関係に基づく自己弁別反応機能の変換に関する研究がある。この研究では，A1とB1，A1とC1は〈同類〉，B2はA1より〈小さい〉，C2はA1より〈大きい〉という関係性を獲得することを目的とした関係訓練が行われた（図3-2上段を参照）。その後，一定時間自由にスペースバーを押すことが求められ，続いて呈示された比較刺激の中から，自分がバーを押した回数に応じて特定

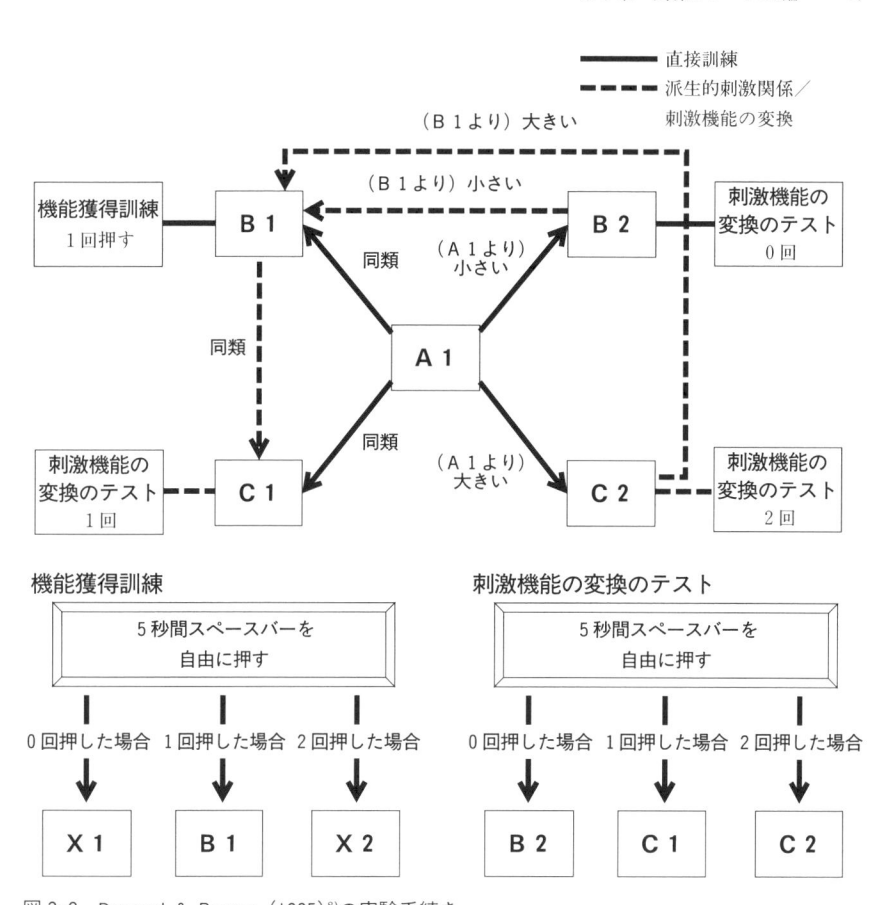

図 3-2 Dymond & Barnes (1995)[8]の実験手続き
Dymond & Barnes (1995)[8]の手続きを参考にして作成。
実際の実験で使用された刺激は，すべて恣意的な刺激（たとえば無意味つづり）である。手続きをわかりやすくするため，A1，B1，B2，C1，C2と表記した。

の刺激を選択することが求められる課題が導入された（図3-2下段「機能獲得訓練」を参照）。この課題では，はじめに比較刺激X1・B1・X2を用いて訓練が行われた。訓練では，B1に自己弁別反応機能が確立されるまで，スペースバーを押す回数が0回ならX1を，1回ならB1を，2回ならX2を選択することが繰り返し訓練された。次に，比較刺激をB2・C1・C2に変更し，それらの刺激に自己弁別反応機能が変換されるかどうかがテストされた（図3-2下段「刺激機能の変換のテスト」を参照）。先の関係訓

練によって生成された派生的刺激関係に基づけば，B2はB1より小さいため（A1＝B1かつB2＜A1）0回のバー押しの際に選択されることが予測された。C1はB1と同類の関係にあるため（A1＝B1かつA1＝C1），1回のバー押しの際に選択され，C2はB1より大きいため（A1＝B1かつC2＞A1），2回以上のバー押しの際に選択されることが予測された。テストの結果，予測と一致して，同類および比較関係に応じて刺激機能が変換されることが実証された。

　この実験で得られた知見を，先のネガティブな自己評価（〈周りの方がいつも自分より優れているから，自分は何を頑張ってもうまくいかない〉）の例に置き換えて考えてみよう。DymondとBarnes[8]の研究で重要な点は，刺激機能の変換のテストにおいて，実験参加者は，「事実あるいは前提から推論された」派生的な刺激関係に基づいて，〈スペースバーを2回押したらC2を選択する〉と判断していたという点である。ここで，なぜこのような推論が生じたのかを考える必要がある。重要な実験手続きのひとつは，実験参加者は，自らの行動（スペースバーを1回押すこと）に対して，ある特定の恣意的刺激（B1）を選択していたということである。そして，その恣意的刺激（B1）と他の恣意的刺激（C2）の派生的な比較関係に基づいて，C2に対応する行動（スペースバーを2回押すこと）を予測していたということである。つまり，複雑な関係ネットワークが形成され，その関係ネットワークに基づく刺激機能の変換が生じることによって，人間は，直接的には経験していない出来事や未来（〈何をやっても，自分より周りの人の方がパフォーマンスが高いだろう〉など）を予測することができるようになるのである。このように，自らの行動に対して恣意的な刺激を選択し，その恣意的な刺激が含まれる関係ネットワークに応じた刺激機能の変換が示されるというのは人間に固有の現象である。また，DymondとBarnes[8]の実験研究には，同類の関係のみならず比較関係が含まれていたことは注目すべき点である。このような比較関係に基づく自己弁別反応機能の変換は，社会的な比較に基づくネガティブな自己概念の形成と深く関連があるとされる[3]。等価な関係のみならず，さまざまな刺激関係を対象としたRFTの枠組みから理解することで，複雑な構成概念に対しても節約的な説明を提供することが可能となるのである。ただし，このようなRFTからの解釈は，概念形成の機序の一側面を説明するものであり，RFTによってすべてが説明されるわけで

はないことには注意が必要である。

2-4. 刺激機能の変換に対する文脈制御と心理的柔軟性

　ここまでは，ACTに基づく精神病理の理解に対するRFT的解釈の例を紹介した。それでは，ACTの治療手続きとその作用機序については，RFTの観点からどのように説明可能だろうか。ここでは，ACTで用いられる技法の脱フュージョンを取り上げて説明する。脱フュージョンとは，派生的刺激関係に基づく刺激機能の変換が，少なくとも一時的に文脈的に制御されている状態であると定義される[5]。はじめに，刺激機能の変換に対する文脈制御の効果を示した具体的な研究例を紹介しよう。Dougherら[7]は，派生的刺激関係に基づく弁別機能の変換は，文脈的に制御することが可能であることを示している。この実験では，はじめに5つのメンバーからなる3つの刺激クラスの形成を目的とした見本合わせ課題が実施された（A1-B1-C1-D1-E1；A2-B2-C2-D2-E2；A3-B3-C3-D3-E3）。そして，それぞれのクラスの1つのメンバー（B1，B2，B3）に対して，弁別機能の獲得が訓練された。その後，C1，C2，C3を用いて，3つの刺激クラスにおける刺激機能の変換に対する文脈制御の獲得が訓練された。具体的には，画面の背景色が赤色の場合には，刺激機能の変換が（B1，B2，B3に対する反応と同様の反応がC1，C2，C3に確認された場合に）強化され，背景色が青の場合には，刺激機能の変換が弱化された（図3-3上段を参照）。テスト試行では，クラス内の他のメンバー（DとE）を用いて，機能の変換に対する文脈制御の般化がテストされ（図3-3上段），さらに，未訓練の刺激セットを用いて，刺激機能の変換に対する文脈制御の般化テストが行われた（図3-3下段）。その結果，背景色が赤の場合には，DやEにBの刺激機能が変換され（B1，B2，B3に対する反応と同様の反応がD1，D2，D3とE1，E2，E3にも示された），背景色が青の場合には変換されなかった。また，新しい刺激セットを用いたテストでも，背景色による文脈制御が刺激機能の変換に対して示され，文脈制御の効果が般化することが明らかにされた。

　この実験では，最初に行った見本合わせ課題で形成された刺激クラスは，最後まで一貫して維持されていた[注3]。通常であれば，この刺激クラス内の刺激関係に応じて，刺激機能の変換が示されるはずである。しかしながら，

第Ⅰ部　行動分析学とACT

――― 直接訓練
----- テスト

刺激機能の変換に対する文脈制御の獲得訓練

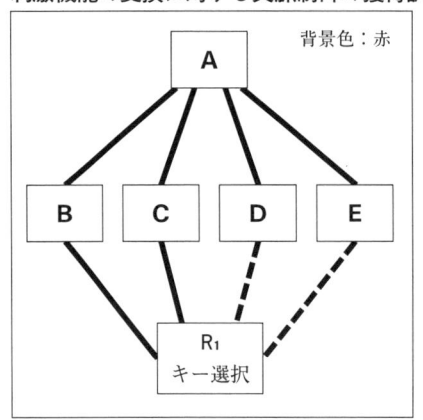

背景色：赤

刺激機能の変換を強化

【訓練】
B1, B2, B3の順でキー選択
C1, C2, C3の順でキー選択
【テスト】
D1, D2, D3の順でキー選択
E1, E2, E3の順でキー選択

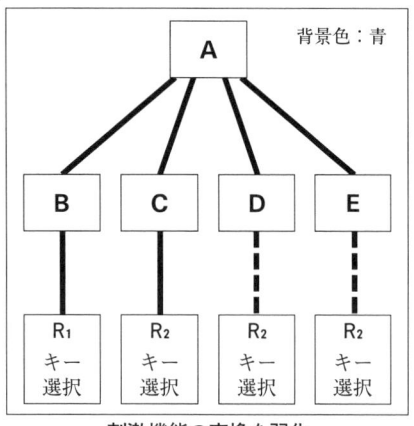

背景色：青

刺激機能の変換を弱化

【訓練】
B1, B2, B3の順でキー選択
C1, C2, C3以外の順でキー選択
【テスト】
D1, D2, D3以外の順でキー選択
E1, E2, E3以外の順でキー選択

刺激機能の変換に対する文脈制御の般化テスト

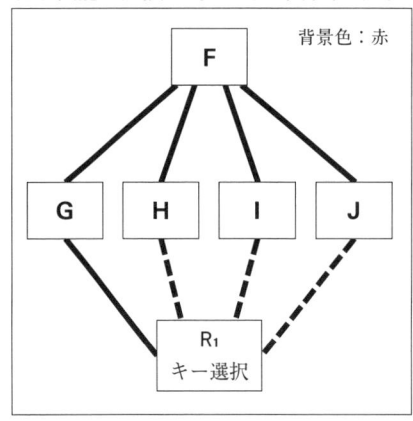

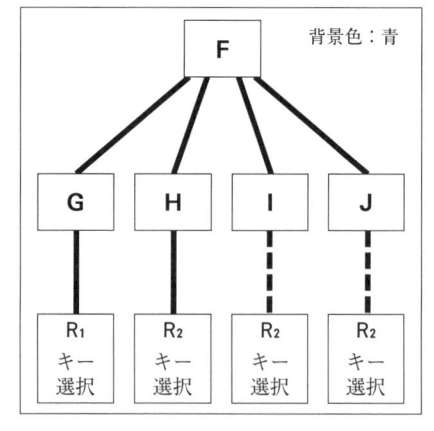

背景色：赤

背景色：青

図3-3　Dougher et al.（2002）[7]の実験手続き
　　　Dougher et al.（2002）[7]を参考に作成。
　　　実際の実験で使用された刺激は，すべて恣意的な刺激（たとえば無意味つづり）である。手続きをわかりやすくするため，A～Jのアルファベット文字を用いて表記した。

その後の複数の範例を用いた刺激機能の変換に対する分化強化によって，刺激機能の変換は文脈（背景色）によって制御されるようになったのである。つまり，ある関係ネットワーク（いわゆるネガティブな認知）が，臨床上問題となるような心理的機能を有している場合に，それらのネットワーク自体を変容したり，消去したりすることなく，これらのネットワークが行動に与える影響を変容することが可能であるということである。そして，その達成には，複数の範例を用いた，刺激機能の変換に対する明確な分化強化の学習歴が重要であるということである。ACTでは，クライエントの行動レパートリーの拡大には，心理的柔軟性（状況に応じて，自ら行動を持続させたり，変容させたりすること）が重要であるとされる。文脈に応じた適切な刺激機能の変換が示されている場合，人は，派生的な刺激関係に基づく刺激機能の変換に応じて反応するか，直接的な環境内の随伴性に応じて反応するかを自ら選択することが可能となる。人間が自らの行動を自己制御できるかどうかは，この選択の問題であり，この選択の問題こそ心理的柔軟性のコアとなる。

3．まとめ

本章では，RFTの概要を紹介し，ACTに基づく人間の精神病理の理解やACTの作用機序について，RFTの専門用語を用いて再記述することを試みた。なぜなら，ACTのようなユーザビリティの高い心理療法には，人間の言語や認知に対する機能分析が不明確になるというデメリットがあるからである。RFTの観点から考えることは，セラピスト自身の柔軟性を増し，セラピストが新たなメタファーやエクササイズを創造すること，目の前のクライエントのために介入を組み立てることの手助けになりうる[2]。本章では，ACTに基づく人間の精神病理の理解や治療効果のすべてについて，RFTの観点から記述するということはできなかった。本章は，特に問題となる症状の形成・維持において「刺激機能の変換」が果たす役割，そして，そのような問題となる「刺激機能の変換」をどのように文脈的に制御するか

註3）この実験では，実験の最後のフェーズで，最初の見本合わせ課題で行った等価律のテストが再度実施されている。その結果，すべての実験参加者が等価律のテスト試行の達成基準を満たしていた。このことから，実験の最初の段階で形成された刺激クラスは，実験の最後まで一貫して維持されていたと結論づけている。

という点に焦点を当てている。しかしながら，ACTでは，問題となる刺激機能の変換を制御するということと同時に，刺激機能の変換の原理を応用し，クライエントの柔軟な行動レパートリーの拡大を援助することも重要であるとされる。具体的には，この手続きはACTでは価値づけと呼ばれる。残念ながら，現時点では，価値づけの手続きに関連するRFTの基礎研究はほとんど行われていない。また，その他のACTの治療効果のすべてが，本章で紹介したようなRFTの基礎研究によって実証されているわけではない。これまでに発表されているRFTの基礎研究は限られており，基礎的知見の構築の必要性は，これまでも繰り返し指摘されている点である。今後，ACTをはじめとする機能的文脈主義に基づく心理療法が，さらに発展するためには，当該領域における基礎分野の研究の構築が必要とされる。そして，それらの基礎的知見と応用分野で実践的に得られた知見の間で，活発で継続的な相互作用が展開されていくことが必要とされる。

　RFTは，人間の言語と認知に対する行動分析的アプローチを提供する包括的な理論であり[13]，ACTはRFTのひとつの応用形態にすぎない。ACTのみならず，これまで治療効果を説明するために，仮説構成体や説明的なフィクションに依存してきた他の心理療法の技法も，RFTによりその作用機序の理解が可能となる。このように，RFTにおける知見は，人間の言語と認知の影響に関する科学的な説明を臨床心理学全体に提供すると考えられる[6]。本章が，RFTとACTの〈関係フレームづけ〉を援助し，当該領域における読者の今後の派生的な関係フレームづけと刺激機能の変換の一助となることを願っている。

第4章

ACTの基礎理論：ルール支配行動

田中善大

　私たち人間は，ことばを獲得したことによって，さまざまな利益を得てきた。ことばを使うことによって私たちは，個人の経験だけでなく，他者の経験をも活かすことができる。ヒト以外の動物の場合には，長年の経験によって身につけた適応的な行動が個体の死とともに消えてしまう。これに対して，ヒトは他者が獲得した適応的な行動を他の個体，さらには次の世代にまで引き継ぐことができる[44]。引き継いだ個体は，それをさらに適応的なものに発展させ，再びことばを通して他の個体，次の世代に引き継いでいく。このような学習のプロセスを身につけたことによって，ヒトは，他の種とは比べものにならないくらいの繁栄を手に入れることになった。

　このような個体間で用いることばだけでなく，個体内，つまりは自らに対して発することばも，私たちに利益をもたらすものである。禁煙やダイエットなどの際には，「たばこを吸うと健康によくない」「これを食べてしまうとせっかく買った水着が着られなくなる」などと自分自身に話しかけることで，環境からの甘い誘惑に抗うことができるかもしれない。ヒトは，目の前に欲しいもの（たばこ，甘いもの）があっても，ことばを使うことによって自分を制御し，より遠くの望ましい結果（健康な状態，良いスタイルなど）を手に入れることができるのである（もちろん，できない場合も多々あるが……）。

　私たちは，ことばを持つことによって計り知れない利益を得てきたが，その一方でことばを持ったが故の苦しみを背負うことにもなった。もしヒトが目の前の欲しいものだけを本能的に求める存在で，自身の生存と種の保存のみを重視するなら，衣食住が満たされる，ただそれだけで苦しみから解放されるはずである。ところが，現代の社会においては，このような基本的な欲

求が満たされても，多くの人が苦しみを抱えている。ときには自らの命を絶ってしまう場合さえある（これは，自身の生存の重視とは正反対の行動である！）。これらのことは，もしかしたら，ことばを持ったヒトという種，独自の苦しみかもしれない。

　このようなヒトのことばの持つポジティブな面だけでなくネガティブな面にも注目して，成人の精神疾患に対してアプローチを行うのが ACT である。ACT は，行動分析学，その中でも特にことばについての基礎研究を土台にしている。ことばについての行動分析学の基礎研究としては，本章で扱うルール支配行動と第3章で扱った RFT がある。ルール支配行動は，ことばの影響を検討する際に用いられる枠組みである。行動に影響を与えることばをルール，ルールによって影響を受ける行動をルール支配行動と呼び，このような枠組みの中で，ことばの影響についての基礎的な知見が積み重ねられてきた。本章では，このルール支配行動の実験と理論について見ていく。

1. ルール支配行動とは

　Skinner[49]は，ヒトの行動（オペラント）をその獲得過程の違いによって**ルール支配行動**（rule-governed behavior）と**随伴性形成行動**（contingency-shaped behavior）に分類した。随伴性形成行動は，環境からのフィードバック，言い換えると行動随伴性によって形成，維持される行動であり，ヒトと他の動物に共通のものである。一方，ルール支配行動は，随伴性を記述した言語刺激であるルール（rule）を弁別刺激とする行動であるため，ことばを持つヒト特有の行動となる（図4-1）。ルール支配行動と随伴性形成行動の区別は，行動の形態からは判断できない。たとえば，料理の完成直前に隠し味の調味料を入れるということについて考えてみよう。料理の仕上げとして調味料を入れるという行動だけに注目しても，この行動がルール支配行動か随伴性形成行動かを判断することはできない。この料理が初めて作る料理で，側にいた料理の先生に「最後に塩を入れると，おいしくなるわよ」と言われて塩を入れた場合，この行動はルール支配行動である。「塩を入れると，おいしくなる」という言語刺激の中には，「塩を入れる」という行動と，「おいしくなる」という結果の関係（行動随伴性）が記述されているため，これはルールである。ルールを聞いて行動を起こしているため，

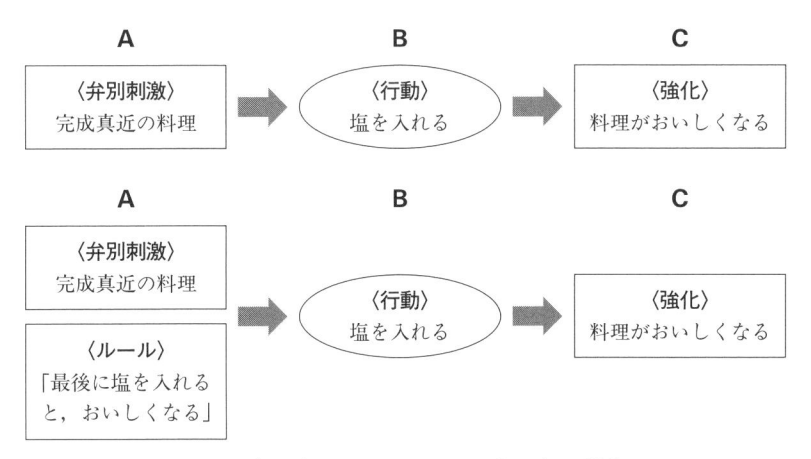

```
    A              B                C
〈弁別刺激〉      〈行動〉          〈強化〉
完成真近の料理   塩を入れる      料理がおいしくなる

    A              B                C
〈弁別刺激〉
完成真近の料理
                 〈行動〉          〈強化〉
                 塩を入れる      料理がおいしくなる
〈ルール〉
「最後に塩を入れる
と，おいしくなる」
```

図 4-1　随伴性形成行動（上部）とルール支配行動（下部）の随伴性
　　　　図中の楕円は個人の行動を表し，四角は個人を取り巻く環境側の刺激を表している。

この場合はルール支配行動なのである。このようなルールがなくて，何度も試行錯誤した経験から，塩を入れるという行動が生起したなら，この行動は随伴性形成行動である。すなわち，随伴性形成行動は行動に対する直接の結果によって形成された行動であるのに対して，ルール支配行動は言語刺激によって生起する行動なのである。ただし，ルールに従って塩を入れる場合でも，そのことによって料理がおいしくなるという結果がなければ，その後そのルールに従った行動は維持されなくなる。これは，ルール支配行動も随伴性形成行動と同様に随伴性の影響を受けるものであることを示している。ルールは，この例で示した他者から与えられるものだけでなく，自ら作りだす場合もある。他者から与えられるルールを**教示（外部ルール，社会的ルール）**と呼ぶのに対して，自ら作りだしたルールは**自己ルール**と呼び，これに制御される行動は**自己ルール支配行動**となる。

　これまでのルール支配行動の実験や理論の発展によって，ルール（ことば）の影響や，それを支える行動随伴性について多くの知見が得られてきた。本章では，このルール支配行動の実験および理論について見ていく。

2．ヒトと動物の違い

　行動分析学では，動物実験で得られた知見を，ヒトを対象にした基礎実験

や臨床研究に応用することによって,多くの成功を得てきた[21][註1]。しかしながら,このような方略にも例外があった。それが,強化スケジュールの実験である。強化スケジュールの実験においては,ヒト以外のさまざまな種で確認された知見が,ヒトにおいて確認することができなかったのである[31, 33, 55, 56, 57]。ヒトの場合,動物のような強化スケジュールの違いに対応した反応がみられなかったり,強化スケジュールの変化に対応して反応を変化させないといったことが明らかになったのである。これは,強化スケジュールに対する感受性の低さを示す結果である。強化スケジュールは,行動に対する環境の記述(反応に対して毎回強化子が提示されるのか,あるいは一定の基準でときどき提示されるのかなど)であるため,強化スケジュールに対する感受性の低さは,ヒトが直接の環境やその変化に対して鈍感であることを示唆している。

このような鈍感さを生み出す要因のひとつとして,ヒト特有の変数であることばの存在が検討され,ルール支配行動の研究も発展を遂げてきた[註2]。次にルール支配行動の実験について見ていく。

3. ルールの使用を制限する実験

他の動物と違って,ヒトは強化スケジュールの違いや変化に対して鈍感である。この要因として,ことばの存在,言い換えるならルールの影響が注目されてきた。動物の実験と違って,ヒトの実験では,課題の説明のために教示を用いる。教示は,実験者という他者から与えられるルールである。このルールの使用が,ヒトのスケジュールに対する感受性を低めている可能性がある。Matthewsら[37]は,課題の実施に必要な行動を教示を使わずに(動物実験と同じように)シェイピングによって形成した。その結果,教示を使用せずにシェイピングを実施すると,スケジュールの違いに対応した反応がみられることを確認した。Shimoffら[46]は,強化スケジュールの変化について,同様の検討を行っている。課題の導入時に教示を使わずシェイピングを

註1) 行動分析学では,動物とヒトとの連続性を仮定し,研究を展開させるという方略をとっているが,HayesとHayes[21]はこのような方略を特に,**連続性ストラテジー**(continuity strategy)と呼んでいる。
註2) 松本と大河内[38]が,ルール支配行動の実験研究の詳細なレビューを行っている。ルール支配行動の基礎実験についての理解をさらに深めたい方は,一読をお勧めする。

使った参加者では，教示を使った参加者に比べて，スケジュールの変化に対する感受性が高まることがわかった。教示を使わないことがスケジュールの感受性を高めるという結果は，ルールの使用がスケジュールの感受性を低めているという可能性を示している。

　ヒトの実験においては，教示だけでなく，実験中に参加者自身が生み出すことば（より一般的には実験中に〈考えていること，思っていること〉）もルールとして参加者の行動に影響する可能性がある。この自己ルールを妨害するための課題が導入され，スケジュールの感受性が検討されている。LatiesとWeiss[30]は，強化スケジュールの課題実施中に，参加者に妨害課題として引き算を行わせると，そうでないときに比べて参加者の反応は，スケジュールに対応したものになることを確認している。また，強化スケジュールの課題中に妨害課題としてテレビ視聴を導入したBarnesとKeenan[4]も，同様の結果を得ている。これらの実験に加えて，ことばが十分に発達していない幼児の場合にも，スケジュールに対応した反応がみられることが明らかになっている[6, 34]。参加者自身が生み出すことばである自己ルールが制限されるとスケジュールの感受性が高まるというこれらの結果は，教示だけでなく，自己ルールも強化スケジュールの感受性を下げるものである可能性を示している。

　ここまでの実験では，ルールの使用を制限することによって，ルールの効果を検討してきた。ルールを制限することによって，強化スケジュールに対する感受性が高まるという実験結果は，ヒトのスケジュールに対する感受性の低さの要因として，ルールが重要な存在であることを示している。

4．教示の実験

　教示の実験では，強化スケジュールを記述した教示が用いられ，スケジュール課題中の反応に与える効果が検討されている。実験で用いられる教示には，スケジュールを正しく記述した正教示と，正しく記述していない偽教示がある。実験から，ヒトは与えられた教示に従って行動したことに対して，何らかの強化がある場合には，正教示だけでなく，偽教示に従ってしまうことが示されている[29, 33]。この実験結果は，実際の環境を記述していない間違ったルールであっても，それに従うことによって，何らかの強化を受けて

いる場合（強化子が提示される，嫌悪刺激が回避される）には，ヒトはそのルールに従ってしまうことを示している。

この一方で，偽教示に従っても強化されない場合（強化子が提示されない，嫌悪刺激が回避されない）には，ヒトは教示に従わず，スケジュールに対応した反応を示すことも明らかになっている[14, 15, 16]。行動に対する教示の影響は，その教示に従った行動の結果（強化されるのか否か）に依存しているのである。

また，教示に従った行動が強化された経験（行動履歴）によって，教示の制御が高まることも実験によって明らかになっている[19, 40, 58]。Hayesら[18]は，正教示に従って強化された参加者は，そうでない参加者に比べて，スケジュールの変化に対する感受性が低下することを示している。また一方で，教示に従った行動が強化されなかった履歴によって，教示の制御が低下することも確認されている[16, 25]。DeGrandとBuskist[12]は，行動履歴が，後の教示の制御に影響を与えることについて検討している。ここでは，2つのキーのうち1つだけが得点を得ることができるという課題で，正確性100%の教示を経験した後に正確性50%の教示を経験した場合と，正確性0%の教示を経験した後に正確性50%の教示を経験した場合では，正確性0%の教示を経験した方が，正確性50%の際に教示に従う率が低いことを示した。この結果は，教示に従った行動が頻繁に強化された経験（行動履歴）を持つ場合とそうでない場合では，同様の教示であっても，行動を制御する強さが異なることを示している。

教示の実験から，ヒトは，環境を正しく記述していない〈間違ったルール〉にも従ってしまうことと，ルールが行動に影響するためにはそれを支える随伴性が必要であることが明らかになった。

5．自己ルールの実験

実験者から提示されるルール（教示）だけでなく，実験中の参加者自身が生み出すルール（自己ルール）も，強化スケジュール課題中の反応に影響を与える可能性がある。課題中の自己ルールは，課題中に被験者自身が〈考えていること・思っていること〉を含むものである。そのため，これら自己ルールおよび自己ルール支配行動は，思考・認知とその影響を行動分析的に検

討するための重要な枠組みである[52]）。

　初期の自己ルールの研究では，強化スケジュールの実験の終了後に，課題についての言語報告を求め，実験中の反応との対応を検討していた。Lippman と Meyer[33]は，スケジュールの課題終了後に，参加者に対して，実験中に得点を得るための方法について回答を求めた（質問文：「この実験において，得点を得るための条件をできるだけ正確に回答してください」）。その結果，スケジュールに対応した反応を示した参加者では，当該のスケジュールに関連した言語報告がみられた一方で，スケジュールに対応しない反応を示した参加者の多くでは，当該のスケジュールとは別のスケジュールに関連する言語報告がみられた。このように，実験中の反応パターンと実験後の言語報告に対応がみられることは，Leander ら[31]，Harzem ら[17]，Lowe ら[35]によっても確認されている。実験中の反応と言語報告が対応していることから，実験中の反応に自己ルールが影響している可能性が示唆された。

　ここでは，課題終了後の言語報告と課題に対する反応パターンの相関関係を調べた実験を紹介したが，自己ルールの研究には，これ以外にも，課題中の言語報告を測定した研究や，強化スケジュールの感受性に対する自己ルールの影響を検討したものがある。

5-1. 課題中の自己ルールを測定する
─プロトコル分析とサイレントドック・メソッド─

　自己ルールの研究では，通常自己ルールの測定をセッション終了後や，実験終了後に求めることが多く，課題を行っている最中の自己ルールを測定することはほとんどない。これに対して，Hayes[18]や Hayes ら[20]は，課題中の自己ルールを測定するために，認知心理学の分野で用いられるプロトコル分析の手法を行動分析学の分野でも用いることを提案している。プロトコル分析では，課題中に参加者が考えていることをそのつど声に出して語らせる発話思考（think-aloud）法によって，発話データ（プロトコルデータ）を収集し，その分析を行う[13, 28]。Hayes ら[20]は，認知心理学の領域で行われているこの手法が，行動分析学の領域，特に自己ルールの研究に貢献することを述べている。認知心理学の手法を取り入れるという積極的な提案であるが，これには注意しなければいけないこともある。行動分析学では，認知心理学のように，行動とは別次元の認知プロセスを仮定してそれを明らかにす

るためにプロトコル分析を実施することはない。あくまで，課題中の言語行動（自己ルール）が，他の行動に影響を与えるか否かという行動間の関係に焦点を当てる。また，課題中の参加者自身の言語行動が他の行動に影響を与える場合でも，言語行動はあくまでも従属変数であり，その言語行動や言語行動と他の行動の関係に影響を与える環境変数，つまりは随伴性を明らかにすることが最終的な目標となる。

課題中の発話データを扱うプロトコル分析によって，行動に影響を与える内潜的な自己ルールの働きやそれをバックアップする随伴性についてさらなる知見が得られる可能性がある。しかしながら，このような研究を展開させるためには，その前提として，課題中の発話が内潜的な自己ルールと機能的に等価なものであることを示す必要がある。Hayesらは，この前提を証明するために，プロトコル分析に追加すべき手続きとしてサイレントドッグ・メソッド[註3]を提案している[18, 20]。

サイレントドッグ・メソッドは，3つのコントロールを実施することで，課題中の発話がルールと機能的に等価なものであることを証明する。コントロール1は，発話思考法を実施した場合とそうでない場合でパフォーマンスに違いがないことを示すことである。もし発話思考法の実施によって，パフォーマンスに違いが生じた場合，そこでの発話は，内潜的な言語行動（ルール）と機能的に同一のものとは考えられない。コントロール2は，継続している参加者自身の言語行動を妨害することによってパフォーマンスが変化することを示すことである。もし課題中の行動が自己ルール支配行動であるなら，自己ルールの継続が妨害されることによって，パフォーマンスに変化が出るはずである。コントロール3は，コントロール1の際に得られた言語報告を別の参加者に提示した場合に，別の参加者のパフォーマンスが変化することを示すことである。もしパフォーマンスがルール支配行動であり，そこでの言語報告が課題に関連するものであるなら，それを外部ルールとして他者に提示した際にも，ルールとして他者の行動に影響を与えることが予想される。これら3つのコントロールが示されてはじめて，課題中の発話が，自己ルールと機能的に等価であることが証明されるのである。

註3）シャーロック・ホームズの"Silver Blaze"の中では，犬が吠え〈ない〉ことが，犯人を示す重要な証拠となっていた。発話思考法を実施してもパフォーマンスに違いが生じ〈ない〉ことが重要な証拠となるこの手続きの核心部分の比喩としてsilent dogという用語が用いられている。

Cabello ら[8]は，サイレントドッグ・メソドを用いて強化スケジュール課題中の自己ルールについて検討している。実験では，発話思考の有無と並列行動の有無という2つの条件の組み合わせによって4つの群が設定された。発話思考有りの条件では，スケジュール課題中，発話思考を行うことが求められた。また，並列行動有りの条件では，課題の途中で30秒間次の並列行動が求められた。課題中の並列行動としては，数唱（順唱，逆唱），計算（3つの数字の足し算，2つの数字の掛け算），単語の生成（アナグラム，しりとり），単語を読むこと（逆読み，同じ単語を繰り返し読む）が求められた。発話思考有り条件と無し条件の比較はコントロール1に対応し，並列行動有り条件と無し条件の比較はコントロール2に対応していた。結果から，発話思考の有無によってパフォーマンスに違いがみられることはなかったため，コントロール1は証明された。並列行動の有無については，群間に違いがみられ，また個人の中でも並列行動に従事しているときにはパフォーマンスの低下がみられた。参加者の言語行動を妨害する並列行動の導入によってパフォーマンスの違いが生じたことから，コントロール2についても証明された。発話データとパフォーマンスの分析から，反応の回数や時間のカウントに関する発話は適切なパフォーマンスと正の相関があり，随伴性や反応などの記述に関する発話は負の相関があることが明らかになった。なお，ここでは，直接にはコントロール3は実施されていないが，カウントに関する教示（コントロール1で得られた言語報告）がスケジュール課題中のパフォーマンスに影響を与えることは，他のルール支配行動の研究で確かめられていることから，コントロール3も間接的に証明されていると考えることができる。これらの実験結果から，この実験で測定されたカウントに関する発話は，課題中の自己ルールと機能的に等価なものであると考えることができるだろう。

スケジュール課題の他にも，安全行動を扱った実験もある。Alvero と Austin[1]は，他者の安全行動を観察することが，観察者自身の安全行動を増加させるという現象において，観察者の自己ルールがどのように関連しているのかについて検討するために，プロトコル分析，サイレントドッグ・メソドを実施している。実験によって，3つのコントロールは証明され，観察者の課題中の安全に関する記述（発話）と安全行動の向上との間に機能的な関係があることが示された。

5-2. 強化スケジュールへの感受性に対する自己ルールの影響

　自己ルールが強化スケジュールの感受性に対してどのような影響を与えるのかについて検討した実験としてRosenfarbらの論文[43]がある。Rosenfarbら[43]は，自己ルールの生成それ自体に注目し実験を行っている。具体的には，自らルールを生成した参加者とそうでない参加者のパフォーマンスの違いを検討することによって，自己ルールを生成することの効果を検討している。実験の結果は，スケジュール課題に対する反応を獲得する期間（獲得期）では，自己ルールを生成した参加者の方が，スケジュールに対応した反応を行っていたのに対して，消去スケジュールに変更した消去期においては，ルールを生成していない参加者の方が，スケジュールに対応した反応を行った。ここから，自己ルールの生成は反応の獲得を助けるが，その一方で，強化スケジュールの変化に対する感受性を下げることが示された。

　Rosenfarbら[43]は，自己ルールの生成の有無に注目して実験を行っているが，Cataniaら[11]は，ルールの形成方法に注目して実験を行っている。実験では，3分間のスケジュール課題と言語報告課題のセットが繰り返し実施された。言語報告課題では，スケジュール課題中の効果的な反応が求められた。シェイピング群では，言語報告に対して0点から3点のいずれかの得点を与えることによって，自己ルールのシェイピングを行った。教示群でも言語報告に対して0点から3点の点数が与えられたが，3点を得るための言語報告が教示によって与えられていた。自分でルールを生み出したシェイピング群では，正しいルールの報告に伴って，スケジュール課題中の反応もスケジュールに対応したものとなった。一方で，ルールを教えられた教示群では，正しいルールを記述した場合でも反応がスケジュールに対応しない参加者がみられた。ここから，他者から与えられたルールよりも，自分で生み出したルール（自己ルール）の方が，より従いやすいことが明らかになった。また，シェイピング群においては，正しいルールの形成後，得点によるフィードバックによってルールの変容を行い，ルールと強化スケジュールの不一致状態を実験的に作り出した。ルールとスケジュールの不一致状態，言い換えると，ルールがスケジュールを正しく記述していない場合の反応が検討されたが，そこでの反応はスケジュールではなくルールに対応したものとなった。つまり，自己ルールと強化スケジュールが不一致の場合には，強化スケジュールよりも自己ルールの方が，より強力に反応を制御することが明らか

になったのである．

　ここまで，教示・自己ルールに関する実験を見てきた．実験の結果から，教示や自己ルールは，実際の随伴性よりも強力に行動を制御する場合があることが示された．かつては環境に対応していたルールが，今となっては〈間違った〉ルールになってしまったとしても，ヒトはそのルールにとらわれてしまうことがある．ルールにしばられてしまうことによって，環境やその変化に対して鈍感になってしまう状態は，一種の不適応状態と考えることができる．ルールの影響が強すぎると，しばしばこのような不適応状態を招いてしまうことになる．

　このようなルールの影響は，どのように決まるのだろうか？　その前提として，どうしてルールは行動に影響を与えることができるのだろうか？　これまでのルールの実験から，ルールが行動に影響するか否かについては，ルールの下での行動に対する強化，言い換えると随伴性が影響することが明らかになった．これは，弁別刺激としてのルールが行動に影響を与えるためには，他の刺激と同様に，それを支える随伴性が必要であることを示している．

　Skinner[49]がルールを弁別刺激として定義し，その影響を支える随伴性について分析した後も，さまざまな理論的な検討が行われている．ルールは，どのようにして行動に影響を与えるのか？　それをバックアップする随伴性はどのようなものなのか？　次からは，ルール支配行動の理論的な分析について見ていく．

6．ルールはどのようにして行動に影響を与えるのか？

　ルール支配行動は，ルールを弁別刺激とする行動であるため，他の弁別刺激と同様に，その刺激の下で行動が強化される必要がある．しかし，ルール支配行動の場合は，全く新しいルールであっても，言い換えると，そのルールの下での行動が強化を受けたことがなくても，ルールが行動を制御することがある．Cataniaは，これを高次な行動のクラス（higher-order class of behavior）という用語を用いて説明している[9,10]註4)．さまざまな個別のルールに従って強化された履歴によって，それぞれの「個別のルールに従う」

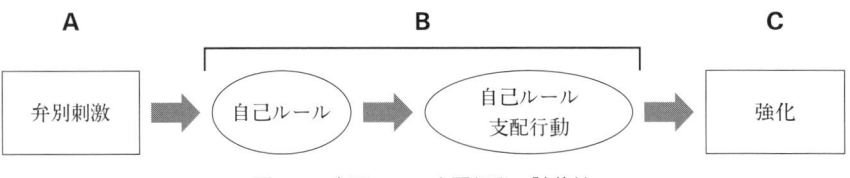

```
    A              B                    C
弁別刺激  ➡  自己ルール  ➡  自己ルール     ➡  強化
                           支配行動
```

図 4-2　自己ルール支配行動の随伴性

という行動を要素として含む,「ルール全体に従う」という, より広範囲の行動のクラスが確立されることになる。ルール支配行動がこのような高次な行動のクラスとして確立した場合, これまでに直接経験したことのない新奇なルールであっても, 行動に影響を与えることになる。高次な行動のクラスでは, 行動随伴性はクラス内の個別の行動よりも, そのクラス全体に対して影響する。たとえば,「A」というルールに従って強化されると,「A」というルールに従う傾向が強くなるというよりも, ルール全体に従う傾向が強くなるのである。一方で, 個々の行動に関しては頻繁に強化がなくてもその行動が維持される場合がある。実験に参加する大学生の多くは, 実験に参加する前に高次な行動のクラスとしてのルール支配行動が確立されているため, 全く新しいルールであってもその影響を受けてしまうのである。

　自己ルール支配行動の場合も, さまざまなルールと行動の一致に対する強化によって高次な行動のクラスが形成される。他者からのルールと同様に, 自己ルールの場合もルールの下での行動への強化がその影響を支えているのである。ただし, 他者からのルールと違って自己ルールは, 弁別刺激であると同時に, 自身の行動 (言語行動) でもあるため, ルール支配行動とは少し異なる随伴性を考える必要がある (図 4-2)。図 4-2 に示したような, 自身の行動がそれに続く行動の弁別刺激となるような一連の反応系列は反応連鎖 (response chain) と呼ばれる。自己ルールが弁別刺激として行動に影響を与えるためには, 自身の言語行動とそれに続く行動の連鎖に対する強化が必要となるのである[36]。

　ここまで, 教示, 自己ルールにはともに, その影響を支える随伴性が存在することを述べてきた。ここからは, ルールの影響を支える随伴性のより詳

註4）高次な行動のクラスは, 複数の範例による訓練 (multiple-exemplar training) によって確立される[50, 51]。高次な行動のクラスの代表的なものとしては般化模倣がある[3]。

表 4-1　ルール支配行動の分類

ルール支配行動	ルール	ルールの機能	強化する他者
トラッキング	トラック	弁別刺激	必要なし
プライアンス	プライ	弁別刺激	必要あり
オーギュメンティング	形成オーギュメンタル	確立操作（新しい機能を確立する）	必要なし
	動機づけオーギュメンタル	確立操作（すでに確立された機能を一時的に変化させる）	必要なし
	機能変容随伴性記述刺激	刺激の機能変容	必要なし

細な分析について見ていく。ルールは，Skinnerによって〈弁別刺激〉として定義されたが，後に，Hayesらによって〈確立操作〉として，Schlingerらによって〈機能変容随伴性記述刺激〉として，再定義が行われている。次からは，弁別刺激としてのルール，確立操作としてのルール，機能変容随伴性記述刺激としてのルールについて見ていく（表4-1）。

7．弁別刺激としてのルール：トラッキングとプライアンス

ZettleとHayes[59]は，随伴性の違いからルール支配行動を**トラッキング**（tracking），**プライアンス**（pliance），**オーギュメンティング**（augmenting）に分類した[註5]。このうち，トラッキングとプライアンスは，ルールを弁別刺激として定義しているのに対して，オーギュメンティングはルールを確立操作として定義している。本節では，トラッキングとプライアンスについて取り上げる。トラッキングは，ルールと実際の随伴性の一致の履歴によって制御されているルール支配行動である（図4-3）。これに対して，プライアンスは，ルールと行動の一致が社会的に媒介された結果によって維持されているルール支配行動である（図4-4）。また，それぞれのルールもルー

註5）ZettleとHayes[59]は，ルールが言語的なものであることから，ルール支配行動は，通常の随伴性と言語的な随伴性を含むものであることを述べている。言語的な随伴性については，「言語共同体内の他の成員を媒介とした強化によって維持される行動」というSkinner[48]の言語行動の定義に注目し，ルール支配行動の分類を行っている。また，トラッキングはタクト，プライアンスはマンドという言語行動とそれぞれ対応していることを述べている。

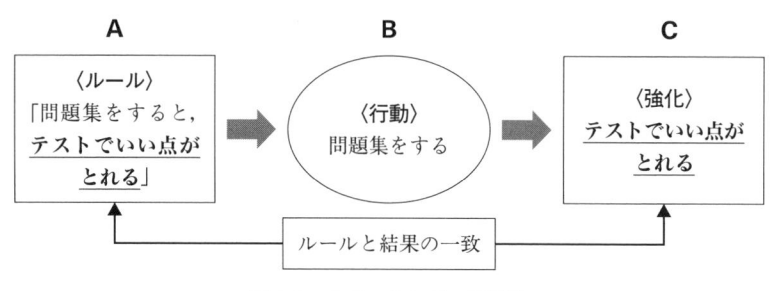

```
      A                    B                    C
┌──────────┐          ┌─────────┐         ┌──────────┐
│ 〈ルール〉  │          │ 〈行動〉  │         │ 〈強化〉  │
│「問題集をすると,│  ⇒   │ 問題集をする │   ⇒    │ テストでいい点が│
│ テストでいい点が│      │         │         │ とれる    │
│ とれる」   │          │         │         │          │
└──────────┘          └─────────┘         └──────────┘
     ↑                                           │
     └──────────── ルールと結果の一致 ────────────┘
```

図4-3 トラッキングの随伴性

ル支配行動の分類に対応して，**トラック**（track），**プライ**（ply）と呼ばれる。トラッキングでは，ルールに従った行動に続いて，ルールで記述された結果が生じることによって，ルールに従う行動が生起・維持するようになる。これに対して，プライアンスでは，ルールと行動の一致が他者によって強化されることによって，ルールに従う行動が生起・維持するようになる[註6]。たとえば，「明日のテストでいい点を取るために，この問題集をしなさい」というルールが母親から提示され，行動が生起した場合を考えてみよう。問題集に取り組むという行動が，同様のルールがこれまで正確なものだったという履歴（言われた問題集を行った結果，実際にいい点が取れたなど）によって生起しているなら，このルール支配行動はトラッキングである。これに対して，同様のルールに従事したことに対する母親からの強化の履歴（言われたことをしていることに対して母親からほめられた，あるいはしていないことに対して母親からきつく叱られたなど）によって生起している場合，このルール支配行動はプライアンスである[註7]。

7-1. トラッキングとプライアンスに影響を与える変数

トラッキングとプライアンスは，その随伴性の違いから，異なる変数の影響を受けることとなる。そのため，どのような変数に影響を受けるかに注目することで，その行動が，トラッキングとプライアンスのどちらの随伴性の制御下にあるのかを検討することができる。トラッキングは，ルールと実際の随伴性の一致や，その一致の重要性に関連する変数の影響を受ける（図4

註6）ルールと行動の一致自体を強化するためには，そのルールの内容を「理解する」必要がある。必然的に一致を強化するのは，当該のルールが使用される言語共同体内の成員となる。
註7）トラッキングとプライアンスの随伴性が一致している場合は"congruence"，不一致の場合は"contrance"と呼ばれる[41]。

```
          A                    B                       C
  ┌─────────────┐
  │ 〔他者〕    │
  │   母        │
  └─────────────┘
 ⎛ ┌─────────────┐      ┌─────────────┐         ┌─────────────┐
 ⎜ │ 〈ルール〉  │      │ 〈行動〉    │         │ 〈強化〉    │
 ⎜ │「問題集をすると,│ ⟹ │ 問題集をする │   ⟹    │ 母からの    │
 ⎜ │ テストでいい点が │      │             │         │ 言語称賛    │
 ⎝ │  とれる」    │      └─────────────┘         └─────────────┘
   └─────────────┘
          ↑                    ↑
          └──ルールと行動の一致──┘
```

図 4-4　プライアンスの随伴性

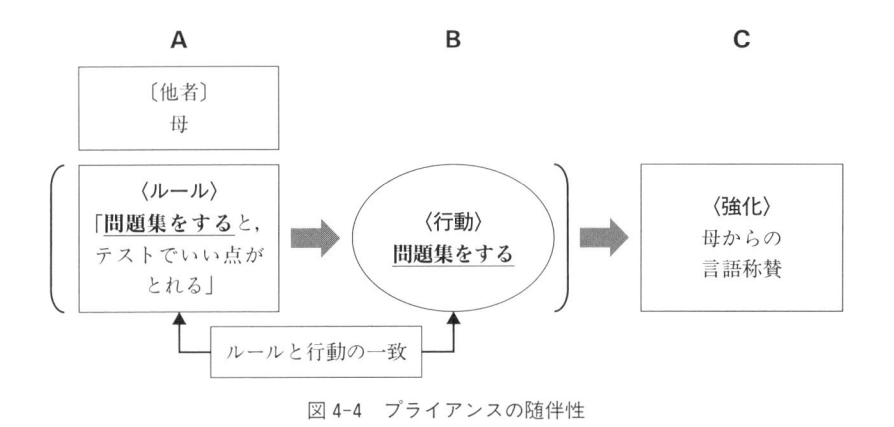

-3)。たとえば，ルールの提供者との間の履歴（具体的には，提供者がこれまでに提示したルールが強化をもたらすものであったか否か）や，現在のルールとこれまでに経験したルールや出来事との一致，ルールが示す結果の重要性などがトラッキングに影響する変数として考えられる。これに対して，プライアンスに影響する変数は，ルールと行動の一致を強化する他者に関連するものである（図 4-4）。たとえば，一致を強化する他者がその場にいるかどうかや，他者が行動を確認できるかなどの変数はルール（プライ）の制御に影響を与えるだろう。もし部活動の先輩から，「このバットを使うとヒットが打てる」と言われて，先輩がいるときだけそのバットを使い，いなくなると使わないなら，この行動はプライアンスの随伴性の制御を受けているだろう。反対に先輩がいない場合でもバットを使っている場合はその制御を受けていないと考えることができる。このように考えると，本の中のルールに従って行動する場合は，ほとんどの場合ルールとの一致を強化する他者がいないため，プライアンスではなくトラッキングであると考えることができる。

　トラッキングとプライアンスという分類によって，これまで紹介してきた実験では扱われていなかった「一致を強化する他者」に関連する変数が導き出されることとなった。このような変数の効果を検討したものとして Barrett らの論文[5]がある。Barrett ら[5]の第一実験では，実験室に実験者がいる群と参加者のみの群を設けて，他者の存在が教示性制御に与える影響を検討している。特定の反応パターンのみが強化されるフェーズ１の後，フェーズ

2では新奇な反応パターンが強化されるというスケジュールに変更され，それに対応した教示も合わせて提示された。フェーズ3では，スケジュールのみをフェーズ1に戻し，教示に従った反応（新奇な反応パターン）が維持されるかについて検討した。その結果，フェーズ3において，参加者のみで課題を行うよりも，実験者が実験室にいる方が教示に従った反応が維持された。この実験では，プライアンスに関連する変数である他者の存在が，実際に教示の制御に影響することが示された。同様の結果は，次に示す社会的基準設定の影響を検討した自己ルールの実験においても確認されている。

7-2. 自己ルールの制御に対する社会的基準設定の影響

ZettleとHayes[60]は，スピーチ不安の大学生を対象にスピーチ場面における自己教示（「私は，深呼吸をし，ゆっくり話すことで，リラックスし，落ち着いていられる」）の効果に，他者に関連する変数が与える影響を検討している。参加者にはいくつかの紙の中からひとつを選び，そこに書かれた内容を自己教示することが求められた（参加者には教示の内容は，複数あると伝えられたが，実際には上記の内容1種類のみであった）。この実験では，選んだ自己教示の内容をセラピストが知っている社会的文脈群と知らないプライベート群と，自己教示が与えられない統制群の3群が設けられた。実験の結果，不安の程度（STAI：State-Trait Anxiety Inventory）について，聴衆がいない条件では3群に差がみられなかったが，聴衆がいる条件では，他の2群に比べて，社会的文脈群では不安の程度が低いことがわかった。また，プライベート群と統制群では聴衆がいない条件に対して聴衆がいる条件の不安の程度は高いものであったが，社会的文脈群では両条件に大きな違いはなく，聴衆の存在による不安の上昇はみられなかった。この実験から，同じ内容の自己ルールを用いているにもかかわらず，それを他者が知っているか否かによって，自己ルールの効果が変わることが示された。

他者が自己ルールの内容を知ることによって，自己ルールの制御が強くなるというZettleとHayes[60]の結果は，コールドプレッサー課題時の痛みに対する自己ルール[24, 39]や，子どもの暗闇恐怖の低減に関する自己ルール[42]においても確認されている。

これらの実験結果は，Skinner[47]の次の記述をもとに分析することができ

る。

> 　私たちは，決心したときに，将来の自分の行動をコントロールするであろう嫌悪刺激を準備することがある。これは本質的には，自分自身の行動に関する宣言である。この宣言が実行できないときに，嫌悪刺激を与えてくれる人たちの前で，宣言することによって，私たちは，決心した行動を強めるための結果を配置している。宣言したとおりに行動することによってのみ，決心を破ったときに提示される嫌悪的な結果を回避することができる。(p.237)

　ここでは，他者へこれから実施する行動を宣言することによって，宣言した行動を行わなかったときに嫌悪的な刺激が生じる随伴性を自ら設定し，これによって行動を維持することが述べられている。

　Skinner[47]の記述をもとに，HayesとWolf[24]は，社会的基準設定(social-standard setting) という枠組みで実験結果の分析を行っている。これは，他者が自己ルールの内容を知ることによって，他者との間に実行すべき社会的な基準が設定され，これまでの履歴（基準を満たした，あるいは満たせなかったことに対する他者からの結果）によって，基準を満たす行動が動機づけられているというものである。

　自己ルールに関しても教示と同様に，他者の存在が影響することから，自己ルール支配行動についても2つの随伴性の存在が考えられる。2つの随伴性の存在は，自己ルールとそれに続く行動の一致が，自然な強化（自己ルールを生成し，それに従うことによって，より効果的に振る舞うことができる）だけでなく，社会的な強化を受けて形成されていることを示している（図4-5，図4-6）。幼い子どもに対して親や先生は，どのような自己ルールを使う（使った）のかを頻繁に聞くことによって自己ルールの生成を促し（たとえば，「何をするの（したの）？」「なぜそれをするの（したの）？」と問いかける），その言語行動（ルール）を強化する。さらに，そこで生成されたルールと行動の一致に対して，称賛や承認などを行うことによって強化する。また一方で，生成されたルールと行動が不一致の場合，注意や非難などの嫌悪刺激の提示を行う。幼いころから自然の随伴性だけでなく，このような社会的な随伴性によっても，自己ルールと行動の一致は頻繁に強化され

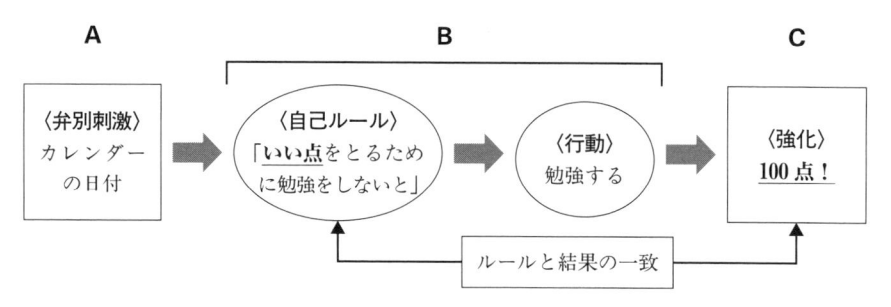

図4-5 自己ルール支配行動に対する自然の随伴性

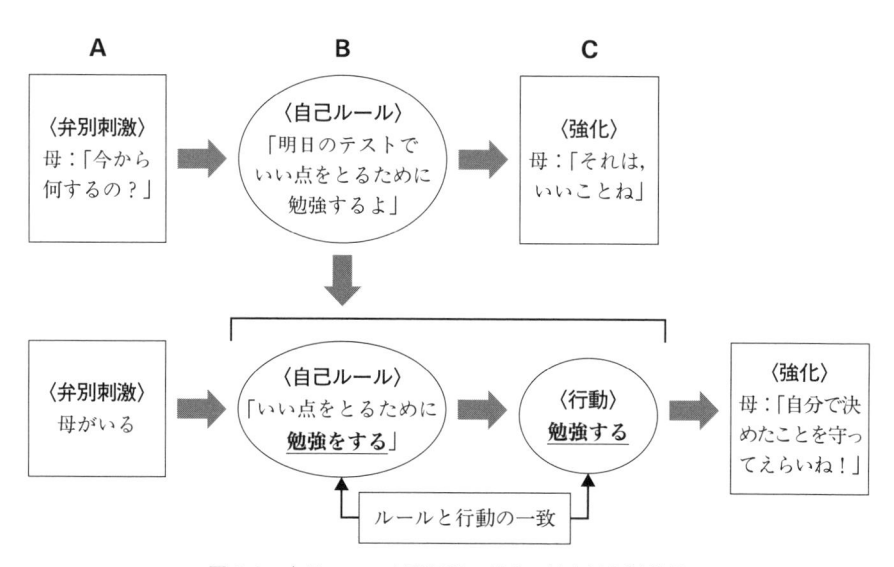

図4-6 自己ルール支配行動に対する社会的な随伴性

ているため，自己ルールの制御は強力なものとなるのである。

　ZettleとHayes[59]は，随伴性の違いから，自己ルール支配行動を，セルフトラッキング，セルフプライアンスに分類している[41, 59]。2つの自己ルール支配行動の違いは次のようなものである。自己ルールが状況や事態を記述しているという理由でルールに従っている場合はセルフトラッキングであり，自己ルールが生成されたという理由のみでルールに従っている場合はセルフプライアンスである。たとえば，「彼女は私を嫌っているに違いない。

だから私は彼女を無視すれば，傷つかずにすむわ」という自己ルールは，彼女を無視するという行動とその結果として傷つかないということが記述されているため，このルールに従っている場合は，セルフトラッキングとなる。この例では，ルールに従って彼女を無視し，その結果として傷つかずにすめば，この自己ルール支配行動は維持されることになる。一方，「私は彼女とは二度と話さないわ（それは，たとえ彼女がいい人だとわかったとしても変わらないわ）」という自己ルールに従っている場合を考えてみよう。このルールには，行動を起こすことの理由となる状況の記述（結果に関する記述）がないため，このようなルールに従っている場合には，セルフプライアンスとなる。自己ルールを生成したという理由でルールに従ってしまう状態を本人は「自分がそう思ったのだからそうしなければ」などと表現するかもしれないが，この背景には，自己ルールと行動の一致自体が他者によって強化されてきた履歴の存在が考えられるのである。セルフトラッキングやセルフプライアンスという分類を用いることによって，不適切な認知や思考の影響やそれを支える随伴性について，より詳細に分析することが可能となる。このような分析によって，成人の精神疾患に対するさまざまな介入方法を統一的な枠組みで分析することができるだろう。

　Hayesらが行った3つの分類のうち，トラッキングとプライアンスの2種類のルール支配行動について見てきた。次の節では3つ目の分類であるオーギュメンティングについて紹介する。

8．確立操作としてのルール：オーギュメンティング

　トラッキングとプライアンスは，ルールを弁別刺激とし，その随伴性の違いに注目して分類を行っていた。これに対して，オーギュメンティングでは，ルールの確立操作としての側面に注目している。ルールが結果となる刺激の強化的あるいは罰的な機能を変容することによって行動が生起する場合，生起した行動はオーギュメンティングであり，そこでのルールはオーギュメンタルとなる。オーギュメンタルは，**形成オーギュメンタル**（formative augmental）と**動機づけオーギュメンタル**（motivative augmental）の2種類に分けることができる[22]。形成オーギュメンタルは，強化的あるいは罰的な機能を新たに確立するルールである（図4-7）。たとえば，「携帯電

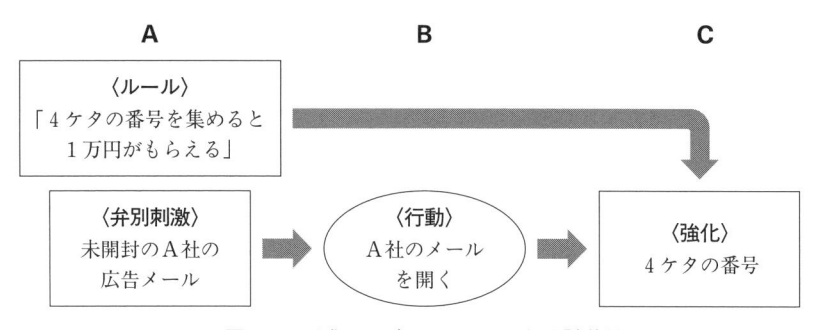

```
        A                    B                    C

   〈ルール〉
 「4ケタの番号を集めると ────────────────────────┐
  1万円がもらえる」                             │
                                                 ▼
   〈弁別刺激〉            〈行動〉            〈強化〉
   未開封のA社の    ▶    A社のメール    ▶    4ケタの番号
    広告メール              を開く
```

図 4-7 形成オーギュメンタルの行動随伴性

話に届いているA社の広告メールの末尾の4ケタの番号を5つ集めて当社のHPに入力するともれなく1万円が当たります」というルールによって，これまであまり開いたことがなかったA社の広告メールを開いたとしよう。A社のこれまでの広告メールにも同様の番号が記載されていたが，それはメールを開くことに対する強化子としては機能していなかった。ところが，ここで提示されたルールによってその番号は，初めて強化的な機能を獲得したのである。ここでのルールがまさに，形成オーギュメンタルである。

　動機づけオーギュメンタルは，以前にすでに強化子や罰子として確立された結果事象の機能を一時的に変化させるルールである。これは，強化子のサンプリング（reinforcement sampling）がもたらす確立操作に関連したものである。強化子のサンプリングによって，結果となる事象の感覚的な機能（見た目，匂い，質感など）やその他の機能に接触すると，そのことが確立操作として機能し，その事象の強化価を高めることがAyllonとAzrin[2]によって確認されている。AyllonとAzrin[2]は，入院患者を対象に強化子のサンプリングの効果を検討している。ここでは，散歩，音楽，映画といった余暇活動の導入部分だけ体験させることによって，そうでない場合よりもそれを行う確率が高まることが明らかになっている。このような強化子のサンプリングの効果がルールによって生じる場合，そのルールが動機づけオーギュメンタルとなる。たとえば，「スカッとさわやかコカコーラ」というルールを聞いて，コカコーラの見た目や，味を連想し，そのことによってコカコーラの強化価が高まり，自動販売機にお金を入れてボタンを押す行動が生起した場合がこれにあたる。

　なお，形成オーギュメンタル[23]や動機づけオーギュメンタル[27]について

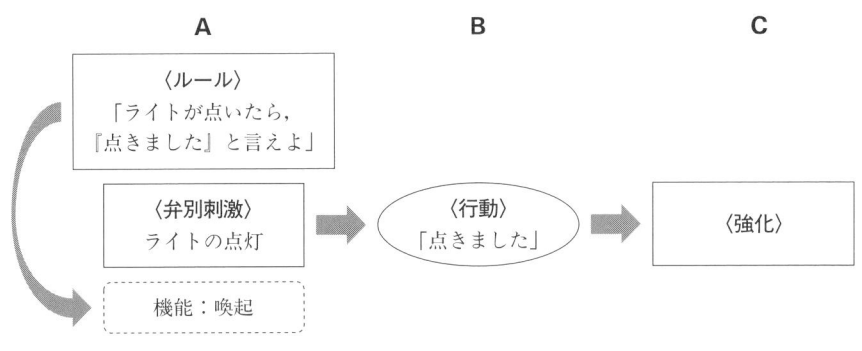

```
       A                    B                   C

  ┌─────────────┐
  │ 〈ルール〉    │
  │「ライトが点いたら,│
  │『点きました』と言えよ」│
  └─────────────┘
         │
  ┌─────────────┐    ┌─────────────┐    ┌─────────────┐
  │ 〈弁別刺激〉  │ ⇒ │  〈行動〉    │ ⇒ │  〈強化〉    │
  │ ライトの点灯  │    │「点きました」│    │              │
  └─────────────┘    └─────────────┘    └─────────────┘
  ┌ ─ ─ ─ ─ ─ ─┐
  │ 機能：喚起   │
  └ ─ ─ ─ ─ ─ ─┘
```

図 4-8　機能変容随伴性記述刺激としてのルールの随伴性

は，刺激等価性や RFT の枠組みの基礎研究によって，実験的にも確認されている（RFT については，第 3 章参照）。

オーギュメンタルでは，弁別刺激としてのルールではなく，確立操作としてのルールの機能を扱ってきた。これは，ルールが結果となる刺激の機能を変容させることを述べている。Schlinger と Blakely[45]，Blakely と Schlinger[7] は，この刺激の機能変容こそがルールであるとして，ルール支配行動の分析を行っている。

9．機能変容随伴性記述刺激としてのルール

Blakely と Schlinger[7] は，次のような例をもとにルールが弁別刺激ではなく機能変容刺激であることを述べている。修理工の親方が，弟子に「ライトが点いたら『点きました』と言えよ」というルールを提示して，1時間後にライトが点いて弟子が「点きました」と言った場合を考えてみよう。この時，行動を直接，喚起（evoke）している弁別刺激はルールではなく，ライトである。ルールは，このライトに行動を喚起する機能を加えているのである。このようにルールは，行動を直接喚起する弁別刺激ではなく，刺激の機能を変化させる機能変容刺激なのである（図 4-8）。また，ルールの機能変容は，2つ以上の刺激の随伴性について記述することによって実現することから，ルールは**機能変容随伴性記述刺激**（function-altering contingency-specifying stimuli）なのである。これに対して，行動のみを記述した言語刺激（「勉強しなさい」など）が，弁別刺激として直接行動を喚起している

場合も存在するが，これはルールに含めるべきではないことをSchlingerらは指摘している[注8]。

動物の場合は，弁別刺激の機能変容の操作は直接の随伴性によるもの（随伴性形成行動）のみであるが，ヒトの場合は，これに加えて，ルールによっても機能変容（ルール支配行動）が可能であるとSchlingerらは述べている。このようなルールの再定義は，Skinner[49]によって提出されたルール支配行動と随伴性形成行動との対応をより明確にするものであり，ヒト独自の学習のプロセスを明示するものである。

随伴性記述刺激としてのルールによる機能変容は，弁別刺激の喚起機能だけでなく，確立操作の喚起機能も対象となる。また，強化子と罰子の機能や，レスポンデント条件づけでみられる誘発（elicit）の機能などもルールによって，変容可能なものとなる[45]。たとえば，テーマパークではじめて参加するアトラクションを想像してほしい。このアトラクションに参加するにあたってあなたは次の説明を受ける。

> 「あなたの目的は，カートレースに参加して，スターカードをたくさん集めることです。スターカードは，アトラクション終了後に獲得した枚数に応じて豪華景品と交換いたします。スターカードは，ハンドルの中央のボタンが緑色に光ったときにボタンを押すことによって，1枚獲得することができます。レース中に先に走る何台かのカートを追い越すとボタンが緑色に光ります。反対に，レース中に何台かの車に追い抜かれるとハンドル全体が赤色に光ることがあります。赤色に光って数秒後にハンドルから電気ショックが来ますので気をつけてください。喉が渇いたら，右側のレバーを押せば，飲み物が出てきます。それでは，ゲームスタートです。」

スターカード，緑色のボタン，赤色のハンドルは，この説明（ルール）が提示されるまでは，特に反応に影響を与えるものではなかったかもしれない。しかし，このルールが提示された後では，緑色のボタンは弁別刺激としてボタン押しを喚起し，スターカードを実際に獲得することによってそれま

注8) 行動のみの記述であっても，自己記述（自己ルール）によって，機能変容が行われる場合がある。たとえば，「勉強しなさい」という置き手紙を見て，「母さんが帰ってきたら（チャイムが鳴ったら），勉強をしよう」という自己ルールを生成する場合がこれにあたる。

での一連の行動が強化されるだろう。また，ハンドルが赤色になったら（赤色のハンドル：CS），電気ショックが来る前に文字どおり手に汗を握る（汗をかく：CR）ことになるかもしれない。また，ルールによって，水の遮断化（喉の渇き）がレバー押し反応を喚起するようにもなっているだろう。

通常のオペラント条件づけやレスポンデント条件づけと同様の機能変容が，ルールによって可能であるというルールの再定義によって，ルール支配行動というヒト独自の学習プロセスの存在がより明確なものとなった。今後は，これらルールによる学習と通常の学習の違いについてもより詳細な検討が行われるだろう。また，このルールの再定義によってより基本的な疑問が生じる。それは，「ルールはどのようにして機能変容を可能にするのか？ルールが機能変容をもたらす随伴性は？」である。この疑問に対しては，第3章のRFTが明確な回答を提示するだろう。

ここまで，ルール支配行動の理論的な分析を見てきた。ルールが，どのようにして行動に影響を与えるのかを行動随伴性という枠組みで理解することによって，ヒト特有のことばの影響を行動分析的に理解し，分析することができる。ことばによって，ヒトはさまざまな利益を得る一方で，ヒト特有の苦しみを背負うことにもなってしまった。今私たちからことばを取り去ることはほとんど不可能なことであるのと同様に，その苦しみを完全に取り除くことはできないことかもしれない。ことばを取り去ることはできないが，ことばの影響を弱める方法については，ルール支配行動の実験からヒントを得ることができる。これらをもとにことばの影響を弱める術を知ることができれば，私たちはことばと今よりもっとうまく付き合っていくことができるだろう。

それでは，最後にルール（ことば）の制御を弱める実験について紹介する。

10. ルールの影響を弱める—もっと随伴性に敏感に！—

Catania ら[11]は，実験者からのフィードバックによって参加者自身の言語行動（自己ルール）の変容を行った。ここでは，実験者という他者との間で形成された自己ルールの制御が強力なものであり，随伴性を正しく記述して

いない場合でも自己ルールに従うという結果が確認された。自己ルールが環境を正しく記述できていないにもかかわらずそれに従っている状態は，不適切な認知や思考（自身の言語行動）にしばられて，適切な行動を行えていない不適応状態と考えることができる。

　このような不適応状態を解消するための変数を検討するために，自己ルールの影響を低下させる実験が重要なものとなる。TorgrudとHolborn[54]はより影響力の強い強化スケジュールを使用することによって，参加者が自己ルールよりも強化スケジュールに対応した反応をすることを明らかにした。この実験から，強化スケジュールの制御力を上げる，すなわちスケジュールに対する感受性を高めることによって，相対的に自己ルールの影響を低下させることが明らかになった。ルールにとらわれ，随伴性に対して鈍感になってしまうと，ルールによる不適応状態を招きやすくなる。反対に，随伴性に対する感受性を高め，随伴性に対してより敏感になれば，ルールに過度に影響を受けることもなくなるのである。

　TanakaとShimazaki[53]は，強化スケジュールの感受性を高める手続きとして課題導入時のシェイピングを使用し[37, 46]，自己ルールの影響について検討している。ここでは，Cataniaら[11]と同様の手続きで，自己ルールの制御を検討しているが，実験の導入時に教示を用いた参加者よりも，シェイピングを使用した参加者の方が，随伴性を正しく記述していない自己ルールの影響を受けにくいことが明らかになった。課題の実施方法を他者からの教示によって学ぶのではなく，自ら試行錯誤しながら学んでいくシェイピングの手続きを体験することによって，ルールに過度に影響を受けなくなったのである。

　課題導入時のシェイピングの使用の他にも，多様な教示と多様なスケジュールを経験すること[32]や，変動性を高める教示（「ポイントの提示システムを効果的に理解するための最も良い方法は，あなたが最も少ない努力でポイントを確実に稼げるまで，反応スピードを変化させることです」）を与えること[26]が，強化スケジュールの感受性を高めることも明らかになっている。ルールによって，行動のバリエーションが低下してしまっている状態では，環境の変化に対して鈍感になってしまう。新しい行動を恐れず，さまざまな行動を試して，環境から多くのフィードバックを受けることによって，随伴性に対して敏感になることができるのである。このような状態であれば，ル

ールにしばられて不適応状態になってしまう可能性は，おおいに少なくなるだろう。

　環境とは不一致の不適切な認知や思考といった自身の言語行動（自己ルール）に過度に影響を受け，不適応状態に陥っている人がいる。このような人に対して，ACT では，認知行動療法が行うような不適切な認知や思考を適切なものに変容するようなアプローチは用いない。ACT の場合は，ことばの内容を変容するよりも，ことば（ルール）の影響を低下させ，環境に対する感受性を高めるための各種の手法を用いる（アクセプタンス）。また，一方で，クライエントの価値に沿った建設的な行動を促進するために，積極的にルールの制御を高めることも行う（コミットメント）。これらの特徴からもわかるように，ルール支配行動の実験や理論によって，ルールの制御を高めたり，低めたりすることに関連する変数を明らかにすることは，ACT の発展におおいに貢献する。また，一方で，ACT の実践や臨床研究の中で見出された新たな変数の多くは，ルール支配行動の理論や実験の発展につながる可能性が非常に高い。

　ことばが私たちにもたらす利益は計り知れないものであり，ことばなくしてはヒトという種がここまで発展することはなかっただろう。このため私たちはこれまで，ことばの持つポジティブな面ばかりに目を奪われてきたのかもしれない。近年のルール支配行動や ACT の発展は，ことばが私たち自身を苦しめる存在でもあるということばのネガティブな面に光を当てている。ことばのポジ・ネガの両側面を知ることによって，私たちは〈ことば〉との新たな（そして今よりもより良好な）関係を築くことができるかもしれない。ことばにしばられるのではなく，適度な距離で，ことばとうまく付き合っていくこと，今後のルール支配行動と ACT のさらなる発展によって，私たちはこの〈ことばとのうまい付き合い方〉についての多くのヒントを得ることができるだろう。

第5章

行動分析学と ACT
精神病理,「素朴な」心理療法の
アジェンダ,メタファー,そして ACT モデル

武藤 崇

本章では,まず

1)関係フレーム理論の要約と治療的手続きへの示唆

の検討を行う。そして,次にパニック障害を例に取り上げて,

2)関係フレーム理論からみた精神病理
3)関係フレーム理論からみた「素朴な」心理療法的アジェンダの不機能性
4)関係フレーム理論からみたメタファーの機能プロセス
5)行動分析学からみた ACT の精神病理(心理的非柔軟性)／治療手続き(柔軟性)モデル

を検討し,関係フレーム理論(以下,RFT とする)の有用性を具体的に示すこととしたい。

1.関係フレーム理論の要約と治療的手続きへの示唆

まず,図 5-1 を参照していただきたい。
左端にある円 A は,

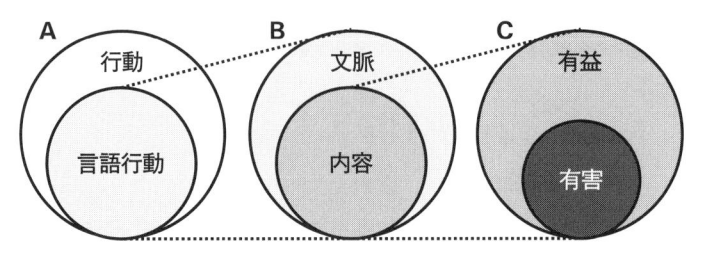

図 5-1 言語と行動，言語における文脈と内容，そして言語内容における有益と有害の関係
円Bは円Aの内側の円を抽出・拡大したもの，円Cは円Bの内側の円を抽出・拡大したものを表す．

A）言語は行動，特に社会的行動と捉える．そのように捉えると，言語に関する行動は非常に多岐にわたり，人間社会の多くを占めることになる（**言語的関係の優位性**）

ということを表す．次に，中央にある円Bは，円Aの内円を抽出・拡大したものである．その円Bは，

B）言語行動は文脈によって制御されている．それゆえ，文脈によって，言語的内容（いわゆる言語的意味，認知，自己）は生成・変化する（**文脈の優位性**）

ということを表す．最後に，右端にある円Cは，円Bの内円を抽出・拡大したものである．その円Cは，

C）言語的内容（言語的ルール）は有益なものであることが多いが，時として有害なものとして機能する場合がある（**言語内容の両価性**）

ということを表す．以上の内容は，第1章から第4章で示してきた中核的な人間行動に対する捉え方である．さらに，RFTでは，

・言語を言語たらしめているものは，言語関係の双方向性である（第2章）

・言語的内容（言語的ルール）は，直接的な外的な随伴性による影響を低減させる。つまり，言語的内容によって環境的変化に，敏感ではなくなり，柔軟に対応しなくなる（第4章）

という事項が強調される。

〈A→B〉という関係を直接経験によって獲得した場合，〈B→A〉という関係がほぼ自動的に派生する。それはまるでAとBが分かちがたく結びついているような状態となる（この状態を，ACTでは「認知的フュージョン」〔cognitive fusion〕と呼ぶ。詳細は第6章を参照）。それにより，ネガティブな「信念」体系が確立し，回避するための行動が広範囲にわたって生起する場合がある（この状態は，ACTでは「体験の回避」〔experiential avoidance〕と呼ぶ。詳細は第6章を参照）。さらに，言語的ルールは，セルフ・コントロールと呼ばれるような時空間的に離れた結果事象に制御される行動を可能とする。しかし，その反面，当該のルールを不機能だとしても，それに従って効果のない行動を繰り返し生起させることもある（以上の状態は総じて，ACTでは「心理的非柔軟性」〔psychological inflexibility〕と呼ぶ。詳細は第6章を参照）。

このような問題に対して，RFTからは，言語内容（ルール）を修正していく方略ではなく，当該の言語的過程，つまり当該の文脈を変化させる方略が導き出される。一般的に言えば，認知内容やその生起頻度を変化させるのではなく，特定の「認知─行動」の結びつきを変化させることになる。そのような方略を採用する理由は，言語的内容を修正すればするほど，言語的内容を拡大することを結果的に強めることになるからである。それは望ましい内容を拡大するが，同時に望ましくない内容をも拡大する。そのため，その文脈的な方略は，パラドックスやメタファー，エクササイズといった，より脱構築的で体験的かつ間接的なものが提案されることになる。

その一方で，単なる信念と異なり，かつ短期的・即物的ではないような，向社会・環境的で長期的な見通しを持った言語ルールが不明確である場合も多い。その場合には，今後の人生指針として価値体系を明確にしていくといった方略が提案されることになる。

2．関係フレーム理論からみた精神病理

まず，以下のようなパニック障害の事例を考えてみよう。

> クライエントは30代前半の女性である。3カ月前にパニック発作を通勤電車の中で3回起こし，1カ月半前より電車を使用しての出勤ができなくなった。さらに，2週間ほど前から，発作の不安のため，人混みや閉塞的な空間に近づく自信もなくなり，テレビで電車やエレベーターの映像を見るだけで身体に力が入るようになった。1週間前より，とうとう会社に出勤できなくなった。初回面接時に「不安が（私の）限界を越えたら，（私は）発狂してしまう」と考えていると話した。さらに，「そのように不安になってしまうのは自分のネクラな性格によるものではないか」と考え「物事をネガティブに捉えようとするのをできるだけ抑えようと努力している」と話した。

まず，クライエントによる現在の状態をRFTで考えると，

①不安＞私（比較関係：相互的内包）
②私＝発狂（等位関係：相互的内包）
③XならばYである（因果関係：相互的内包）
④X＝①（等位関係：相互的内包）
⑤Y＝②（等位関係：相互的内包）

よって，①〜⑤から，

⑥「不安＞私」ならば「私＝発狂」（因果関係：複合的内包）

となる。つまり，①〜⑤の5つのフレームが複合して，⑥のフレームが確立されている。さらに，「不安」や「発狂」という言語刺激は，他の言語刺激ばかりでなく，身体刺激や環境刺激を含む特定の刺激クラスに含まれていることが考えられる。

さらに，クライエントは自己に関する認知を

第 5 章　行動分析学と ACT　　83

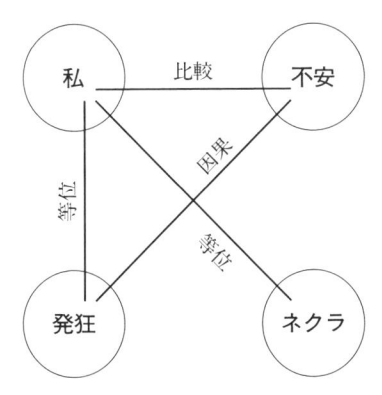

図 5-2　本事例に関する「私」「不安」「ネクラ」「発狂」における関係フレーム
　　　　円は刺激クラスを表し，各刺激はそのクラスのメンバーであることを表す。

⑦私＝ネクラ（等位関係：相互的内包）

と考えている。そして，「ネクラ」という言語刺激も何らかの刺激クラスのメンバーであることが予想できる。また，当然のことながら，「私」という言語刺激も「ネクラ」以外のメンバーを持つ刺激クラスであることが考えられる。つまり，図 5-2 のように，「私」という言語刺激を中心に，「私」－「ネクラ」－「不安」－「発狂」という言語関係ネットワークが成立していることが考えられる。

　また，当初，このクライエントの回避行動は電車のみであった。しかし，それが発作に対する不安感情によって人混みや閉塞空間へと拡大していった。これを RFT で考えると，

⑧電車→回避反応
⑨電車＝不安（等位関係：相互的内包）

よって，⑧かつ⑨より

⑩不安→回避反応（刺激機能の変換）

さらに，

⑪不安＝人混み（等位関係：相互的内包）
⑫不安＝閉塞空間（等位関係：相互的内包）

であり，⑩かつ｛⑪または⑫｝より

⑬人混み→回避反応／閉塞空間→回避反応（刺激機能の変換）

となったと考えられる（図5-3）。

3．関係フレーム理論からみた「素朴な」心理療法的アジェンダの不機能性

先のパニック障害の事例に関する分析の前に，そのクライエントが前提としている「素朴な」心理療法的なアジェンダを検討したい。そのアジェンダとは，

N）思考・感情・性格が制御できれば，行動問題は解決するだろう

というものである。このアジェンダは，以下のような4つの関係フレームで構成されている。まず，一般的な行動に関する問題解決のフレームは

①原因が制御できれば，行動問題は解決できるだろう（因果関係：複合的内包）

である。これは通常の科学的な問題解決のアジェンダであるといってよいだろう。次に，

②原因＝理由（等位関係：相互的内包）
③理由＝思考・感情・性格（等位関係：相互的内包）

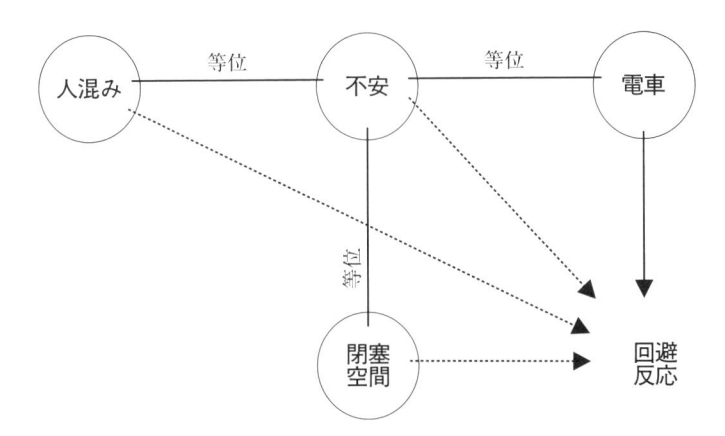

図 5-3　本事例に関する「不安」「人混み」「閉塞空間」の刺激機能の転換と関係フレーム
　　　　円は刺激クラスを表し，各刺激はそのクラスのメンバーであることを表す。実線の矢印は直接の随伴性によって確立された関係を表し，一方点線の矢印は刺激機能の転換によって生成した関係を表す。

というフレームが挙げられる。②は社会的習慣と確立していると言える。これは原因を即座に特定することが強化され，不明であることが弱化されるという社会的随伴性が強固に存在しているということである。たとえば，「なぜ遅刻したのですか」という質問に対して「特別な原因はありません」と答えて許されることはほぼないと言ってよいだろう。しかし，その一方で，③のように「それは私の『気の緩み』からです」と答えて納得される確率は，先の返答より高いと考えられる。つまり，**理由提供の有無は，その理由に対する妥当性の高低より重要**と考えられている（**理由づけの随伴性**と呼ばれている）[4]。また，行動問題の場合は即座に原因が不明確な場合でも，その理由として思考・感情・性格などの私的出来事が挙げられることが習慣となっている。さらに，その私的出来事の理由は聞き手から受け入れられることが多い。

　よって，②かつ③より，

　　④原因＝思考・感情・性格（等位関係：複合的内包）

となり，①かつ④より，

N）思考・感情・性格が制御できれば，行動問題は解決するだろう（因果関係：複合的内包）

となるわけである。

では，先の事例に戻ろう。そのクライエントは「そのように不安になってしまうのは自分のネクラな性格によるものではないか」と考え「その性格を直すために，物事をネガティブに捉えようとするのをできるだけ抑えようと努力している」と語っていた。

それをRFTで考えると，このクライエントはN）のアジェンダを重層的に使用していると考えられる。それは，

⑤不安がなくなれば，パニック障害は解決するだろう（因果関係：複合的内包）

というものである。さらに，彼女は，

⑥ネクラな性格を直せば，不安はなくなるだろう（因果関係：複合的内包）
⑦物事をネガティブに捉えるような思考をなくせば，ネクラな性格は直るだろう（因果関係：複合的内包）

つまり，演繹的に，パニック障害→不安感情→ネクラな性格→ネガティブ思考という方向で原因を探求していっている。しかし，WagnerとZanakos[13]による「思考抑制」（thought suppression）の実験的知見のように，ネガティブな思考を抑制しようとすれば，逆にその思考を増幅する結果となる。それにより，遡行的にネガティブ思考→ネクラな性格→不安感情という順序で状態は悪化していき，筋緊張をさらに高めるに至ったと考えられる。

⑧不安→より強度な筋緊張（刺激機能の変換）

が生起し，さらに，前節で検討したように，

⑨不安＝電車＝人混み＝閉塞空間（等位関係：複合的内包）

であったことから，⑧かつ⑨より，

⑩電車→より強度な筋緊張／人混み→より強度な筋緊張／閉塞空間→より強度な筋緊張（刺激機能の変換）

となり，電車，人混み，閉塞空間の刺激機能がより嫌悪的なものになる。その結果，回避的傾向がさらに強められることになる。さらに，前節で検討した

⑥「不安＞私」ならば「私＝発狂」（因果関係：複合的内包）

と本節の⑧によって，クライエントの発狂への恐怖が高まる。これにより回避反応に関する「動機づけ」や筋緊張の強度は高まることとなる。つまり，上記のように「素朴な」心理療法的なアジェンダを重層的に使用して問題解決を図ろうとすればするほどに，さらに問題を増幅させてしまう結果となるのである[註1]。

4．関係フレーム理論からみたメタファーの機能プロセス

　前節で検討してきたように，関係フレームのネットワークや「素朴な」心理療法的アジェンダによって，パニック障害が確立・維持されている状態を記述してきた。本節では，その障害に対する治療的アプローチをRFTから検討する。特に，ACTで多用されるメタファーの機能を検討する。
　前節で扱ったパニック障害の事例のような問題に対して，ACTではRFTに基づき，言語的過程あるいは文脈を変化させる方略を採用する。具体的な手続きは，パラドックス，メタファー，エクササイズなどである。上記の事例に対しては，たとえば，

註1）このような心因偏重による行動問題の悪化・先延ばしという現象は「心理学化する社会」として問題視されている[8]。また，パニック発作に対して心因を想定せず，逆に心因と捉えることによってパニック障害へと発展する可能性があるということは専門家の間では常識になりつつある[9]。

1）不安を感じたら30回早口で「ふあん」と小声で言い続ける
2）「どんなことがあってもチョコレートを思い浮かべてはいけない」と教示した後で，チョコレートの具体的描写をセラピストが言い続ける
3）不安を感じたら，流れる雲や河に流れる葉を思い浮かべ，不安を雲や葉に乗せて順次流していくことをイメージさせる
4）「不安をなんとかしようと思ってもがくことは底なし沼でもがくことと同じだ」と教示する

といった手続きを適用することになる。その手続きの目的は以下のとおりである。1）は意味飽和を生じさせ，ネットワークへの連関を分断する。2）は思考抑制の不機能性を体験させる。3）は不安を評価抜きで相対化して観察することを体験する。4）は不安抑制の不機能性と不安のアクセプタンスを疑似体験させる。

では，4）を例として，RFTからみたメタファーの機能を検討していくこととする[2, 6, 11, 12]。

まず，上記の4）のようなメタファーが機能するには，以下の構成要素が含まれることが必要とされている[12]。その構成要素とは，

A）2つの異なる関係フレームが存在する
B）その関係フレームは等位関係で結合される
C）その等位には，物理的・形態的な属性・次元・関係が含まれる
D）その結合により，標的となる関係フレームのネットワークを変容される
E）その結合により，標的となる刺激・関係の機能が変換される

である。ただし，A〜Eはメタファーが機能するようになるステップを表すものではない。場合によっては，C）が文脈刺激として機能して，B）が生じる場合があるからである。また，D）はすべてのメタファーに含まれるものではないからでる。

では，次に4）の「不安をなんとかしようと思ってもがくことは底なし沼でもがくことと同じだ」というメタファーを具体的に検討していこう。ま

ず，「不安」については

　①不安＝心理的あがき（等位関係：相互的内包）…A）

の関係フレームがあり，「底なし沼」には予め，関係フレームと行動的機能があることが前提である。

　②底なし沼＝身体的あがき（等位関係：相互的内包）…A）
　③底なし沼→あがいてはいけない

メタファーは次のような文脈で提示される。

セラピスト：では，ゆったりとした姿勢で，目を閉じてください。これからわたしの言うことをありありと思い浮かべてください。準備はいいですか。それでは，始めますね。あなたは独りで，冬の曇り空の下，田舎の草むらを歩いています。昼間にもかかわらず，だんだん暗くなってきました。あなたは雲行きを確認するため，空を見上げながら，歩みのスピードを上げようとしました。すると，突然足下が崩れ，冷たい水の中に膝まで沈んでしまいました。あなたはそこから出ようと足を動かします。しかし，足は思うように動かず，逆にずぶずぶとゆっくりと沈んでいくではありませんか。あたなは必死で足をバタつかせながら，助けを呼びます。何度も何度も。しかし，声が虚しく響くだけ。とうとう雨も降ってきました。頭に血が上って，呼吸するのが速くなっていきます。それでも，必死で手足をバタつかせます。しかし，どんどん，どんどん，ずぶずぶ，ずぶずぶ。とうとう水面は胸の辺りまできてしまいました。身体を揺さぶるように動かすことしかできません。それでも必死であなたは身体を動かそうとします。必死に，もっと必死に。あぁ……とうとう首に……はい。これくらいにしておきましょう。ゆっくり目を開けてください。大丈夫ですよ。ここは安全ですから。お疲れさまでした。

クライエント：あ〜，先生に乗せられて，気分が悪くなりそうでした。

セラピスト：すみません。楽にしてください。ところで，さっきの底なし沼では，どうすればよかったと思いますか？

クライエント：ああいうときは，あんまり動いちゃダメなんですよね。小さい頃，

ドブに落ちちゃったことありますから。
セラピスト：そうですよね。慌ててジタバタしちゃいけない，ですよね。ところで，ここでお伝えしたかったこと，わかりますか？（クライエントが首を振る）それは，**底なし沼でもがくことと，あなたが不安をなんとかしようと思ってもがくこととは同じ**，ってことなんです。
クライエント：……底なし沼と……不安……なるほど。言われてみれば……確かに，そうね……。

　④底なし沼＝不安（等位関係：相互的内包）…B）

が結びつき，物理的な共通性（つまり身体的緊張を伴った「あがき」や「焦り」）によって，その結びつきが強められる。…C）

セラピスト：ということは，不安を感じ始めたら，どうします？
クライエント：そっか！　ジタバタしちゃいけない……そうですよね。
セラピスト：不安を感じ始めたらジタバタしちゃいけない。
クライエント：そう……でも……沼からは出られませんよね……。

　以上のように，①～④より

　⑤不安→あがいてはいけない（刺激機能の変換）…E）

が確立されることになる。また，上記のようなフィクションのストーリー文脈を使用するのは，C）を喚起したり，直接経験とリンクさせることが可能となるからである。単に，ことわざのようにメタファーを言ってしまうと容易く言語的ネットワークに取り込まれ，実際場面での般化の可能性が低くなってしまうからである[2]。以上のパニック障害のクライエントに対するメタファーの機能プロセスを図示すると，図5-4のようになる。

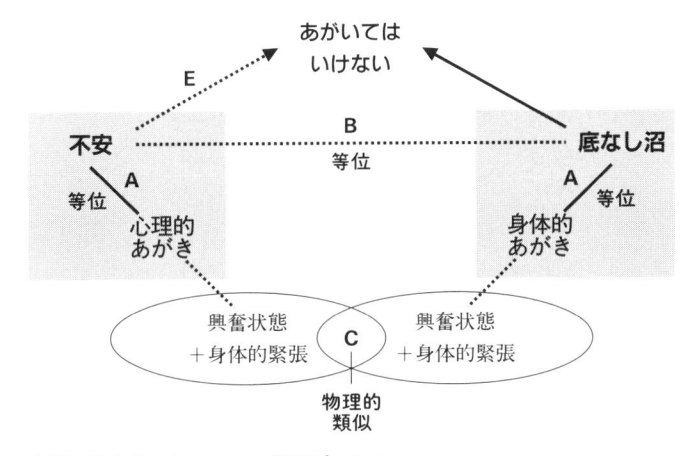

図 5-4 本事例に関するメタファーの機能プロセス
　灰色部と実線はメタファー適用前の状態・関係を表す。また，白色部と点線はメタファー適用後に生成された関係を表す。図中のA～Eは，メタファーが機能する場合の構成要素を表す（詳細は本文を参照）。

5．行動分析学からみた ACT の精神病理（心理的非柔軟性）／治療手続き（柔軟性）モデル

　上述の第2～4節において，RFTが精神病理や治療手続きを統一的に検討できることを示してきた。しかし，このままではACTが実際に臨床的場面で使用される可能性は極めて低い。なぜなら，前章で示してきたような行動分析学の哲学や理論を十分に理解・使用することが必要とされるからである。
　そのような状況は，以下の例と機能的に類似している。あなたが自分のホームページをウェブサイト上に作成したいということを考えついたとしよう。その場合，あなたはまずホームページを作成するソフトウエア（以下，ソフトと呼ぶ）を購入するだろう。一昔前ならば，たとえそのようなソフトを購入しても，JAVAスクリプトという特有なプログラム言語の習得を必要としていた。しかし，現在は大別して，以下のようなソフトが販売されるようになった。それは①そのプログラム言語の習得を全く必要としない初心者向けのソフト，②初心者からプロのデザイナーまで使用できるソフト

(JAVAスクリプトの習得も必要とされる)，さらに③プロのデザイナー向けのソフト（JAVAスクリプト以外のプログラム言語の習得も必要とされる）である。その3つのソフトは，「制作速度⇔自由度」のトレードオフの関係性によって特徴づけられる。つまり，①はホームページが完成する日数はかからないが，完成した内容については自分が思い描いたようなものが出来上がることは少ない。逆に，③はホームページが完成する日数は非常にかかるが，完成した内容は自分が思い描いたようなものに仕上がることが多い。あなたは自分の状況とこのトレードオフを踏まえて①～③のいずれかを選択することになる。たとえば，いずれのプログラム言語も習得した経験がなければ，①の初心者用ソフトを選択するだろう。もちろん，そのソフトを購入した場合でも，それを使いこなすための操作方法を習得する必要がある。そして，①のソフトに習熟し始めると，その自由度の低さに不満を持つようになり，②のソフトに切り換えることになるかもしれない。さらに，JAVAスクリプトに習熟し始めると，③のソフトを使うことを指向するようになるかもしれない。

　第1章から第4章までは，言わばJAVAスクリプトのようなプログラム言語とその言語が持っている基本的思想，つまり③のソフトを概観してきたと言えよう。つまり，

　　a）JAVAスクリプトというプログラム言語＝RFT（三項随伴性を含む）（等位関係：相互的内包）
　　b）そのプログラム言語の基本的思想＝機能的文脈主義（等位関係：相互的内包）

というアナロジーである。よって，a）かつb）より，

　　c）③のソフト＝第1章～第4章の内容（等位関係：複合的内包）

というアナロジーである。よって，①や②に相当するソフトを提供しないと，プログラム言語とその言語が持っている基本的思想が消費されないどころか，特定の心理・行動的問題状況が解決されないで放置されることにもなる。そのようなことを防ぐために提供されたのが，第5章，第6章で詳細に

述べられる ACT の精神病理（心理的非柔軟性）／治療手続き（柔軟性）モデルである（p.100 の図 5-7 を参照）[3]。このモデルは①に相当すると言ってよいだろう。そのモデルは，精神病理の構成要素と，その治療手続きの構成要素が視覚的に対応づけられて表現されている。そこでは，機能的文脈主義や RFT の理解が不十分だとしても，ある程度 ACT を使用して効果を得られるようになっている（しかし，**機能的文脈主義や RFT が全く理解できないという状態なら使用しない方が賢明である**）。そこで，これより①から③，③から①の移行をスムーズにするために，1）ACT の手続きを行動随伴性ダイアグラム（三項随伴性）によって視覚的に表現したモデル，2）1）のモデルと ACT の精神病理／治療手続きモデルとの中間的モデルを提示する。その複数のモデルを比較検討することによって，その移行の際に注意を要するポイントを明確にしていきたい[注2]。

　まず，図 5-5 を見ていただきたい。

　見ていただいておわかりのように，行動分析学を一度も学習する機会を持たなかったとしたら，一見しても内容をほとんど理解することはできないだろう。この図の欠点は，

　　d）行動分析学的用語が多用され，その習得が前提とされる
　　e）行動随伴性ダイアグラムが多用され，その習得が前提とされる
　　f）関係フレームに関する詳細な記述を含めることが難しい

ことが挙げられる。つまり，d）と e）については先述の例では JAVA スクリプトに相当し，日常用語との乖離が存在する。そのため，図 5-5 を理解するためには，たとえば『行動分析学入門』[10]を熟読し，専門用語の使用方法やダイアグラムの記述方法について習熟する必要がある。また，このダイアグラムは前節で検討してきたような関係フレームを含めて記述することができず，図 5-2，図 5-3 のように別図で表現する必要がある。その一方で，この図 5-5 の利点（ただし，d）と e）の問題を解決する必要がある）は

注2）図 5-5，図 5-6 は，著者によって，この章のために新たに作成されたものである。図 5-6 は，図 5-5 から図 5-7 へ，あるいは図 5-7 から図 5-5 へのスムーズな移行や注意喚起のために作成されたものであり，実際のセラピーや分析における実用性は極めて低いと考えられる。

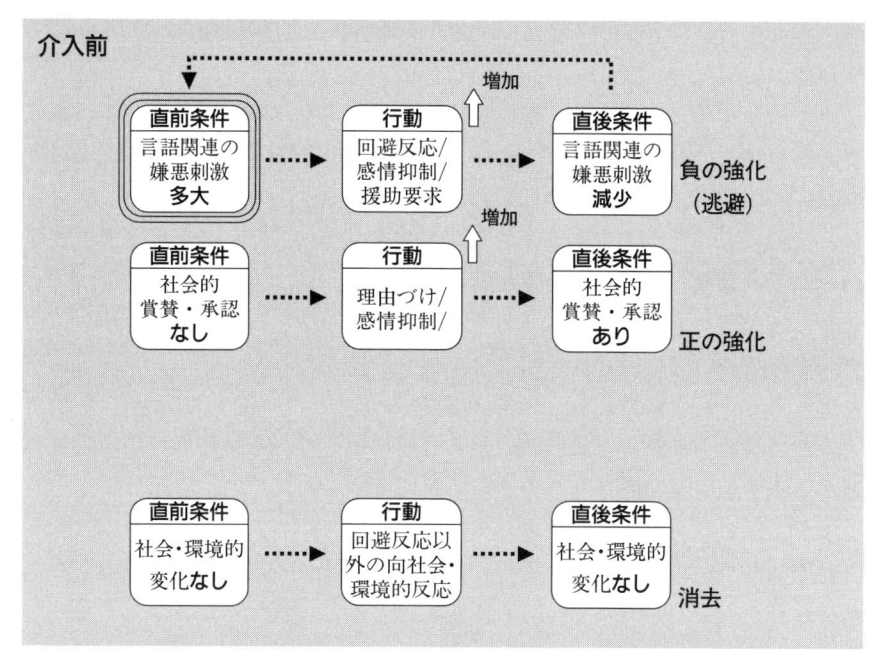

図5-5 行動随伴性ダイアグラムによるACTの精神病理・治療手続きモデルの分析
左図は介入前（精神病理）。右図は介入時（治療手続き）を表す。両図における最上図の直前条件の多層な輪郭は刺激機能が重層的に強められていることを表している。また，右図中のA〜Gは介入手続きが導入されるポイントを表している。

g）環境との相互作用として行動を常に把握できる
h）標的となる行動随伴性が特定可能で，介入ポイントも容易にチェック・決定できる
i）他の行動的問題を抱える事例と比較検討できる

ことが挙げられる。前章まで繰り返し強調されてきたように，g）は行動を機能という観点から捉えることを可能とする。それによって，セラピストはクライエントの行動形態に惑わされることなく，h）が可能となる。実際に，セラピーが進展しない場合，クライエントに対してセラピストの行動がどのように機能しているかをセルフ・モニターすることが難しいことがある。そのようなときにh）は重要となる。さらに，i）は発達障害などの行動問題への介入[5, 7]と比較することができ，より手続き的あるいは理論的な

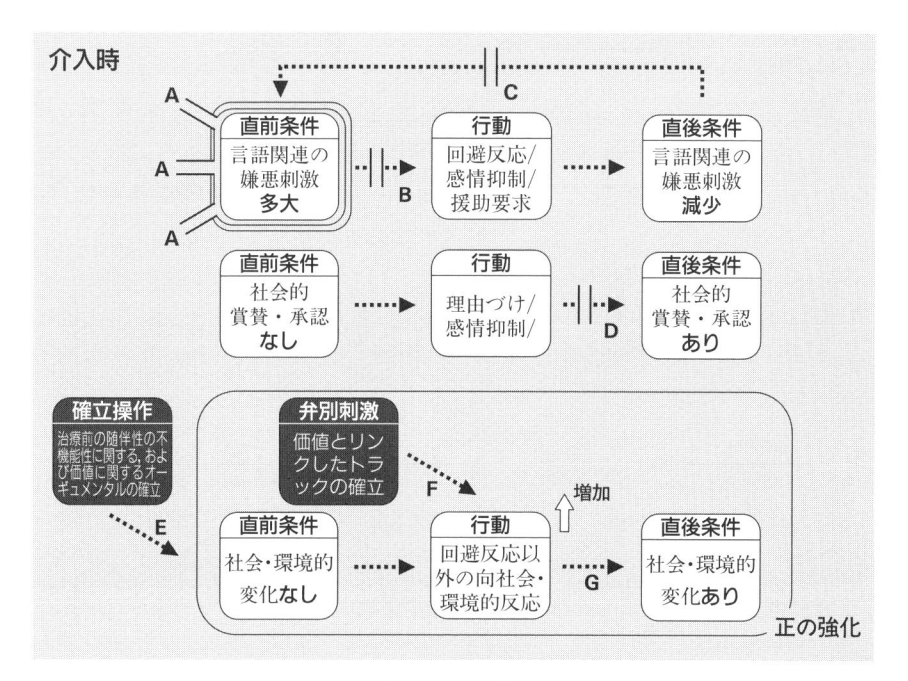

図5-5 つづき

進展が可能となるのである[1, 3]。

次に，図5-6を見ていただきたい。

この図は

- j) 体験，認知，自己，過去・未来，「今，この瞬間」，衝動性といった用語を使用し，日常語との乖離が減少されている
- k) 円の大きさによって，反応クラスのメンバーの多さや頻度の高さが表現されている
- l) 問題が「体験の回避―（コミットされた）行為」のトレードオフの関係にあることが明確に表現されている
- m) 円の外側（随伴性）からの矢印で「文脈的な」介入手続きが表され，円の内側（言語行動）からの矢印で「内容的な」介入手続きが表

96　第Ⅰ部　行動分析学と ACT

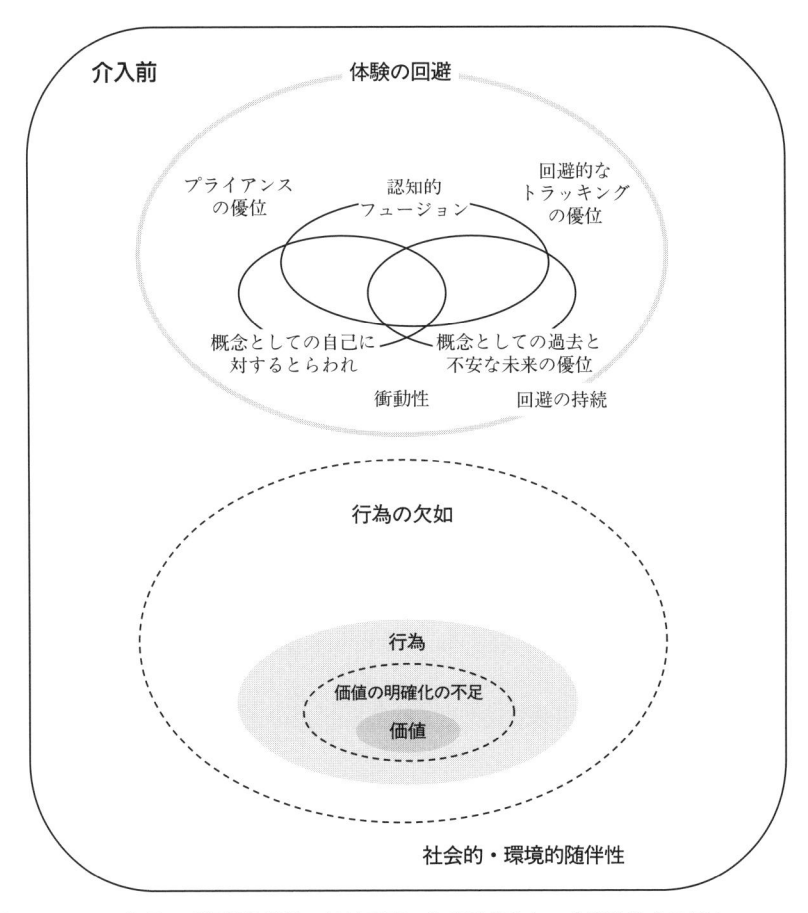

図 5-6　ACT における「行動随伴性－精神病理・治療手続き」の中間的融合モデル
　　　　本図は，ACT モデルと行動随伴性ダイアグラムによる ACT モデルの分析との融合を意図されて作成された。左図は介入前（精神病理），右図は介入時（治療手続き）を表す。図中の円は反応クラスを表し，円が多いほど反応頻度が高く，クラスのメンバーも多いことを表す。左下図点線の円は望ましい反応クラスの規模を表し，実線の円は現状の規模を表す。一方，右下図点線の円は介入前の反応クラスの規模を表す。また，右図中の A〜G は図 5-3 と同様に「介入手続きが導入されるポイント」を表している。さらに，右図の灰色の矢印は「文脈的手続き」を表し，白抜きの矢印は「内容的手続き」を表す。

介入時

B ?
C ?　　　　　　　　　　　　　　A
　　アクセプタンス　　　脱フュージョン
D ?
　　　　　　　体験の回避
　　　　　　　　　　　　　　　　B ?

　　　　　　　　　　　　　　　A
　A　文脈としての自己　「今，この瞬間」　B ?
　　D ?　　　　　　　との接触　　　　C ?
　　　　　　　　　　　　　　　　D ?

コミット
された行為

　　　　　　　　⇑
G　　　　　　　E F

　　　　　価値
　　　　　　⇑ E F

社会的・環境的随伴性

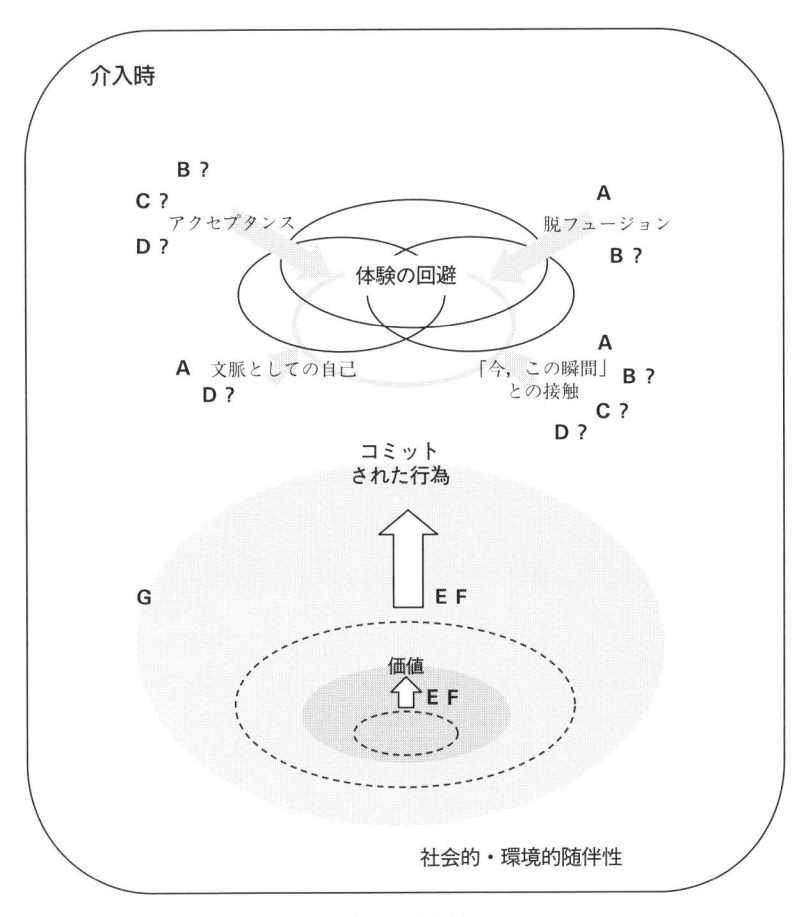

図 5-6　つづき

現されている
- n）円の重なりの程度によって，問題の細かい構成要素の関係性がある程度表現されている
- o）介入時でも「フュージョン」「自己」「過去・未来」のメンバー数や頻度は不変で，「体験の回避」との関係が減少していく（つまり機能が変化している）だけで，かつ4つの文脈的な介入手続きとの動的な均衡状態を保っていることが表現されている
- p）関係フレームに関係する構成要素も表現されている

という利点が挙げられる。この図は，図5-5よりも，行動の「形態（種類）と頻度」を強調することによって，ある程度の専門的知識があれば，精神病理と治療手続きが大枠で理解できるようになっていると考えられる。また，介入手続きもより具体的な矢印（方向も含む）によって「文脈―内容」という対照が明確になっている。つまり，精神病理と治療手続きとの「動的な」関係性を視覚的に表現することができるようなったと言えよう。しかし，その一方で，

- q）図5-5におけるA～Gの介入ポイントと本図の介入手続きとの対応関係が不明確となっている
- r）図5-5と比べて，社会的・環境的随伴性との行動の関係性が不明確になっている
- s）「体験の回避」の構成要素が多く煩雑で，それらの関係性が不明確な部分がある

という問題点も指摘できる。つまり，精神病理と治療手続きとの関係，行動の「形態」が強調されることになり，行動と社会的・環境的随伴性との関係，行動の構成要素間の関係性，つまり行動の「機能」が不明確になってしまう結果となったのである。

最後に，図5-7を見ていただきたい。

この図は，

- t）精神病理と治療手続きのトレードオフ関係が「心理的非柔軟性―心理

的柔軟性」に集約されて表現されている
- u）各構成要素も6つに限定されている
- v）精神病理と治療手続きの各構成要素もトレードオフ関係で主に表現されている
- w）6角形の各頂点から対角線を引くことによってv）の表現を補完している

という利点が挙げられる。つまり，図5-6以上に，精神病理と治療手続きとの対照関係を明確にしている。これは問題と解決方法が「一対一対応」のような印象を与え，ACTの問題解決の「即効的」な有用性を明確にしている。つまり，この図によって，ACTに対するアクセシビリティやユーザビリティが向上されたと言ってよいだろう。しかし，その一方で，

- x）図5-6より，さらに行動の「機能」が不明確になっている
- y）図5-6より，精神病理と治療手続きとが「静的な」関係性で表現されている

という問題点が指摘できる。これは，行動と環境との動的で機能的な相互作用が失われていることを示している。それは機能的文脈主義の思想に反していると言ってよいかもしれない。さらに，「機能」や「動的な」関係に対する注意を払わなくなると，セラピーが進展しない場合に，単に他の手続きを組み合わせることで対処するようになり，結果的にACTの手続きの洗練，行動分析学の洗練にもつながらない，という危惧もある[1, 3]。

本節で検討してきたように，図5-7は理解・使用しやすいという利点がある一方で，応用が利かないという欠点がある。つまり，プライアンスを生じさせやすいモデルなのである。機能的文脈主義に徹底したセラピストを指向するACTセラピストであるためには，そのことを自覚し，記述内容を「鵜呑みにしない」，常にその記述の機能を読み取るようにすることが肝要であると考えられる。また，セラピスト自身がルールを柔軟に書き換えることができるようなトラッキング（第1章から第4章までの内容の理解が役立つと考えられる）と，クライエントの行動に柔軟に対応できるように随伴性形成行動の生起が可能となるような随伴性を整備していくことも併せてお勧めし

ACTの精神病理（非柔軟性）モデル

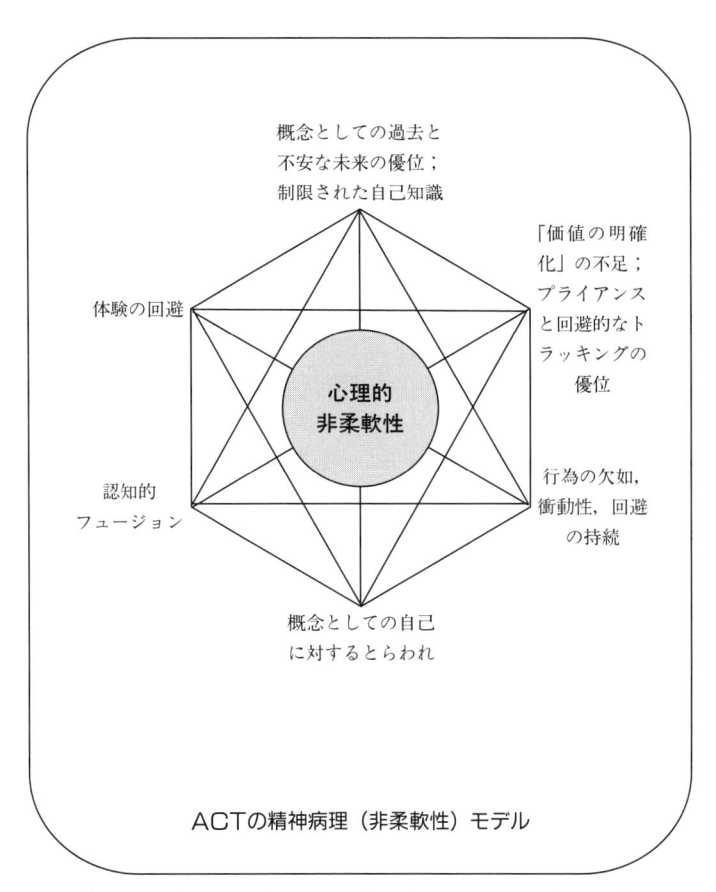

- 概念としての過去と不安な未来の優位；制限された自己知識
- 「価値の明確化」の不足；プライアンスと回避的なトラッキングの優位
- 行為の欠如，衝動性，回避の持続
- 概念としての自己に対するとらわれ
- 認知的フュージョン
- 体験の回避

中央：心理的非柔軟性

図 5-7 ACT の精神病理（非柔軟性）モデル（左図）／治療手続き（柔軟性）モデル（右図） Hayes et al. (2006)[3]より抜粋

たい。

6．まとめ

第5章は，RFT を援用して，パニック障害の事例を中心に，精神病理，「素朴な」心理療法的なアジェンダ，メタファー，ACT モデルの機能を検討してきた。それにより，

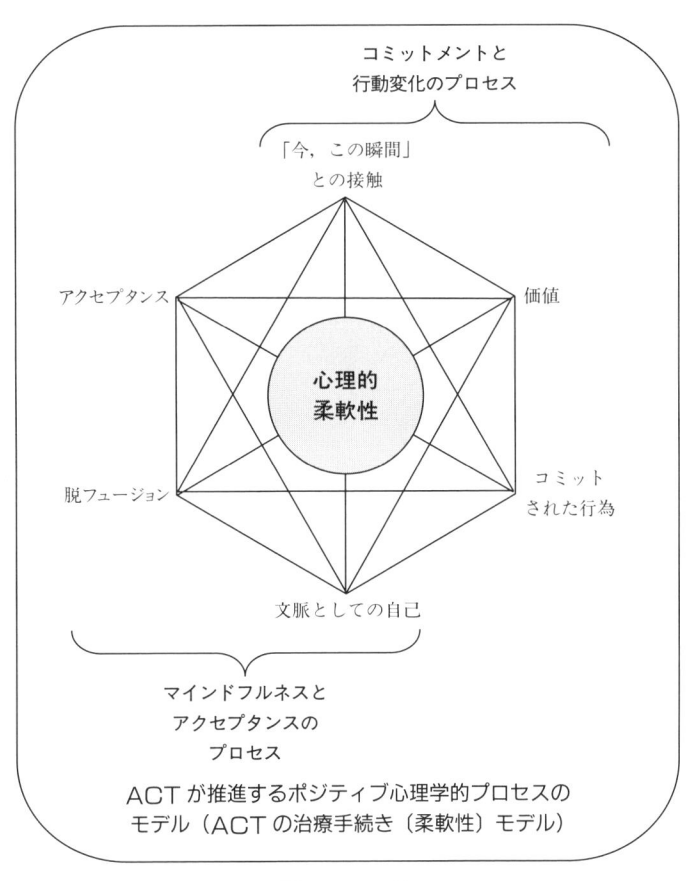

```
                           コミットメントと
                          行動変化のプロセス
                         ┌─────────────┐
                         「今，この瞬間」
                           との接触

            アクセプタンス                価値

                        ┌─────┐
                        │心理的│
                        │柔軟性│
                        └─────┘

            脱フュージョン              コミット
                                       された行為

                          文脈としての自己
                         └─────────────┘
                          マインドフルネスと
                          アクセプタンスの
                             プロセス
```

ACT が推進するポジティブ心理学的プロセスの
モデル（ACT の治療手続き（柔軟性）モデル）

図 5-7　つづき

1）RFT によって，「認知」と呼ばれるものは仮説構成モデルを導入しなくても十分に分析できる
2）RFT によって，治療的手続きは精神病理・問題状況から帰納的に導き出すことができる（**メタファーや ACT モデル**）

ことを示し，さらに ACT が扱う心理・行動的問題は，

3）関係フレームは双方向的にかつ重層的に絡み合っている（**認知的フュージョン**）

4）理由提供の有無はその理由に対する妥当性の高低より重要であるとみなされている（**理由づけの随伴性**）
5）思考・感情・性格が制御できれば行動問題は解決するだろうとみなされている（**「素朴な」心理療法的なアジェンダ**）

というものが存在し，機能しているためであることを示した。

第 II 部

ACT とは何か

第6章

ACT における精神病理／健康論

Akihiko Masuda, 武藤 崇

　第1章の機能文脈主義では Acceptance and Commitment Therapy (ACT)[20]の哲学的立場を示した。第2章～第5章では ACT の基礎理論である関係フレーム理論にふれ，人間活動における言語支配，言語活動の遍在を解説した。それらは，ACT を理解，実践するうえでその哲学的見地，基礎理論を理解することは非常に重要である。なぜなら，ACT は他の治療法と異なり機能文脈的であり，研究により導き出された理論的根拠に基づいた精神病理論を唱えているからである。そこで，本章の ACT における精神病理理論も，前章までの要点を踏まえて検討していただきたい。以下は前章までの要点である。

1. 認知は言語行動であり，言語行動は任意的に事象を関係づける行動である。
2. 認知は他の行動プロセスに影響を与える。
3. 認知間の関係，認知の機能（ポジティブ，ネガティブなどの心理的意味合い）は文脈によって統制される。
4. 建設的な言語活動も精神病理をもたらす言語活動も同じ学習プロセスに基づき維持されている。言語活動は「両刃の剣」で，人間生活に潤いをもたらすことも，人間特有の精神的苦しみを引き起こすこともありうる。
5. 認知は一度学習されると個人のレパートリーから消えることはなく，また，新しく学習された認知は既存の関係フレームのネットワークに何らかの形で融合される。
6. ある認知を消去，変容する試みは，その認知のネットワークをさらに複雑にするだけで，その機能をより強化しかねない（負の認知をよりネガティブにする）。そこで，認知を消去しようとする試みは有効な解決策とはいえ

ない。
7. 認知の意味合い（たとえば，「私はだめ人間」という認知の持つネガティブさ）はその外形，内容（「私はだめだ」）ではなく，その認知が起こる文脈の統制下にある。そこで文脈に変化をもたらすことで，認知の意味合いを変容することができる。

以上の7点を踏まえて，本章は

1）「ノーマル」に関するACTのスタンス
2）ACTにおける精神病理理論（心理的非柔軟性）
3）ACTにおける精神病理理論と精神疾患
4）ACTにおける精神健康論（心理的柔軟性）

という構成で述べていくこととする。

1．「ノーマル」に関するACTのスタンス

　ACTでは精神的に幸福，健康な状態をノーマルであるとは考えず，幸福でない，健康でない，つまりそれらが損なわれている状態をノーマルであると考える[20]。

　幸福，健康な状態がノーマルであるという捉え方は常識的なものであると言ってよいだろう。もちろん，従来の行動療法においても同様に捉えられてきた。つまり，特異な学習ヒストリーによって，特異な行動パターンを獲得し，そのため幸福でない不健全な状態が生じたという考え方である。ただし，ここで注意しなくてはならないのは，あくまで特異なのは学習ヒストリーなのであって，学習プロセスはそれ自体ではない。つまり，特別な経験を積み重ねてきたことが問題なのであって，個々人の学習の仕方はほぼ同一であると考えているのである。そのように考えるため，その不健全な状態を改善するには，適切な学習ヒストリーを再経験し，より適応的な行動パターンを再獲得することが指向されることとなる。

　しかし，ACTではそのような捉え方はしない。もちろん，ACTにおいても特異な学習ヒストリーの要因を排除してはいない。それ以上に，心理・

行動的問題に重大な影響を及ぼしている要因を想定しているだけなのである。その要因とは，言語に関係する学習プロセスであり，それはほとんどすべての人間に共通の学習プロセスである。つまり，人間はことばを持った時点から，不健全な状態を内包する存在となったと言えよう。換言すれば，ヒトが言語を持ったことは地球上の他の有機体が持ちえないような特殊な苦痛を経験することになったと捉えることができる。そのため，他の有機体と比べた場合，「損なわれている状態がノーマルである」と捉えるのである（もちろん，言語によって特別な繁栄をも手に入れることができたのだが）。また，言語の学習プロセスは，当該の個人の特異な学習ヒストリーをより悪化・複雑化させることになるのである。

このように「損なわれている状態がノーマルである」と捉えると，精神的に幸福ではない，健康ではないという状態は，特異なものでもなく，撲滅できるものでもないことになる。つまり，このような「ノーマル」観に立った場合，人間は不健全な状態を抱えながら，それと上手く付き合い，よりよく生きるということが指向されることになる。その場合，特に言語によってもたらされるネガティブな側面のことを ACT では心理的非柔軟性（psychological inflexibility）と呼ぶ。次節以降で，この心理的非柔軟性について詳しく述べていくことにしたい。

2．ACT における精神病理理論：心理的非柔軟性

精神病理はさまざまな見地から解釈することができる。今日最もスタンダードな解釈は DSM[2] などのカテゴリカル的分類法である。DSM ではある特定の心理症状，症状のセットがある一定期間にみられるか否かで精神障害を診断する。そこで，この接近法では精神障害があるか，ないかという結論が出される。また，カテゴリカル的接近法はあくまで分類，振り分けであり，「心理症状がどのように維持されているのか」，「症状が患者の生活にどのような影響を与えているのか」ということは重要ではない。

これに対し，ACT は「精神病理は程度の問題」とするディメンショナル的立場をとっている。また，個人の活動における文脈（現在までの生い立ち，現在置かれている環境）の影響に注目し，個人と個人が置かれている文脈との関係から精神病理の理解を図っている。そして，この関係から個人の

活動が潤滑に進まなくなった状態を「心理的非柔軟性」(psychological inflexibility) とし，この状態が精神病理だと説いている[15]。

2-1. 心理的非柔軟性：概要

ACT は人間の言語活動に「心理的非柔軟性」の源を見出している。言語活動により，個人は特定の文脈下で無益な行動を意味なく繰り返すようになる。そしてこの無益な行動の持続が，結果的に他の行動（たとえば建設的な活動）を抑圧することになり，個人の活動の幅を狭めることになる。この状態が「心理的な非柔軟性」であり，ACT は心理的非柔軟性を促進する6つのプロセスを示している（p.100 の図 5-7 左図参照）。

2-2. 認知的フュージョン（Cognitive Fusion）

認知的フュージョンは言語事象（認知，言葉に彩られた感情，記憶，身体反応）の不適切な「行動調節機能」のことである[15]。たとえば「ああすればこうなる」というルールが「ああすれば」という行動を，「嫌だ」という思いが回避行動を付随させる「機能」のことである。認知的フュージョンを促進する文脈下で個人は，行動の実際結果ではなく，言語ルールに従い行動する傾向を強める。そのため，不適応な行動であっても執拗に繰り返されるのである。

また，言語事象が持つ心理的意味合いも認知的フュージョンである。感情を例にすれば，人間は言語を解して「感情」と呼ばれる反応を体験する。そこで感情と呼ばれる反応にも言語的要素が含まれるのである。つまり，「感情」といってもそれは単なる生理的反応のセットではなく，分類され，何らかの評価を与えられた言語事象ということになる。一般に「不安」という言葉は負の意味合い（評価）を含んでいる。ある生理的反応が「不安」と言われるようになる（関係づけられる）と，この反応にも負の評価が変換される。そしてこの言語プロセスから，患者は「この生理反応は本来負の要素を備えている」と錯覚を起こすのである。また「不安」という言語事象は個人の他の言語的体験と融合するため，「不安」という体験をさらに複雑なものにし，患者は不安を致命的な，起きてはいけないものとして捉えるようになる。

認知的フュージョンは特に感情統制，理由づけ，ことばを真に受けること

を推進する文脈下で問題となる[20]。これらの状況では，患者は私的出来事（認知）を認知としてではなく，事実あるいは物質的実体のように体験する。これは近年のマインドフルネス的認知療法，または仏教の唱える執着（attachment）であり，森田療法の唱える「とらわれ」と類似している（第16章参照）。

2-3. 体験の回避（Experiential Avoidance）

　認知的フュージョンにより，患者は多くの私的出来事を致命的な存在として受け止め，これを取り除こうとさまざまな対処策を試みる。ACT はこの対処行動を「体験の回避」と呼び，心理的な非柔軟性を促進する問題プロセスとして捉えている[21]。

　体験の回避は私的出来事を制御しようとするルール支配行動である。この行動は負の強化随伴関係により維持されており，ACT は体験の回避を「抑圧」（suppression），「状況の逃避・回避」（situational escape/avoidance）に大別している[19]。「抑圧」は今現在体験している私的出来事を制御，除去，抑制しようとする試みで，たとえば，嫌な思い（「僕は価値のない人間」）が浮かんできたときに首を振ったり，「忘れろ」と言い聞かせたり，何かほかのことに注意をそらすなどの行動である。「状況の逃避・回避」は不安，悩みが起こりそうな状況をあらかじめ回避する試み，たとえば，対人恐怖を周囲に見せないため家に留まる行動などである。また，負の私的出来事を削除するために模索することも体験の回避のひとつとして理解することができる[31]。

　体験の回避の遍在：多くの心理療法は理論面で体験の回避を精神病理の核として取り込んでいる[20]。これは体験の回避が我々の生活に深く根づいていることの表れなのかもしれない。体験の回避はそれぞれの理論で異なった分析，解釈が行われるが，ACT は機能文脈的見地に立ち，その遍在の要因として認知的フュージョン，ルールの不適切な般化，「私的出来事は行動の原因」という文化的考え，体験の回避の奨励，モデリングなどを挙げている。

　また，体験の回避を問題解決法として理解することができる。問題解決法は普通，①問題における原因の究明，②問題解決策（原因の削除法）の吟味，③問題解決行動の行使という順序をたどる。問題を回避，制御する活動は，多くの場で生活に潤いを与えて，我々はこの行動により，今日の文明社

会を築いたと言うことができるかもしれない。そこで我々は私的出来事の分野で問題と呼ばれることが生じたときに同様の対処策をとる。また，「私的出来事が問題の原因」という考えは文化的に支持されており，我々はためらうことなく負の私的出来事の削除，統制を試みるようになっている。心理療法の分野でも同様のことが言え，たとえば，認知行動療法などでは「負の私的出来事が個人の精神病理の核をなす」という見解から，負の私的出来事の発生頻度（frequency），内容（form）の変容，削除を図っている[5]。

体験の回避の問題点：体験の回避が実際に悩みを撲滅するならば問題とは言えない。しかし，ACTは体験の回避の実用性，特に長期的効果（workability）に疑問を投げかけている[20]。近年になりさまざまな心理臨床分野で，体験の回避が精神的苦痛，不快感を増長させ（たとえば文献8，15，24，28，29），時に治療の妨げとなると報告されている[10]。また，言語プロセスの双方向性，刺激機能の変換（第2章参照）により体験の回避自体も苦しみとなり[7]，患者は，短期的な苦痛の低減のため，苦痛を増大させるという悪循環に陥っているのである。また，体験の回避はそれ以外の行動に対する抑圧機能も持ち，これが患者の心理的な非柔軟性を維持しているのである[32]。

2-4. 概念としての過去と不安な未来の優位（Dominance of the Conceptualized Past and Feared Future）

以下に述べる「概念としての自己」も含め，「概念としての過去と不安な未来」の優位は「今，この瞬間」の実体験を不鮮明にし，結果として認知的フュージョン，体験の回避を引き起こしている。ここで重要なのは，人間は実際の過去・未来によって苦しむのではなく，自らの言語で作り上げた過去・未来に苦しむということである[14]。過去は言語プロセスにより複雑な関係ネットワークとして再構築され，未来もまた「もしあすればこうなる」という言語プロセスにより恐怖となっているのである。

概念としての過去，未来は他の心理療法の病理理論にも取り込まれている。たとえば，うつ病の認知療法は患者の未来への恐怖を精神病理の核のひとつとして捉えて，認知的過去，未来の危険性を指摘している[6]。ACTも認知行動療法同様これらを問題視しているが，認知行動療法と異なりそれらの存在（内容，頻度）ではなく，「機能」に問題を見出している。

2-5. 概念としての自己に対するとらわれ（Attachment to the Conceptualized Self）

「自己」は比較的新しい概念である。ここでいう自己とは，身体としての自己ではなく，言語プロセスによる自己知識（self-knowledge）としての自己である。ACTは自己を3項目に分類しており，そのひとつが精神病理の一プロセスとなる「概念としての自己」である（conceptualized self）[4, 20]。簡単に言えば「私は…である」のように自己に対する固定観念のことで，ACTは概念的自己に縛られると（認知的フュージョン），精神的苦悩を生むと唱える。たとえば「私はうつ病だから」という教示は「自己＝うつ病」という双方向性から，「うつ病」という言語刺激が持つ負の評価機能を自己にもたらし，個人を自己嫌悪の世界に引きずりこむ。言語を巧みに操る人間ではこの言語プロセスが自動的に起こり概念としての自己に対するとらわれが起こるのである。

人間はまた概念としての自己に沿った行動に従事する傾向にあり[20]，概念としての自己と一致しない行動，考えが起こるとき，極度の心理的苦痛を抱く。自分は正直者だという者がうそをついたときに感じる強い罪悪感，嫌悪感がこれにあたる。そこで，これらの言語プロセスを通じ，活動の柔軟性と関係なく，自己正当化（正しい・間違っている）が強い動機，強化刺激として機能する。過度なうつ症状を持つ患者は自己をうつと同一視することで苦しみを抱くが，自己をうつと正しく認識しているという正当性（自己防御）から，少なからず安堵も得ている。

概念としての自己は活動の正当な「理由」としても機能し，その内容に沿った行動を強化している。また行動に従事しているという自己意識がさらに概念としての自己を強化するという悪循環をもたらす。たとえば，「私はパニック症害」という概念としての自己は出社拒否などの引き金となり，これを自己認識することにより，患者は「私はパニック障害だから」という思いを強めることになる。この理由づけとしての自己概念の影響はラベリング（labeling effect，たとえば，文献23）として，精神衛生，心理療法の分野で論議されており，治療の妨げとなるとも報告されている[1]。

2-6.「価値の明確化」の不足；プライアンスと回避的なトラッキングの優位（Lack of Values Clarity：Dominance of Pliance and Avoidant Tracking）

　自己正当化，周囲によく見せたい，ポジティブ・ハッピーでいたいと翻弄するあまり（体験の回避），人間は自分が本来「どうありたいか」という存在的価値観を見失うことがある[32]。また心理的な非柔軟性が強い文脈下では，一見確固たる価値観にみえる認知でも体験の回避の教示でしかない場合がある。たとえば，「自分は正直でいたい」という価値観も周囲からの非難を避けようとする自己防御ルールであるだけの場合もあり，このような歪んだ価値観だけを持つ場合，「体験の回避」だけしか起こらないのである。またこのような価値観は苦しみを増長することもある。たとえば，周囲の期待に応えるために「優しい人でありたい」と願う者はその裏に隠された動機を認識し，「自分は偽善者，八方美人だ」という強い嫌悪感，失望感を抱く。つまり，過度の自己正当化，自己防衛に基づく価値観からは，建設的な行動は生まれないのである。

2-7. 行為の欠如，衝動性，回避の持続（Inaction, Impulsivity, or Avoidant Persistent）

　「悩みのない状態＝幸福」が一般社会の通念であることもあり，心理療法も問題削除だけに焦点が置かれる場合が多い[32]。しかし問題が消滅しても幸福が訪れるとは限らないのである。もっとも，ACTは苦の遍在を唱えるので，問題有無とは異なる精神病理理論を展開する。第7章で詳しく述べるが，心理的な健康で重要なのは，能動的な建設的行動である。つまり「行為の欠如，衝動性，回避行動」もまた精神病理に深く関わっているのである[15]。広場恐怖症患者がこのいい例である。一般に広場恐怖症と診断される患者は公共の場を避ける傾向にある。安全と評価された家に留まる（体験の回避）ことにより患者は少なくとも公共でのパニック，パニックに関連する羞恥心，恐怖心を一時的でも回避することができる。そこで，患者はある意味道理にかなった行動をとっているので，幸福感に満たされていいはずである。しかし，広場恐怖症患者は深い苦しみを抱えセラピストのもとへ訪れる。これはパニック再発の恐怖により，回避行動だけが起こるため，日常生活に支障をきたしているからである。つまり，建設的な活動が起こらないこ

とによる活動の幅の狭まりも精神病理の一プロセスなのである。

2-8. ACT における精神病理理論：まとめ

　行動理論では患者の抱える問題を過度の行動（behavioral excess）と行動の欠如（behavioral deficit）との関係で解釈している[25]。この方法はACT における病理理論にも適応できる。つまり心理的な非柔軟性が起こる文脈下では「体験の回避」が過度に繰り返され，建設的行動の欠如が起こっているのである。ACT はこれらの行動的問題が起こる文脈下では言語プロセスが「心理的な非柔軟性」を持続していると唱えている。

3．ACT における精神病理理論と精神疾患

　近年になり ACT における病理理論に基づくさまざまな精神疾患の解釈が行われ[18, 21]，臨床研究の分野でも，ACT が多くの精神疾患の治療法として効果を挙げることが報告されている[12, 15, 16, 17]。この節ですべての精神疾患の ACT 的解釈をするのは不可能だが，主要な精神疾患をいくつか取り上げて紹介することにする。

3-1. うつ

　うつ病と診断される患者の多くは悲しみ，無気力感に打ちひしがれ，生活に喜びを見出せないと打ち明ける。また，悲しみが起こってもそれに抵抗することなく悲しみに浸り，時には感覚が麻痺していると訴える。これは認知行動療法の唱える，自己，世界，未来への悲観的認知の表れであり，患者はこれらの認知を認知としてではなく，自己あるいは事実として体験している（認知への縛られ：認知的フュージョン）。

　患者は症状の初期段階では「うつ」と称される私的出来事を問題として敵視し，削除を試みたり，「私はどうしてうつなのか」と悩みをめぐらせたりする（体験の回避）。多くの患者の場合，体験の回避の逆説性から，解決の糸口を見出すことができず，「自分はどうしてうつなのか」などの理由だけが手の込んだものとなっていく。この悪循環が持続していくと，うつと呼ばれる私的出来事の評価機能がさらに増加し，患者は感覚の麻痺，行動の拒否などにより，苦痛を低減しようとする。これらの行動は一見外形の差異か

ら，異なる行動のようにみえるが，私的出来事の制御，回避目的という点で体験の回避と理解することができる。うつ障害の特徴として，自殺願望，自殺未遂を挙げることができるが，これも体験の回避の究極的な表れと解釈することができる。

またうつと呼ばれる私的出来事，それに関する認知（理由づけ）にとらわれるあまり，患者のなかで活動の欠如が起こり始める。「私はうつ病だから…できない」への認知的フュージョンから，患者は生活のあらゆる面で障害をきたすようになる。

3-2. パニック障害

DSM-IV-TR はパニック障害を身体的，認知的症状を含む強い恐怖感と定義している[2]。ACT 的解釈では，患者はパニック再発に対する強い嫌悪感，恐怖感により（私的出来事へのとらわれ：認知的フュージョン），予防策，回避行動などを繰り返すとしている[9, 21, 26]。安全策として水，食べ物，抗不安剤の所持，コーヒーなどの興奮剤を含む飲料水，運動，性行為を避けることなどが体験の回避の例である。

体験の回避の逆説性から，患者はパニックを過度に嫌悪し，これがさらに手の込んだ回避策を生むようになる。そして微量の生理的変化にも敏感になり，この変化をパニックの前兆と解釈し，再発の恐怖，不安を助長させる結果となる。そしてこの恐怖，不安を抑えようとする試みがさらなる不安，恐怖を生み，パニックにまで膨れ上がるのである。広場恐怖症の場合，体験の回避が引きこもりまでエスカレートし，患者の建設的な行動の妨げとなっている。

3-3. アルコール・薬物依存障害

DSM は，患者が過度にアルコール，薬物を摂取し，失コントロール感，生活に何らかの支障をきたしている際に薬物障害と診断する。DSM が見落としている重要点は「なぜ患者は薬物を摂取するのか」という摂取行動の機能である。多くの患者は，摂取前の心理状態に変化を与えるためにアルコール，薬物を摂取している。そして，この心理状態には不安，悲しみ，退屈，ストレスなどの負の私的体験が含まれており（たとえば，文献27），ACT 的見解ではアルコール，薬物の摂取を体験の回避と捉えている[30]。

アルコール，薬物の摂取による，心理状態の一時的変化だけでなく，患者は薬物に関する認知によっても，摂取行動を持続している。多くの患者は薬物の正の効果を課題評価し，また薬物なしでは生きていけないという認知に縛られていることが多い。また，薬物に対する渇望 (craving)，禁断症状への恐怖などが強い理由づけとして機能しているため，薬物依存障害の治療で大きな障害となっている[30]。

3-4. 摂食障害

DSM-IV-TR では，摂食障害を神経性無食欲症 (Anorexia Nervosa：AN)，神経性大食症 (Bulimia Nervosa：BN)，AN，BN に該当しない特定不能の摂食障害 (Eating Disorder Not Otherwise Specified) に大別している[2]。摂食障害者の多くは体重制御のための極端なダイエット・運動に加え，特有の私的出来事，たとえば偏ったセルフイメージ，体重増加への恐怖，失コントロール感，ダイエット・運動における強迫的自己教示を抱いている。薬物障害と同様で，摂食障害の診断も比較的簡単である。また，極端なダイエット・運動，失コントロール感 (AN の場合は体重の減少，生理的変化) の有無で診断が行われるため，摂食障害をダイエット・運動，体重コントロールの障害として捉えがちである。

しかし ACT 的解釈では，患者の多くは困難な自己に関する悩み (自己嫌悪，羞恥心) を抱え，これらを一時的にも抑圧，削除するために極端な運動・ダイエット，嘔吐，下剤の服用を繰り返している[22]。これらの回避行動は一時的な慰めとなることはあっても，完全に苦しみを解消することはなく，患者はさらに手の込んだ運動・ダイエットに励むようになる。この悪循環が繰り返されると，摂食，運動に関する認知機能も強化され，患者の中には「いけないとわかっているのにどうしてもダイエット，運動せずにはいられない」と訴える者も現れるのである。

3-5. 統合失調症

統合失調症の顕著な症状として幻覚，妄想を挙げることができる。一概には言えないが，ACT は「幻覚」を回避しようとする「私的出来事」，「妄想」を個人の現実体験からの「回避行動」として捉えている[3]。多くの統合失調症患者は幻覚を「体験してはいけない事象」として無視しようとした

り，注意を他に向けたり，反抗したりする（体験の回避）。しかし，これらの試みも幻覚を根絶することはなく，患者はさらに幻覚にとらわれるようになる。体験の回避は幻覚体験の持続する結果となり，患者は幻覚以外の私的出来事（狂気への恐怖，自己失望感）からも，苦しみを得るようになる。

幻覚が回避行動のターゲットとして理解される一方，妄想は体験の回避行動として解釈することができる。一見すべての妄想が好意的に見えないが（「政府が自分を殺そうとしている」など），現実生活での苦痛を完全に放棄するために，非現実的な信念（妄想）に執着し，妄想の言うままに行動することはある意味で最大の自己防御と解釈することができる。

3-6. 境界性パーソナリティ障害

境界性パーソナリティ障害の代表的な症状として，情緒の極端な波，自傷行為を挙げることができる。患者はまた良い悪い，好き嫌いなどが極端で，心理的ストレスに敏感に反応し，行動面でも両極的である。ACT は，境界パーソナリティ障害者の抱える負の私的出来事と自虐行為の関係に注目し，認知的フュージョンの見地からは境界性パーソナリティ患者の私的出来事における評価へのとらわれを指摘している。つまり患者は，白黒はっきりと物事を評価するため，正と評価される物／人には極端に固執し，負と評価される物／人には強い嫌悪感を抱き，時には攻撃的な行動を取ったりもする。

これらの言語活動の偏りから，境界性パーソナリティ障害患者は強い苦しみを抱いているのも事実である。ACT はカッティング，自殺未遂，薬物乱用などの自虐行動を負の感情の統制行動として位置づけている。つまり，これらの行動も負の私的出来事の回避，制御を目的としている点で「体験の回避」なのである。カッティングは，身体的な苦をもたらすだけだと思われがちだが，境界性パーソナリティ障害と診断される患者の多くはカッティングにより身体的苦痛を体験することにより，それよりも辛い精神的苦痛を回避している。ただ，これらの自虐的試みも一時的に精神的苦痛から患者を解き放つだけであり，逆説効果から，回避行動はエスカレートしていく。また，自虐行為もネガティブに評価され患者は自虐行為をする自己に強い自己嫌悪を抱き，これらの自己嫌悪かさらなる自虐行為を引き起こすという悪循環を生んでいる。

3-7. ACT における精神病理理論と精神疾患：まとめ

　この節では体験の回避の逆説的効果に焦点を当てさまざまな精神疾患の ACT 的解釈を紹介した。患者は単に不快な私的出来事を避けるだけではなく，その過程で問題を複雑にし，精神的な苦しみを悪化させている。つまり私的出来事を制御しようとする試みは解決策ではなく，精神病理の中核ということである。また，患者の言語活動が体験の回避を持続させており，この持続が精神病理になっているのである。体験の回避，それを持続する言語プロセスに注目すると心理的非柔軟性を以下のように FEAR（恐怖）と示すこともできる[20]：

- Fusion（フュージョン）：認知的フュージョンのことで，私的出来事，特に認知の内容へのとらわれを表している。患者は認知を認知とではなく，事実，あるいは自己と同一視している。そこで，認知をそのまま体験することが非常に困難になっている。これは「今，この瞬間」という現在から概念としての過去，未来，自己に焦点を向けていることを意味している。
- Evaluation（評価）：言語プロセスの持っている「自己，周りの人々，自分の置かれている環境，未来，過去」などへの評価機能を表している。この評価が概念としての自己，未来，過去を強め，体験の回避を促進し，患者の焦点を現在からそらしているのである。
- Avoidance（体験の回避）：望まない私的出来事（思考，感情，記憶，感覚など）や苦痛な外的出来事に対する回避的なスタイルである。
- Reason Giving（理由づけ）：言語行動の最大の問題が言語的正当化プロセスである。個人の実体験に言語的評価を加え，体験の回避を持続させている。

　どのような悩み，精神障害をきたしていても，ACT は以上の 4 つのプロセスが患者の心理的柔軟性に影響を及ぼしていると唱えている。患者は体験の回避が生活の中心となり，それ以外の活動が散漫になっていることが多い。つまり FEAR で表される体験の回避を持続するプロセスは「自分はどうありたいか」という価値，その価値観に沿う行動の欠如も持続しているのである。

4．ACT における精神健康論：心理的柔軟性

　ここまで ACT における精神病理理論を述べてきたが，この節では ACT における健康論を紹介する。ここでも 6 つのプロセスがあり，ACT は各々のプロセスは互いに補い影響しあいながら全体として「心理的柔軟性」(psychological flexibility)[11]をもたらすと唱えている。心理的柔軟性とは「今この場所」で精神的苦痛にとらわれず，価値に沿った行動に励む統合プロセスで，これも人間の言語プロセスと深く関わっているのである。また ACT は，これらのプロセスを促進することにより，心理的非柔軟性を支えるプロセスを低減させ，結果的に患者は精神病理中心の生活から精神的健康へ移行していくと唱えている（p.101 の図 5-7 右図参照）。

4-1．アクセプタンス（Acceptance）
　困難な私的出来事が起こる状況下で体験の回避に代わる新しい行動が「アクセプタンス」である[11, 12, 15]。アクセプタンスとは私的出来事をそのまま体験する行動プロセスである。ここでアクセプタンスにおける要点を 2 つ述べておく。アクセプタンスとは負の私的出来事を好きになる，あるいは我慢する（tolerance）という行動ではない。好き嫌い，我慢するという立場はまだ言語的評価（judgment）の影響が強く残っている。アクセプタンスは言語活動の評価を越え，そのまま体験する行動なのである。2 点目は「アクセプタンスは治療の最終目的でない」ということである[15]。以下に詳しく説明するが，アクセプタンスは建設的な行動を促進する文脈を築くうえでの重要なプロセスとなっているのである。

4-2．脱フュージョン（Defusion）
　アクセプタンス促進において負と評価された私的出来事の「機能変容」が重要な補助プロセスとなる[11]。第 2 章で私的出来事の機能——意味合い，心理的インパクト——は先天的でないことを説明した。私的出来事の機能は後天的で，文脈の統制を受けている。つまり文脈への介入により，私的出来事の機能変容が可能であり，この私的出来事の機能変容が「脱フュージョン」である。ACT は心理的な非柔軟性に関わる私的出来事の機能変容を脱フュ

ージョンと称している。

　先に述べたように，患者の多くは何らかの精神的苦痛をいだき，それらの制御，回避に翻弄している。これは私的出来事を自己と同一視し（概念としての自己），または事実とみなしているからで，ACT は患者の置かれている文脈に変化をもたらし，私的出来事を私的出来事として体験することを強化する。これが結果的に私的出来事の機能変容をもたらし，体験の回避を低減，アクセプタンスを推進する文脈となる。

4-3. 今を生きる：プロセスとしての自己（Contact with the Present Moment）

　ACT は今を生きること（being in the present moment）を心理的な柔軟性を養ううえで重要な一プロセスと捉えている[11]。概念としての自己，過去，未来の節で触れたが，人間は発達するにつれ，終止言語活動に励むようになる。これは現在刻一刻と変化する環境の変化から意識をそむけることで，言語によって作り上げられた世界で生きることを意味している。つまり，今を生きるということは不適切な言語プロセスにとらわれない「今，この瞬間」の行動プロセスを指している。

　今この瞬間は刻一刻と変化している。この変化の中で何かにとらわれることは，この瞬間の実体験から遠のくことを意味している。ACT は新たな自己体験の強化を図る。精神病理理論の節で ACT は自己体験を 3 項目に分類していると述べた。ACT は 2 点目の自己体験として「プロセスとしての自己」を挙げている[4, 20]。簡単に説明すれば，プロセスとしての自己とは東洋の瞑想法でみられるように意識に浮かび上がる事象にとらわれることなく（評価，自己と同一視することなく），一つひとつ受け流していく行動プロセスのことである。

4-4. 文脈としての自己（Self-as-Context）

　他の健康プロセス（たとえば，アクセプタンス，脱フュージョン）をさらに促進するもうひとつの自己体験がある。ACT はこの自己体験を「観察者としての自己」，「超越した自己」と呼んでいる[20]。通常，患者の多くは自己と私的出来事を同一視し（概念としての自己）思い苦しむ。「超越した自己」とは自己を苦しみとしてではなく，それが起こる「文脈」として体験す

るプロセスである。自己を私的出来事が起こる場（locus）として体験することにより，患者は自己と私的出来事との明確な区別を経験し，これにより私的出来事への過剰な反応，とらわれ（認知的フュージョン）の減少，アクセプタンスの増加が起こるのである。

4-5. 価値の発見，再確認（Value）

ACTは患者に今この瞬間苦にとらわれ回避しようとするのではなく，自己を文脈として体験しながら，苦をそのまま体験するよう指示する。というのも，体験の回避，概念としての過去，未来，自己，が建設的な行動の妨げとなっているからである。ACTはこの「生きがいある生活」を治療の最終目的とし，これをさらに促進するプロセスとして価値観を挙げている。ACTにおける基礎理論の見解では，価値観と教示（ルール）のことで，患者にとって建設的な生き方の指針として機能する。ACTの唱える価値とは，何らかのプレッシャーから生まれた「…すべきだ」というルールではなく，さまざまな生活面で「自分はこうありたい」という志である。ACTはまた患者に理由づけと選択の違いを示し，価値を行動の理由ではなく「選択」として捉えるよう指示する。

4-6. 価値に沿った行動（Committed Action）

ACTは行動の重要性を強調する[20]。価値観を見出したといっても，それに沿った行動をとらなければ意味がないのである。ACTの唱える行動の重要性は他の行動療法，認知行動療法と一致する。価値と異なり，行動は達成可能な目的となりうる。行動することによって患者は活動の幅（repertoire）を広げ「今，この瞬間」において建設的な変化をもたらすのである。

「価値に沿った行動」も「体験の回避」もルール支配行動である。双方とも同様の学習プロセスを経て発生・継続する。しかし，両者の違いは個体の活動全体における機能的役割である。「体験の回避」は心理的柔軟性の妨げになる一方，価値に沿った行動は言語にとらわれない心理的柔軟性の補助プロセスとなるのである。

4-7. ACTにおける精神健康論：まとめ

先に心理的非柔軟性をFEAR（恐怖）と要約したように，心理的柔軟性

はACT（行為）と要約することもできる[20]：

- **A**ccept（受容）：コントロールすることで悪化するあるいはコントロールすることができないような，望まない私的体験（内的あるいは外的）を受容する。
- **C**hoose（選択）：活力，目的，そして意味を拡大するような価値づけられた人生の方向性のいくつかを選択する。
- **T**ake Action（行為に移す）：価値に沿った行為のパターンを可能な限り拡大していく。

　また，上記のACTにおける健康論の6つのプロセスは二大プロセスに分類し解釈することもできる。ACTの理論は，アクセプタンス，認知的脱フュージョン，今を生きる，超越した自己の統合プロセスが**マインドフルネス・アクセプタンス**のプロセスと定義している。一方，価値観，価値に沿った行動，今を生きる，超越した自己が**行動変容**のプロセスとなる。人間のすべての活動は今この場所で起こるため今を生きる，超越した自己は双方のプロセスに含まれる。この2つのプロセスは近年話題となっているアクセプタンス・マインドフルネス的認知行動療法[13]の「受け入れ」と「変容」の二大柱と解釈することもできる。

5．まとめ

　第5章ではACTにおける病理理論，健康論を考察した。ACTによれば，言語支配による心理的な非柔軟性が精神病理で，活動の柔軟性が心理的健康である。つまり精神的苦痛の有無ではなく，今この瞬間，自分自身を精神的苦痛としてではなくそれらが起こる文脈として体験し，苦にとらわれず，志を胸にいかに生きるかが重要だと説いている。これは当然の理のようにもみえる。しかし現代社会に生きる我々は苦悩を振り払うことに翻弄するあまり，「生きること」に真剣に向き合うことを怠っているようにもうかがえる。

　ACTは西洋で起こった心理療法である。しかし東洋の叡智を存分に含む生のアプローチとも言える。現代社会の渦中で，我々は苦が生活の一部であることを忘れてしまったかのようである。ACTによって多くの患者が苦か

ら解放される。しかし，これは患者の生活から苦が消滅するからではなく，苦が生活の中に溶け込むからである。治療後，患者の多くは「私はどうして（何らかの症状）こんなにも思い悩んでいたのだろうか」と言う。生きていくうえで苦は消えることはない。しかし，患者は苦をそのまま受け止め，縛られなくなるのである。つまり頭の中で繰り広げられる葛藤から抜け出し，生きることの意義を見つけ，前進していくのである。これは東洋思想の唱える柔軟的態度と言えるのかもしれない。

第7章 ACT トリートメント・モデル

Akihiko Masuda，武藤 崇

　本章では ACT の治療・援助モデルを概観していく。前節で触れたように，ACT の治療・援助モデルは「ACT」（行為）のアルゴリズムで要約されることがある（問題の原因となっている「FAER」〔恐怖〕のアルゴリズムに対応するものとして）。しかし，本章では第6章で触れた，精神病理理論や健康論（モデル）とパラレルな関係にある「6つのコア・プロセス」の分類に従って概観する。また，それらのプロセスで共通な治療テクニックや，それを運用するセラピストの基本スタンスについても触れていくこととしたい。そのため，本章の構成は，

1）ACT の6つのコア・プロセス
2）各コア・プロセスの方略とメッセージ
3）テクニックの特徴とその使用理由
4）ACT セラピストの基本スタンス

となっている。

1．ACT の6つのコア・プロセス

　現在，ACT の治療手続きは，図7-1のように6つのプロセスから構成されていると表現されるようになった[2, 5]。その6つのコア・プロセスとは以下のとおりである。

・**アクセプタンス**（acceptance）：ネガティブな感情をコントロールしよ

うとすることや体験を回避しようとすることを軽減し，アクセプタンスとウィリングネスを促進する
- **脱フュージョン**（defusion）：認知的フュージョン，不要な理由づけ，有害な評価を助長し，それによって生活の質を高めるような活動に対して心理的なバリアとなる私的な経験や出来事を生み出す言語特有のプロセスを弱める
- **「今，この瞬間」との接触**（getting in contact with the present moment）：生じつつある体験の流れに対してより十分に接触を持ちながら，今を生きる
- **文脈としての自己**（self-as-context）：私的出来事に対するアクセプタンスを促進するような状態を生み出すために「文脈としての自己」と「概念化された自己」との区別を体験する
- **価値**（values）：回避している心理的なバリアと対決するのを援護してくれるような生きるうえでの価値観を明確にする
- **コミットされた行為**（committed action）：価値づけられた人生の目的に合致したコミットされた行為のパターンを可能な限り拡大する

第5章でも触れたように，このプロセスによる治療手続きの分類はセラピストが利用しやすいように配慮・洗練されてきたものである。そのため，1999年の治療手続きの分類では，

- **絶望から始めよう：一般的な変容アジェンダにチャレンジする**（creative hopelessness：challenging the normal change agenda）
- **コントロールこそが問題なのであり，解決策ではない**（control is the problem, not the solution）
- **言語を脱フュージョンすることによってアクセプタンスを確立する**（building acceptance by defusing language）
- **自己を発見し，自己を脱フュージョンする**（discovering self, defusing self）
- **価値づけをする**（valuing）
- **ウィリングネスとコミットメント：ACTを行為に移す**（willingness and commitment：putting ACT into action）

```
                コミットメントと
                行動変化のプロセス

            「今，この瞬間」
              との接触

   アクセプタンス              価値

              心理的
              柔軟性

    脱フュージョン          コミット
                          された行為

              文脈としての自己

    マインドフルネスと
    アクセプタンスの
      プロセス
```

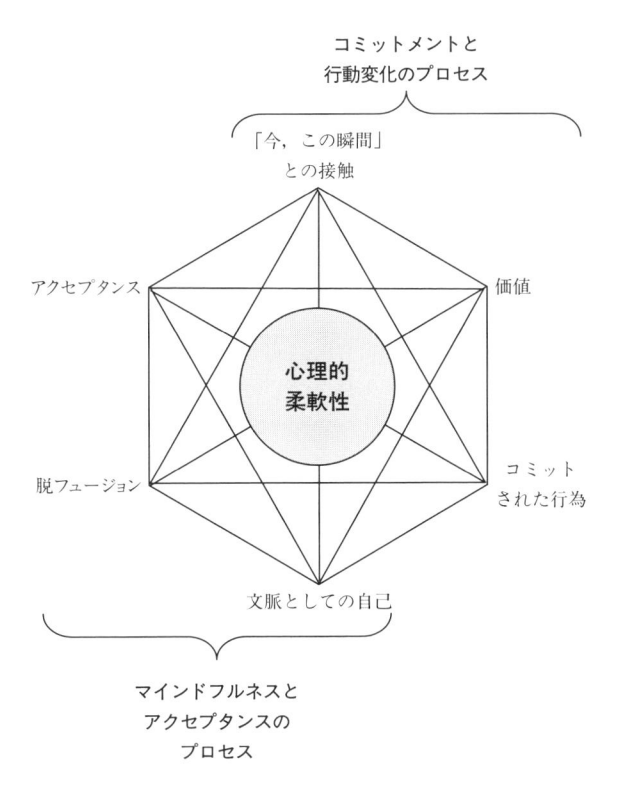

図 7-1　ACT のコア・プロセス

という 6 つのプロセスになっていた[4]。このように年代によって分類が異なるのは ACT が日々進展している証拠であるといえるかもしれない。また，今まで出版されてきた ACT に関する欧文の理論書あるいはマニュアル本には，この 2 つの分類を軸にしたバリエーションとして捉えられるような分類が複数存在している（例えば，文献 1）。ただし，この 2 つの分類あるいはそのバリエーションは，単にプロセスの強調点が異なるだけで，手続きそのものの大幅な相違があるわけではない。つまり，コア・プロセスと手続きが一対一対応していないことを意味している（本書第 5 章を参照）。

Strosahl ら[5]は，この 6 つのコア・プロセスに関係する重要な原理・原則を 4 つ挙げている。その原則とは，

1) 実践場面では，これらのプロセスは密接に相互依存している
2) すべてのクライエントに対して，この6つのプロセスを適用する必要はない
3) ACTセラピストは，この6つのプロセスに関わる手続きに偏りなく精通していなければならない
4) 多くのACT治療手続きは複数のコア・プロセスを促進するために使用できる

　まず，1）の原則は，6つのプロセスに「正しい順序」があるわけではないことを意味している。どのプロセスから援助を行っていくかはクライエントによって異なるのである。2）は，1）と同様にクライエントが抱える問題の機能に応じて，重点的に援助するプロセスを同定していくことを意味している。3）は，どのようなタイプのクライエントが来談してきたとしても対応可能なようにセラピストは知識や技術を磨き続けるできであることを述べている。日常的な表現では「なんでもかんでも一つで済ます」(one size fits all) のようなセラピストのスタンスを厳に戒めているといえるだろう。4）は，一つの治療手続きが多機能であることを意味している。もちろん，この原則は1）の原則と密接に関係している。また，ACTが文脈主義的なセラピーであるという特徴を表すものであると言えよう。

2．各コア・プロセスの方略とメッセージ

　各コア・プロセスのゴールは，前章（第6章）のACT健康論に記述があるため，本節では，そのコア・プロセスそれぞれが持っている治療的方略 (strategies) を中心に概観していく。また，理解の促進のために，その方略をクライエントに対するセラピストからのメッセージ（ただし代表的なもののみ）としても表現していくこととしたい[5]。

2-1．アクセプタンス
　このプロセスは大きく2つのサブ・プロセスに分類可能である。そのプロセスとは，「既存の問題解決法へのチャレンジ（絶望から始めよう）」と「コントロールこそが問題」である。以下に，各サブ・プロセスに分けて，方略

とその目的，そしてメッセージの代表例を列挙していく。
　(1)既存の問題解決法へのチャレンジ（絶望から始めよう）
　このプロセスでは，第5章で扱った「『素朴な』心理療法的アジェンダ」，つまり「思考・感情・性格が制御（コントロール）できれば行動問題は解決できるだろう」という考え方をクライエントにまず気づかせ，それがいかに不機能であるかを自覚してもらい，それに立ち向かっていくことを促していくことが大きな目的となる。そこで，方略としては，

- **問題となっているクライエントの体験を詳細に記述していき，その体験に対してクライエント自身に評価をしてもらう**（クライエントの不機能なアジェンダを記述し，いかにそれが不機能かを記述するため）
- **不機能なアジェンダに代わる「ものさし」としての活動性（workability）に注目させ，それを高める**（不機能なアジェンダに対するクライエントの愛着を軽減させるため）
- **そのアジェンダを指針とした行動はすべて「袋小路に至る」（つまり，行き着き先は絶望でしかない）ことを自覚させる。その一方で，今まで機能しないながらも懸命に取り組んできたことに対して，嘆いたり，自己叱責したりするのではなく，懸命に取り組んできたというその活動性（response-ability）それ自体を誇るように促す**（不機能なアジェンダを手放すための積極的な姿勢を生じさせるため）

というものが挙げられる。また，その具体的な手続きは，セラピストによる説得ではなく，パラドックス，メタファー，体験的エクササイズといった言語的に脱構築した，いわゆる体験的な（あるいは疑似体験的な）ものが使用される（それらの手続きの使用は他のプロセスにおいても同様である／その使用理由は第5章を参照。または本章の後節を参照）。
　以上の方略をメッセージ的に表現すれば，

- あなたは何にトライしてきましたか？　それはうまくいきましたか？　そして何を失いましたか？
- あなたは壊れているのではない。ただ「ドツボにはまっている」だけ
- あなたに希望がないのではない。あなたのアジェンダに希望がないだけ

・あなたは何もしてこなかったわけではない。いや一生懸命にやってきた。ただ，そのやり方によって空回りさせられてきただけ

といったものが挙げられよう。

(2) コントロールこそが問題

このプロセスの目的は，(1)と同様に，不機能なアジェンダを手放すことを推し進めるという点では同一である。ただし，ここではアジェンダの内容それ自体に関する問題性をより明確にしていく。つまり，思考・感情・性格がコントロールしようとすればするほど，事態をより悪化してしまうということをより焦点化している。また，そのアジェンダに代わるものを示唆することも含まれる。その具体的な方略としては，

・思考・感情・性格といった私的出来事をコントロールしようとすること（体験の回避）は短期には機能しているようにみえる。しかし，長期的にみれば機能しておらず単なる悪循環に陥ってしまうということを示す（クライエントに「コントロールこそが問題である」ことを実感させるため）
・私的出来事をコントロールしようとする行動は学習してきたものであり，そのパターンは単に文化的に規定されているにすぎないことを教える（私的出来事をコントロールするべきだという認識は恣意的なものであることを実感させるため）
・**ウィリングネス**（willingness）という概念を導入し，有用性を示す（コントロールしないということに積極的な意味づけを与えるため）

というものが挙げられる。ウィリングネスという概念はアクセプタンスと交換可能な用語として採用されている。ただし，ウィリングネスは積極的で開放的な意味合いを持った受容性を強調したいという意図が込められている。アクセプタンスという語では，忍耐や諦めといった消極的な受容性を想起させてしまうかもしれないからである。日常的な表現を用いてウィリングネスの意味を表現すれば「来るものは拒まず，去るものは追わず」というニュアンスになると考えられる。また，ウィリングネスという概念は，「コミットされた行為」というコア・プロセス（本章の2-6にて後述）で主に強調され

ることが多い。

　以上の方略をメッセージ的に表現すると，

- そのような不快感を取り除こうあるいは抑えてみようとしたところで，結果的にまた同じところへ戻ってくる
- コントロールこそが問題なのであって，解決策ではない
- 精神的・内的なものに関するルール：欲しないようにすればするほど，あなたはもっと得ることができる
- 自分の感情をコントロールすることに専心したら，逆に自分の人生のコントロールを失うことになる
- コントロールしないということは，我慢や諦めや捨て鉢な「閉じた」姿勢ではなく，ウィリングネスという前向きで開放的な「開いた」姿勢なのである

ということになるだろう。

2-2. 脱フュージョン

　このプロセスでは，ことばとその指示対象（word-referent）との密接な結びつきを解除していくことが大きな目的である。その具体的な方略としては，

- 言語が体験そのものを記述できず，また言語は意味表象と発話機能という2つの側面を持っていることを示す（言語が持つ限界を教えるため）
- 複数の脱フュージョンの手続きを教示し，問題となっていることばの脱意味化を実際に体験させる（記号と表象との区別を教えるため）
- 理由づけという習慣を自覚させ，記述と評価の区別を示す（ルールに対する無自覚な遵守を頻発していることを教えるため）

が挙げられる。総じて，言語も行動であるということを体験させ，不機能な言行一致を生起していることに自覚的になることを促進していると言ってもよいだろう。また「概念としての自己」という視点に対する布石という位置づけもある。

以上の方略をメッセージ的に表現すると,

- あなたのこころは友だちでも,敵でもない
- ここでの責任は,あなたのこころですか? それともあなた自身ですか?
- 思考や感情が行動の原因ではない
- 重要なのは「正しい／正しくない」なの? それとも「効果的である／効果的でない」?

ということになるだろう。

2-3.「今,この瞬間」との接触

このプロセスは,2-2と2-4のプロセスそれぞれに吸収されて紹介されることがある。また,第5章で紹介した自己に関する3分類である「概念としての自己」,「プロセスとしての自己」,「文脈としての自己」のうち,「プロセスとしての自己」を主に促進するプロセスといってよいだろう。具体的な方略としては,

- **マインドフルネスを高める**(「プロセスとしての自己」を促進するため)

が挙げられる[3]。マインドフルネスは体験的エクササイズやメディテーションなどの手続きによって高められる。以上の方略をメッセージ的に表現すると,

- 人生とは自分の問題が取り除かれて初めて動き出すようなものではない。人生は**今,この瞬間**においても動いている
- 人生には苦もあれば楽もある
- 今,あなたの中,私たちの間に生じているものについてもっと「開いて」みましょう
- 過去や未来に対する考えや感情を持つことは多い。しかし,そのような考えや感情は**今,この瞬間**に考えたり,感じたりしているのである。そして,**今,この瞬間**から,過去や未来を考えたり,感じたりしているの

である。

ということが挙げられるだろう。

2-4. 文脈としての自己

　このプロセスは，2-2 と 2-3 を踏まえ，自己の 3 つ目の分類にあたる「文脈としての自己」を促進することを目的としている。この「文脈的な」というのは，自己を相対的に眺めることができるということを意味し「視点としての自己」あるいは「観察者としての自己」とも呼ばれる。

- 自己に関する「正しい／正しくない」という評価にいかに固執しているかを自覚させる（「概念としての自己」に対する固執を軽減させるため）
- 意識と意識内容を区別する（「文脈としての自己」に対する自覚を促すため）
- 意識内容は変化するが，視点としての意識は変化しないということを区別する（文脈としての自己に対する自覚を促すため）
- 自己分析による「新たな自己に関する気づきや発見」を鵜呑みにしないように促す（「概念としての自己」，「文脈としての自己」を対比するため）
- 自己に関する概念や意味内容が恣意的なものであることを示す（「概念としての自己」，「文脈としての自己」を対比するため）

が挙げられる。換言すれば，デカルトによる「我思う故に我あり」というフレーズにおける「我思う」という視点が「文脈としての自己」と言ってよいだろう。また，比喩的なアナロジーで言えば，夢を見ている場合，夢の中に登場する自分が「概念としての自己」であり，夢を見ているという主体が「文脈としての自己」に相当すると言えるかもしれない。

　以上の方略をメッセージ的に表現すると，

- あなたの考え，感情，記憶，そして役割があなた自身ではない
- あなたは物体（身体的存在）でありながら，物体そのものではない
- 何かが怖かったら，誰がそう思っているのかを問うこと

・自分が意識している内容は常にあなた以上にはなれない。あなたはそれらを含んでいるのだ

ということが挙げられるだろう。

2-5. 価値（価値づけをする）

　ここでは，ACT 独特の価値という概念を導入し，クライエント自身の価値（無自覚なものも含む）を明確にすることを目的とする。それによって，結果的に，体験の回避を低減し，ウィリングネスを高めることとなる。その方略とは，

- 行動としての価値（＝選択行動）という概念を導入し，選択と判断，選択と感情とを区別する（価値に基づいた人生の重要性を理解させるため）
- 成果だけに注目することを軽減し，そのプロセス自体が目標となるように促す（目標の機能を変化させるため）
- 価値がコミットメントに必要であることを示す（目標の機能を変化させるため）
- クライエント自身が持っている「選択行動としての価値」を明確化する。さらに，それに影響を与える外的な影響を明確化し，軽減する（クライエントと一緒に人生の主要な領域における価値に基づいた方向性を概観するため）
- そのゴールと行為を同定する（クライエントの価値に具体化する行為を概観する）
- バリアを同定し，その特徴を分類する。そして，そのバリアを取り除く。さらに，価値とウィリングネスは相互に依存しているという考え方を導入する（ウィリングネス／アクセプタンスに焦点化させることによって，コミットメントの潜在的なバリアの影響を軽減するため）

が挙げられる。ACT における価値とは，現在までの行動傾向・偏向に基づく概念のことである。しかし，クライエント自身がそのような傾向や偏向に気づいているとは限らない。そのため，その傾向や偏向を同定し，言語化し

ていき，その行動プロセスそれ自体により注目させるように促していくのである。人生をゲームにたとえるならば，ゲームの結果のみに縛られるのではなく，そのゲームをすること自体，そのプロセスの楽しみに注目させるということであると言えよう。

　以上の方略をメッセージ的に表現すると，

- プロセスがゴールになってしまえば，ゴールはそのままプロセスになる
- あなたは自分の人生にどんな意味を持たせたいですか？　そして，あなたは今，そうしていますか？
- 人生において，あなたがどんな方向性を選びますか？　そして何を選びますか？
- 価値づけられた目標に向かうために避けて通れない必要なものに対しても喜んで取り組んでいますか？

となるだろう。

2-6. コミットされた行為

　このプロセスでは，ウィリングネスを高め，実際のコミットメント，そしてコミットされた実際の行為へと拡大させることが目的である。ここでの方略は，

- ウィリングネスは量的に制限できるものではなく，状況のサイズによって制限されるにすぎないということを示す（ウィリングネスと価値の性質を理解させるため）
- ウィリングネスがコミットメントをサポートすることを示す（ウィリングネスとコミットメント，さらにそれらの関連性を理解させるため）
- 「正しい／正しくない」ということが，いかにウィリングネスに影響を与えるかを示す（ウィリングネスに対するバリアがいかに形成され，消失されるかを理解させるため）
- 選択された価値が実行されたとき，顕在化した行為の機能がどのようなものになるかということを示す（ウィリングネスに対するバリアがいかに形成され，消失されるかを理解させるため）

ということが挙げられる。このプロセスは，価値に基づいた行為を実際に生起させるためにどのように促していくかということを目的としていると言ってよいだろう。

以上の方略をメッセージ的に表現すると，

- ウィリングネスは体験の回避に対するオルタナティブである
- ウィリングネスは選択であって，決定ではない
- ウィリングネスは何かを具体的に欲することではない
- ウィリングネスは行為であって，考えや感情ではない
- 自信を持って行動することは，自信を感じていることとは違うものである
- あなたは反応できる（response-able），それこそが責任の意味である
- 揺らいだり，外れたりしたら，そのパターンに気づき，もう一度自分のコミットメントに戻ってみよう
- 障害に直面しても，あなたは自分の価値に向かって進み続けることができますか？

となるだろう。

3．テクニックの特徴とその使用理由

前節で述べた各コア・プロセスの方略を具体的なテクニックとして具現化した場合，それはメタファー，パラドックス，体験的エクササイズと呼ばれる形態となる。

3-1. メタファー

メタファーの特徴とその使用理由は，

1) メタファーは，特定的でも「〜してはいけない」といった禁止事項的なものでもないため，クライエントがそれに対してのプライアンスを生じさせにくい

2）メタファーは，単に論理的なだけでなく，一義的なものでない「絵画以上の」機能を持つため，体験的エクササイズと同等の機能を持ちうる

3）メタファーは思い出しやすいため，セラピー以外の多くの場面で使用されうる

という点にあるとされている。本章の2-2で概観したように，ACTは言語の持つ意味内容による強大な制御力を弱めていくという側面を持つ。その一方で，行為がもたらす直接的な結果に対する感受性を高めていくという側面も持っている。そのような観点から考えた場合，プライアンスを生じさせ，強めてしまう治療テクニック（たとえば，説得など）は不適切ということになる。そのように考えると，示唆的で，必ずしも論理的ではなく，さらに多義的である（クライエントの能動性を保障する）という特徴を持つメタファーはACTのスタンスに適していると考えられる。また，メタファーはストーリー性を持たせることも可能で，かつ視覚的情報へと変換され，より刺激般化を生じさせやすくなる。その場合はメタフォリカルな短いストーリーという形態になる（本書の第5章を参照）。

3-2. パラドックス

臨床的な障害を抱えているクライエントは，多くの場合言語的な「落とし穴」にはまり込んでいるものである。そして，その言語的な「落とし穴」にはいつもパラドックスが潜んでいる。そのため，その「落とし穴」を指摘することは，結果的にその本来的なパラドックスを顕在化させることになるのである。つまり，ACTが言語による臨床的問題を扱い，それを解決しようとすれば，必然的にパラドックスを使用することとなるのである。

また，ACTが使用するパラドックスとは，言語の内容的側面と機能的側面との間に生じる対立によって生み出される。たとえば「『～するべきだ』と考えないように努力するべきだ」というのは本来的に矛盾を抱えている。その努力をしようとしていること自体が「～するべきだ」と考えていることになるからである。つまり，「『～するべきだ』と考えないようになる」というのは随伴性形成行動であるが，「～ように努力するべきだ」というのはルール支配行動であるからなのである（本書第3章を参照）。

3-3. 体験的エクササイズ

体験的エクササイズは，もちろん上記の2つのテクニックと比較する非言語的な援助手続きである。ACTにおける体験的エクササイズは

1) クライエントを，潜在的に問題となる（あるいは実際に回避している）思考，感情，記憶，身体感覚にエクスポージャーさせる
2) 自分自身の言語プロセスがいかに不機能であるかを直接体験させる

ためにデザインされる。もちろん，ACTで使用される体験的なテクニックでは形態的には「体験的」ではあるが，機能的には「言語的な」テクニックであるとも言えるのである。ここで実際に使用する体験とは，実際のクライエントが回避している体験ではなく，安全でゲーム感覚的なものである。その安全な体験の中で，私的出来事を評価的でなく，そのまま観察するという行動を生起させ，実際の随伴性に対してより感受性を高めていくのである。つまり，ACTの体験的エクササイズは，系統的脱感作のような直接問題となっている回避場面に段階的にエクスポージャーしていくために使用しているのでもなく，また認知行動療法で使用される行動的実験のような言語内容を修正していくために使用しているのでもないのである。より安全で類似の体験的回避に関係する随伴性と，そこに含まれる不機能な言語プロセスに関係する随伴性に何度も曝すことによって，機能的に類似した適切な反応の生起を増加させようとしているのである。

3-4. テクニックの乱用に対する注意

以上から，ACTとはセラピストが際限なくメタファー，体験的エクササイズを繰り返すようなセラピスト主導のセラピーであるといったイメージを抱くかもしれない。しかし，実際には，セラピストとクライエントとのやりとりによりセラピーが進められる。ACTでは，毎回，セッションのはじめにクライエントの生活のレビューを欠かさず行い，クライエントの悩み，訴えに耳を傾ける。そのため，メタファー，体験的エクササイズも頭ごなしに導入するのではなく，クライエントの訴えを聞いた後，クライエントの悩みと照らし合わせて使用されるのである。そしてセッション中はクライエントの反応に注意を配り，クライエントの反応に敏感に対応していくのである。

また，セッション内でのクライエントの反応それ自体が，クライエント自身の心理的柔軟性のレベルの査定にもなるため，セラピストが話す割合はセッション全体の5割以下が望ましいとされている。

　この5割以下というルールはACTの治療スタンスに基づくものである。ACTは体験を強調する。つまり理論的理解ではなく，クライエントには言語支配を超越した体験に基づきながら，困難な私的出来事に対する行動の選択を促しているのである。クライエントに変化の兆しがみられず，治療がなかなか進んでいかないとき，セラピストは「あなたのしていることが問題だ」，「逃げないで向かうべきだ」などとクライエントを説得したくなる。また，異なったメタファーを乱用して，クライエントの理解を急いだりする。説得しようとすると，自然と話す割合が増加する。つまり，クライエントとの間でことばの戦争を繰り広げることになる。これは百害あって一利なしであり，クライエントをルール支配の世界にさらに引きずり込むことになる。クライエントが抵抗を示したときは，その抵抗に耳を傾け（どんなことが頭に浮かんできているかというプロセス），その機能を理解し，セラピストも一歩退いた立場から柔軟な姿勢でクライエントに問題点を指摘すればよいのである。

4．ACTセラピストの基本スタンス

　他のセラピーと同様に，ACTではセラピストの基本的な心理的スタンスが，良質なサービスを提供する際に非常に重要な要因となると考えられている。また，ACTでは個々のテクニック以上に，ACTの基本スタンスとコア・プロセスの体現が求められる。つまり，ACTは機能文脈主義的なセラピーであるがゆえに，個々のクライエントに対して最も効果的な「スペース」を提供するため，そのセラピーの形態・手順・テクニックは柔軟かつ個別的に変化・刷新していかねばならないのである。ACTはあくまで，形態より機能が重要なのであり，それはセラピストにおいても例外ではない。

　第5章で触れたように，ACTでは，精神的に幸福，健康な状態をノーマルであるとは考えず，幸福，健康でない，つまりそれらが損なわれている状態をノーマルであると考えている。つまり，クライエントばかりでなく，セラピストも「損なわれている」状態にあることに変わりはない。これによ

り，クライエントとセラピストは，対等で同様の問題を抱える存在となる。この認識に立てば，セラピストはクライエントに対して，温かさや純粋性といった態度を示すことができるようになる。同様に，セラピストもまた心理的非柔軟性を少なからず持つため，絶えず心理的柔軟性を体現できるようにケアを怠らないといった適切なモデル的存在として機能していなければならない。

では以下に，ACT セラピストの基本スタンスが具体的に体現されている状態をいくつか列挙することとしたい[5]。

- セラピストはクライエントに対して直接的な体験に接触することを援助するが，苦痛な心理的内容からクライエントを救い出そうとはしない
- セラピストはクライエントに対して何かを討論したり，説教したり，強制したり，信じ込ませようとしたりしない
- セラピストは体験的エクササイズ，パラドックス，かつ／またはメタファーを適切なときに導入し，ディブリーフィングする際にも字義的な「意味づけ」を強調しない
- セラピストはセラピーの中で必要があれば自分自身の個人的な問題について自己開示することを厭（いと）わない
- セラピストは，クライエントの体験，言語的な運用状態，社会・人種・文化的文脈に応じて個別化し，必要があれば新しい手続きを創出する
- セラピストは ACT のスタンスを体現しているようなセラピーの物理的空間や事物を利用する（たとえば，対面で座らずに並んで座る，マグリッドやエッシャーの絵を壁に掛けておく）

5．まとめ

本章では，1）ACT の6つのコア・プロセス，2）各コア・プロセスの方略とメッセージ，3）テクニックの特徴とその使用理由，4）ACT セラピストの基本スタンスについて概観してきた。1）では ACT の手続きに対する「見取り図」を提示し，2）ではその6つのプロセスに関するエッセンスを概観した。さらに，3）では全プロセスに共通して使用されているテクニックである，メタファー，パラドックス，そして体験的エクササイズに関

して，その使用理由を中心に概観した。最後に4）では，ACT 手続きを実際に運用する際に重要なセラピストに焦点化して概観した。

また，第Ⅰ部とは異なり，より実践的な表現方法で1）〜4）を記述してきた。そのため，行動分析学の分析枠組みで記述する方法と比べると正確性を欠いた表現が多く使用されている。しかし，機能文脈主義的に考えれば，理論的に正確な記述が実際にセラピストの適切な援助反応を生起させないとすれば，そのような記述は「正しくない」ということになる。そこで，本章はセラピストの適切な援助反応を生起させるために，より実践的な表現方法を採用した。ただし，理論的・科学的な捉え方が実践場面においても重要であることには変わりはない。そのような捉え方は，個々のクライエントに応じた柔軟で創造性が要求される援助を行うのに重要だからである。

第8章

ACTのケース・フォーミュレーション

吉岡昌子

　これまでの章で述べたように，ACTは認知行動療法（Cognitive-Behavioral Therapy：CBT）の新たな展開を求め，機能的文脈主義という立場のもと，従来とは異なった臨床実践を選択している。ACTが提示した問題は，方法論や手続きよりも，むしろ手続きの選定を含む科学活動や実践行動の機能について，その是非を問うものであった（第1章を参照）。その視点は，ここで概観するケース・フォーミュレーションについても同様である。CBTは，エビデンス・ベースであることをアプローチの根幹として発展してきた[25]。なかでも，治療の妥当性を高めるという点から，エビデンスを収集するアセスメントの過程は重視されてきた。一方で，従来のCBTでは，そうした「データの収集」，「診断」と「治療の標的の選定」という一連のセラピストの行動（つまり，クライエントとの相互作用）が，どのような文脈の制御下にあって機能しているのかを，クライエントと同様の分析枠で連続的に検証するという視点（とその手立て）が強調されてこなかった。そこでACTでは実証性を担保しつつ，価値を軸に一連の相互作用の機能を検証し，「主訴そのまま」（first order）ではない「文脈こみ」（second order）[註1]の概念化を行おうとする。そのため，治療のフレームワークや手続き的要素が再構成され，ユニークな様相を呈している。

　本章は手続きの項であるが，上述したACTの問題意識に沿って，第1節では伝統的なCBTからシフトしたフォーミュレーションの核となる視点，および付随する理論的な変更を中心に検討する。そのうえで，第2節で具体

註1）本章では，"first order"および"second order"について，文脈によって2パターンの訳出を行った。焦点とする次元の違いを強調する場合には，「主訴そのまま」，「文脈こみ」という訳を当て，2つの次元を羅列する場合，武藤ら[21]にならい「第一水準」，「第二水準」と訳出した。

的な手続きを概観し,第3節ではインフォームド・コンセント等の問題について検討する。最後に第4節では,「文脈こみ」の概念化が的確になされるためのデータ収集のプロセスについて述べる。

1. フォーミュレーションの核となる視座と治療のフレームワーク

1-1. DSM から機能ベースの診断へ

精神病理学の領域では,アメリカ精神医学会の診断統計マニュアル(例:文献2)が世界的規模で採用され,「症状の形態に基づくアプローチ」が主流となっている[16]。たとえば,うつ,強迫性障害,PTSD,薬物依存といった診断は,すべて病理の形態を分類基準としている。CBTにおいても,DSMのシステムに依拠して,個別の障害ごとに病理論や治療のプロトコルが開発されてきた。代表的なものには,Beckの抑うつ理論[5]や,Barlowの不安障害のマニュアル[4]が挙げられる。しかしながら,DSMのシステムを治療および概念的基盤とすることには,以下の問題がある[7]。それは,形態的な側面を根拠とした場合,なぜ当該の症状が生じたのか,また症状の低減によって,関連する生活の問題に治療効果がどの程度波及するかについて,その診断から有益な示唆が提供されないというものである。伝統的なCBTの立場からも,プロトコルが個々の障害ごとに存在することの弊害が指摘されている。Persons[22]は,患者の多くが単一の障害ではなく,並存疾患[註2]を持つという状況で,セラピストは多くの疑問に直面すると指摘する。たとえば,「複数のプロトコルを併用する際に,どのように系列化すればよいのか」,「YとZの障害を無視しながら,Xを治療できるのか」,「プロトコルの1つのステップに失敗した場合,次の判断をどうすればよいのか」などである。これらの弊害は,セラピストをプロトコルの使用から遠ざける[1]。また,使用されたとしても,もとの手続きに忠実でなければ(たとえば,複数を組み合わせて,構成要素を分離する),治療の失敗を招くことが知られている[17]。そこで,ACTは症状の機能に基づくアプローチを採用する。その理由は,分類の視点を形態から機能にシフトさせることで,表面的には差異をなす症状に共通した,包括的な精神病理のプロセスを同定しようとするた

註2) 特に気分・不安障害の領域では「並存疾患は例外というより,標準である」[23]とされるほど顕著である。

1-2. ケースの概念化における文脈の重視

　視点のシフトによって，ACT のセラピストは，伝統的なケースの概念化とは異なったところに分析の焦点を置く。従来の CBT では，問題のある認知（たとえば，過度の一般化）が，現在の症状（たとえば，不安）を生じていると想定し，認知的再体制化などの技法によって，その歪みを修正しようとする。また行動療法では，ネガティブな学習ヒストリーを検証し，現在生じている特定の問題行動を標的として（たとえば，電車に乗ると不安発作を起こす），エクスポージャー等の技法により，その消去を試みてきた。認知，または行動という差はあれ，特定の反応について，第一水準レベルの変化を対象とする点は両者に共通している[10]。一方，ACT では行動療法の伝統を引き継ぎ，学習ヒストリーと現在の行動に関心を寄せる。だが分析の焦点は，認知や行動が機能する文脈（つまり，当該時点での個人が生活する文脈）の同定というよりメタなレベルに置く。そして治療では，その文脈を移行し，私的出来事が持つ機能を変容させようとする。つまり，ACT における第一水準の変化（たとえば，抑うつ思考の内容や生起頻度）は必須ではなく，第二水準の変容に付随するものとして捉えられる[12]。

1-3. 「心理的な非柔軟性／柔軟性」という理論的枠組み

　従来の CBT が抱えた困難を解消するため，ACT はその理論においても，主流の理論とは異なった枠組みを採用している。その経緯は，第 6 章で記述されているため，ここでは，図 8-1 のモデルに示される「心理的非柔軟性」と「心理的柔軟性」という枠組みが，「文脈こみ」の概念化とどうリンクするのかについて述べる。

　ACT は，最終的に心理的な柔軟性を高めることを目的とする治療である。そのため，フォーミュレーションでは，現在の精神病理を同定し，価値に沿った生活に向けての変容のプロセスを描くという 2 つの検討が必要とされる。そこで，上述した 2 つのモデルは，その行動連鎖に対応して，検討枠として機能する。つまり，まず図 8-1 の左側の精神病理モデルに基づき，心理的な柔軟性を低める機能的プロセスが同定される。次に右側の心理パターンに移行するため，それぞれの領域における現在のスキルや変容への動機づ

144　第II部　ACTとは何か

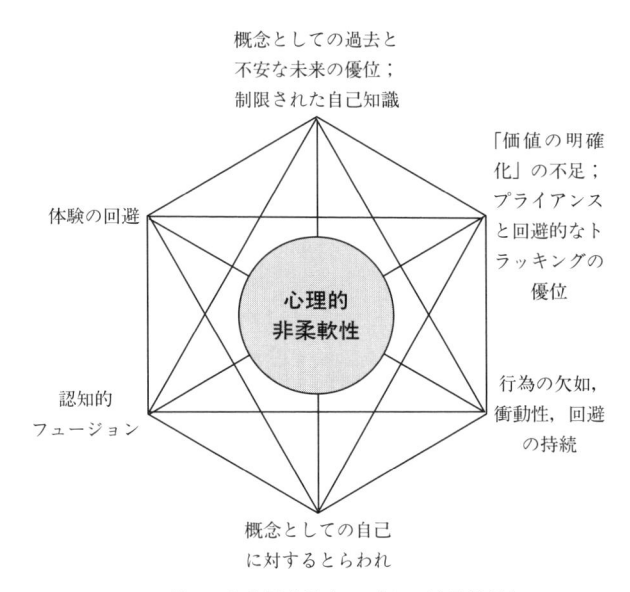

図8-1　ACTの「心理的非柔軟性」と「心理的柔軟性」のモデル

けが査定され，介入技法が選定される。従来のように，うつ，広場恐怖といった複数の病理に分離してしまうことの弊害や，「病理の除去」と「健康な心理状態の促進」のプロセスが分離され，後者への示唆が得られないという問題は，ここでは解消される。このように，「心理的非柔軟性／柔軟性」という枠組みは，臨床場面での有用性や使い勝手を第一に構成された「ミドル・レベルの理論」[11]として，セラピーのゴール達成に影響力を発揮する[註3]。

2．アセスメントと治療技法の選定

クライエントは，それぞれ固有のヒストリーや現在の文脈，問題を持つが，ケースの概念化における基本的なプロセスは，以下の5つに分けられる[14][註4]。

註3）「心理的な非柔軟性／柔軟性」の理論は，Hayesら[11]が「ミドル・レベルの」と形容したように，応用場面での使い勝手を長所とするが，これは裏を返せば，基礎実験との関係性が薄められるという短所でもある。つまりセラピストは，ミドル・レベルの理論で納得せず，さらに基礎理論や実験的知見へと，理解をハイ・レベルなものに深化させる必要がある。

第 8 章　ACT のケース・フォーミュレーション　　145

```
              「今，この瞬間」
                との接触

  アクセプタンス              価値

            心理的
            柔軟性

   脱フュージョン            コミット
                            された行為

              文脈としての自己
```

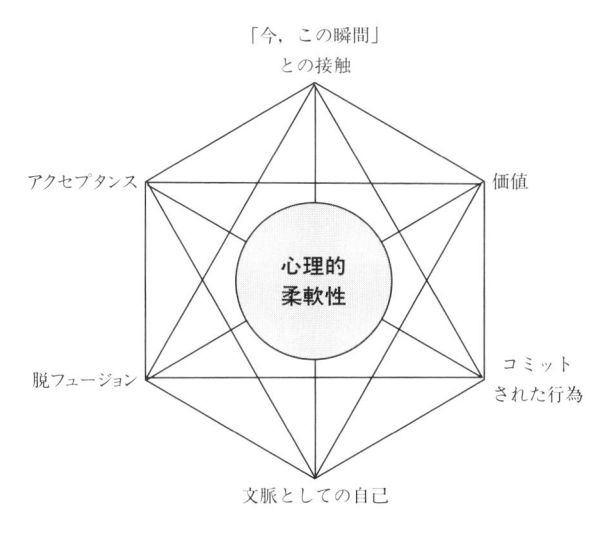

図 8-1　つづき

1) 問題の範囲と特性を分析する
2) 変容への動機づけを査定する
3) 心理的な非柔軟性を生じている要因を査定する
4) 心理的な柔軟性を促進する要因を査定する
5) 治療のゴールと一連の介入手続きを選定する

　表 8-1 には，上述の 1) から 5) と，心理的な柔軟性の 6 領域における検討事項（核となる問い）との関係をまとめた基本的なマトリックスを示した。ここで注意したいのは，5 つのプロセスは独立しているのではなく，互いに関連しあっているということである。表 8-1 でも，各段階には共通の「核となる問い」が設定されている。これは，共通の問いを 5 つの課題設定のもとに分析し，それぞれの関連性を踏まえ，最終的に問題を概念化するためである[注5]。そのため，実際のセッションでは，時系列的に区分されるこ

註 4) 本稿の第 2 節は，2004 年に出版された ACT の実践マニュアルにおけるケース・フォーミュレーションの章[14]を参考に記述した。また，表 8-1 から表 8-5 は，文献 14 に掲載されたリストを一部加筆・修正して作成された。

表 8-1　ACT のケース・フォーミュレーションにおける基本的なマトリックス

心理的な柔軟性の基礎領域 現在の問題の分析（核となる問い）	動機づけの要因	心理的な非柔軟性に寄与する要因	心理的な柔軟性に寄与する要因	治療への示唆

アクセプタンス
- クライエントが接触を拒んでいる私的経験（思考，感情，記憶，感覚）は何か？
- 現在は，どういった回避のパターンが示されているか？
- 防衛的でない，無評価的な方法で，経験に対して心理的なゆとりを作ることができるか？

脱フュージョン
- クライエントは，経験に対する信念や，期待，正誤，善悪の評価に，過度にこだわっていないか？
- 評価と経験を混同していないか？

「今，この瞬間」との接触
- クライエントは，「今」の経験に，継続的で流動性のあるトラッキングを示しているか？
- 自分の頭の世界から「退出」する方法を持っているか？
- 過去や未来に支配されていたり，生気のないストーリーを語ることに始終していないか？

文脈としての自己
- クライエントは，喚起的で刺激的な内容と，自己を区別できているか？
- そのアイデンティティは，問題のある内容や，特定の人生のストーリーによって，単純化された評価的な語（たとえ，ポジティブな語であっても）で定義されていないか？

価値との接触
- 複数の領域にわたって，クライエントは個人的な価値を記述できるか？
- 現在の行動と価値との差を気づいているか？
- 強く抱いてはいるが，何も着手していないゴール（富を得るなど）を，まるで価値であるかのように記述していないか？

価値に基づくアクションのパターン
- クライエントは，ゴール達成を促進するアクションに従事しているか？
- 特定的で着実なアクションのパターンを示しているか？
- アクションが結果をもたらさないとき，そのコースを変容できるか？
- 衝動性や，自己破壊的なアクションといった慢性的なセルフ・コントロールの問題がみられないか？

2-1. 問題の範囲と特性を分析する

　アセスメントの開始段階では，①問題に対するACTの適性と，②機能的次元からの問題の再検証という2点が検討される。それぞれについて，以下に説明する。

　①問題に対するACTの適性：ここではACTが当該のクライエントの問題に適しているかの基本的な判断を行う。ACTのアセスメントは，臨床アセスメント全般を代替するものではない。たとえば，神経学的な要因や身体的な健康は，ACTのアセスメントの範囲を超えるものであり，これを直接扱うことはできない。また，体験の回避や認知的フュージョン，価値に関する問題がみられず，純粋にスキルの獲得のみが問題である場合，ACTの支援を受けるメリットは少ないと考えられる。この場合，ACTのセラピーは通常の行動療法と同じステップを踏むことになる。したがって，ここでは，当該の問題がACTで対象としうる範囲にあり，ACTに関連する要因が問題の中核にあるということを確認する。

　②機能的次元からの問題の再検証：上記の点を確認した後，機能的次元からクライエントが訴える問題を再検証する。主訴を尋ねると，大抵のクライエントは，症状の形態的な側面や（例：パニック発作，過度な緊張，対人恐怖），去来する私的出来事の内容を（例：「不安で何もできない」）彼らの〈問題〉として語る。そして，その解決策として〈問題〉の緩和あるいは除去が訴えられる。たとえば，あるクライエントが次のように訴えたとしよう。

　——「言いようのない不安に襲われると，仕事も手につかなくなり，同僚たちに迷惑をかけています。落ち着こうとするのですが，どうにもならず，このままだと仕事を続けられなくなりそうです。不安にならないようにするには，どうしたらよいでしょうか？」——

　クライエントの訴えはすでに1つのストーリーとして構築され（すなわち概念化が施され），そこには彼／彼女の問題解決のパターンが描かれている。従来の診断では，語られた〈問題〉に応じて，不安障害などの病名が付与さ

註5）絵を描く作業にたとえるなら，パーツごとに色づけするのではなく，全体に色を重ねて，徐々に色味を増し，絵を完成させるというスタイルである。

れ，症状の軽減に向けて治療が進行した。この場合，クライエントとセラピストは，基本的に同じ問題解決のシステムに立脚し，治療は「不適切な反応Xの低減」という機械主義の性質を帯びる。

　ここでACTが関心を抱くのは，もうひとつの次元の「問題」である。それは，ネガティブな心理的事象（不安）が，クライエントの効果的な振る舞い（仕事の達成）を妨げる障壁として機能しているということである。ACTモデルに照らせば，クライエントの行動を制御している文脈として，不安を除去しようとする体験の回避が示唆される。同時に，その行動をしても「依然として仕事が達成できない」という実際の結果が機能せず，「不安がなくなれば，仕事ができる」というルールに支配される認知的フュージョンが指摘されよう。価値の領域では，仕事の達成や仲間への貢献が個人にとって重要である可能性も考えられる。従来のアプローチとは対照的に，ACTのセラピストは，クライエントが今まで最善の策とみなしていた問題解決のシステムの有効性の検証を第一とする。そのシステムが個人の価値に沿った生活を後押ししていない場合，まずはシステムの不全さを体験し，それを断念することから治療がスタートする[註6]。

　③クライエントが語る症状はすべてではない：形態的次元に基づく〈問題〉から機能的次元に基づく「問題」への再検証は，上述の例のように，捉えやすいものばかりではない。たとえば，スキルの問題が示唆される次の訴えを考えてみよう。「仕事が出来ないので，いつも怒られて，会社に行くのが憂鬱です」。セラピストは，この反応に影響する文脈を探るため，次のように質問する。「怒られたとき，どんなふうに感じますか」──この質問に対して，「もっと自分の仕事をきちんとこなせるように，スキルアップしたい」といった返答がなされれば，当該のスキル・トレーニングを始めることには一定の妥当性があろう。一方，──「やっぱり自分には能力がない。何をやってもダメな人間なんだとしばらく落ち込んでいます」──こうした回答がなされれば，問題の根はスキル不足の他にあると考えられる。当該の個人において，概念化された自己（「私はダメな人間」）への抵抗という文脈は，彼／彼女の効果的なアクションを多いに妨げてきたことが示唆される。

註6）ACTのアプローチが最初にまとめられた文献13では，ケース・フォーミュレーションの項はなく，不全な問題解決のシステムを同定し，それに別れを告げるための技法（creative hopelessness）を用いることが，治療の第一段階として記されている。原点の記述に立ち返れば，ACTのフォーミュレーションは，問題解決のシステムの全貌を描く作業と言い換えられよう。

また，「能力がない」という訴えは，直接の経験に即した叙述ではなく，負の自己評価を回避するための（無数に考えられる）理由づけのひとつでしかないかもしれない。

このように，クライエントが語る症状がすべてではなく，語られた「心理的な非柔軟性の症状」には，より中核となる問題が隠れている可能性がある。そのため，セラピストは，クライエントの語りを分析するなかで，その内容に飲み込まれ（つまり，クライエントと同様の条件づけが優勢となり），主訴そのままに問題を同定してしまわないように，留意しなければならない。そのうえで図8-1の文脈的なモデルは，セラピストに機能に徹するスタンスを維持させ，概念化を適切にガイドする羅針盤のような役割を果たす。

2-2. 変容への動機づけを査定する

フォーミュレーションの最初の段階では，問題の概観を摑(つか)むことと同時に，もうひとつ重要なことがある。それが，クライエントの変容への動機づけを査定することである。痛みは付いて回るものとするACT治療に取り組む際，今までの痛みを除去するという問題解決のシステムが有効ではなかったというメタ認知的な視点を持つことは重要である。つまり，変容への動機づけは，クライエントがそうした見方を保持している程度に示される。

心理的な非柔軟性を促進するプロセスは，結果として効果的でない問題解決のシステムを持続させるため，変容への動機づけは妨げられている場合が多い。たとえば，不安を回避している個人は，システムが作用しなかったことについて，やり方のまずさや知識不足など，さまざまな理由を挙げるだろう。そうした理由づけは，「不安がなくなったら，必ず人生が良くなる」という思考とのフュージョンを強めてきた要因である。さらに理由づけには，社会的随伴性が強力な維持要因として作用している。我々の文化は通常，気分爽快などポジティブな私的出来事を「善」，不安などネガティブな私的出来事を「悪」と評価し，それらは制御可能なものという前提を採用している[27]。たとえば，家庭や学校でも緊張して泣く子が弱虫と評価され，自信を持つようにと教えられる。上述した理由づけや不安の解消に取り組む行動は，この普遍的なルールとの一致により，結果の成否によらずほとんどが強化される（たとえば，不安そうな人に対して，「そう，落ち着いて，大丈夫だよ」）。その結果，努力が実らなければ，違うシステムを試してみるという

直接の随伴性に制御された行動変容より，別の理由を生成してルールとの一致を満たすというプライアンスの反応が優勢となる（例：「自分は病気で，もう元には戻れない」）。この反応にも社会的強化が随伴し（例：「諦めないで。少し休めばよくなるから」），その連鎖でシステムへの確信は補強される一方である。あるいは，「何をやってもダメだ」と反応すること自体が消去され，学習性無気力[24]と呼ばれる状態になる可能性がある。こうした要因は，重なり合って動機づけを阻害することになる。多くのクライエントに共通する要因とクライエントの傾向，治療への示唆を表 8-2 に示した[註7]。

先述の例でも示したように，これらのうち，複数の要因が総じて，現在の動機づけの低さを生んでいる。そのため，セラピストはどれか 1 つの要因を正しく特定するというのではなく，それぞれの要因が及ぼしている影響の程度を調べ，中心的な要因について，障壁を取り払うための介入を選定することが求められる。

2-3. 心理的な非柔軟性を生じている要因を査定する

すでにこれまでの検討から，セラピストは心理的な非柔軟性に関して，一定の概念化を形成しているだろう。ここではさらに，当該のクライエントにおける現在の行動パターン，ヒストリー，セッション内の反応などから，心理的な非柔軟性をより細かく査定し，互いの関係性や強度，文脈的な制御を検討する。表 8-3 に，アセスメントの対象となる領域とその例を示した。

それぞれの領域に沿って，クライエントの訴えやセッション中にみられる反応を検証すると，症状間の機能的な相互作用が明確になり，概念化の精度を高めることができる。表 8-3 の 1 から 7 のいずれかに該当する反応が，ほとんどのクライエントに共通してみられる。アセスメントを重ねるに従い，セラピストは端的なエピソードから，より迅速に通底する文脈の見立てを行うことが可能になるだろう[14]。それによって，共起しているであろう事態

註7）表 8-2 と表 8-3 を見ると，「反応の形態」（第一水準）と「制御する文脈」（第二水準）に特定の対応関係が想定され，「ACT らしくない記述」がなされている（たとえば，表 8-2 の 6 では，「過度な心配」が，機械的に「概念としての過去と不安な未来の優位」の要因に分類されている）。Hayes ら[14]が，あえてこのようにリスト化したのは，従来の CBT の概念化に慣れた読者への文脈的な配慮であると筆者は解釈した。つまり，分析のサンプルを示すことで，第一水準から第二水準への柔軟な視点移動を促すことが，これらのリストの狙いであると捉えた。したがって，表中に記述された対応関係はいずれも，ア・プリオリに特定可能なものではないということを付記しておきたい。

表 8-2 動機づけの妨げとなる典型的な要因とクライエントの傾向,
および考えられる治療技法

典型的な要因とクライエントの傾向	考えられる治療技法
1. 「ルールへの服従と正しくあること」に関するヒストリー	脱フュージョンを用いた理由づけの解消,文脈としての自己とマインドフルネスの課題の実施
2. 不全な方略への信念と,同じ行動への固執 ・不全さを認めつつも,同じ行動を繰り返す	コントロール方略への固執を弱める「既存の問題解決法へのチャレンジ」を実施
3. 変化は不可能だという強い信念と,同じ結論を促進するストーリーへの強い執着 ・慢性的なうつや,反復的なトラウマを持つ	脱フュージョン,価値に関する課題を用い,変化しないことの代償を検討,行動的実験の実施
4. 変化に伴う恐怖 ・未知の事柄への恐怖のため,不満足な関係や仕事に従事し続ける	価値の明確化,価値に沿ったアクションの実施,選択と決定が持つ質について教示
5. 変化することで信念が脅かされるという,強固で内容に焦点化した自己アイデンティティの支配 ・過去に治療の失敗の経験を持つ	脱フュージョン(自伝のリライトなど)を用いたストーリーの効力の低下,価値に関する課題を実施し,ストーリーに固執することの代償を検討
6. 概念としての過去と不安な未来の優位 ・効果的な行動の障壁となる過度な心配,後悔,予期恐怖の訴えがある	「観察者エクササイズ」など,プロセスとしての自己,文脈としての自己に関する課題,「今,この瞬間」に触れる体験的エクササイズの実施
7. 長期的に見れば,作用しない変容方略を肯定的に評価することの短期的な効果 ・依存行動,自殺傾向,慢性疼痛を持つ	価値の明確化を実施し,変容方略の効果やその代償の検討,並行して「既存の問題解決法へのチャレンジ」を実施
8. 回避や認知的フュージョンを促進する社会的サポート(可能性として,対人的,制度的,組織的,財政的な強化が想定される) ・トラウマの被害者や,「障害を持つ」個人	価値の明確化を実施し,変容しないことへの代償に焦点化

表 8-3 アセスメントの対象となる領域と例

アセスメントの領域	例
1. 体験の回避の全般的レベル	主な受け入れられない情動，思考，記憶，身体感覚，低いレベルの親密さ
2. 外的に示される行動的回避のレベル	欠落している生活の領域，問題が解決したら生起すると予測される，現時点では生起していない活動
3. 回避を示唆する行動的指標としての持続性の欠如と，セルフ・コントロールの問題に関する全般的レベル	引き伸ばし，達成レベルの低さ，健康的な行動の欠如，衝動的行動
4. 内的基準に依存した情動のコントロール方略のレベル	ネガティブな気晴らしや自己教示，過度なセルフ・モニタリング，乖離
5. 行動に示された情動のコントロール方略のレベル	飲酒，薬物摂取，喫煙，自傷，自殺企図，過食
6. 人生の方向づけの弱さ	価値の全般的な欠如，仕事，親密な関係，家族，友人，運動／食事，趣味，リラクゼーション，娯楽，スピリチュアルな体験における効果的な関与の欠如，情動の回避やフュージョンによって，クライエントが放棄した重要なゴール
7. 評価的思考や概念的カテゴリーとのフュージョン	善悪の支配，高いレベルの理由づけ，洞察，理解，自己嫌悪，他者との比較や批判的態度の過度な使用

（たとえば，行動的問題にリンクした認知的フュージョン）や，行動の理由づけに影響している社会的随伴性など，問題が包括的に捉えられる。このように，散在する症状を同一の機能を持つ反応のクラスとして束ね，文脈的な制御から治療手続きの選定への示唆を得ることが，このプロセスの目標である。

2-4. 心理的な柔軟性を促進する要因を査定する

ほとんどのクライエントは，程度の差はあれ，日々の生活を通じて心理的柔軟性の下位プロセスに従事したり，類似する概念に触れたりした経験を持

註8）ここでのスピリチュアリティは，特定のドグマや宗教的信念と結びついたものではない。ACTが仏教思想や瞑想の実践に通ずるのは，それらがあるがままに事を受け入れ，今この瞬間との接触を追求するからである。瞑想は，「良い気分を感じること」でなく「ただ感じること」のスキルの向上を意図して，マインドフルネスのトレーニングとして用いられる。ACTとスピリチュアリティや仏教との関係性については，文献9や15を参照。

っている。そうしたヒストリーは，心理的柔軟性の土壌として利用できる情報であり，問題に関する情報と同時に，アセスメントで収集すべきものである。特に，ACT は西洋発の心理療法であるが，その発想は我々が親しみを持つ仏教や禅といった東洋思想に通じる点が多い。たとえば，日本の文化的風土にちなんだスピリチュアルな体験は[注8]（例：寺院や歴史的な建造物を訪れて，より大きな力との結びつきや，時空間的な超越を感じる），クライエントの強みとして，これに関連させてアクセプタンスやマインドフルネスの治療手続きを導入することが有効となろう。ただし，同じスピリチュアルな経験であっても，本来の機能を失っている場合（例：苦痛の逃避の手段と化す），セラピストは慎重にならなくてはいけない。特に，マインドフルネスや超越した自己のトレーニング[注8]では，これまでの文脈に転化されないよう，クライエントが治療で用いることばの内容に反応しているのか，文脈に反応しているのかをモニターする必要がある。

　強みとなるヒストリーは，その他にも苦痛を越えて何かに没頭した経験や（価値に沿ったコミットメント），ユーモアを含んだ形容をされ，深刻に悩みすぎていた自分が急に馬鹿らしくなるような出来事（認知的脱フュージョン）など，多岐にわたるだろう。そのため，ACT のセラピストは既製の題材にこだわらず，クライエントの文脈に治療テクニックが最も適するようメタファーや体験的エクササイズを随時，調整していく。つまりセラピスト側にも，クライエント同様，形態ではなく機能に敏感に反応する柔軟性が求められるのである。以下の表 8-4 に，アセスメントの対象となる経験やヒストリーの例を示した。

　心理的な非柔軟性，柔軟性を促進する要因を同定したら，もうひとつの必要な作業として，効果的なアクションを可能にするスキルのアセスメントがある。価値に沿った生活に向けて，段階的な行動変容を道筋立てるには，時間管理やストレス・マネジメント，問題解決，リラクゼーション，対人関係といった一連のスキルが必須となる。また，標的となる行動の実行には，教育や職業上の特別なスキルを要する場合があろう。これらのスキルが不十分な場合，回避や認知的フュージョン，価値の不明確さなど，より中核となる問題に一定の改善が示されるのを待って，教示やシェイピングといった行動変容手続きによりトレーニングを実施する。

表 8-4　アセスメントの対象とされる経験やヒストリー

1. マインドフルネス，スピリチュアリティ，人間の潜在性の概念に触れたポジティブな経験
2. 強い衝動，自己否定の思考や，不可能だという感情からの「解放」をもたらす人生のエピソード（アルコール依存症者の会への参加，禁煙，死の淵からの生還など）
3. クライエントが，自分の人生を生きているということを強く意識した人生の瞬間（ネガティブな影響を持つものも含む）
4. 笑い，皮肉や冗談によって，物事の深刻さ・重々しさを軽くするような過去の経験
5. 痛みを伴うが，彼らの価値に沿ってアクションをとり続けた過去の経験
6. 個人的な目標を設定し，それを達成するために少しずつステップアップしていった過去の経験
7. ある人生の方向に向かって歩みだし，その結果，別のもっと積極的な方向が開けたという過去の経験

2-5．治療のゴールと一連の介入手続きを選定する

　ケース・フォーミュレーションの最後のプロセスは，概念化に基づきセラピストとクライエントが合意した治療のゴールと，一連の介入手続きを選定することである。この段階には治療の開始に向けて，セラピストがクライエントとゴールを共有し，基本的な ACT の原理を説明する過程が含まれる。その詳細は次節で触れることとし，ここでは「ゴール」の選定に関して，よくみられる 2 つの事柄の混同について述べる。その 2 つとは，最終的な「アウトカムのゴール」と，それを達成するための「プロセスのゴール」である[13]。前者はたとえば，「いろんな場所に出かけたい」，「もっと家族と深い関係を持ちたい」といったものである。個人の価値を反映し，その選択はクライエントに委ねられている。一方，後者は科学的な検討事項を含み，セラピストが分析を行ったうえで決定するものである。多くの場合クライエントはプロセスのゴール（不安の除去など）とアウトカムのゴールを併せ持ち，2 つともが最終的なゴールとして機能することで，心理的な柔軟性が低下している。たとえば，「家族や友人との触れ合い」と「不安の解消」とが混同した場合，後者（プロセスのゴール）の達成に，「ひとりで仕事に没頭している間は不安が消える」という事態はとてもうまく作用する。一方で，「家族や友人と触れ合うと，いつかは訪れる別れへの不安でいたたまれなくなる」という状況が存在すると，最終的なゴールに反して，「ひとりで仕事に没頭する」反応だけが維持される矛盾した事態を招く。したがって，2 つのゴールの区別を知ることは，セラピストが混乱したシステムの全体像を描き

出し，クライエントと共有すべきゴールを明確にするうえで重要である。

ACTの特徴として，治療のゴール，使用する技法や導入順序は，個々のクライエントに応じて柔軟に計画される。したがって，テンプレートは存在しないが，典型的な治療のゴールと当該のゴールが選定される理由には，表8-5のようなものがある。

3．インフォームド・コンセントと治療契約

セラピストは治療計画の立案にともない，クライエントがACTの治療に参加するか，しないかを選択できるよう，インフォームド・コンセントを実施し，治療契約を結ぶ。そこで提供される情報には，①他の治療の選択肢，②治療におけるリスクと利益，③進展度を振り返る時間的枠組み，④セラピストとクライエントの位置づけが含まれる[13]。ACTの視座から鑑みて，この選択はクライエントにとって，価値の宣言とそれに基づくアクションの第一歩である。また，文脈的な連続性を重視するACTでは，治療関係もゴールの達成に影響を及ぼす変数として注目される。そこで，以下では「価値」，「選択」の2つを軸として，①から③について述べる。また，④ではACTにおける治療関係の役割について，併せて検討する。

①他の治療の選択肢：他の治療との相違について，ACTは社会的制御に縛られない個人の価値の選択を尊重する。そのため，従来のCBTのように症状の解消・軽減という特定のゴールを前提とし，それが達成されることを保障しない。むしろACTが保障するのは，先験的なゴールや約束された結果がないことで生じる不安や恐れを，そのままにアクセプタンスし，価値に沿って前進を続けるプロセスである。

②治療におけるリスクと利益：ACTは，痛みがあろうとなかろうと，人間が全体性を保つこと（個人の価値と日々の生活とを乖離させないこと）を目的とする治療である。そのため，即効性のある解毒剤のように，短時間で効き目が表れたり，1回の使用で完全な作用を持つ治療ではない。しかし，辛い情動を経験するリスクを負うものの，連用によって効き目がなくなり，よりパワフルな薬が必要になる，あるいは別の部分に副作用を生じるということはない。ACTでは，そうした短期的な効果よりも，人生のスパンにわたる長期的で前進的な効果を治療の利益とする。

表 8-5 典型的な治療のゴールと，選択される理由

典型的な治療のゴール	ゴールが選択される理由
1．既存の問題解決方法を放棄する	既存の解決法が効果的でないという視点を持っていない
2．情動のコントロールが問題であることを理解する	コントロールの矛盾した効果を体験的に理解していない
3．アクセプタンスと脱フュージョンを用いて，私的出来事の有害ではない性質を体験する	恐怖事象への接触に対して信念を抱き，行動変容を恐れている
4．「今，この瞬間」における恐怖事象との接触を図るため，文脈としての自己の体験を促進する	反応や記憶，不快な思考から自己を切り離せない エクスポージャーに取り組むうえで，安全な場所を必要としている
5．「今，この瞬間」とマインドフルネスに触れる	概念としての未来（心配など）に生活が支配されている 既存の環境に配置されている強化に触れようとしない
6．価値の探求	よりどころとなる価値を持っていない，もしくは自分の価値に十分触れられていない
7．選択された価値に基づくアクションへの従事	価値に沿った生き方を再発見するための助けを必要としている 行動が生産的ではない，もしくは行動に価値があまり反映されていない エクスポージャーに取り組む動機づけが低い

③**進展度を振り返る時間的枠組み**：上述の②のスタンスに基づき，進展度の振り返りも回ごとではなく，治療の下位プロセスに相当する数回のセッション単位で行うことが基本となる。

④**セラピストとクライエントの位置づけ**：ACT において，セラピストとクライエントの位置づけは，「教師と生徒」，あるいは「健康な人と病気の人」といった差異を前提とした関係性に依拠しない。むしろ，双方の共通性を強調し，常に対等な位置づけを行おうとする。その理由は，言語的制御の影響はユニバーサルなものであり，セラピストとクライエントは，病理の本質を潜在的に共有しているからである。そこで，ACT ではこの共有性の光と影の側面を自覚し，光の側面を最大限，治療において機能させようとする。

⑤治療変数としての治療関係とその利用：具体例を挙げて説明する。たとえば，クライエントが課題に反応せず，治療が停滞した場合，ごく自然に「自分の判断が誤っていたのか。まだまだ未熟だ」といった言語反応が生じるであろう。このネガティブな内容を含む思考が問題のある文脈（回避や認知的フュージョン）に作用した場合，セラピストは「正しい」判断を求め，そのロジックを「説明」することで，治療を理想的な状態に戻そうとするだろう。すでに言語的制御が優勢なクライエントは，ルールに沿う「正しい」反応（プライアンス）を生起させ，結果，セラピーは権力の行使と依存の関係を再現する場面と化してしまう。この状況で，セラピストが取るべきアクションは，クライエント同様，ACT の原理に沿ってメタファーに戻る，または質問を自身に投げかけることである。一方，「また，いつものお喋りが始まった」といったように距離を保てた場合，治療場面は①ネガティブな経験に対するマインドフルネスを実演（モデリング）する，②自身がクライエントに求める課題がいかに困難であるかを確認する機会として[13]，有効に生かすことができる。こうした見方は，ACT に限ったものではない。協働的で強い治療関係への注目は，全体性や文脈を重視する新たな CBT（たとえば，弁証法的行動療法〔Dialectical Behavior Therapy〕[19]や，機能分析的心理療法〔Functional Analytic Psychotherapy〕[18]）に共通する変化である。特に，機能分析的心理療法では，治療関係を成功の土台とみなし，セッション中に生ずる臨床関連行動（clinically relevant behaviors）を主眼に治療が進められる（第13章を参照）。ACT においても，セラピストとクライエントの双方のコミットメントなしに，治療の成功というゴールの達成はなしえない。

　以上の視座のもと，セラピストはクライエントに ACT に関する基本的な知識を提示し，曖昧な部分について話し合う。そのうえで，当該の個人が治療への参加を選択し，治療契約を結んだら，いよいよ治療の開始である。

4．客観的な測定指標とそのツール

　第2節では，クライエントへのインタビューをもとに，概念化が形成される過程を述べた。本節では，インタビューと並行して実施される客観的なエビデンスの収集に焦点を当てる。概念化における従来の CBT からの重要な

変更点は，第一水準から第二水準への視点のシフトである。データ測定のプロセスにも，そのシフトに付随した変化が検討されている。

　一般的な標準化された尺度（たとえば，Beckのうつ尺度：Beck Depression Inventory)[6]は，DSMに基づき，症状の数・頻度・程度といった形態に関する情報（たとえば，悲しみを感じる程度）を収集する目的で作成されている。それらは私的出来事の内容であり，その機能を知りたいACTの関心とは評価の次元が異なっている。そのためACTでは，私的出来事がどの程度，リアルに感じられるかという確信度（believability）が主な指標として採用されている（たとえば，文献 3, 20)。BachとHayesの研究[3]では，精神障害のある入院中の患者を対象に，通常のケアとACTの効果が比較検討された。従属変数として，幻覚を生じた回数とその確信度，フォロー・アップ時の再入院率が測定された。治療後の減少を見ると，幻覚を生じた回数については通常のケアが優ったのに対して，残りの2つはACTの減り幅が大きかった。特に再入院率は，ACTが通常のケアの約2分の1であった。この結果は，ACTの効果と変化のプロセスが，従来の指標では捉えきれないということを示している。

　ACTの分野では，これまでにAAQ（Acceptance and Action Questionnaire)[14]や，VLQ（The Valued Living Questionnaire)[26]といった下位プロセスに関する指標が作成されている。AAQはアクセプタンスと価値に沿った行動の領域を対象とし，症状とそれが生じる文脈がセットになって質問が構成されている。また，VLQは価値のアセスメントに用いられ，個人が重きを置く生活領域と，実際の生活における一致度を測る構成となっている。

　上述した内省に基づく査定方法は，CBTや他のセラピーにおいても，主流をなしている。しかし，内省報告にはクライエントが内的な状態をどの程度，正確に表現しているのかをチェックできないという制約がある。そうした制約は，正確な報告がなされなかった場合に，治療効果の減退や，重要な要因を見落とす可能性を内包するというアプローチの弱点にもつながる。そこで武藤と山岸[21]は，この弱点を解消するための予備的研究を行った。その内容は，Acceptance and ActionをVIスケジュールと反応間隔を対象にした異反応強化スケジュールの組み合わせとして，行動的翻訳を行い，AAQ得点の高低によるパフォーマンスの差異を検討するものであった。弱

点の解消に至るまでには，さらなる研究が必要であるが，ACTはこのように常に進化を模索するアプローチである。精神病理理論やモデル，治療技法についても，固定化することはなく，エビデンスに伴って改訂が続けられる。ただし，機能的文脈主義の視座が最も重視するのは，治療のゴールの達成であり，それに先んじて予測のためのモデルや理論の精緻化が急がれることがあってはならない。

第9章

ACT のアセスメント・ツール

木下奈緒子

　これまでにさまざまな ACT のアセスメント・ツール（評定尺度や行動測定法）が開発されているが，それらの情報が十分に普及しているとは言い難い。そこで，本章では，ACT のアセスメント・ツールを幅広く紹介することを目的とする。表9-1 および表9-2 は，本章で紹介するアセスメント・ツールを示したものである。すべてのアセスメント・ツールについて，詳しい情報を記載することはできないが，代表的なアセスメント・ツールである，Acceptance and Action Questionnaire (AAQ)[26] および Valued Living Questionnaire (VLQ)[48] については，比較的詳しく記述してある。AAQ は，ACT の効果検証の際に最も使用されている評定尺度である。そこで，AAQ を用いた効果検証に関する知見をいくつか紹介し，それらの研究の中で明らかとなった AAQ の限界点についても言及している。VLQ については，評定尺度の開発のプロセスについて詳細に記述した。VLQ では，一度尺度が開発された後，研究や臨床で得られた知見をもとに，繰り返し修正が試みられている。この開発のプロセスは，アセスメント・ツールの開発における機能的文脈主義アプローチの一例であると言われている[47]。AAQ と VLQ 以外の評定尺度については，それぞれの尺度の特徴のみを記載した。これらの評定尺度は，すでに多くの研究で使用されているものもあれば，現時点で，開発の初期段階にある評定尺度もあるので，実際に使用する際には注意してほしい[註1]。

註1）本章で紹介する評定尺度は，2010年8月時点で公表されている情報に基づくものである。現在，これらの評定尺度は，児童青年用の CAMM を除いて，すべて Association for Contextual Behavioral Science のウェブサイトより入手可能である。http://contextualpsychology.org/

表 9-1 本章で紹介する ACT のアセスメント・ツール（評定尺度）

1．心理的柔軟性

Acceptance and Action Questionnaire	(Hayes, Strosahl et al., 2004)[26]
Acceptance and Action Questionnaire-II	(Bond et al., 2009)[8]

2．価値

Valued Living Questionnaire	(Wilson, Sandoz, & Kitchens, 2010)[48]
Valued Living Questionnaire-II	(Wilson & DuFrene, 2009)[46]
Personal Values Questionnaire	(Blackledge & Ciarrochi, 2006)[5]
Personal Values Questionnaire-II	(Blackledge, 2010)[3, 4]
Bull's Eye Instrument	(Lundgren, 2006)[35]
Values Compass	(Dahl et al., 2005)[14]

3．認知的フュージョン

Automatic Thoughts Questionnaire (F&B)	(Hollon & Kendall, 1980)[29]
Stigmatizing Attitudes-Believability	(Hayes, Bissett et al., 2004)[24]
Cognitive Fusion Questionnaire	(Dempster et al., 2009)[15]

4．マインドフルネス

The Freiburg Mindfulness Inventory	(Walach et al., 2006)[44]
Mindfulness Attention Awareness Scale	(Brown & Ryan, 2003)[9]
The Philadelphia Mindfulness Scale	(Cardaciotto et al., 2008)[10]
Five Facet Mindfulness Questionnaire	(Baer et al., 2006)[2]

5．児童期・青年期向けアセスメント・ツール

Avoidance and Fusion Questionnaire for Youth	(Greco et al., 2008)[20]
Child Acceptance and Mindfulness Measure	(Greco et al., 2009)[21]
Diabetes Acceptance and Action Scale for Children and Adolescents	(Greco & Hart, 2005)[19]
Parental Acceptance and Action Questionnaire*	(Cheron et al., 2009)[12]
Social Values Survey	(Blackledge & Ciarrochi, 2005)[4]

*Parental Acceptance and Action Questionnaire[12]は，育児中にある養育者（成人）を対象としたアセスメント・ツールであり，主に不安症状を示す児童を持つ親などに実施されている。他の一般の成人向けの評定尺度と区別するため，本章では当該評定尺度を「児童期・青年期のクライエントを対象としたアセスメントツール」に分類した。

1．心理的柔軟性

ACT で最も頻繁に使用されるアセスメント・ツールは，AAQ[26]である。

表 9-2 本章で紹介するアセスメント・ツール（行動測定法）

ACT の研究において開発されたアセスメント法	開発に関連する研究
Acceptance and Defusion Process Measure "Acceptance and Action" に対する行動アセスメントツール*	Hesser et al. (2009)[28] 武藤，山岸 (2005)[39]

既存の行動測定法を用いたアセスメント法	代表的な研究例
Implicit Relational Assessment Procedure	Kishita et al. (2010)[30]
Paced Auditory Serial Addition Task-P	Levin et al. (2010)[33]
コールドプレッサー課題	Hayes et al. (1999)[23]，高橋他 (2002)[42]
二酸化炭素吸引課題	Feldner et al. (2003)[17]
鏡映描写課題	—

*鏡映描写課題を用いた検討も現在進められているが，現時点で公表されているデータはない。

AAQ は，ACT の治療プロセスのコアとなる心理的柔軟性を測定する評定尺度である。初期の AAQ には，項目数の異なるいくつかのバージョンがあるが（AAQ-9，AAQ-16，AAQ-49），最新版は AAQ-II [註2) 8)]である。AAQ の項目プールは，ACT を実践するセラピストによって，ACT の治療においてターゲットとされるプロセスという観点から作成された。そのため，AAQ の質問項目には，複数の心理的柔軟性の特徴的なプロセス（たとえば，ネガティブな私的出来事への回避傾向，私的体験に対する過度のネガティブ評価など）が反映されている。その後，この初期の AAQ は，十分な内的整合性を有していないことや質問項目の複雑性に問題があることが指摘されている[8]。そこで，項目内容を変更するなどの手続きを経て，新たに開発された評定尺度が AAQ-II である。AAQ-II は，まだ開発の初期段階にあるが，3,280 名を対象とした予備的研究が実施されている[8]。その結果，7 つの対象集団における内的整合性の平均は.83 であった。再テスト信頼性は，3 カ月の期間では.80，1 年では.78 であった。また，AAQ-II と不安や抑うつ，精神的苦痛感との関連性を検討した結果，ACT のモデルと一致する有意な相関が示された。縦断的研究では，AAQ-II によって測定される心理的柔軟性は，労働者の 1 年後の職務パフォーマンス（営業成績）や欠勤率を予測することが明らかにされている。その一方で，社会的望ましさなど，理論的に一致しない他の指標とは関連がないことが明らかにされてい

註2）AAQ-II の日本語版も開発されている[31]。他の評定尺度と同様に，Association for Contextual Behavioral Science のウェブサイトより入手可能である。

る。これらの結果から，AAQ-IIは十分な信頼性と妥当性を有することが確認され，今後の研究や臨床ではAAQ-IIの使用が推奨されている[8]。これまで，AAQやAAQ-IIの他に，特定の問題を示すクライエントに特化したAAQも開発されている（表9-3）。

1-1. AAQを用いたACTの効果検証に関する知見

これまでの研究において，AAQを用いて，ACTの介入効果が検討されている。たとえば，BondとBunce[7]は，職場ストレスに対するACTの介入効果を検討している。その結果，ACTを実施した労働者に精神的健康の改善が確認されている。そして，AAQによって測定される心理的柔軟性における変化が，その効果の媒介要因となることが示されている。また別の研究では，認知療法や認知行動療法などの他の既存の心理療法と効果を比較し，ACTによる介入が心理的柔軟性の増加や臨床上の問題の改善に有効であることを示したものもある。たとえば，Lappalainenら[32]は，抑うつや不安を呈するクライエントを対象としてACTとCBTを実施している。その結果，ACT群において，介入後に，AAQによって測定される心理的柔軟性が増加することが示されている。しかしながら，これらの知見には例外もある。たとえば，BlackledgeとHayes[6]では，自閉症児を持つ親に対するACTの介入効果が検討されている。その結果，ACTを実施した群において，精神的健康や抑うつ症状に改善が認められたが，AAQに大きな変化は確認されていない。これは，ACTの基本仮説（ACTは心理的柔軟性を促進する）と矛盾する知見である。また，AAQを用いてACTの介入効果を検討した研究の多くは，AAQによって測定される心理的柔軟性とアウトカム変数を介入前後の同時点で測定している。したがって，心理的柔軟性の増加が，望ましい結果を導いたのか，それとも，その逆であるのかについては結論づけることはできない[13]。

AAQは，心理的柔軟性を測定する代表的な評定尺度である。しかしながら，これは，AAQによるアセスメントが最善の方法論であるということを意味するものではない。AAQは，心理的柔軟性の弁別的特徴をアセスメントすることが可能なツールであるが，あくまでも間接的な指標であるということには注意が必要である[13]。AAQは，心理的柔軟性の主要な側面である「状況に応じて，自ら行動を持続させたり，変容させたりする傾向」を直接

表 9-3 特定の疾患や障害に特化した AAQ のバリエーション

対象となる疾患や障害	AAQ のバリエーション	
糖尿病	Acceptance and Action Diabetes Questionnaire	(Gregg et al., 2007)[22]
てんかん	Acceptance and Action Epilepsy Questionnaire	(Lundgren et al., 2008)[36]
肥満	Acceptance and Action Questionnaire for Weight-Related Difficulties	(Lillis & Hayes, 2008)[34]
喫煙	Avoidance and Inflexibility Scale	(Gifford et al., 2002)[18]
ボディーイメージ	Body Image-Acceptance and Action Questionnaire	(Sandoz, 2010)[40]
慢性疼痛	Chronic Pain Acceptance Questionnaire	(Vowles et al., 2008)[43]
耳鳴り	Tinnitus Acceptance Questionnaire	(Westin et al., 2008)[45]
幻聴	Voices Acceptance and Action Questionnaire	(Shawyer et al., 2007)[41]

的に測定しているわけではない。また，これまでの研究で得られた知見も，AAQの有用性を完全に支持するものばかりではない。また，詳しくは後述するが，AAQが自己報告式の評定尺度であることは最大の限界点であると言える。これは，他の評定尺度にも共通して言えることである。

2. 価 値

2-1. Valued Living Questionnaire

価値のアセスメントで使用される代表的な評定尺度に，VLQ[48]がある。この評定尺度の最新版は，VLQ-2[46]である。VLQでは，10の価値の領域について，それぞれの領域がどの程度重要であるか（重要度）を10段階で評定することが求められる。そして，過去1週間を振り返り，それぞれの価値の領域に沿って，どの程度行動することができていたか（一致度）を評定することが求められる。具体的な10の価値の領域とは，「家族」，「結婚・恋愛」，「育児」，「友人関係」，「仕事」，「自分の成長」，「レジャー」，「スピリチュアリティ」，「市民権」，「健康」である。VLQを行う際には，クライエン

トに対して「ACT における価値とは何か？」ということについてメタファーなどを使用して説明する必要がある[38]。また，クライエントが特定の価値の領域について，低い評価を示した場合にも注意が必要である。このような場合，クライエントが，この領域において何らかの喪失体験を経験しているために，言語化が困難となっていることがある。評価の低い価値の領域についてクライエントに尋ねることは，アクセプタンスや脱フュージョンの治療のターゲットの特定につながることがある。Wilson ら[48]が行った VLQ の信頼性と妥当性に関する研究では，内的整合性と再テスト法による十分な信頼性が示されている。さらに，抑うつや不安，対人関係上の困難感など，既存の評定尺度とも ACT モデルと一致する関連性が示されている。その一方で，VLQ における問題点もいくつか明らかとなった[47]。たとえば，既存の評定尺度との関連性は仮説どおりであったものの，その相関の程度は比較的小さいものであり，これは，VLQ の誤差が大きいことを示唆するものである。先述したとおり，VLQ を行う際は面接の中で，クライエントに価値とは何かについて十分な説明を行い，クライエントが低い評価を示した場合には，それらについてさらなる質問を加えることが重要であるとされる。実際の臨床場面において VLQ を使用する際には，これらは問題とならないが，一定の集団を対象として実施した場合，方法論上の限界から，VLQ の有用性は低減する可能性がある。また，特定の価値の領域は，異なる文化圏においては理解されなかったり，実際の臨床場面では，クライエント独自の価値の領域が語られることがあっても，集団を対象とした場合には，このような新たな価値の領域を結果に反映させることはできないといった，価値の領域そのものに関する問題も明らかとなった[47]。これらの問題の改善を目的とし，新たに開発された尺度が VLQ-2[46]である。VLQ-2 では，実際の臨床場面で使用した際に得られたフィードバックをもとに，VLQ で用いられていた 10 の価値の領域に，新たに「地球環境」と「美学」の 2 つの領域が追加された。さらに，9 つめの領域が「市民権」から「市民生活」に変更された。また，VLQ では，重要度と一致度の 2 つの評価が用いられていたが，VLQ-2 では，6 つの評価ポイントが導入された（表 9-4）。これは，方法論上の限界から生じる VLQ の誤差を改善するためである。複数の質問を含めることで，一定の対象集団を対象として実施した場合でも，実際の臨床場面に近い形で，対象者の価値を特定することが可能となる。また，臨床場面で

表 9-4　VLQ-2 で使用される価値の 6 つの評価ポイント

評価項目	質問内容
現実性	この価値の領域において、あなたにとってとても重要な出来事が起こりうる可能性はどの程度ですか？
現時点での重要性	この価値の領域は、現時点において、あなたにとってどの程度重要ですか？
全体的な重要性	あなたの人生全体を考えたときに、この価値の領域は、あなたにとってどの程度重要ですか？
活動レベル	過去 1 週間を振り返ってください。この価値に沿ってどの程度行動することができていましたか？
活動レベルに対する満足感	過去 1 週間を振り返ってください。この価値の領域における活動のレベルに対して、どの程度満足していますか？
心配	この価値の領域が、あなたが望むように進展しないのではないかと心配になることはありますか？

Wilson et al. (2010)[47]より翻訳して引用

は、複数の評価ポイントの結果を組み合わせることで、クライエントの認知的フュージョンや概念としての自己を特定し、介入につなげることが可能となる（たとえば、重要性の得点が高いが活動レベルの得点が低く、また心配の得点が高いケースなど）。このような VLQ の開発のプロセス（研究と臨床で得られた知見をもとに、評定尺度を繰り返し修正するプロセス）は、まさにアセスメントと介入の質的向上に対する機能的文脈主義アプローチの一例であると言われている[47]。しかしながら、VLQ-2 の信頼性や妥当性に関する研究や、6 つの評価ポイントのスコアリングの方法に関する研究は始まったばかりである。VLQ-2 が、信頼できるアセスメント・ツールとなるためには、さらなる検証が今後必要とされる。

2-2. Personal Values Questionnaire

Personal Values Questionnaire (PVQ)[5]では、VLQ と異なり、9 つの価値の領域が用いられる。具体的には、「家族」、「友人関係」、「結婚・恋愛」、「仕事・キャリア」、「自分の成長」、「レジャー」、「スピリチュアリティ」、「市民生活」、「健康」の領域である。PVQ の特徴は 2 つある。1 つは、それぞれの価値の領域について、具体的に何に価値を置くのかについて記述

してもらう点である。その際，ACT のセラピーを受けたことがない人でも，ACT に基づく価値を記述することができるように，具体的な記述例を含む一定の教示が与えられる。2 つめは，記入したそれぞれの価値の領域について，9 つのリッカート尺度に回答してもらう点である。このリッカート尺度は，記述した価値を選んだ理由などを尋ねる質問から構成されている（たとえば，「記入した価値を選択したのは，その価値を選ばないと他人が悲しむから？」，「その価値に沿って行動すること自体が楽しいから？」）。これらの質問は，記述された価値が，プライアンスや体験の回避として機能している可能性があるのかをアセスメントすることを目的としている。初期のPVQ が開発された後，教示文が一部修正され，改訂版の評定尺度としてPVQ-II[3]が公表されている。

2-3. Bull's Eye Instrument

Bull's Eye[35]でアセスメントの対象となる価値の領域は，「家族」，「結婚・恋愛」，「育児」，「友人関係」，「仕事」，「自分の成長」，「レジャー」，「スピリチュアリティ」，「市民権」，「健康」である。Bull's Eye の特徴は，アーチェリーの標的の絵を使って評定を求める点である。価値のある生き方という観点から考えた場合に，自分の最近の行動がどのくらい近く「的を射ているか」について評定することが求められる。具体的には，アーチェリーの標的の絵に"×"の印を記入することで，価値づけされた方向性に対する自身の行動の「一貫性」，バリア（障害となる出来事や浮かんでくる考えなど）に直面しても価値を追求し続ける「持続性」の程度を評定することが求められる。このような視覚的なツールを用いることは，言語発達が十分でないクライエントなど，コミュニケーションが困難なクライエントを援助するうえで有用である[37]。

2-4. Values Compass

Values Compass[14]でアセスメントの対象となる価値の領域は，「家族」，「結婚・恋愛」，「友人関係」，「仕事」，「自分の成長」，「レジャー」，「スピリチュアリティ」，「健康」である。Values Compass の特徴は，8 つの価値の領域について具体的に自身の価値について記述することを求め，その後，それらの価値に沿って行動しようとした場合に直面しうるバリア（障害とな

る出来事や浮かんでくる考えなど）を記述することを求める点にある。Values Compass は，クライエントの行動が顕著に嫌悪統制によって支配されている場合や，治療への抵抗を示すクライエントに特に有用である[47]。

3. 認知的フュージョン

3-1. Automatic Thoughts Questionnaire

認知的フュージョンを測定する代表的な評定尺度として，Automatic Thoughts Questionnaire（ATQ）[29]がある。ATQ は，抑うつ関連の自動思考の頻度（ATQ-F）と確信度（ATQ-B）をアセスメントするものである。ATQ-F では，質問項目に挙げられている抑うつ関連の自動思考が，どの程度の頻度で頭に浮かぶかを尋ねる。ATQ-B では，そのような考えが頭に浮かんだ場合に，それをどの程度確信するか（事実であると考えるか）について尋ねる。被験者は，30個の自動思考それぞれについて，頻度と確信度を5段階で評定することが求められる。Zettle と Hayes[50]は，抑うつ症状を呈する外来患者を対象として，Comprehensive Distancing[注3]と認知療法の効果について，ATQ を用いて比較検討している。その結果，ATQ-F によって測定される自動思考の頻度については，両群の間に有意な差は認められなかった。一方，ATQ-B によって測定される確信度については，Comprehensive Distancing を実施した群において，治療後に有意に低減することが確認された。このように，頻度と確信度の両者をアセスメントすることによって，治療プロセスを適切に捉えることが可能となる。そのため，このツールを使用する際には，ATQ-F と ATQ-B の両者を用いることが推奨されている。

3-2. Stigmatizing Attitudes-Believability

Stigmatizing Attitudes-Believability（SAB）[24]は，セラピストが，クライエントに対して抱くネガティブな思考（たとえば，「私が何をしてもクライエントの問題は改善しない」）に対する確信度をアセスメントすることを目的としている。Hayes ら[24]は，セラピストがクライエントに対して抱くネガティブな思考をターゲットとした ACT の介入効果を検討している。

注3）Comprehensive Distancing とは，ACT の初期の形態である[25]。

SAB は，この研究の中で開発された評定尺度である。この研究では，ACT を実施した群は，比較対象群と比べて，治療後に SAB の得点が有意に低減し，その結果，セラピストのバーンアウトが改善されたことが確認されている。

3-3. Cognitive Fusion Questionnaire

Dempster ら[15]は，認知的フュージョンを測定する既存の評定尺度の限界点として，いずれの尺度も，認知的フュージョンの一側面（確信度）のみを測定していること，特定の集団のみをターゲットとしていることを指摘している。Cognitive Fusion Questionnaire (CFQ)[15]は，これらの限界点をふまえ，ACT セラピストと研究者の共同研究によって開発された一般向けの評定尺度である。CFQ は，13 項目から構成される CFQ-13 と，28 項目から構成される CFQ-28 がある。現在，600 名程度の被験者を対象として予備的研究が実施されているが，いくつかの既存の評定尺度との相関関係が示されているのみである。今後，信頼性と妥当性に関するデータが構築される必要がある。

4．マインドフルネス

4-1. The Freiburg Mindfulness Inventory

The Freiburg Mindfulness Inventory (FMI)[44]は，マインドフルネスの特徴である「今この瞬間において判断なしに観察すること」および「ネガティブな体験へのオープン性」をアセスメントするものである。質問項目には，「自身のミスや困難に対して，判断することなく観察することができる」などが含まれる。FMI では，この 2 つの特徴それぞれについて得点化されるのではなく，最終的に，すべての項目の合計得点が使用される。

4-2. Mindfulness Attention Awareness Scale

Mindfulness Attention Awareness Scale (MAAS)[9]は，マインドフルネスの特徴の中でも，「今この瞬間における体験への注意と気づき」についてアセスメントすることを目的としている。質問項目には，「十分に注意を払っていなかったり，他のことを考えていたりという不注意によって，物を

壊したりこぼしたりしてしまうことがある」などが含まれる。この評定尺度は，注意と気づきに焦点を当てているため，「判断しないこと」や「オープン性」などのマインドフルネスの他の側面についてはアセスメントすることはできない。

4-3. The Philadelphia Mindfulness Scale

The Philadelphia Mindfulness Scale[10]は，「内的体験と外的体験への気づき」と「内的体験と外的体験のアクセプタンス」の2因子で構成され，それらは別々に得点化される。質問項目には，「心臓の鼓動や筋肉の緊張など，自身の身体的変化に気づくことができる」（気づき）や「考えたくないことがあるとき，頭の中からその考えを消し去ろうと，いろいろなことを試みる」（アクセプタンスの逆転項目）などが含まれる。

4-4. Five Facet Mindfulness Questionnaire

Baerら[2]は，既存の5つのマインドフルネス評定尺度[註4]の全項目を用いて，マインドフルネスの構成因子を特定するための分析を行っている。探索的因子分析の結果，5因子が支持された。5つの因子とは，観察すること (observing)，記述すること (describing)，気づきをもって行動すること (acting with awareness)，内的体験を判断しないこと (nonjudging of inner experience)，内的体験に反応しないこと (nonreactivity to inner experience) である。この研究知見から開発された評定尺度が，Five Facet Mindfulness Questionnaire (FFMQ)[2]である。FFMQは，感情的知性 (emotional intelligence) や体験の回避，思考抑制など，マインドフルネスと理論的に関連があるとされる既存の評定尺度と有意な相関があることが示されている。

註4) 分析の対象となったマインドフルネス評定尺度は，FMI[44]，MAAS[9]，Cognitive and Affective Mindfulness Scale-revised (CAMS-R)[16]，Southampton Mindfulness Questionnaire (SMQ)[11]，Kentucky Inventory of Mindfulness Skills (KIMS)[1]の5つである。

5. 児童期・青年期のクライエントを対象とした
アセスメント・ツール

5-1. Avoidance and Fusion Questionnaire for Youth (AFQ-Y)

児童期・青年期のクライエントを対象とした代表的な評定尺度に，Avoidance and Fusion Questionnaire for Youth (AFQ-Y)[20]がある。AFQ-Yは，児童期・青年期のクライエントにおける心理的柔軟性を測定する評定尺度である。AFQ-Yは，心理的柔軟性を構成するコンポーネントの中でも，特に認知的フュージョンと体験の回避に焦点を当てている。質問項目は，成人用の心理的柔軟性の評定尺度であるAAQ[26]をもとに作成された。各質問項目の内容をわかりやすくするために，予備調査の段階で，混乱を生じるような記述は繰り返し修正することが試みられている[20]。特に工夫されている点としては，各質問項目に，児童期・青年期のクライエントが，日常的に経験しうる体験の回避や認知的フュージョンの具体例が用いられているということである（たとえば，「私は気分が沈んでいるとき，いい友達でいることはできない」など）。AFQ-Yは，17の質問項目から構成されるが，AFQ-Yの短縮版として8項目から構成されるAFQ-Y8がある。これまでに，小学校5年生から高校1年生までの被験者1,369名を対象として，AFQ-YおよびAFQ-Y8の信頼性と妥当性の検討が行われている。AFQ-YおよびAFQ-Y8は，ともに内的整合性が比較的に高く，思考抑制の程度や不安症状，QOLなどを測定する既存の評定尺度とも，ACTのトリートメント・モデルと一致する関連性があることが確認されている。

5-2. Child Acceptance and Mindfulness Measure (CAMM)

Child Acceptance and Mindfulness Measure (CAMM)[21]は，児童期・青年期のクライエントにおけるアクセプタンスとマインドフルネスをアセスメントすることを目的とした評定尺度である。質問項目には，「今ここで起きていることについてではなく，過去に起きた出来事を考えていることがある」などが含まれる。CAMMは，開発の初期段階にあり，残念ながら，現時点では信頼性や妥当性に関するデータはほとんど公表されていない。

5-3. Diabetes Acceptance and Action Scale for Children and Adolescents（DAAS）

児童期・青年期のクライエントを対象としたアセスメントの領域でも，特定の疾患を示すクライエントに特化したAAQが開発されている。Diabetes Acceptance and Action Scale for Children and Adolescents（DAAS）[19]は，1型糖尿病を呈する児童青年の心理的柔軟性を測定することを目的とした評定尺度である。DAASは，42項目から構成され，質問項目には，「糖尿病になってから，楽しいことができなくなった」，「糖尿病のことを考えると，学校でうまくやっていけない」などがある。予備的研究の結果，DAASと糖尿病に関連するQOLや心配，社交不安などの既存の評定尺度との間に，ACTモデルと一致する関連性があることが確認されている。

5-4. Parental Acceptance and Action Questionnaire（PAAQ）

Parental Acceptance and Action Questionnaire（PAAQ）[12]も，特定の対象集団に特化したAAQである。PAAQは，成人を対象とした評定尺度であり，育児中の親の体験の回避の程度をアセスメントすることを目的としている。PAAQは，「不行為」（inaction）と「アンウィリングネス」（unwillingness）の2因子で構成される。質問項目には，「自分の子どもが不安や抑うつ気分を感じることがないよう，懸命に努力している」などがある。これまでの研究において，児童の不安症状の形成には，養育者と児童の間の相互作用が深く関連していることが示唆されている。特に，養育者自身の不安傾向が高い場合，不安障害児の行動を過剰にコントロールしようとする傾向があり，この特徴が，児童の不安症状の形成に関連しているとされる（たとえば，文献49）。Cheronら[12]は，この現象を「体験の回避」の観点から説明し，さらなる知見の構築のためPAAQを開発している。不安障害と診断された児童を持つ親154名を対象として，PAAQの信頼性と妥当性の検討を行っている。

5-5. 価値に関するアセスメント

先に紹介したPVQには，短縮版のSocial Value Survey（SVS）[4]がある。これは，主に青年期のクライエントを対象としたものである。PVQでは9つの価値の領域がアセスメントの対象とされるのに対して，短縮版の

SVS では「友人関係」,「家族」,「恋愛」の3つの領域が対象となる。また,Bull's Eye Instrument は,視覚的なツールが用いられることから,児童期・青年期のクライエントに使用されることもある。

6. 行動測定法

　本章では,ACT の治療プロセスを測定することが可能な既存の評定尺度を紹介した。しかしながら,紹介した評定尺度の中には開発の初期段階にあるものもあり,今後もさらなる検討が必要とされる。また,自己報告式の評定尺度は,要求や予期,反応バイアスや社会的望ましさによって影響を受けやすい指標であるとされる[27]。言語による行動支配が顕著なクライエントを対象に,内省的なアセスメント・ツールを用いるには限界があることにも注意すべきである。

　これらの限界点をふまえ,ACT の介入効果を検証することが可能な行動測定法もいくつか開発されている。たとえば,Hesser ら[28]は,Acceptance and Defusion Process Measure と呼ばれるセッション内言語行動のコーディング方法に関するマニュアルを作成している。この研究では,アクセプタンスまたは脱フュージョンを反映するセッション内言語行動をコーディングし,一連のセッションにおける言語行動の変化と症状の低減の関連性について検討している。また,武藤と山岸[39]は,内省報告によらない簡易なアセスメント・ツールの開発に向けた予備的研究を実施している。具体的には,Acceptance and Action を,VI スケジュールと反応間隔を対象にした異反応強化スケジュールの組み合わせとして行動的翻訳をし,AAQ 得点の高低によるパフォーマンスの差異が存在するかを検討している。

　ACT の実験研究では,従来の研究で用いられてきた行動測定法を使用して,不快な感情や身体感覚に対する脱フュージョンやアクセプタンスの程度をアセスメントしているものもある。たとえば,Kishita ら[30]は,関係反応の柔軟性[注5]を測定することが可能な Implicit Relational Assessment Procedure (詳しくは IRAP の章を参照のこと) を用いて,脱フュージョンの介入効果を検討し,アセスメント・ツールとしての妥当性について,従来の自己報告式の評定尺度と比較検討している。また,コンピュータを用いた

注5) この研究では,関係反応の柔軟性が脱フュージョンの指標として使用されている。

Paced Auditory Serial Addition Task（PASAT）を使用して，目標に沿った行動に伴う苦痛への耐性をアセスメントしている研究もある。PASATでは，繰り返しの暗算が求められるため，この課題に長時間にわたって継続的に取り組むことは苦痛が伴うことが予想される。Levinら[33]は，ACTの介入の前後にPASATの修正版であるPASAT-P[註6]を実施し，ACTによる介入がストレスフルな課題に対する耐性に与える影響を検討している。その他，代表的なものとして，コールドプレッサー課題（たとえば，文献23，42）や，二酸化炭素吸引課題（たとえば，文献17）を用いた実験研究がある。また，鏡映描写課題を用いた検討なども現在進められている。

7．まとめ

　自己報告式の評定尺度は，簡便なツールであり比較的コストもかからない方法論である。そのため，集団を対象として介入効果を検証する場合には有用性が高いと言える。しかしながら，その一方で，文脈による影響を受けやすい方法論であるというデメリットもある（たとえば，社会的望ましさなど）。行動測定法は，このような文脈による影響は受けがたいとされており，被験者の心理的現象を刺激と反応の機能的な関係の文脈において検討することが可能な方法論である。その一方で，集団を対象としたアセスメントには適さないことや，実際の臨床場面におけるユーザビリティについては今後の検討課題であると考えられる。

　ここでは，自己報告式の評定尺度と行動測定法のどちらが有用なのかということを結論づけたいわけではない。なぜなら，その答えは目的によって異なるからである。機能的文脈主義に基づくプログラムが目指すのは，援助のゴールの達成である。援助のゴールの達成とは，新たに開発されたプログラムが，医療提供システムの中で広く利用され，必要とされる人に的確にプログラムが提供されていること，そして，その結果，医療提供者とクライエントの両者に十分な利益がもたらされていることを意味する。そのためには，単一被験体法の研究デザインによる介入効果の検討も必要であり，また，一

註6）PASATは，神経心理学検査の一種であり，この課題では連続して呈示される一桁の数字を足していくことが求められる。Levinら[33]は，課題中に実験参加者が自由に休憩をとれるよう，課題に「休憩」（pause）ボタンを導入している。この研究では，課題の得点と実験参加者が課題を一時的に中断した時間を従属変数として使用している。

定の集団を対象とした介入効果の検証も必要なのである。そして，どのような目的で介入効果を検証するのか，得られた結果を判断するオーディエンスは誰であるのかによって，採用すべき方法論は異なる。以上の理由から，本章では，ACTのアセスメント・ツールを幅広く紹介することを試みた。本章で紹介したアセスメント・ツールが，今後，ACTに関連する研究や臨床を行う人に広く用いられ，「援助のゴールの達成」に寄与することを願っている。

第10章

Implicit Relational Assessment Procedure (IRAP)：潜在的認知に対する行動分析的アプローチ

大月 友，木下奈緒子

　ACT の基盤となっている関係フレーム理論（Relational Frame Theory：RFT）は，人間の言語や認知に対する機能的文脈主義に基づいた理論である[19]。RFT は，人間の言語や認知がいかに他の行動プロセスに影響を与えるかについて，行動分析的説明を提供することに挑み続けている。そのため，このような言語や認知と行動との機能的関係を検証するうえで，どのように個人の言語や認知をアセスメントするかが重要な課題となる。
　個人の言語や認知をアセスメントする最も単純な方法は，おそらく本人に直接尋ねることであろう。ただし，このような自己報告そのものもオペラント行動であり，過去の学習歴だけではなく，その時のさまざまな文脈によっても制御されうるという点に注意が必要である。たとえば，あなたが初めて食べる〈まずい〉料理を口にした後で，「味はどう？」と尋ねられる場面を想像してほしい。2つの場面（文脈）で考えてみよう。場面1は，その料理をふと立ち寄った知らない店で口にして，一緒にいた友人に「味はどう？」と聞かれた場合である。このとき，あなたが「まずい」と報告する可能性は高いであろう。そして，その報告はその後の行動と一致する可能性が高い（つまり，その店には行かなくなる，その料理は注文しなくなるなど）。一方，場面2は，その料理は付き合い始めて間もない恋人が作ったものであり，その恋人本人が「味はどう？」と聞いてきた場合である。この場合も，場面1と同じようにすんなりと「まずい」と報告するであろうか。もしそのように答えた場合，恋人が傷つく，恋人との関係が気まずくなる，などの結果が生じるかもしれない。そのため，この問いに答える前に，少しの時間（たとえ短時間でも）考えるのではないだろうか。そのうえで，「うん，おい

しい」,「なんだか本格的な味がする」などと報告するかもしれない（もちろん「まずい」と答える可能性もある）。もし,「おいしい」と答えたとしても，その報告はその後の行動とは一致しないかもしれない（つまり，後日，恋人に「何が食べたい？」と聞かれても，その料理をリクエストしないなど）。このように，我々の言語報告は，それまでの学習によってのみ制御されるのではなく，その時の文脈によっても制御されうるのである。もし，その内容が社会的にセンシティブな事柄であった場合（たとえば，人種差別，いじめなど），この影響は特に強まると考えられる。

　人間の言語や認知をアセスメントするうえで，このような文脈的制御による影響は重要である。そのため，質問紙などの自己報告式の方法論だけではなく，文脈的制御の影響を受けにくい方法論が必要とされる。RFT ではこのような背景から，Implicit Relational Assessment Procedure (IRAP)[2)註1)]が開発され，実証的な研究が進められている。この IRAP とは，潜在的認知をアセスメントするためにデザインされたコンピュータ課題である[2)]。そこで，本章では，この IRAP の概要を紹介し，RFT の立場から，潜在的認知と呼ばれている人間の言語や認知がどのように捉えられるのかを検討する。本章の構成は以下のとおりである。

1）IRAP の概念的基盤
2）IRAP の基本的手続き
3）RFT による IRAP の理論的説明：潜在的認知へのアプローチ
4）まとめ

1．IRAP の概念的基盤

　IRAP は，Relational Evaluation Procedure (REP) と Implicit Association Test (IAT)[17)]が組み合わされて開発されたアセスメント手続きである[2)]。また，日常的な言語関係をアセスメントするために，刺激等価性研究の枠組みを応用した行動分析的アプローチも，IRAP 開発の概念的基盤と

註1）IRAP は「アイラップ」と発音する。これは，IRAP は「私は早く話す」ということを意味する"I rap"（アイ-ラップ：「私はラップをする」）と読むことができ，手続き的にそのような反応を参加者に求める課題であるためである[2)]。

なっている[4]。そのため，IRAP の基本的手続きを知る前に，これらの概要を理解することは，IRAP の方法論的理解や理論的理解を促すと考えられる。そこで，本節では，それぞれの概要を紹介する。

1-1. Relational Evaluation Procedure

REP は，派生的刺激関係の形成とその評価のために開発された手続きである。刺激等価性の成立に必要な学習プロセスを明らかにするための一連の実験研究から，REP は生み出された。従来，刺激等価性研究では見本合わせ課題（Matching-To-Sample：MTS）が用いられ，MTS によって刺激等価性が成立することが数多く報告されていた。ところが，MTS 以外の刺激同士をマッチングさせる手続きを用いた場合，等価律などの派生的刺激関係が成立する場合もあれば（たとえば，文献 15 など），成立しない場合もあり（たとえば，文献 10 など），研究によって結果が一貫しないことが明らかとなった。そこで，Cullinan ら[11]は，等価律の成立に必要となる条件を一連の実験を通して検討し，刺激関係を特定する関係的文脈手がかりが手続き中に含まれている必要があることを明らかにした（詳細なレビューは文献 3 を参照のこと）。そのため，REP には参加者に刺激関係を評価，報告させるという手続きの中に，関係的文脈手がかりが含められている。これまでに，同類・反対（たとえば，文献 26 など），比較（たとえば，文献 30 など）などの関係的文脈手がかりを用いることで，適切な派生的刺激関係が成立することが確認されている（REP の具体的な手続きは文献 19 を参照のこと）。

このように，人間の言語や認知の重要な特徴である派生的刺激関係の成立には，関係的文脈手がかりの存在が重要であることが一連の研究によって示されている。

1-2. 日常的な言語関係の行動分析的アセスメントの試み
（潜在的行動測度）

これまでに，刺激等価性研究の枠組みを応用し，日常的な言語関係を行動分析的にアセスメントすることが試みられている。Gavin ら[16]は，このような方法論を潜在的行動測度と呼んでいる[注2]。これらの研究で用いられる基

注2）Gavin ら[16]は〈潜在的〉という用語を，「測度での反応を制御する随伴性を参加者が言語的に識別できない」という意味で用いている（文献 16 の p.428）。

本的なアプローチには，すでに学習している言語関係とは一致しない等価クラスを，MTSで訓練しテストするという手続きが含まれている。たとえば，Wattら[29]は，北アイルランド人とイギリス人を対象として，宗教的カテゴリー化が刺激等価性パラダイムで説明可能かどうか検証している。北アイルランドには，特定の名前とシンボルをカトリックとプロテスタントに分類する習慣があるため，このような言語的習慣を用いて実験が行われた。Wattら[29]は，まず，カトリックの名前と無意味つづりを参加者にMTSでマッチングさせ，次に，同じ無意味つづりとプロテスタントのシンボルをマッチングさせる訓練を行った。その後，カトリックの名字とプロテスタントのシンボルの間で等価律のテストを実施した。その結果，北アイルランド人の参加者の多くは等価律テストに失敗し，イギリス人の参加者は失敗しないことが示された。イギリスには，北アイルランドのような言語的習慣はないため，この結果は，北アイルランドで実験以前に確立されていた言語関係が，実験的に設定された等価関係の成立を妨害したと考察された。同様の結果が，臨床的な不安[20]，学力に対する自己概念[1]などで示されている。

このように，個人の学習歴とは一致しない刺激クラスを実験的に形成し，そのパフォーマンスによって日常的な言語関係をアセスメントする試みがなされている。さらに，これらの知見は，以下に述べるIATに対するRFT的理解の基盤となっている。

1-3. Implicit Association TestとそのRFT的理解

IATとは，個人の潜在的態度や潜在的認知をアセスメントするために開発された非内省的な方法論である[17]。IATの基本的な手続きは，4種類の刺激カテゴリーを，2つの反応キーを用いて分類するというものである。反応キーが2つであるため，1つの反応キーに対して2種類の刺激カテゴリーが割り当てられる。IATでは，分類をする際に，参加者に「できるだけ早く正確に」反応するよう求める。IATの基本的前提は，反応キーの割り当てが，個人の潜在的態度と一致する場合は，一致しない場合より素早く反応することが可能であるというものである（詳細は文献17を参照のこと）。そのため，この一致試行と不一致試行の反応潜時の差が，IATでは連合強度の指標であるとして重視されている。このように，IATは，参加者に直接的に特定の態度を報告するよう求めることなく，その根底にある連合を測定

第 10 章　Implicit Relational Assessment Procedure（IRAP）　　181

するようにデザインされている[13]。社会心理学領域で開発されたこの方法論は，数多くの対象に対する潜在的認知の研究で用いられており，恐怖や不安，抑うつなどを対象とした臨床心理学領域の研究にも応用されている[22]。しかしながら，多くの研究において IAT 効果が認められているものの，IAT 研究ではその行動プロセスに対する理論的説明が示されていないと指摘されている[24]。

　一方，RFT によって IAT 効果の理論的説明を行う試みがこれまでになされている。これらの研究では，IAT の手続きには，個人の学習歴と一致する等価クラスと一致しない等価クラスという，2 つの等価クラスを形成する訓練とテストが含まれていると指摘している[8]。つまり，IAT は，上述の刺激等価性研究を応用した潜在的行動測度と機能的に類似すると考えられる[16]。そして，IAT 効果は事前に学習された派生的刺激関係に応じて認められること[8]，派生的刺激関係と刺激機能の変換に応じて認められること[16, 24]が明らかにされている。このように，潜在的態度という構成概念を用いることなく，派生的関係反応のプロセスを用いて RFT 的に理解することで，IAT 効果の節約的な説明が可能となる。IAT は多くの研究でその有用性が支持されていることから，このような理論的説明が加わることで，潜在的認知と呼ばれる研究領域に大きな発展をもたらすことが期待される。しかしながら，RFT の立場から考えたとき，IAT にはいくつかの限界点が浮き彫りとなる。以下に，IAT の限界点をまとめる。

a）IAT は概念間の連合を測定しているため，人間の言語や認知の中核となる刺激間の「関係」をアセスメントすることができない[2]。
b）IAT は連合の相対的な指標であるため，特定の刺激関係をアセスメントすることができない[7]。
c）IAT は，参加者に直接的に特定の態度に関する質問に答えることを求めないため，個人の特定の態度や認知を直接アセスメントすることができない[28]。

2．IRAP の基本的手続き

第 1 節では，IRAP の概念的基盤となっている REP や潜在的行動測度，

IAT に関して，それぞれの特徴をまとめた。IRAP は，これらの知見を組み合わせて開発されている。本節では，IRAP の基本的手続きとして，その構成とデータの換算方法を紹介する[註3]。さらに，IRAP をより理解しやすいように，具体的な研究例を紹介する。

2-1. IRAP の構成

IRAP は，参加者に対して提示された刺激間の関係性の報告や評価（つまり，関係反応）を求めるコンピュータ課題である[註4]。IRAP で用いられる刺激には，REP と同じように，特定の関係性を示す刺激（関係的文脈手がかり）が含まれる[註5]。また，IAT と同じように，関係性の報告や評価を行う際に，参加者自身がすでに学習している刺激関係に基づいて反応するよう求められる一致試行と，それに基づかないで反応するよう求められる不一致試行が用意されており，各試行において「できるだけ早く正確に」反応することが求められる。IRAP の基本的仮説は，一致試行の方が不一致試行よりも反応潜時が短くなるというものである。

IRAP で用いられる刺激は，2 つのラベル刺激，2 種類のターゲット刺激（1 種類につき 6 ～ 12 個の刺激），2 つの反応選択肢である。各試行において，画面上部に 2 つのラベル刺激のうちの 1 つが提示され，画面中央に 2 種類のターゲット刺激群のうち 1 つが提示される。さらに，画面の左下と右下に 2 つの反応選択肢がそれぞれ提示され，参加者はキー押し反応によってどちらかを選択するよう求められる（図 10-1）。たとえば，Barnes-Holmes ら[2]で用いられた IRAP は，ラベル刺激が〈快〉と〈不快〉，ターゲット刺激は 6 つのポジティブ語（〈自由〉，〈愛〉，〈平和〉など）と 6 つのネガティブ語（〈虐待〉，〈殺人〉，〈病気〉など），反応選択肢は〈同類〉と〈反対〉であった。一致試行では，個人の学習歴と一致する反応（たとえば，〈快〉—

註3）IRAP のソフトウェアや関連文献などは，開発者である D. Barnes-Holmes が所属する国立アイルランド大学の Web サイトからダウンロードが可能である（http://psychology.nuim.ie/IRAP/IRAP_1.shtml）。
註4）関係性の報告を求める IRAP は，ラベル刺激とターゲット刺激の 2 つの刺激の関係性を参加者に〈同類〉や〈反対〉として同定させる課題である。この場合，反応選択肢は関係的文脈手がかりとなる。一方，関係性の評価を求める IRAP は，提示された刺激関係の言明を参加者に〈正しい〉や〈間違い〉として評価させる課題である（たとえば，文献 23, 25 など）。この場合，関係的文脈手がかりはラベル刺激あるいはターゲット刺激の中に含まれる。後者の方法によって，IAT の限界点 c）をクリアしている。
註5）関係的文脈手がかりを用いることで，IAT の限界点 a）をクリアしている。

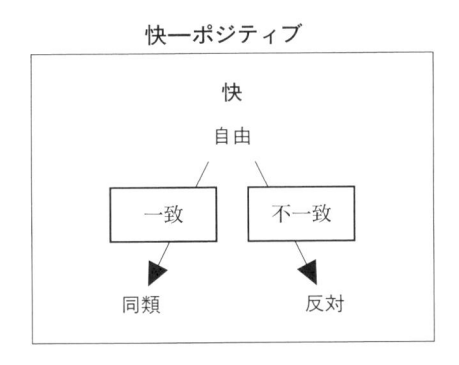

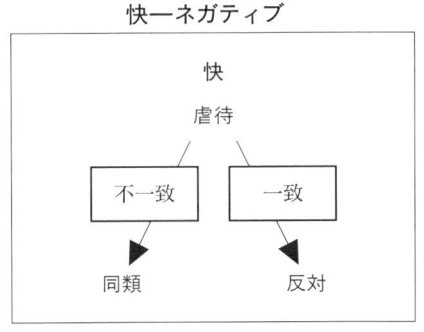

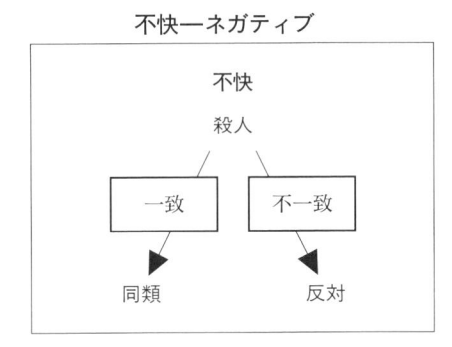

図 10-1　IRAP の 4 つの試行タイプの例
　　　　ラベル刺激（〈快〉，〈不快〉），ターゲット刺激（〈自由〉，〈愛〉，〈虐待〉，〈殺人〉），反応選択肢（〈同類〉，〈反対〉）は，各試行において同時に提示される。矢印は一致試行と不一致試行のそれぞれで求められる反応を示している（矢印と一致・不一致のボックスは試行中の画面には提示されない）。

〈自由〉が提示された際に〈同類〉を選択する）が正解とされる。不一致試行では，個人の学習歴と一致しない反応（たとえば，〈快〉―〈自由〉が提示された際に〈反対〉を選択する）が正解とされる。参加者の選択反応が正解であった場合は，400 ms の試行間間隔の後に次の試行へと進み，不正解であった場合は，ターゲット刺激の下に赤い×が提示される。不正解の場合，赤い×を消し次の試行に進めるために，参加者には正反応を示すことが求められる。

　IRAP は，2 つの練習ブロックと 6 つのテストブロックによって構成される。それぞれのブロックは，一致試行か不一致試行のどちらかのみで構成され，ラベル刺激とターゲット刺激の組み合わせによって，4 つの試行タイプ

が含まれる。これら4つの試行タイプは，一致試行ブロックか不一致試行ブロックかによって，設定される正反応が異なる（図10-1）。先ほどのIRAPの場合，一致試行ブロックでは，快―ポジティブ語―同類，快―ネガティブ語―反対，不快―ポジティブ語―反対，不快―ネガティブ語―同類の反応パターンが正反応として設定され，不一致試行ブロックでは，逆の反応選択肢への反応パターンが正反応として設定された。IRAPでは，一致試行ブロックと不一致試行ブロックが交互に行われ，実施順序は参加者間でカウンターバランスがとられる。それぞれのブロックの終了時には，次のブロックでは正反応と誤反応が逆転することが教示される。1つのブロック内で，すべてのラベル刺激とターゲット刺激の組み合わせが1度ずつ提示される。先ほどのIRAPの場合，1ブロックあたりの試行数は24試行であった。各試行において，4つの試行タイプは連続して2試行提示されることはなく，反応選択肢の提示位置は連続して3試行同じ配置にならないよう設定される。

IRAPには，練習ブロックにおいて達成基準が設けられている。練習ブロックでは，正反応率と反応潜時の中央値が参加者にフィードバックされ，一般的に80％以上の正反応率と3,000 ms以下の中央値の達成が求められる[註6]。2つの練習ブロックの両方でこれらの基準が達成されなかった場合，再度練習ブロックを行うことが求められる。練習ブロックは最大4セット（計8ブロック）まで実施し，その間に達成基準を満たさなかった参加者は練習ブロックのみで終了となる。練習ブロックの達成基準を満たした参加者には，続いて6つのテストブロックが実施される。

2-2. データの変換方法

IRAPで得られるデータは反応潜時であり，試行の始まり（刺激の提示）から正反応が示されるまでの時間がミリセカンド単位で記録される。初期のIRAP研究では，主に一致試行と不一致試行の平均反応潜時を用いて分析が行われていた（詳細は文献5，21などを参照のこと）。その後，D_{IRAP}アルゴリズムを用いて反応潜時をD_{IRAP}得点（IRAP効果）に変換して分析

註6）IRAP練習ブロックの達成基準は，参加者の属性やアセスメントされる言語関係の特性に応じて，研究ごとに変更される場合がある。たとえば，高い正反応率を示すことが明らかに難しい参加者を対象とする場合，正反応率の達成基準を70％に引き下げることが認められている[28]。また，反応潜時の中央値に関しては，2,000 ms以下とすることで妥当性と信頼性が高まることが示されている[6]。

第 10 章　Implicit Relational Assessment Procedure（IRAP）　185

する研究が多くなった（たとえば，文献 9，28 など）。この D_{IRAP} アルゴリズムは，IAT 研究において Greenwald ら[18]が開発した D アルゴリズムというデータの変換方法を参考にしたものである[註7]。D アルゴリズムは，得られる反応潜時データに対して，測定しようとする変数以外の個人差による影響（たとえば，参加者の年齢，認知能力など）を最小限にするための換算方法であり，IAT などの潜在的測度において用いられている。

　IRAP では 4 つの試行タイプごとに D_{IRAP} 得点（IRAP 効果）が算出される[註8]。また，2 つのラベル刺激ごとの D_{IRAP} 得点や 1 つの全般的な D_{IRAP} 得点を算出することも可能である[註9]。D_{IRAP} 得点は一致試行と不一致試行の平均反応潜時の差を基盤とするため，正の値も負の値も取りうる指標である。D_{IRAP} 得点が正の値の場合は，一致試行の方が不一致試行よりも早く反応していることを示し，IRAP 上で一致試行と設定された言語関係が個人の中でより生じやすいことを意味する。一方，D_{IRAP} 得点が負の値の場合は，その逆を意味する。たとえば，先ほどの IRAP で快―ポジティブ語の試行タイプにおける D_{IRAP} 得点が正の値の場合，〈快〉という言語刺激がポジティブな機能的次元と〈同類〉という関係であることを意味する。

2-3. IRAP 研究の展開

　これまでに IRAP を用いた研究が複数報告され，信頼性や妥当性に関する検討が行われている。IRAP の信頼性は，折半法や再検査法などにより検討されており，潜在的測度として高い信頼性を有していることが確認されている（たとえば，文献 7 など）。また，IAT との比較を通して，IRAP の有用性を検討する研究も多い。たとえば，Barnes-Holmes ら[9]の研究では，都会在住者と田舎在住者を対象に，都会生活と田舎生活に対する態度を IRAP と IAT，顕在的測度を用いて検討している。この実験で用いられた IRAP

註7）IAT 研究において，D アルゴリズムの有用性は実証されているものの[18]，IRAP においては実証されていない。そのため，D_{IRAP} アルゴリズムは，IRAP データを分析するうえでの最善の方法であるとは言い切れない。Barnes-Holmes ら[4]は，このアルゴリズムを用いる理由として，①知能の影響を除く可能性があること[23]，② D 変換を行っている IRAP 以外の潜在的測度との比較が可能となること，を挙げている。D_{IRAP} アルゴリズムの詳細な方法は，文献 4 を参照されたい。

註8）4 つの試行タイプごとの D_{IRAP} 得点を求めることで，IAT の限界点 b）をクリアしている。

註9）全般的な D_{IRAP} 得点は，IAT と同様の問題を持つことになる（詳細は文献 4 を参照のこと）。

は，ラベル刺激が〈ダブリン（アイルランドの首都）生活〉と〈田舎生活〉，ターゲット刺激は6つのポジティブ語（〈良い〉，〈幸せ〉など）と6つのネガティブ語（〈悪い〉，〈悲しい〉など），反応選択肢は〈同類〉と〈反対〉であった。IATは，〈ダブリン生活〉，〈田舎生活〉，〈ポジティブ語〉，〈ネガティブ語〉の4つのカテゴリーに含まれる刺激語が6つずつ用いられた。図10-2のパネルAは，IATの結果を示したものである。IATでは，都会在住者は都会生活に対して，田舎在住者は田舎生活に対して，より肯定的であることが示された。しかしながら，IATの結果は相対的な指標であるため，それぞれのグループにおいてどちらの生活が「より肯定的（あるいは否定的）」であるかは示されるものの，都会生活と田舎生活のそれぞれにどのような態度を示しているかははっきりしない。一方，図10-2のパネルBは，IRAPの結果を示したものである。IRAPでは，都会生活に対しては，都会在住者も田舎在住者もどちらも肯定的で差はなく，田舎生活に対しては，どちらも肯定的ではあるが，田舎在住者の方が都会在住者よりもより肯定的であることが示された。このように，IRAPでは試行タイプごとの D_{IRAP} 得点を分析することで，より詳細な検討を行うことが可能であることが示されている。また，IATは顕在的測度とは相関が示されなかったが，IRAPは顕在的測度との有意な相関が示された。さらに，IRAPの方がIATよりも，参加者が都会と田舎のどちらに住んでいるか予測することが可能であった。これらの結果から，Barnes-Holmesら[9]は，IRAPはIATよりも有用な潜在的測度であると考察している。

3．RFTによるIRAPの理論的説明
：潜在的認知へのアプローチ

IRAPは，前節で紹介した基本的手続きを用いて，潜在的態度や潜在的信念といった潜在的認知をアセスメントするためにデザインされた潜在的測度である[2, 4]。ここで重要なのは，〈潜在的認知〉と呼ばれるものをRFT的（行動分析的）にどのように捉え，研究を進めていくかである。もし，IRAPでアセスメントされる〈潜在的認知〉を認知構造や記憶構造といった仮説構成概念として捉え，他の変数を説明する目的にのみ用いるのであれば，その瞬間にRFT研究ではなくなる。そこで本節は，RFTによる

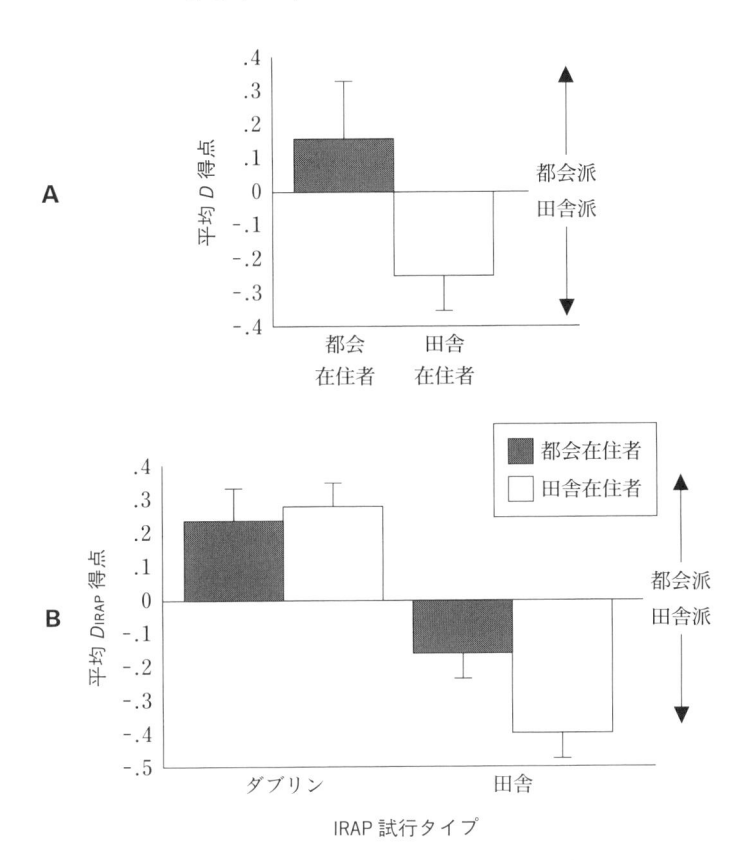

図 10-2 IAT と IRAP の結果
Barnes-Holmes et al. (2009)[9] より改変。
パネル A は IAT の平均 D 得点を，パネル B は IRAP の平均 D_{IRAP} 得点を示している。IAT では，D 得点が正の値なほど都会が肯定的，田舎が否定的であることを意味し，負の値なほどその逆を意味する。IRAP では，ダブリン試行タイプでは D_{IRAP} 得点が正の値なほど都会が肯定的，負の値なほど都会が否定的であることを意味し，田舎試行タイプでは D_{IRAP} 得点が正の値なほど田舎が否定的，負の値なほど田舎が肯定的であることを意味する。

IRAP の理論的説明を行い，潜在的認知が RFT においてどのように解釈されるかについて論じる。

3-1. RFT による IRAP の理論的説明

IRAP に対する RFT 的説明を提供するために，Relational Elaboration

and Coherence Model（RECモデル）が提唱されている[4]。RECモデルの基本的な考え方は，人間が示す関係反応は時間経過とともに，即時的で短時間の関係反応（immediate and brief relational response）から精巧で一貫性のある関係反応（elaborative and coherent relational response）へと移り変わるというものである。即時的で短時間の関係反応は，対象となる刺激関係に対する過去の学習歴と現在の文脈によって生起する可能性が決まってくる。一方，精巧で一貫性のある関係反応は，個人の持つ行動レパートリーにおける他の関係反応と一貫性のある関係反応である。RECモデルでは，まず即時的な関係反応が生じ，時間経過の中でその他の関係反応と一貫性を保つための複雑な関係づけが行われることで，一貫性のある関係反応が生じると考えられている。

　本章の最初に提示した例をもとに，RECモデルを具体的に考えてみよう。付き合い始めて間もない恋人が作ってくれた〈まずい〉手料理を口にした後で，本人に「味はどう？」と聞かれた人のことを想像してほしい。〈まずい〉料理を口にするという経験と，「味はどう？」と聞かれている文脈から，「この料理はまずい」という即時的な関係反応が示される可能性が高い。しかしながら，その人に「恋人を傷つけるのは良くない」，「作ってもらった料理をまずいと言うのは失礼である」といった関係反応のレパートリーがある場合，「この料理はまずい」という関係反応ではそれらの関係反応と一貫性が保てない。そのため，より精巧で一貫性のある「この料理はおいしい」という関係反応が表出される可能性が高まるであろう。一方で，実際に料理が〈おいしい〉場合，「この料理はおいしい」という即時的な関係反応は，「恋人を傷つけるのは良くない」などの他の関係反応と矛盾しないため，表出される精巧で一貫性のある関係反応も「この料理はおいしい」となる可能性が高い。このように，即時的で短時間な関係反応と精巧で一貫性のある関係反応は，一致する場合もあれば一致しない場合もあると考えられている。これまでのIRAP研究においても，居住地の嗜好性など社会的にセンシティブでない対象の場合，IRAPと顕在的測度は同様の結果が示されるが[9]，人種的偏見[7]や児童性犯罪者の児童に対する性的態度[12]など，対象となる刺激関係が社会的にセンシティブな場合，IRAPと顕在的測度は異なる結果が示されている。これらの知見は，RECモデルを支持するものと言える。

　RECモデルでは，IRAPの試行中，参加者が実際に反応キーを押す前に

即時的な関係反応が生じるとされている。その即時的な関係反応に応じてキー押しを求められる一致試行では，反応は比較的早くなると考えられている。一方，即時的な関係反応に相反するキー押しが求められる不一致試行では，反応は比較的遅くなると考えられている。さらに，参加者は素早く正確に反応することが求められるタイムプレッシャーの下に置かれているため，精巧で一貫性のある関係反応を生成するためのプロセスが制限される。そのため，一貫性のある関係反応の影響を排除，または，低減することが可能となる。Barnes-Holmes ら[7]は，タイムプレッシャーを 3,000 ms から 2,000 ms に変更することで，人種的偏見に対する IRAP 効果が増加し，IRAP の内的整合性も高まることを報告しており，この考えを支持している。一方，質問紙などの顕在的測度は，たいていの場合タイムプレッシャーなどの設定はされておらず，一貫性のある関係反応が示されやすいと考えられる。このように，REC モデルでは，IRAP には即時的で短時間の関係反応が反映され，顕在的測度には精巧で一貫性のある関係反応が反映されると考えられている。

3-2. 潜在的認知に対する RFT 的解釈

IRAP がアセスメントしているとされる潜在的認知とはいったい何か？この問いに答えることは，以下の 2 つの理由から困難である。1 つ目の理由は，IAT 研究などの多くの潜在的認知研究では，測定対象とされる潜在的認知は構成概念であり，研究者間で基本的定義が一致していないという点である[14]。2 つ目の理由は，〈潜在的〉という用語が RFT の理論的枠組みにおいて専門用語でも説明的な用語でもないという点である[2]。そのため，RFT の観点から潜在的認知に対する行動分析的説明が必要とされる。

このような視点に立った時，REC モデルは潜在的認知に対する RFT 的説明を提供してくれる。RFT では，人間の言語や認知は恣意的に適用可能な関係反応のプロセスとして特徴づけられており[19]，態度や信念も派生的刺激関係の観点から理論的に説明されている（詳細は文献 27 を参照のこと）。REC モデルでは，このような関係反応のプロセスを，時間的な経過によって，即時的で短時間の関係反応と精巧で一貫性のある関係反応に分けて説明している。しかし，それらは関係反応という単一のプロセスであり，時間軸に沿った一連の行動プロセスであると理解される。そのため，RFT や REC

モデルの観点から考えると，潜在的認知とは，適切なタイムプレッシャーが与えられた文脈の下で反応するといった，他の文脈的制御による影響が取り除かれた場合，あるいは，軽減された場合に示されやすい関係反応のパターンである，と解釈することが可能である[25]。このような理論的な解釈は，潜在的認知を構造論的な仮説構成概念として捉えるのではなく，特定の文脈下で生じる行動として捉えており，節約の原理が満たされている。

4．まとめ

　IRAPはRFTを土台として開発された，人間の言語や認知をアセスメントするための新しいツールである。REPや刺激等価性の枠組みを応用した潜在的行動測度，そして，IATに対するRFT的理解を基盤とし，それぞれをうまく組み合わせることで，開発されたアセスメントツールである。また，RFTやRECモデルは，これまで行動分析学が研究対象としてこなかった潜在的認知に対する理論的説明を提供し，これらの領域における行動分析的アプローチの道を開いたと言える。しかしながら，現時点では「道が開かれた」段階であることを忘れてはならない。IRAPは開発からの歴史も浅く，今現在さまざまな研究が進められている段階である。RECモデルは，潜在的認知と呼ばれる領域に対して，RFT的に説明することが可能な方法として提案されている段階である。人間の言語や認知そのもの，あるいは，言語や認知と顕在行動との機能的関係に対して，それらを予測し影響を与えるという目的の下，この開かれた道を進んでいくことが必要とされる。

第Ⅲ部

ACT のエビデンス

第11章

ACT における治療効果の評価

三田村仰

　心理療法[注1]の効果に関わる議論の始まりは，Eysenck[13]による「心理療法に効果はない」というエビデンスの提示とBergin[3]によるそれに対する反論のエビデンスの提示という歴史にまで遡る。奇妙なことにEysenck[13]とBergin[3]は，同じ効果研究のデータを基に異なる結論を導いた。今日，心理療法に効果があることはさまざまなデータを通し広く認められているが，心理療法の効果を評価するには，適切な方法で得られたデータのみならず，そのデータを適切に評価するだけの知識が必要である。

　欧米では，エビデンス（evidence）に基づく医療の流れが始まって久しく，近年わが国でも心理療法や臨床心理学，精神病理学におけるエビデンスの重要性が叫ばれつつある[54, 58]。また，心理療法を提供するうえでの社会的責任[32, 53]も高まっており，心理療法の役割を積極的に社会に位置づけていくためにも，治療効果におけるエビデンスの追求が重要である。

　特にACTは，現在多くの研究知見が蓄積されつつある一方（たとえば，文献50），批判や議論もあり（たとえば，文献9），適切な評価が求められている心理療法のひとつである。こうしたなか，ACTの治療効果に対し漠然と効果があると考えることも，批判や議論があるというだけで効果が疑わしいと捉えることも，共に適切な評価とは言えないだろう。我々に必要なのはACTのエビデンスに対しきちんと向き合うことである。

　この章では，まず初めにACTのエビデンスを評価するのに必要な最小限の情報について解説する。次に，さまざまな効果研究の手法の中でも心理療法の効果の検討方法として最も強力な説得力を持つ「無作為割り付け比較試験」（randomized controlled trial：RCT）を中心にACTのこれまでの効

注1）ここでは，カウンセリングを含むさまざまな心理学的な介入技法のことを指す。

果研究について紹介する。

1. 心理療法におけるRCTとエビデンス

1966年，Paul[44]は，それまで決定的な治療効果のデータが示されていなかったWolpe[62]の系統的脱感作について，対照群との比較によってその治療効果のエビデンスを示した。これはPaul[44]の博士論文であった。Paul[44]による効果研究の功績は，まず，治療効果という従属変数をそれまでの主観的な測定に変えて客観的に行った点，次に，治療手続き（独立変数）についてのマニュアルを作成した点，そして，臨床研究に実験デザイン（後に述べるRCT）を用いた点にある[40]。

1-1. 無作為割り付け比較試験（RCT）

RCTではACTのような効果を検討したい治療法を行う群（実験群）とそれ以外の比較対照の群（対照群）に治療への参加者をランダムに割り当て，双方の治療効果の比較から，実験群における治療効果を検証する。この際，対照群でどういった処置が行われるかによって証明されるエビデンスの強さに違いが出てくる。代表的な対照群には，治療を行わずに治療の順番を待つ「待機群」，新しい治療法ではなく従来から実施されている処置を受ける「通常の処置群」（treatment as usual：TAU），薬理作用のない偽薬（placebo）を服薬するもしくは疑似的な心理療法を受ける「プラセボ群」などがあり，特に認知療法，行動療法などの「確立された治療群」（established treatment）を対照群として効果が証明されれば，効果を検討したい治療法にとっては強力な治療効果のエビデンスとなる。

1-2. 経験的に支持された治療（EST）

Paul[44]の研究以降，心理療法についてのRCTを含めたエビデンスは順調に蓄積されていった。1995年には，アメリカ心理学会（American Psychological Association：APA）第12部会のタスクフォースは，「十分に確立された治療法」（well-established treatments）と「おそらく効果がある治療法」（probably efficacious treatments）という2つのカテゴリに該当する「経験的に支持された治療」（empirically supported treatment：EST）

のリストを作成した[10]。この EST に認められるには大まかには，a) 治療技法の詳細な記述，b) 治療参加者についての明確な記述，c) 適切な研究デザインによる効果の証明，という基準を通過する必要がある。

たとえば，a) 治療技法の詳細な記述には，治療マニュアルの使用，b) 治療参加者についての明確な記述には，DSM に基づく客観的な診断や標準化された測定尺度の使用などが含まれる。また c) 適切な研究デザインによる効果の証明には，対照群の設定や十分なサンプルサイズの確保，実験群と対照群とにおける公平な処遇と評価，そして，セラピストの有能性やマニュアル遵守の証明などが含まれている。つまり，優れた実験計画（高い内的妥当性と再現可能性）によって実施されるほど，優れた効果研究であるとみなされる。

またより臨床的には，「臨床的有意性」(clinical significance)[33]の検討も重要である。臨床的有意性とは，質問紙尺度得点などにおける「統計的に有意」な変化にとどまらない，臨床的に意味のある変化が生じたか否かについての指標である。なお，この臨床的有意性の評価にはいくつかの方法が提案されている[註2]。

1-3. エビデンスの階層性と RCT

心理療法の効果を検証するにはさまざまな方法があるが，効果研究の方法によっては，より信頼のおけるエビデンスが得られるものとそうでないものとがある。そこで，より確かなエビデンスを確保するための指針として「エビデンスの階層」[52]という考え方が進んでいる[15, 49, 54]。

たとえば，臨床心理学の観点からは，丹野[53]がよりバイアスが少なく信頼のおける研究法の順に ① RCT，② 対照試験，③ 1 事例実験，④ 事例研究という序列を紹介している。こうした階層の順位は研究者によって若干違いはあるが，RCT（およびそれを用いたメタ分析）という手法が他の方法よりも信頼のおける手法として特に強調されている点では共通している。

1-4. メタ分析 (meta-analysis)

非常に多くの RCT が蓄積されると，今度はそれらたくさんのデータを要

註2）「臨床的有意性」については，1999 年の "Journal of Consulting and Clinical Psychology" 第 67 巻 3 号で特集が組まれている。

約する必要が出てくる。この際，データの扱いによってはEysenck[13]とBergin[3]におけるような混乱が生じることがある。そこでより客観的な結論を導き出す方法として「メタ分析」(meta-analysis)[53]が登場した。メタ分析では，複数の効果研究のデータをもとに，ある心理療法における治療効果の程度を意味する「効果量」(effect size, d) を算出する。効果量の算出には，「実験群の平均値から対照群の平均値を引いた値」を「対照群の標準偏差で割った値」[19]や「実験群と比較対照群をプールした標準偏差で割った値」[28]がしばしば用いられる。効果量 (d) の大きさは，0.2で「小さい」，0.5で「中程度」，0.8で「大きい」と評価でき[8]，プラスは肯定的な治療効果，マイナスは否定的な治療効果を意味する。

また，たくさんのデータを要約する手法であるメタ分析に対しては「ゴミを入れれば，ゴミしか出てこない」との批判[13]もある。つまり，さまざまな研究を集める際に，質の悪い効果研究（妥当でない手続きによって得られたデータ）が混じることで最終的に得られた効果量の妥当性も必然的に低くなるとの批判である。反対に，研究の手続きは妥当なものの有意な治療効果が得られなかった研究が未発表になるという「お蔵入り問題」もメタ分析には存在する。「お蔵入り問題」はメタ分析を行う際に，心理療法についての現実のデータを歪めてしまうのである。したがって，メタ分析の質を確保するには，a) 良質で適切なデータのみを絞り込み，同時にb) 未刊行の効果研究も含め幅広くデータを収集する必要がある[64]。

ここまでが，ACTのエビデンスを評価するための簡単な解説である。次に，実際のACTの効果研究について紹介する。

2. さまざまな疾患を対象としたACTにおけるRCTの進捗状況

ACTはかなり広い対象に対して効果研究が行われており，近年のACTの効果に関するレビュー[39,47]によれば，ACTは，さまざまな対象に対し効果があると報告されている。これまでRCTが行われてきた対象には，抑うつや不安[14,34,66,68]，強迫性障害[55]，社交不安[4]，全般性不安障害[48]，数学不安[67]，心配[41]，抜毛癖[63]，精神病性障害[2,17]，慢性疼痛[11,59,60]，喫煙[18]，糖尿病[21]，てんかん[37,38]，境界性パーソナリティ障害[20]，がん[6]，肥満や体重

管理[36, 55]，職場ストレス[5]，物質依存[27]，偏見と燃え尽き[23]などが含まれている。

表11-1はHayesらの文献[24]およびRuizらの文献[50]を基に作成したACTにおけるRCT研究のリストである。このリストでは，メタ分析で用いられているRCTの研究を中心にしており，「お蔵入り問題」による影響を弱めるために学位論文や学会発表まで含まれている。

ACTの介入後およびフォローアップでの効果量を表11-1について見ていくと，ACTの効果量は待機群およびTAUに対しては0.8を超えるものも多く，CBTとの比較でも学会発表ではあるがBranstetterらの研究[6]において0.9，ZettleとHayesの研究[67]では，1.23という大きい値を得たデータもあることがわかる。表11-1を見る限り全体として，ACTは広範な対象に対して良好な治療効果を示している。

3．抑うつ（depression）に対するACTのエビデンス

RCTを含むこうしたACTの研究成果が評価され，ACTはAPA第12部会のウェブサイト上のリスト[註3]で，抑うつ（depression）の治療において「まずまずの支持」（modest research support）の評価を得た治療法として公表されている。ちなみに「強い支持」（strong research support）の評価を得ている治療法には，行動活性化や認知療法，CBASP（Cognitive Behavioral Analysis System of Psychotherapy），対人関係療法，問題解決療法，セルフマネジメント療法が挙げられている。ここでの「強い支持」とは，Chamblessら[7]の「十分に確立された治療」に該当し，独立の調査者によって実施された複数個のよく計画された研究が治療効果を一貫して支持することを指す。またここでの「まずまずの支持」とは同じくChamblessら[7]の「おそらく効果がある治療」に該当し，ひとつのよく計画された研究もしくは複数の十分に計画された研究が治療効果を支持することを意味する。

註3）Society of Clinical Psychology：American Psychological Association, Division 12. http://www.psychology.sunysb.edu/eklonsky-/division12/treatments/dpression_acceptance.html

表 11-1 ACT における主要な RCT のリスト

引用	研究	対象	主要な測度	比較対象群	介入後(N)	フォローアップ(N)
a, b, c	Zettle & Hayes (1986)[68]	抑うつ	BDI	CT	1.23(18)	0.92(18)
a, b, c	Zettle & Rains (1989)[69]	抑うつ	BDI	CT	0.53(21)	0.75(21)
c	Lappalainen et al. (2007)[34]	不安と抑うつ	SCL-90	CBT	0.62(28)	0.47(28)
c	Forman et al. (2007)[14]	不安と抑うつ	GAF	CT	0.08(101)	—
	Twohig (2008)[56]	強迫性障害	Y-BOCS	リラクセーション	—	—
a	Block (2003)[4]	社交不安	公での発言	CBT	0.49(26)	—
a	Block (2003)[4]	社交不安	発言時間	集団CBT	0.49(26)	—
a	Block (2003)[4]	社交不安	発言時間	統制群	0.52(26)	—
	Roemer et al. (2008)[48]	全般性不安障害	GAD-CSR	待機群	2.97(31)	2.34(36)
a, b, c	Zettle (2003)[67]	数学不安	数学不安	系統的脱感作	-0.55(24)	-0.12(18)
	Montesions et al. (2006)[41]	心配	恐怖の妨害	統制群	0.33(20)	1.38(20)
a, b, c	Woods et al. (2006)[63]	抜毛癖	MGH-HS(抜毛)	待機群	1.72(25)	—
a, b, c	Bach & Hayes (2002)[2]	精神病性障害	再入院	TAU	—	0.45(70)
a, b, c	Gaudiano & Herbert (2006)[17]	精神病性障害	BPRS	補強されたTAU	1.19(29)	—
a, b, c	Dahl et al. (2004)[11]	慢性疼痛	病気休暇(日数)	TAU	1.17(19)	1.00(19)
	Wicksell et al. (2008)[59]	慢性疼痛	PDI	待機群	0.96(21)	0.68(21)
	Wicksell et al. (2009)[60]	慢性疼痛	痛みの強度	TAU	0.53(32)	0.38(32)
a, b, c	Gifford et al. (2004)[18]	たばこ	禁煙	ニコチンパッチ	0.06(62)	0.57(55)
a, b, c	Gregg et al. (2007)[21]	糖尿病	糖尿病の自己管理	心理教育	—	0.57(12)
a, b, c	Lundgren et al.(2006;2008)[37,38]	てんかん	掴んだ時間/月	アテンションプラセボ	1.43(27)	1.25(27)
a, b, c	Gratz & Gunderson (2006)[20]	境界性パーソナリティ障害	DSHI	TAU	1.01(22)	—
a	Branstetter et al. (2004)[6]	がん	苦痛	CBT	0.90(31)	—
c	Lillis et al. (2009)[36]	肥満	WSQ	統制群	—	1.07(12)
	Tapper et al. (2009)[55]	体重管理	BMI	統制群	—	0.20(48)
a, b, c	Bond & Bunce (2000)[5]	職場ストレス	GHQ-12	待機群	0.72(44)	0.70(44)
a, b, c	Bond & Bunce (2000)[5]	職場ストレス	GHQ-12	職場刷新	0.80(45)	0.72(45)
b, c	Hayes, Willson et al. (2004)[27]	物質依存	尿検査の結果	メタドンの維持	0.41(51)	0.95(43)
a, b	Hayes, Willson et al. (2004)[27]	物質依存	尿検査の結果	12ステップ+メタドン	0.04(45)	0.23(44)
a	Hayes, Bissett, et al. (2004)[23]	偏見と燃え尽き	MBI	生態学的な教育	0.74(59)	0.61(53)
a	Hayes, Bissett, et al. (2004)[23]	偏見と燃え尽き	MBI	多文化的トレーニング	0.26(64)	0.57(58)

＊Hayes et al. (2006)[24], Ruiz (2010)[50]を基に作成。「引用」の列の記号はそれぞれ a：Hayes et al. (2006)[24], b：Öst (2008)[42], c：Power et al. (2009)[46]において各行の研究を引用していることを意味する。BDI：Beck Depression Inventory. SCL-90：Symptom Checklist-90. GAF：Global Assessment of Functioning Scale. Y-BOCS：Yale-Brown Obsessive Compulsive Scale. GAD-CSR：GAD Clinician fs Severity Rating. MGH-HS：Massachusetts General Hospital Hair Pulling. BPRS：Brief Psychiatric Rating Scale. PDI：Pain Disability Index. DSHI：Deliberate Self-Harm Inventory. WSQ：Weight Stigma Questionnaire. BMI：Body Mass Index. GHQ-12：General Health Questionnaire. MBI：Maslach Burnout Inventory.

3-1. APA 第 12 部会が取り上げた ACT における抑うつに対する効果研究

　APA 第 12 部会のウェブサイトには，抑うつに対する ACT の治療効果が「まずまずの支持」の基準を通過するにあたり，鍵となった文献がリストになっている。リストに挙げられたのは，Zettle と Hayes らの論文[68]，Zettle と Rains の論文[69]，Hayes らの論文[25]，Forman らの論文[14]の 4 つである。

　Zettle と Hayes[68]は，ACT の原型である「包括的距離化」(comprehensive distancing) と認知再構成の違いを理論的に紹介し，またそれらの治療機序（治療による変化のプロセス）の違いを実際の包括的距離化と認知療法を実施した際のデータを挙げながら解説している。Zettle と Hayes[68]のような治療機序についての検討はプロセス研究（第 12 章参照）と呼ばれ，ACT の研究において特に関心が持たれている。

　Zettle と Rains[69]は，31 名の抑うつを抱える女性参加者をランダムに，包括的距離化（$n=10$）と完全な認知療法のパッケージ（$n=11$），部分的な認知療法のパッケージ（$n=10$）に振り分け，それぞれ集団セッションによる治療効果を比較した。ここでは包括的距離化と認知療法のトレーニングを事前に受けた第 1 著者が各群での介入を行っている。なお包括的距離化のマニュアルとしては Hayes による "A contextual approach to therapeutics change"[22]を用いている。2 カ月後のフォローアップの時点で，包括的距離化と認知療法の各群は同程度の抑うつの改善を示した。

　Hayes らによる "DBT, FAP, and ACT"[25]は ACT についてのレビュー論文であり，「ACT を含む第 3 世代の行動療法にはエビデンスが乏しい」という批判[9]に回答する形でまとめられた論文である。ACT のエビデンスの質についての議論は後に紹介することとする。

　Forman ら[14]は，臨床現場への結果の一般化を目指し，より臨床的に自然な条件下での RCT を行った。セラピストには，敢えて熟練ではなく，この研究以前には ACT や CT の経験が全くないかあまりない大学院生を起用した。大学の学生相談センターに訪れた抑うつおよび不安を訴えるさまざまなクライエント 101 名に対しこれら大学院生のセラピストが介入を行った。また，この研究では ACT と CT の効果の差についてではなく，治療機序の違いに焦点を当てているが，治療効果については，抑うつ，不安，主観的な人生への満足感が ACT と CT の両群で有意に改善した。さらに，治療を完了

した全参加者における抑うつ症状の 61.2%，不安症状の 55% がカットオフポイントを超え臨床域から健常域に改善し，臨床的にも有意な改善[30]を示した。また ACT と CT では治療機序に違いがみられたが，この治療機序についての詳細は第 12 章で紹介している。

4．ACT におけるメタ分析と研究の質についての論争

抑うつの治療をはじめさまざまな対象について効果が示されつつある ACT であるが，全体として ACT はどのくらい治療効果があるのであろうか。

Hayes ら[24]は，ACT の RCT をもとに最初のメタ分析を行った。Hayes ら[24]によれば ACT における 20 個の RCT の効果を検討した結果，ACT は待機群・プラセボ群・TAU よりも効果があり（治療後で $d=.99$，フォローアップで $d=.71$），さらに確立された介入法よりも効果があった（治療後で $d=.48$，フォローアップで $d=.63$）。

4-1．Öst による ACT のメタ分析と研究の質への批判

Öst[42]は，ACT における 13 個の RCT のメタ分析を行った。Öst[42]によるメタ分析の結果は，Hayes ら[24]による効果量の算出方法とは若干異なるが，ほぼ同程度の値を示し ACT の効果量は良好であった（表 11-2 参照）。
ところが最終的に Öst[42]は，ACT は CBT 以上の効果が実証された治療法ではなく，ACT は EST の基準[7]も満たさないとした。Öst[42]は，「同年（前後 1 年以内）同雑誌に掲載された ACT と CBT の効果研究を比較する」という方法を用いて，ACT と CBT の研究の質について検討した。その結果，ACT は CBT と比べ研究の質（研究手続きの妥当性）が劣るという結果が示された。より具体的には，ACT の研究において，治療者におけるマニュアルへの準拠の評価やフォローアップでの治療効果の評価といった，研究の妥当性を保証するための記述がしばしば欠如していた。さらに研究デザインの最も優れた Gifford ら[18]と Hayes ら[27]による ACT の効果研究では，確立された介入法との比較で有意な治療効果が得られていないことが指摘された。

Gaudiano[16]は，この Öst[42]の問題点を指摘し，反論を行った。まず

表 11-2　メタ分析における ACT の効果量

論文	待機群・プラセボ群	TAU*	確立された介入法
Öst (2008)[42]	0.96	0.53	0.53
Powers et al. (2009)[46]	0.68	0.42	0.18
Levin & Hayes (2009)[39]	—	—	0.27

*TAU：通常の処置群

　Öst[42]による 30%の研究において ACT と CBT の組み合わせが不適切であり，ACT においては，CBT よりも困難な症状を対象とする傾向にあったことを指摘した．次に，ACT の研究の質が低いとの批判に対して，ACT と CBT それぞれにおけるグラント（競争的資金）の違いを指摘した．Gaudiano[16]の分析によれば，グラントを受けた研究数は，CBT の研究が 80%であるのに対し ACT の研究では 38%であり，グラントの平均額は有意に CBT（平均 50 万ドル）の研究が ACT（平均 11 万ドル）よりも高額であった．実際，グラントの金額と研究手法の質には $r=.52$ の有意な正の相関が示され，グラントが多いほど研究の質が高まることが示された．さらに，Öst[42]の批判にもかかわらず，Öst 論文[42]の刊行後に ACT が APA 第 12 部会において「まずまずの支持」を得たことを指摘し，そもそも研究の質に対する「同年同雑誌の効果研究の比較」という方法論自体が問題であり，ACT がまだ発展の余地のある新しい心理療法であることを考慮すべきとした．

　Öst[43]は，この Gaudiano[16]の再分析に対し回答し，まだ新しい心理療法だからという理由で ACT をひいきすべきでないと主張した．また，「同年同雑誌の効果研究の比較」については，効果研究のデザイン自体は心理療法の種別にかかわらず年を追うごとに洗練されてきているため，公平な方法であると改めて主張した．また，ACT で扱っているより困難とされた症状（精神病性障害，薬物依存，喫煙，てんかん，境界性パーソナリティ障害など）についても，そう主張するだけの実証的根拠がないと批判した．

4-2．Powers らによる新たなメタ分析

　これらの議論と並行し，Powers ら[46]は 1840 年から 2008 年に発表された ACT に関する 18 個の RCT のデータを基にメタ分析を行った．その結果，

さまざまな治療対象に対してACTは待機群・プラセボ群およびTAU群よりも優れていた（$d=0.68$, $d=0.42$）。またACTが確立された心理療法より優れているという結果は得られなかった（$d=0.18$, $p=.13$）。

LevinとHayes[35]は，Powersら[46]のデータについて若干の修正すべき点を指摘した。LevinとHayes[35]は，Powersら[46]における分析で，二次的な従属変数と主要な従属変数のいくつかが逆になっていた点と「確立された治療との比較」が「TAUとの比較」と間違われていた点および若干の数値的なミスを修正し再分析した。その結果をもってACTが確立された治療法よりも優れた効果を示すことを結論づけた（$d=.27$, $p=.03$）。

PowersとEmmelkamp[45]はこのLevinとHayes[35]による再分析に対し回答した。PowersとEmmelkamp[45]によればLevinとHayes[35]の再分析では，ニコチンパッチ群およびブプロピオン（抗うつ薬）群をTAUから確立された治療法に置き換えた部分のみが唯一結果を覆す修正点であり，しかもこの修正は妥当なものではないと主張した。最終的にPowersとEmmelkamp[45]は，Powersら[46]の結論は変わらないとあらためて結論づけたのであった。

5．ACTにおけるメタ分析と研究の質についての考察

5-1．抑うつにおけるACTのRCT研究の質の検討

次に，Öst[42]とGaudiano[16]との間で議論になったACTにおける研究の質について考察する。ここでは，APA第12部会による「まずまずの支持」を得た抑うつに対するACTの効果研究について取り上げる。

ZettleとHayes[68]は，すでに紹介したようにACTの原型である包括的距離化の効果のプロセスについて認知療法の中核的な技法である認知再構成と比較しながら紹介したプロセス研究である。しかしながらZettleとHayes[68]の研究は，ACTと認知療法の治療効果を比較したRCTとして頻繁に引用されている。ZettleとHayes[68]では，確かに，18名のうつ病の女性患者をランダムに包括的距離化，認知療法に振り分け，2カ月後のフォローアップの時点で，包括的距離化は有意に抑うつ得点を認知療法よりも低減させたというデータが紹介されている。しかしÖst[42]が指摘するようにこの研究に関してはRCTとして必要な記述が少なすぎる。実際，Zettleと

Hayes[68]は，RCTの詳細は他で発表予定で論文内では簡単に紹介するにとどめるとも言及している（文献68のp.33）。したがって，ZettleとHayesによる純粋なプロセス研究[67]を認知療法に対するACTの治療効果の優位性を示す効果研究として引用したり，メタ分析に効果研究として含めたりするのは控えるべきだろう。

その後刊行されたZettleとRainsによる論文[68]ではRCTとしての研究の質はかなり改善されてはいるものの，サンプル数が小さい，第1著者がすべての群の介入を行っている，診断基準を用いていない，セラピストの能力についてのチェックが行われていないなどの問題がある[42)註4)]。しかしながら，この研究が，Zettle[65]の博士論文の一環として，まだACTの最初のマニュアルさえ出版されていない時期に，また十分なグラントもなく実施されたという背景は理解しておいていいだろう。このことを勘案すれば，研究の質に限界があったことはむしろ自然なことで[16]，その試み自体が評価に値するだろう。

Östの論文[42]には引用されておらず，APA第12部会のリストにある論文として，すでに紹介したFormanらの論文[14]がある。Formanらの論文[14]では，ZettleとHayesの論文[68]やZettleとRainsの論文[69]と比較しサンプルサイズが大きく，ACT群と認知療法群のセラピストはそれぞれ異なっており，治療スキルや治療技法の内容への順守（adherence）もチェックされている。また，セラピストのACTや認知療法に対する好みが治療効果に影響してしまう「忠誠効果」（allegiance effects）についても検討し，ACT群と認知療法群における治療者によるそれぞれの技法への信頼感に差がないことも確認している。こういったよく計画された点もあるもののÖst[42]の主張する基準からすると，マニュアルを用いていない点，治療参加者を十分に診断的に絞り込んでいない点，フォローアップでの評価がない点など批判の余地はある。

しかし，Formanら[14]は，RCTの内的妥当性を高め確かな治療効果を測定しようという「効果研究」（outcome study）を行ったわけではない。Formanら[14]が行ったのはより日常の臨床に近い治療効果を得ようと外的妥当性を高めた「効果性研究」（effectiveness study）なのである。これは，

註4）ZettleとRains[69]については，本章の校正段階（2011年7月）においてこれを再分析した論文[70]が発表された。

研究の文脈と臨床現場の文脈とでは治療効果に乖離が生じるとの課題[60]を意識した試みである。たとえば，敢えてマニュアルをあてがわないことでセラピストは特定の技法をクライエントに合わせた形で実施でき，必要に応じてマニュアルにない柔軟な対応をすることもできる。また，治療参加者を絞り込まないことで，雑多な要因の入り混じった臨床現場により近い研究が実施できる。

したがって，Formanらの論文[14]については，効果研究の基準を厳格にチェックするのではなく，「どの程度，臨床現場に一般化可能か」を評価する方が本来妥当である。実際，ACTにおけるRCTでは，効果研究と効果性研究を分けて紹介していることがしばしばあり，こういった分類を無視して，効果性研究という関心の下実施されたRCTに対し，効果研究の基準で不備を指摘するのは適切な評価ではないだろう[51]。

概して，ACTの効果研究には良質なものとそうでないものが混在しているのは確かである。しかしいずれにしても，ACTのRCTが現在も成長し続けていることを勘案すれば，効果研究，効果性研究ともに研究の質の問題は今後改善される見込みが十分あると考えられる。

5-2. ACTのメタ分析に対する結論

ここまでで示したようなACTの治療効果のメタ分析から言える結論として，Ruiz[50]による次のものが妥当であろう。

1）ACTは，待機群，プラセボ群およびTAUよりも優れている[24, 42, 46]。
2）ACTが確立された心理療法より優れているかについてはさらなる検討が必要である[35, 46]。
3）新たな心理療法の効果研究によくある課題ではあるが[16]，ACTにおけるRCTにはさらなる改善の余地がある[42]。

さらに，この章では次のことも加えておきたい。

4）治療効果の評価には，治療効果の狭い意味でのエビデンスを追究する「効果研究」に対し，必ずしもそれを追究しない「効果性研究」およ

び「プロセス研究」の違いを意識的に分けて考える必要がある。

6．その他のACTにおける興味深い効果研究および効果性研究

　この章では紙面の都合上十分に紹介することができなかったが，ACTの効果研究や効果性研究においてはさまざまな興味深いものがあることも最後に触れておきたい。Lappalainenら[34]は，14の修士レベルの学生セラピストをACTとCBTの2群に割り当てトレーニングを行い，28名のクライエントをどちらかの群に割り当て，各群における治療効果の検討を行った。その結果，いずれの群のクライエントにおいても有意な治療効果が認められた。つまり，修士レベルの学生であっても適切なトレーニングを受けることで効果的なACTやCBTが実行できることが示された。また，Johnstonら[31]は，慢性疼痛のクライエントに対し，ACTのセルフヘルプ本による効果を検討し，QOLと人生満足感の向上および痛みの緩和を確認している。TwohigとCrosby[57]は，「インターネットによるわいせつ画像の閲覧問題」に単一事例実験（被験者間多層ベースライン）によって取り組んでおり，主要な疾患とは異なる問題に対してもACTが柔軟に取り組めることがうかがえる。

7．まとめ

　ACTという心理療法の目的は，クライエントが価値に沿った行動をより選択できるようになることにある（第5章参照）。したがって，この章で扱ってきたような，うつや不安，ストレスや痛みの低減という治療効果の表現方法は，必ずしもACTの哲学や理論と合致する表現方法ではないかもしれない。しかしながら，すでに確立されている（認知）行動療法の表現方法に沿って，敢えて「症状の低減」を議論することで，ACTは（認知）行動療法と対話するための共通言語を得ていると言えるだろう。

　この章で示したデータは，現時点でのACTの治療成績である。ACTにおけるRCTを含めた効果研究が，1999年の最初のマニュアル[26]の刊行以来増え続けていることと，個々の症状についての現時点で良好な効果を示していることから，今後のACTの治療効果のエビデンスに対して期待が持てそ

うである。少なくともACTがエビデンスに基づく心理療法として発展してきていることは確かである。一方, ACTの効果のエビデンスについては特に冷静な判断が必要であろう。ACTは「第3世代の行動療法」といった目立った宣伝活動によって, そのエビデンスが実際よりも有力にみえてしまったり, 逆に予期せぬ批判を引き出してしまうかもしれない[29]。

　また, この章ではRCTを中心にACTの効果研究および効果性研究についてまとめたが, どの研究法が最適な手法であるかは, 研究者の関心によって異なる[49]。時系列でのクライエントの変化を追ったり, リアルタイムでの治療技法の調整が可能な単一事例実験はRCTとは異なった治療効果や治療による変化のプロセスを我々に教えてくれるだろう。

　「ACTとのハネムーン」が終わり[39], いよいよACTの等身大の姿が露になった。ACTは今後, 治療プロセスについての研究 (第12章参照) や個々の実践家における単一事例実験を積み重ね, さらにその有用性について評価されるだろう。

　この章が読者の目にとまる頃, もうこれらの情報は古くなりつつあるかもしれない[注5]。ここまで紹介した情報を基に, 可能な限り最新の情報にあたっていただきたい。最新の情報は, Association for Contextual Behavioral Science (ACBS) のホームページで確認することができる。また, Medlineなどの文献検索サービスを利用することでより幅広くACTの最新のエビデンスをチェックすることができる。

註5) 実際に, 本章の校正段階においてすでに複数のRCTが新たに発表されている。

第12章

ACTにおける治療過程の評価

髙橋 稔

1. はじめに

　突然であるが，ガムやチョコレート，キャンディーなど，よく口にしているお菓子はあるだろうか。あるいは，最近はやりのミント味のタブレット菓子でもいいだろう。コンビニでも駅の売店でもスーパーのレジ前でも，ポケットサイズで携帯型のお菓子がたくさん陳列されている。このお菓子は，仕事のちょっとした休憩時間，人との待ち合わせにほどなく安らぎや爽快感を与えてくれる。そんな手軽なお菓子はなかなか手放せなくなっている人も多いのではなかろうか。しかし，会議が続き，あるいは授業が長く続き，口に入れるにもためらってしまう場合もある。あるいは，この嗜好品もあまり食べ過ぎると虫歯になってしまうのではないか，体重が増えてしまうのではないかという思いが同時に浮かんでくるかもしれない（実際，シュガーレスを宣伝文句にしているものもある）。このように作業と作業の合間のちょっとした一休みに，手軽な食べ物を口にしたい，という思い（欲求）を誰しも経験していたことがあるだろう。この日常生活に沿って身近に体験しているような欲求（食に関する欲求：craving）に対して，Acceptance and Commitment Therapy (ACT) で推奨する態度が効果的であるかどうか，研究が発表されている。

　これは，Formanら[4]により発表された研究である。この研究は少し風変わりのように思えるかもしれないが，欲求のような内的出来事を質問紙のような自己評価のみに頼らず，研究で取り上げられるよう操作的に設定し，準備した点で非常に興味深い。この研究では，Hershey社のチョコレート"Kiss"を用いる。このチョコレートはアメリカ人にとってはとてもポピュ

ラーである。我々日本人にとっても，同様に幼いときからなじみ深い安価なチョコレートがあると思うので，そうしたチョコレート菓子を使ったと思っていただければいいだろう。この研究では，このチョコレートを透明の箱に入れて2日間（48時間）持ち歩き，日常生活でチョコレートを食べたいという欲求（craving）を経験してもらう。その時に，あらかじめ参加者それぞれに用意された3種類の対処法を試してもらい，どの方法が効果的であるのかを研究している。

　ここで取り上げられた欲求に対する対処法とは，アクセプタンスや脱フュージョンを含めた「アクセプタンス方略」（Acceptance-Based Coping strategies：ABC群）と，これとの比較するために用意された「コントロール方略」（Control-Based Coping strategy：CBC群）と，全く教示を行わない「対照」群であり，この内容について30分程度で説明を受ける。

　ABC群：この条件に振り分けられた群のポイントを，Distancing（距離を置くこと），Acceptance（アクセプタンス），Willingness（ウィリングネス），Noticing（気づき）と4つのキーワードを挙げ，"DAWN"と称して提案している。具体的には，食べたいという欲求のような内部感覚を抑制したり取り除こうとすると，より強くなったり苦痛に感じたりすること，その代わりにその内的感覚に気づき，変化させようとせずにアクセプトすることがいいこと，その欲求から「一歩退い」て眺めること，その渇望を経験しようとするwillingnessを目指して脱フュージョン法を提供すること，という内容によって構成された。

　CBC群：この群では，食，思考，活動レベルを修正するために作られた体重のマネジメントのプログラムを提案した。ABC群と同様に具体的はDistract yourself（自分自身の注意をそらすこと），Imagery（イメージ），Scene change（状況を変える），Challenge/confront thoughts（思考に立ち向かうこと）とし"DISC"として提案している。たとえば，思考，感情，感覚や欲求への注意は意図的に統制することが可能であり，食べ物に関連する刺激へ向けられた注意をそらし，それとは関係ない刺激へ向ける（ポジティブなイメージを思い浮かべることや，数を数える）ような方略を教えた。加えて，現在の場面や環境文脈を離れることも提案した。また，食べたいという欲求に関わる思考を再構成すること，が説明される。

対照群：この群に対しては特別な説明は行われていない。

この研究ではそれぞれ受けた説明条件の違いについて，チョコレートの消費量（どのくらいチョコレートを食べたか）や，質問紙による自己評価で検討を行った。結果は，その人の食べ物の環境（たとえば，食べ物がすぐに手に入りやすい状況にあったかどうか）によって変わるのであるが，アクセプタンス方略は，食べ物の存在を感じやすい人が最もよい効果があったという。ちなみにチョコレートの消費量は，こうした条件による影響を受けなかったようである。

さて，ACTが広がる大きなきっかけになった本が出版された同年の1999年，Hayesら[7]がPsychological Recordに，"The impact of acceptance versus control rationale on pain tolerance"という論文を発表した。ACTの広がりは，マニュアルの開発や効果研究のみならず，この論文が発端となりACTに関するプロセス研究が進んでいることにもある。この章では，ACTの治療効果がどのようなメカニズムで変化を起こしてきているのか，について実証されてきた分野について取り扱う。この内容に関連する研究は，Association for Contextual Behavioral Science (ACBS)のホームページ（http://contextualpsychology.org/）で紹介されているものを数えると，四十数件になる。これはまだ2008年までの分と印刷中の2件を紹介したにとどまっており，それ以降も多くの研究が発表されている。この章ではここを参考にしながらいくつかの論文を紹介するが，その際，以下の点をあらかじめ注意しながら理解してもらうと，研究の展開が整理しやすくなるだろう。

(1) ACTのコンポーネント

まず，どのような観点からACTを研究で取り上げ，要素をどのように提案しているか，について注目していただきたい。流れをみてみるとACTのミニマムエッセンスを取り上げるスタイルから，構成要素を細分化し効果検証していくようになっているようである。この細分化にも2つの方向があり，ひとつはエクササイズやメタファーといった体験が重視されることをサポートするための研究と，もうひとつはアクセプタンスや脱フュージョン，価値といたコンテンツを取り上げ，それぞれの効果を検証する研究である。

(2)対象

 一般に，アナログ研究では，精神疾患の病理やその解決策を探るために，いきなり患者に協力を得てもらうのではなく，特に疾患を患っていないノーマルな人（非臨床群）を対象にしながら研究を進める。ACTのプロセス研究でも，まず全体的な精神病理モデルの実証を目的に，非臨床群を対象にした研究が広がり，徐々に臨床群を対象にしていく形で実証が進んだり，臨床群にみられる特徴（ネガティブ情動への対処や強迫症状に対する影響）に焦点を当てた研究が進んでいる。また最後に取り上げるが，ACTの介入後に，実際どのような要因が影響を与えたかを確認するための分析（媒介分析）が行われている。

(3)課題

 先のFormanらの研究[4]での例は，身近に体験できる「何か食べたいという欲求」（food craving）を課題にしていた。この他にも，たとえば，摂氏0度に近い冷水に「できるだけ長く」手を入れてもらう課題や，気分誘導によりネガティブ情動を高める課題などを用いていた。これらは先にも説明したとおり，ひとつは内的感覚に対する態度を操作的にどう定義できるか，という観点と，臨床群の中でみられる特徴を操作的にどう導入できるか，という観点とをバランスを取って準備されている。

2．プロセス研究の創生

2-1. ACTの先駆的なプロセス研究

 Hayesら[7]の研究は，先も述べたとおりプロセス研究の発端になった論文である。Hayesら[7]は，ACTの効果について冷水を使った痛みへの耐性課題（cold pressor task：CP課題とする）を用いて検証した。ここでは，ACTの効果を検証するために，3つのrationaleを用意された。このrationaleは，理論的な説明を行う講義の部分に加え，それに基づくエクササイズを行うことが特徴的であり，それぞれ90分程度の内容となっている。rationaleの具体的な内容は以下のとおりである。

 acceptance-based rationale：ACTの理論に基づき，思考や感情と，行為との関係を断つことを目的にした内容である。具体的には，①悪い感情

や思考を取り除こうとしても不可能であること，②思考や感情が行為の原因では必ずしもないこと，③なぜそのような行為をしたかは知ることはできないが，どの要因が作用したかは知ることができること，④感情や思考が自分の評価ではないこと，の4つを挙げている。

control-based rationale：痛みに対する対処方略とストレス免疫アプローチをもとに，この rationale を構成している。痛みを修正（modify）したり，統制（regulate）できるように，自己教示やポジティブイメージといったさまざまなテクニックを紹介した。この意図は，思考や感情を統制する（control）ことで，苦痛を和らげようとするものである。

attention placebo rationale：感覚や痛みの生理的現象を説明した。いわゆる「対照群」である。

また，この CP 課題とは，冷たい水（1℃）に，利き手とは反対の方の手を入れ，痛みやその時の苦痛を評価したり，どの程度耐えていられるかを測定するという課題である。なお，5分以上耐えたものは実験を中断し，対象から外している。というのも，もともと冷たさに対する耐性が強く，また研究デザイン上も rationale の変化が測定できなくなるためである。その結果，acceptance-based rationale を実施した群は，他の群より痛みの耐性時間の増大に関して有意差が認められた。また，主観的な痛みの程度は違いが認められなかったが，理由づけについての確信度（believability）については acceptance-based rationale 群において影響が認められ，プロセス測定のためのカギになるのではないかと考察している。

2-2. ACT のエクササイズ・メタファーの重要性を支持

ACT は，多彩なエクササイズやメタファーを用いて，体験的に理解することを推奨している。それは，言語に注目し，特にそのダークサイドに精神病理の原因がある，という立場にあるからである。一方で，言語による影響力から脱却していくために，「今，ここ」で価値に従った行為を選択していく。そのため，ACT の用いる介入変数の中では，「説明」や「教示」を実験者から一方的に提案するというよりも，たとえば，エクササイズを通して言語の影響力を見つめ直していく過程が重要であると考えられる。この立場から，高橋ら[17]は，Hayes ら[7]の研究の acceptance-based rationale のエ

クササイズの内容に注目し，これを2条件に分け，同様の実験を行った。この研究で準備した条件は以下のとおりである。

ACTの説明＋アクセプタンスエクササイズ群（A-A群）：ACTの理論的な説明とアクセプタンスに関するエクササイズ（兵隊の行進）を実施した群
ACTの説明＋FEARエクササイズ群（A-F群）：ACTの理論的説明とFEARに関するエクササイズ（思考抑制の悪循環）を実施した群
対照群

　A-A群とA-F群との2群の違いは，取り上げたエクササイズである。理論的な説明はVTRに録画したものを用いて同様の条件にしている。エクササイズの内容は，内的出来事の統制や抑圧といった方略が悪循環することを体験するもの（A-F群）であるか，内的出来事との心の距離を少し開けたり，それにとらわれたり没頭したりせずにそれを観察していくことを体験するもの（A-A群）である。結果，A-A群は，他の2群と比較すると，講義後のCP課題耐久時間は有意に高かった。また，A-F群と対照群では差が認められなかった。

　Hayesら[7]や髙橋ら[17]の研究から，ACTの効果が確認されたことに加え，ACTの目指す体験が重要であることが示唆された。つまり，rationaleは，どのような説明を受けるかというよりも，エクササイズのような体験が必要であることが実証された。また，プロセス研究の領域においても，どのような構成要素が治療効果を与えるかを検討するきっかけになっていった。

3．脱フュージョンの効果

　ACTの代表的なエクササイズのひとつに"milk milk milk"がある。これは，〈ミルク〉と何度も繰り返し声に出すという単純なエクササイズであるが，これを繰り返しているとなぜだか単に〈ミ〉と〈ル〉と〈ク〉を連続的に繰り返して声に出しているにすぎなくなり，〈ミルク〉なのか〈クミル〉なのかわからず，〈ミルク〉が象徴している牛乳のイメージ（たとえば，白くて冷たくて，給食のときに毎日飲んだ）が薄れていくことを経験する。これは，ことばとその意味とのつながりが崩れていき，その機能が変化するた

3-1. 脱フュージョンの個人内比較

Masudaら[12]は，この脱フュージョンの効果を検証した。先の研究と少し異なるのは，対象者は，この3条件のうち脱フュージョン条件に加え，思考統制条件もしくは注意そらし条件のいずれかの1つ，あわせて2条件（「脱フュージョン条件＋思考統制条件」，もしくは「脱フュージョン条件＋注意そらし条件」という組み合わせ）をランダムに3回程度経験する。研究ではその効果を対象者内で比較した。参加者は，自分が特に困惑してしまう自分に関するネガティブ思考（例：「私は太っている」）を2つ選んでもらい，それぞれ一語で置き換える（例：「太っている」）よう伝えられた。

脱フュージョン条件：脱フュージョンの簡単な説明があった後，「ミルクミルクミルク」エクササイズを行う。このエクササイズは，「ミルク」ということばを30秒の間大きな声でできるだけ速く繰り返して声を出し続けるよう伝え，その後何が起こるか気づいてもらう。その後，あらかじめ選んでもらっていたネガティブ思考に対してこの経験を応用していく。ネガティブ思考「太っている」という一語をランダムに選択し，なるべく速く大きな声で30秒間繰り返してもらう。

思考統制条件：ネガティブな思考が苦痛の中核的原因であり，ネガティブな情動や行為を導く原因となる。このパターンを変えるために，それに直面し，ポジティブな方へ変化させ，そこから注意をそらしたり，それを抑制することを勧める。そのための方法として，ポジティブなセルフトーク，ポジティブイメージ，呼吸法を説明し，エクササイズとして呼吸法の訓練を受けてもらった。さらに，ネガティブ思考を選択し，このネガティブ思考をできるだけ思い出さないよう教示した（30秒間続ける）。

注意そらし条件：対象者の注意を意図的に他のものに向けるという条件である。この群には，そのための課題として，5分間日本のことについて書かれている記事を読んでもらい，介入時には30秒間のそのことについて尋ねたという条件である。

この研究では，8人の大学生（女性）が対象となった。各人が選択した思

考について，苦痛の状態（discomfort）と確信度（believability）について100点のVisual Analog Scale（VAS）で介入前後で評価してもらった。この結果，いずれの条件を体験した場合でも，苦痛の程度や確信度においても，脱フュージョン条件のほうがほかの条件よりも低いことが明らかになった。

3-2. 脱フュージョンの個人間比較

Masudaら[14)]は，個人内比較ではなく，ランダムに対象者を3条件に振り分け個人間の比較検討を行った。なお，Masudaら[14)]の研究の条件を精緻化し，たとえば思考統制条件から，思考妨害（thought distraction）に焦点を当てた条件へ修正されている。結果，脱フュージョン技法は自己のネガティブ思考に対する確信度や苦痛の程度においても低減させる効果が認められた。また，非臨床群でありながら抑うつ症状と介入結果との関係を探索的に検討した結果から，うつ症状の程度に関係なくネガティブな自己関連思考の機能を変容させる技法であることが示されており，今後，臨床群での効果検証が望まれる。

またDe Youngら[3)]は，脱フュージョン（Word Repeating Technique条件）と比較する条件として，言語の意味を損なわず維持する課題（具体的にはImplicit Association Test〔潜在的態度テスト：IAT〕）を取り上げ，その効果を検討している。さらに，このことに加え理論的説明が必要であるかどうかを検討するために，rationaleを受ける場合と受けない場合に分けられる。具体的に用意された条件は下記の5群であり，対象者は，無作為に5群に分けられた（表12-1）。

その結果，ネガティブな意味の単語からあらかじめ選択してもらっていた言語に対する苦痛の程度と確信度はWRT条件とIAT条件はともに低下し，またWRT条件のほうがより大きな効果があったことがわかった。一方で，標的としていない言語の苦痛はWRT条件の場合に低減したが，確信度は低減していなかった。また，rationaleはいずれの課題にも効果がないことが明らかになった。

3-3. 脱フュージョンはどの程度繰り返せばいいのか？

Masudaら[13)]は，脱フュージョンの継続時間について検討を行っている。

表 12-1　De Young et al. (2010)[3]の研究条件

	課題 ワードリピート脱フュージョン	課題 IAT	Rationale
WRT-Rationale あり群	○	—	○
WRT-Rationale なし群	○	—	—
IAT-Rationale あり群	—	○	○
IAT-Rationale なし群	—	○	—
対照群	—	—	—

　実験は，大きく2つに分けられていたが，最終的にこれを一括した結果を算出している。用意していた条件は，Masudaら[12]の脱フュージョン条件とほぼ同様であり，すべての条件にrationaleは実施したうえで，自己に関連したネガティブ思考について単語を繰り返す時間によって1秒，3秒，10秒，20秒，30秒と，これを実施しなかった条件の6条件に分けている。なお結果は最終的に以下の3条件に分けて苦痛度や確信度の変化について検討した。

　　単語反芻なし―1秒実施群
　　3秒実施―10秒実施群
　　20秒実施―30秒実施群

　結果，「単語反芻なし―1秒実施群」はそのほかの2群と比べて，苦痛の程度が有意に低かったが，「3秒実施―10秒実施群」と「20秒実施―30秒実施群」では差がみられなかった。また，確信度については，「単語反芻なし―1秒実施群」とほかの2群との間で差が認められ，さらに3秒実施―10秒実施群と20秒実施―30秒実施群との間でも差が認められた。このことから，先に苦痛が低下し，さらに20―30秒後に確信度が最大に低下することが明らかとなり，別々の機能であることを示唆していると結論づけている。

4．価値に関する研究

　価値に関する研究はまだごくわずかであり，脱フュージョンの領域のように系統的ではない。これから紹介する論文も全く異なった方法で価値に関する条件を設定しているが，価値に関する操作がそれぞれ独創的である。

4-1．課題への動機づけを価値の観点から操作

　Páez-Blarrina[16]は，痛み耐性，確信度，主観的な痛みに対して，価値に関する動機づけ文脈がどのように影響を与えるかについて検討した。そのため，これまで紹介した論文と大きく異なっているのは，ACT条件も痛み統制条件とも，価値と対処方略の影響を区別している点である。

　用意した条件は3つあり，痛みアクセプタンス条件，痛み統制条件，訓練なし条件である。さらに，課題は2回用意されているが，1回目の課題の際には価値に関するプロトコルを，2回目の課題の際には対処方略に関するプロトコルが用意されている。整理すると表12-2のとおりになる。

　そこで注目すべきは価値に関してどのように操作を行ったか，である。この研究では，課題そのものの説明に工夫が加えられている。極端な言い方になるかもしれないが，いわゆるプラセボ効果を逆手に取った手法で，次のように1回目の課題に対する動機づけを，研究目的の説明の仕方によって操作した。

　ACT―価値プロトコル：この研究の目的が，がんに対する化学療法を例に挙げながら，痛みを伴いながらも価値に従ってどうしたら生活できるのかを理解するための研究であることを強調した説明を行う。
　統制―価値プロトコル：Control条件では，痛みで走るのをやめざるを得ないアスリートの例を挙げながら，この研究の目的が痛みを伴うとなぜ行為をやめてしまうのかを理解するためのものであることを強調し説明する。
　訓練なし：対照群として用意され，特に説明は行わない。

　また，この研究で用いられた課題も特徴的である。この課題はポイントを稼ぐための見本合わせ訓練が用意されるが，訓練を続けるためには電気ショ

表 12-2　Páez-Blarrina et al. (2008)[16]の各課題における条件

	1回目の課題 (価値プロトコル)	2回目の課題 (対処プロトコル)
痛みアクセプタンス条件 (ACT条件群)	ACT—価値 プロトコル	ACT—脱フュージョン プロトコル
痛み統制条件 (Control条件群)	統制—価値 プロトコル	統制—抑圧 プロトコル
訓練なし条件 (対照群)	訓練なし	訓練なし

ックを受けるという条件が用意され，参加者にとっては葛藤状態になる。具体的には，見本合わせ訓練が終わったのち，赤いアスタリスク印が画面に現れ，その課題を続けるかどうかを選択するシグナルになっている。そこで「終了」を選ぶと電気ショックを避け，その課題を終了する。「続ける」を選ぶと，ショックを受けることを意味し，その課題を継続する。つまり，課題を「続ける」という選択はポイントを稼ぐ一方で痛みを経験することでもあり，課題を「終了」することはポイントが増えないものの痛みを回避することである。それぞれのショックは，持続時間と頻度が高くなり，徐々に強まっていく（最大レベルは15であり，1秒間に受ける刺激の7回の割合の刺激が5秒間続く）。電気ショックを受けた後には，そのショックの痛みの程度についてVASで評価した。

テスト1では，ACTプロトコル群では10人中7人が痛みレベルが最大まで達した。これに対して，統制プロトコル条件では10人中1人のみが，対照群では10人中2人のみが最大レベルに達しなかった。このことから，課題に対する動機づけ（価値）によって痛み耐性が異なることがわかった。また，確信度が低下していたことが明らかになった。さらにテスト2では，それぞれの条件に相応した対処方略を加えて，それを検討した。テスト2では，ACTプロトコルが優れていたが，統制プロトコルも痛みの低減に有効であったことが示されている。

4-2.「価値の言明」の効果

自己に関する研究の分野では，自己言明（self-affirming）の行為が精神的，身体的な健康障害を和らげるということが示唆されている。この観点か

ら Creswell ら[2]は，自己の価値に関する言明が身体的，心理的ストレス反応を低減させるかどうかについて，検討した。85人の参加者が，自己言明課題や対照群課題に参加した。

参加者は，ランダムに2群に振り分けられる。いずれも，価値に関する質問票（Values Questionnaire）に回答してもらう。この質問では，宗教，社会問題，政治，原理，美学の5つの領域について，個人がどのように重要と考えているかを評価し，その優劣の順をつけてもらうものである。この質問に回答し終えたのち，それぞれの群で条件の異なった内容について尋ねていく。この結果をもとにして，次のように条件を変えて質問される。

価値言明群：その価値の中で最も重要視しているものについての質問を受ける。
対照群：5番目にランクされた事柄について質問され，回答を求められる。

その後，参加者は5分間のスピーチ課題と，その後の5分間は単純で単調な計算課題（2083から13ずつ引き算してもらう）に取り組んでもらう。課題終了後，特定の時間経過に沿って（10分後，20分後等）に唾液検査や質問紙を実施された。

結果，個人的な価値の言明を含めた体験的介入が，生理学的，心理学的ストレス反応を和らげた。特に，価値言明群では，課題中のコルチゾール反応が，有意に低かった。また，ベースラインからストレスピークに達した変化については，対照群のみが有意な変化を示した。また，心拍数には違いがみられなかった。さらに心理学的ストレス反応について，単純に群間比較したが有意差が出なかったものの，自尊感情や，自己高揚感，楽観主義尺度から算出した「自己リソース変数」をもとに，ストレス反応を評価した結果，自己リソースが高い場合に，自己表明による心理学的ストレス反応を弱める効果があることが示唆された。

5. 各疾患のメカニズムの理解に関する研究や臨床群を対象にした研究

　臨床心理学における研究の最終的な目的は，精神病理の理解であり，また効果的な治療技法を産出していくことである。ここまで紹介した研究では，ACTの提案している脱フュージョン，あるいは価値の作業といったコンポーネントの効果を実証した。ここからさらに一歩進め，課題や条件を臨床現場で直面するような内容へ移行した研究や，あるいは対象として実際に疾患のある患者に協力を得て検証を行っている研究が行われるようになっており，これについて紹介する。

5-1. 不安障害や気分障害患者によるネガティブ情動の抑圧

　Campbell-Sillsら[1]は，不安障害や気分障害の患者の協力を得て，ネガティブな情動のacceptability（アクセプト力）と抑圧の影響について検討した。研究の対象は，60人の患者と，気分障害や不安障害の診断を受けたことのない非臨床群30人である。臨床群が示す症状は社交恐怖，大うつ病性障害，全般性不安障害，広場恐怖を伴う／伴わないパニック障害，特定の恐怖症，強迫性障害，気分変調性障害の疾患があったり，これらの複数の診断を受けているものもいる。

　この実験では気分を喚起するような課題を用意した。ここで取り上げた気分誘導課題とは"The Deer Hunter"という映画から6分間の内容を切り取り，これを視聴してもらう課題である。取り上げたシーンは軍人が「ロシアンルーレット」で自分の頭をピストルで撃ち抜こうとする映像で，非常に嫌悪的であり，あらかじめ事前にネガティブな情動が喚起することが確認されたものである。対象者はこの映像を見たのちに，自己記述式の質問（ポジティブな感情やネガティブな感情を測定する尺度や，情動に対してどのように反応していたのかについて尋ねる尺度）に答えてもらい，結果を測定した。

　その結果，臨床群も非臨床群も映像によりネガティブ情動が喚起されたが，臨床群のほうがその情動を受け入れがたく，かつ情動を抑え込もうとしていたことがわかった。さらに分析した結果，これが女性の臨床群において

確認できるものであることがわかった。また，いずれの参加者群においても，抑圧レベルの高い場合に，映像を見ているときも回復期においてもネガティブ情動が喚起した。さらに，臨床群において，その情動を受け入れがたいという評価が，ネガティブ情動の強さと抑圧の利用との関係を強めることが明らかになった。

5-2. うつ病患者を対象にした気分導入課題

Liverant[9]では，単極性うつ病（unipolar depression）患者を対象に，アクセプタンス方略と抑圧方略の効果の違いを検討した。この実験では，3分間の映画コマーシャルを視聴する気分誘導を2回体験する。ひとつは"The Champ"であり，もうひとつは"Bambi"である。この2つは，カウンターバランスがとれるように，1回目と2回目の課題に振り分けている。この課題は，すでに先行研究において悲しみ気分（the emotion of sadness）が引き出されることが示されている。このフィルムを使って，1回目の課題では，特別な教示なく見てもらうだけである。その際，自然に選択している気分統制方略を評価し，他の指標との関係を検討した。さらに，2回目の課題ではアクセプタンス教示と抑圧教示を受ける二群に振り分け，その効果を検討した。

まず，1回目の課題では，対象者が自然に行っていた情動制御方略をERS (Emotional Rating Measure) という尺度からアクセプタンス得点と抑圧得点をもとに分析した。この2つの下位尺度得点と，ネガティブな感情（negative affect）や，情動（emotion）評価で相関関係を検討した結果，アクセプタンス尺度と，課題中と課題後のネガティブ感情との間で，有意な負の相関がみられた。また，課題中の悲しみの情動尺度でも有意な負の相関が認められた。一方で，抑圧得点は，課題視聴中のネガティブ感情と正の相関が認められた。このことから，アクセプタンスの状態にさまざまな違いがあることを推測しながらも，情動のアクセプタンスが有効に働く可能性を示唆した。

また，2回目の課題では，課題前—中—後の情動の変化や感情の変化を検討している。その結果，概して課題視聴前から視聴中にかけて情動が高まり，終了後に情動が低くなるという結果であった。さらに，交互作用が認められ，課題視聴中の悲しみの情動は，アクセプタンス条件と比べると抑圧条

件が有意に低かった。このことは，視聴中に情動の抑圧が効果的であることを意味しながら，一方でアクセプタンス条件は視聴後の結果が抑圧条件と同様に低減していることから，有害な影響はないと考察している。

5-3. 侵入思考に対する思考抑圧とアクセプタンス方略の影響
　　─非臨床群を対象に─

　MarksとWoods[10]は，強迫性障害に特徴的な侵入思考を取り上げ，それに対処するための思考の抑圧と，アクセプタンス技法の効果を比較した。

　対象は健常な大学生であり，研究1では103名が研究の対象になった。参加者には，インフォームドコンセントと質問紙に答えた後，困惑してしまうような侵入思考を選択してもらった。その後，自分に関わる侵入思考について，5分間観察する時間に入ってもらった。この時間中は特に条件が定められているわけではなく何を考えてもいいのであるが，選択した侵入思考が頭に浮かんだら，その度にボタンを押してもらい，思考の数を記録していった。この観察が終わった後に，その標的となった侵入思考による苦痛の程度，その思考を受け入れている（acceptance）程度，その思考により「何かをしなければ」という焦り（urge to do something）の程度，その思考を抑圧しようとした程度について，1から10点で評価してもらった。研究1の結果から，侵入思考の頻度は抑圧と正の相関が認められ，アクセプタンスとは負の相関が認められた。抑圧の程度と苦痛の程度との間，焦りとの間にも正の相関が認められ，アクセプタンスでは負の相関が認められたが，行為への焦りとは関係がなかった。

　研究2では，対照群として研究1と同じ条件を経験したもの以外に，思考抑圧条件とアクセプタンス条件を用意した。

思考抑圧条件：標的となっている思考をできる限り抑圧するよう説明する。

アクセプタンス条件：兵隊の行進しているシーンを例に出しながら，自分の思考を避けずに通り過ぎていくのを観察するように，説明した。

対照群：研究1と同様に，特に教示がなされずに観察のみを行う。

　研究2の結果は，抑圧条件と対照群との課題中の侵入思考の頻度を比較し

た結果，抑圧群の方が有意に多いことが明らかになった。また，リバウンドの効果を検討した結果，条件と時期の交互作用は認められず，リバウンドは認められなかった。一方，苦痛の程度について調べた結果，有意な交互作用が認められ，抑圧群は有意に増加し，アクセプタンス群は有意に低減していることが明らかになった。また，対照群では苦痛の程度に違いが認められなかった。

5-4. Thought-Action Fusion（TAF）に関する信念に対する思考統制方略とアクセプタンス方略の影響

　強迫性障害の認知─行動モデルでは，侵入思考そのものに問題があるのではなく，侵入思考に対する信念が抑圧のような不適切な対処方法と結びつくことで，症状が発展すると考えられることがある。この信念のひとつとして，Thought-Action Fusion（TAF：思考─行為の融合）というものがある。たとえば，そのひとつとして"moral TAF"があり，「受け入れがたい思考を持ってしまうのは，受け入れがたい活動を行ったのと同等の意味がある」と考えてしまう信念である。具体的には，友だちが実際交通事故にあったと同じくらいに，友だちが交通事故にあったと考えてしまうことはよくないことと評価し，その結果考えてしまった自分に罪悪感を持ってしまうということである。

　MarcksとWoods[11)]は，このTAFに注目して，思考抑制とアクセプタンス方略との影響を調べた（図12-1）。この研究は非臨床群で行われた。実験の流れは図のとおりである。まず，TAFを導入するための課題があり，これを対象者が経験した後，いくつかの質問に答える。この後，この交通事故に関する思考を用いて，5分間にどの程度想起したのか，その頻度を測定する。この課題は2回行われ，最初は対象者が3条件（思考抑制条件やアクセプタンス条件，とただ観察する条件）に振り分けられ，その条件下で観察を行う。また，2回目は対照群に行った条件と同様に観察するのみの条件である。ただし，結果をみると操作性の確認の段階で対照群と抑圧群との差が認められなかったため，対照群に関する分析はその後の分析から外している。

　その結果，観察中の思考の頻度に違いがあり，アクセプタンス群の方が抑圧群と比べると侵入思考を多く経験していた。また，侵入思考の頻度の変化

```
┌─────────────────────────────┐
│ Thought-Action Fusion  課題 │
└─────────────────────────────┘
         │    ① 「I hope that _____ will soon be in a car accident」声に出す
         │       (_____が今すぐ交通事故にあってほしい)
         │       下線部に，自分の大切な人の名前を入れてもらう。
         │
         │    ②イメージ 交通事故にあったことを鮮明にイメージする
         ▼
┌─────────────────────┐
│ 思考観察　1回目     │
└─────────────────────┘
         │    5分間，下記の条件のもと，どの程度この交通事故のイメージが想起
         │    されるか，を観察する。思い出したら，カウンターのボタンを押し，
         │    頻度を測定する。
         │       ○思考抑制条件
         │       ○アクセプタンス条件
         │       ○対照群（観察のみ）
         ▼
┌─────────────────────┐
│ 思考観察　2回目     │
└─────────────────────┘
              5分間，特に条件を設けず（対照群と同様），観察のみを実施する。
```

図 12-1　Marks & Woods（2007）[11]の実験手続き

について検討した結果，思考の頻度の低減が小さく，アクセプタンス群の方が大きく低減していた。また，willingness はアクセプタンス群の方が高かった。思考抑圧は多くの侵入思考と，高い不安と，ネガティブ喚起と関係し，アクセプタンス群はそれに代わる有効な手段である可能性が示唆された。

5-5. 強迫性障害の患者の侵入思考

Najmi ら[15]は，OCD（強迫性障害）の患者20人と，健常者20人を対象に，抑圧と，注意そらしとアクセプタンスとを比較した。この実験では，すべての参加者が，アセスメント（1回），抑圧条件（1回），および代替手段として提案される3つのメンタルコントロール条件（アクセプタンス条件，注意そらし条件，関係づけ条件の3条件）の合計5条件に参加する。なお，アクセプタンス条件では，兵隊の行進を例に出しながら，侵入思考が現れたら，それについて考え込まず，避けたりせず，どこかに追いやろうとせず，眺めるよう説明した。なお，関係づけ条件（侵入思考から他の関連すること

ばを連想しながらつなげていく条件）は，操作性の確認をしたところ操作がうまくいかなかったことから結果の分析からは除外されていた。

　実験の流れは，参加者が望まない侵入思考について選定したのち，ベースラインとしての思考観察課題に入り，5分間侵入思考の観察をしてもらうことになる。侵入思考が心に浮かんできたときには，カウンターを押してもらい，そのことによって数を数えることができる。2回目以降は，条件に従って各セッションごとに4種類の説明を受け，実験を進めていった。

　この結果，OCD群では侵入思考を抑圧する条件であっても，その後の想起する頻度が高まるようなリバウンド効果が認められなかったが，課題中に感じる苦痛の程度は軽減していたことがわかった。また，アクセプタンス条件では，課題中と比べ課題後において苦痛の程度が有意に低下し，またアクセプタンス条件が抑圧条件と比べると侵入思考の頻度が有意に低かった。このことから，アクセプタンスが侵入思考の統制について臨床的により有効な手段であることが示唆された。

5-6. ACTの介入によるMediation（媒介）分析

　ここで紹介する研究は，ここまでの研究とは少し異なり，ACTを実施した結果をもとにその効果を求めるだけでなく，結果に影響を与えるような媒介となる変数を仮定・検証することにより，治療のプロセスを明らかにしようとするものである。Gaudianoら[6]は，統合失調症と統合失調感情障害の患者を対象に，平均3回のACTを実施した。その効果は一般的な治療（treatment as usual）と比較している。この論文では特に幻覚に焦点を当てて検証している。この研究に参加し，最終的に分析の対象になった患者は全部で29人であった。なお，治療前の状態は両群とも違いがみられなかった。その結果，治療そのものの効果は，幻覚に関する評価結果（頻度，苦痛の程度，確信度）から，ACTは治療前後の比較から中程度から大きい程度の効果がみられた。また，対照群では幻覚の頻度においてのみ小から中程度の効果サイズが認められたが，そのほかは認められなかった。

　さらに，Mediation分析を導入し，幻覚に対する苦痛が，幻覚の頻度ではなく，幻覚に対する確信度を媒介する場合に有意な影響を与えることを明らかにした。この研究では，介入後に特定の媒介変数を操作するという点で研究計画上の限界があるものの，ACTのモデルを支持するとおり，幻覚の

確信度が媒介となり，その改善が苦痛の程度を変化させているという結果が得られた。これは，脱フュージョンの影響によるものではないか，と推測される。

また，Formanら[5]は，不安やうつといった外来患者にACTと伝統的な認知療法のいずれかを実施した結果をもとに，このMediation分析を行っている。その結果，いずれの群においても治療効果が確認された。さらに，認知療法群では，「観察要因」や「言語化要因」が媒介となり，一方でACT群では「体験の回避要因」や「気づきの伴った行為要因」や「評価のない受け入れ要因」が媒介となって治療効果が現れたことを明らかにした。この他にも，カウンセラーを対象にした態度変容を目的にしたワークショップ（Acceptance and Commitment Training）の効果をもとに，meditation分析を行い，確信度のような脱フュージョン要因やウィリングネスの要因が媒介となった影響を与えていることが確認されている[8,18]。

6．まとめ

ACTのプロセス研究の領域では，この10年で研究成果が多く公表されるようになった。その研究の流れは，ACTのミニマムエッセンスから，個々の構成要素を細分化し，その効果を検証されるようになってきている。その結果，エクササイズやメタファーの重要性や，脱フュージョンや価値の効果が支持されている。一方で，強迫性障害や気分障害といった疾患のメカニズムにおいて心理的非柔軟性を支持するような研究やアクセプタンスの効果を示す研究が発表されてきたり，臨床群を対象にしたプロセス研究へ発展してきたりしている。さらに，ACTを実際に介入後した結果をもとに，Mediation分析のように媒介変数や変化のプロセスを同定するような研究が進んでいる。このプロセス研究を通して大事なことは，ACTがRFTの研究で代表されるような応用行動分析学が得意とする一事例研究で実証された効果が応用された治療体系であるにもかかわらず，これまで紹介した研究の多くは個人間比較による実験計画での研究であり，この方法においても効果が確認されている点である。このことは，多角的に効果が確認できるという点でも評価できるであろう。

一方で，ACTの説明する内容が十分実証できたわけではない。たとえ

ば，ACT ヘキサフレックスで言えば，「自己」に関するコンテンツ研究が全く遅れていた。また，それぞれコンテンツは独立しているわけではないが，こうしたプロセス研究では実証されにくい点で限界が指摘できる。一方で，価値に関する論文でみられるように他領域との関係があり発展が見込まれる領域があり，その比較・検討も必要となる。また，こうしたプロセス研究では，操作的に条件や構造を規定してしまうため，機能的関係の重要性が薄れてしまう。そのため，ACT の臨床実践をする際に上記の研究で紹介したような形をそのまま適用すると条件設定を行うのは，そもそも機能的関係を重視する立場から外れることになる。この点は ACT についてのプロセス研究を実践につなげるためにも，理解してほしい視点である。

第13章 ACTの面接過程の適切さを自動判定するデータベース構築の試み

熊野宏昭

1. 言語行動とACTの面接過程

　ACTがよって立つ徹底的行動主義の立場では，ものを考えたり，それに基づいて話をすることも行動であると理解される。それが意味することは，我々の思考や発話は，先行刺激や結果によって制御される従属変数であるということであり，一定の環境条件の下で習慣的に繰り返されている行動パターンであるということである。

　ただ，思考，感情，記憶，身体感覚などの私的出来事の言語報告（内言も含む）は，外顕的行動＋αの性質を持っており，その面を強調する場合には言語行動という用語が使われる。このプラスαの性質とは言語行動の定義そのものとされる関係フレームづけと呼ばれる反応のことであり，それは，刺激と刺激を結びつけて，それぞれの刺激機能を変換させる包括的な行動パターンを意味している。つまり，我々がものを考えたり，話したりする際には，レスポンデント条件づけ，オペラント条件づけに加えて，関係フレームづけが作用しているのである。

　以上のように考えた場合，ACTによる面接過程も，セラピストとクライエントの間で交わされる言語行動の連鎖から構成されていると言うことができ，そこには習慣的に繰り返される行動として，一定のパターンを持ったことばのやりとりが現れているはずである。そして，ACTによる標準的な面接が実施できているかどうかは，標準的なことばのやりとりのパターンが認められるかどうかで判断できる可能性がある。その際，もし標準的なパター

ンとのずれを検出できる方法があれば，初学者がどの程度適切な面接の実施ができるようになったかの判断や，介入研究を行う場合に独立変数側が適切に操作できているかどうかの判断にも用いることができるだろう。

　これまで以上のような検討を行うためには，心理言語学分野における会話分析のように，現実の会話における話者間のやりとりを非言語的情報まで含めて詳細に記録し質的に解析する方法や，さらに細かくコード化して量的な解析を適用する方法などが活用されてきた。しかし，これらの方法には，莫大な手間がかかることや，分析法への習熟が必要であることなど，一般的に適用するにはそれなりの困難を伴っていた。

　一方，近年，ネットワークや各種センサーの発達により大量に蓄積されるようになったデータを対象に，ビジネス上の有用な知識を自動的に発見するためのデータマイニングと呼ばれる一群の計量的方法が急速に発達してきた[3]。そして，言語データに関しても，大量に入手可能になったテキストデータを対象に，これらの計量的方法を適用する「テキストマイニング」が用いられるようになった[1]。そこで，本稿では，テキストマイニングをACTによる面接過程に適用することによって，サンプルになる面接データと標準的な面接過程との異同が検出できるかどうかを検討してみたい。

2．テキストマイニングと潜在意味解析

　テキストマイニングとは，コンピューターを使って大量のテキスト（電子化された文書情報）の中から知りたい情報を探し出す技術である。この方法を用いることで，たとえば，ネット上で実施した自由記述形式のアンケート調査の全データ（電子化されていれば，あるブログの全記事でも，記述試験の全回答でも，本の中の全文書データでもよい）を基に，大量の文書を一つひとつ読むことなく，そこに含まれている大筋の内容や，逆に丁寧に読んでも気づきにくい隠れた構造などを知ることができる。

　具体的には，コンピューターを用いてテキストデータを自動的に解析することになるが，英語のように単語ごとにスペースで区切られていない日本語を対象にする場合は，まずテキストを形態素解析して，文章を単語に分割し，品詞属性を特定し，活用形を原形に変換することが必要になる。そのうえで，分析対象になる各文書内に含まれる単語ごとの頻度を計算し，語句──

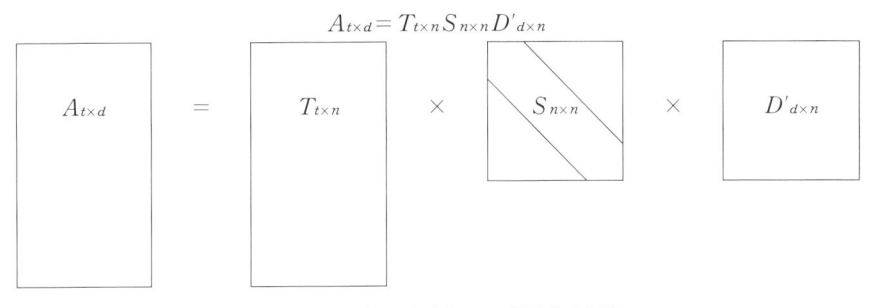

第 13 章　ACT の面接過程の適切さを自動判定するデータベース構築の試み　　229

$$A_{t \times d} = T_{t \times n} S_{n \times n} D'_{d \times n}$$

$A_{t \times d}$　＝　$T_{t \times n}$　×　$S_{n \times n}$　×　$D'_{d \times n}$

図 13-1　語句―文書行列の特異値分解[3]

文書行列（行に語句，列に文書を配置した行列）としたものが，テキストマイニングを適用する直接的なデータセットになる[1]。

　テキストマイニングにはさまざまなデータ解析方法が用いられるが，ことばのつながりのパターン（言語ネットワーク）の分析に特に有用と考えられるのが潜在意味解析（latent semantic analysis：LSA）である。LSA は，すべての文書の背後には意味の構造が存在すると考え，これを行列の形で表現し分解するところに特徴がある。具体的には，語句―文書行列でまとめ上げた情報を，主成分分析を利用した特異値分解という方法によって，語句の特徴と文書の特徴のそれぞれを表す行列に分解する。そしてさらに，もとの行列よりも少ない次元に変換することによって，多くの語句や文書間の類似性に基づく情報圧縮を行い，本質的な意味の構造を取り出すことを可能にする[3]。

　図 13-1 は文献 3 からの引用であるが，語句―文書行列 $A_{t \times d}$ を，3 つの行列の積に分解したところである。S は対角行列であり，その対角要素には特異値と呼ばれる非負の値が大きい順に配される。n の値は A の行と列のうち値の小さい方である（通常の語句―文書行列では $n=d$ になる）。行列 T の各列は左特異ベクトルと呼ばれ，すべての語句の特徴が n 次元で表現されている。行列 D の各列（D' においては各行）は右特異値ベクトルと呼ばれ，すべての文書の特徴が n 次元で表現されている。

　ここで，S の特異値が左上から大きい順に配されていることから，T においては左の列ほど大きな重みがかかり，D' においては上の行ほど大きな重みがかかることがわかるが，その性質に基づいて次元の縮小が行われる。つまり，図 13-2 のように，行列 S の第 k 番目までの特異値を用い，T の

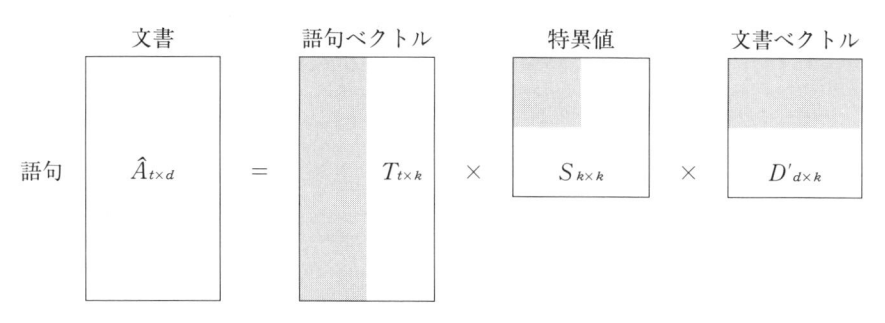

図13-2 語句―文書行列の次元の縮小

左から k 列目まで，D' の上から k 行目までを用いることによって，情報量の大部分を保持したままで，効率のよい次元の縮小が可能になるのである。

この場合，図13-1のままで次元の縮小をしなければ，A は T，S，D から完全に復元可能であり，T の中に語句の特徴のすべてが表現され，D の中に文書の特徴のすべてが表現されることになる。一方で，図13-2のように次元の縮小をした場合は，語句の間，文書の間それぞれの類似性に基づいて，ある程度のグループ化がされるようになる。そのため，どの程度まで次元数を減らすのがよいかは，文書数の多さや，解析の目標（文書の背後にある潜在的な意味同士の関係解明を目標にするか，文書に含まれることばそのもの同士の関係解明を目標にするか）によって決める必要がある。

3．『ACTをまなぶ』に潜在意味解析を適用する

前節で説明したLSAを，『ACTをまなぶ』[2]のテキストデータに適用してみよう。

『ACTをまなぶ』は，6つのコア・プロセスに関する解説が順番に進められていくが，ひとつのユニークな特徴として，各章ごとに，4～11個のコア・コンピテンシーが提示され，それぞれのコア・コンピテンシーの実践練習をするために，対話を用いたエクササイズが設定されていることが挙げられる。エクササイズでは，まずクライエントの簡単な説明がなされ，クライエントとセラピストの対話の最初の部分が引用された後に，「あなただったらどう対応するかを書きなさい」という質問が続く。そして，後ろのページに，この質問への回答例と説明が，大部分は2通りずつ載せられている。

そこで，各章におけるエクササイズの一つひとつの対話例が，同じ章の別のエクササイズ全体を記載した文書に正しく位置づけられるかどうかを，LSA を用いて解析してみたい。その結果，一つひとつの対話例が正しく位置づけられることが示されれば，今回用いた 6 つのコア・プロセスそれぞれのエクササイズを含む文書群を，ACT の面接過程が，セラピストの意図どおりに正しく実施されているかどうかを判定するためのデータベースとして活用することが可能になるだろう。

　解析に用いた文書は，ウィリングネス／アクセプタンス（第 2 章〔以下は『ACT をまなぶ』の章を示す〕），脱フュージョン（第 3 章），「今，この瞬間」との接触（第 4 章），文脈としての自己（第 5 章），価値の明確化（第 6 章），コミットされた行為（第 7 章）のそれぞれに関するエクササイズを含めた 6 つの文書であり，解析対象とした対話例は，それぞれの文書ごとに，21，20，12，9，8，12 個であった。

　たとえば，第 2 章のコンピテンシー 1 には，エクササイズ 2.1 が対応しており，そのエクササイズには 2.1 a と 2.1 b の 2 つの回答例が用意されている。そこで，まず第 2 章のエクササイズすべてを含む文書から，エクササイズ 2.1 に関連のある部分を除いた文書を作成し，それと，その他の章の 5 つの文書を合わせたものを基準となる文書として LSA を適用する。そして，結果として得られた意味空間の中に解析対象となる文書（ここでは，エクササイズ 2.1 の問題文＋回答例 2.1 a，問題文＋回答例 2.1 b の 2 つのそれぞれ）を位置づけることによって，基準となる文書それぞれとの共通性を算出することにした。その際の共通性は，それぞれの基準文書を表す 6 つのベクトルと，解析対象の文書を表すベクトルが成す角度のコサインで表現するため，完全な一致は＋1，全く関係なしは 0，正反対は－1 になり，1 に近いほどその基準文書との共通性が大きいということになる。

　ここでさらに考慮すべきこととして，上でも述べた次元の縮小の問題と，各章ごとに文書の長さが違うという問題，そして，複数の基準文書間での出現の仕方からみてどのような語句を重視するかという問題がある。まず次元の問題としては，今回用いた基準文書を ACT による無数の治療過程を含む母集団から抽出したサンプルであると考えれば，ある程度次元を落として潜在的な意味を捉えた方がよいとも考えられるが，実際に用いられたことば同士の関連性を明らかにすることが狙いであると考えれば，次元は落とさずに

すべての情報を用いた方がよい可能性もある。そこで今回は，5次元と6次元の2通りで解析を行い，結果の比較を行うこととした。

次に残りの2つの問題に関しては，どちらも語句—文書行列の各要素に対する重みづけの問題と捉えることができる。つまり，各基準文書の長さの影響を受けないようにすることを考えれば，短い基準文書に含まれる単語には大きな重みをかけるようにすればよい。そして，複数の基準文書間での出現の仕方に関しては，多くの文書に出現する単語は個々の文書に特徴的な意味を表していないと考えられるため，重みを少なくすることが有用と考えられる[1]。しかし，その一方で，1つの文書のみにしか出現しない単語は，固有名詞のようにあまり意味のない単語である可能性も高いため，たとえば，2つ以上の文書に出現する単語のみを解析の対象にするという考え方もあってよいだろう[3]。

そこで今回は，以下の4通りについてすべての解析を行い，結果の比較をすることにした。

① 6次元で，2つ以上の基準文書に出現する単語のみを解析の対象にする。
② 5次元で，2つ以上の基準文書に出現する単語のみを解析の対象にする。
③ 6次元で，長い文書に含まれる単語，多くの文書に出現する単語に小さな重みを与える。
④ 5次元で，長い文書に含まれる単語，多くの文書に出現する単語に小さな重みを与える。

なお，データ解析は，文献3の第9章の記載に沿って，文献1をも参考にしながら，統計ソフト「R」とR上で日本語の形態素解析を行う「RMeCab」を用いて行った（表13-1は，上記①の方法に基づいたプログラム例）。そして，まずは，上記4つの方法を比較して，解析対象の対話例と該当する章の基準文書との類似度の値が最も大きくなったケースのパーセンテージが最大になる方法を特定した。その後，それぞれの章に含まれる複数の解析対象の対話例に関して，6つの章の基準文書との類似度の値の平均値を算出し，該当章の基準文書との類似度が，他の章の基準文書との類似度

表 13-1　R による潜在意味解析のプログラム

```
library(RMeCab)
source("C:/Program1/chap9/LSA.txt")  →文献 3 の中で提供されるプログラムとその置き場所
docterm <- docMatrix(" ―全基準文書を置いたフォルダ名― ")
docterm <- docterm[-(1:32),]
docterm2 <- Kyoki(docterm, minDocFreq=2)
svd.docterm <- svd(docterm2)
rslt <- dimReducShare(svd.docterm, share=0.99, docterm=docterm2)
str(rslt)
myCosine(a=t(rslt$dk))

act <- RMeCabC(" ―解析対象対話例のテキストデータを直接入力する― ")
tmp <- unlist(act)
lst <- names(tmp)%in% c("名詞","動詞","形容詞")
act <- tmp[lst]

act.q <- myQuery(act, rownames(rslt$tk))  →①

act2 <- act[-c( ―①で計算される基準文書内にない解析対象対話例中の単語の番号をコンマ(,)区
切りで並べる― )]
act.q <- myQuery(act2, rownames(rslt$tk))

act.vec <- t(act.q)%*% rslt$tk %*% solve(diag(rslt$sk))
act.vec <- as.vector(act.vec)
act.cos <- myCosine(a=t(rslt$dk), b=act.vec)

names(act.cos) <- as.character(2:7)
round(sort(act.cos,de=T),3)[1:6]
```

よりも有意に大きくなっているかどうかを検討した。

4．潜在意味解析の結果

　表 13-2 に示したように，前節に挙げた①～④の中では，①の場合で，解析対象の対話例と該当の基準文書との類似度の値が最も大きくなったケースのパーセンテージが最大になっていた（4 つの方法の中での最大値を四角で囲んである）。ただし，第 4 章（「今，この瞬間」との接触）と第 3 章（脱フュージョン）については，それぞれ③と②の成績がよく，特に第 4 章の③では的中率が 91.7 ％と非常によい成績になっていた。また，第 2 章（ウィリングネス／アクセプタンス）に関しては，4 種類すべての方法で 19 ％以下

表13-2 4つの解析方法の違いによる的中率の一覧

テキスト数	第2章 21	第3章 20	第4章 12	第5章 9	第6章 8	第7章 12	平均 13.7
①6次元	19.0%	60.0%	58.3%	44.4%	87.5%	58.3%	54.6%
②5次元	19.0%	80.0%	75.0%	0.0%	75.0%	50.0%	49.8%
③補正6次元	4.8%	40.0%	91.7%	33.3%	87.5%	16.7%	45.7%
④補正5次元	19.0%	30.0%	83.3%	11.1%	0.0%	8.3%	25.3%

＊四角で囲んである値が，4つの方法の中で最も高い的中率を示している。

と非常に低い的中率になっていたことも特徴的であった。

　解析法の中で①の結果が最もよかったことに関しては，今回は文書の数が6つと少なかったことと，実際に用いられたことば同士の関連性を検討することが，個々の刺激同士の関係づけに立脚するACTの立場に合っていたことが関係した可能性があるだろう。一方，③の方法で第4章（「今，この瞬間」との接触）の的中率が非常に高かった理由としては，第4章の文書の長さが短かったために，語句―文書行列の各要素に対する重みづけの効果が現れた結果と考えられた。また，第2章（ウィリングネス／アクセプタンス）の的中率が低かったことに関して，第2章に含まれるそれぞれのエクササイズの内容を見てみると，体験の回避の問題を指摘してから，その代替行動としてウィリングネス／アクセプタンスを勧める内容になっているものが複数あり，体験の回避について対話している部分が多い対話例は，第2章の基準文書との類似度でマイナスの値が大きくなった可能性が考えられた。

　次に，①の方法を用いて，それぞれの章に含まれる解析対象の対話例に関して，6つの章の基準文書との類似度を算出し，その平均値を示したものが表13-3である。表側に解析対象，表頭に基準文書を配置してあるが，すべての章で該当の章の基準文書との類似度が最も高くなっていることが示されている（四角で囲んだ値）。しかし，他の章の基準文書との類似度との間に有意差（多重比較の補正をしたうえで危険率5％未満になったもの）が認められなかったものもあり（グレーに色づけした値），特に第2章と第5章（文脈としての自己）の解析対象に関しては，第3（脱フュージョン）・4・7章（コミットされた行為）の基準文書との類似度との間に有意差がないという結果であった。また，第7章の基準文書に関しては，第6章（価値の明確化）を除くすべての章の解析対象との類似度の平均が0.3以上になってお

表 13-3 複数の解析対象対話例と各章の基準文書との類似度の平均値

解析対象	基準文書 第2章 アクセプタンス	第3章 脱フュージョン	第4章 今,この瞬間	第5章 文脈としての自己	第6章 価値	第7章 コミットメント
第2章	0.332	0.258	0.140	-0.145	0.015	0.330
第3章	-0.164	0.540	0.185	-0.039	-0.213	0.375
第4章	-0.199	0.116	0.544	0.156	-0.124	0.460
第5章	-0.284	0.283	0.428	0.483	-0.006	0.377
第6章	-0.100	0.159	0.059	0.094	0.766	0.199
第7章	-0.240	0.212	0.279	0.035	0.002	0.585

＊四角で囲んである類似度の値が最も大きかったが，グレーの網掛けの値との間に有意差はなかった。

り，第4章の基準文書でも，第3章と第6章を除いた章における解析対象と基準文書の類似度との間に有意差が認められなかったことも特徴的であった。

　以上に示した的中率の低さと，他の章の基準文書に対する類似度との弁別可能性を考慮すると，第2章（ウィリングネス／アクセプタンス）と第5章（文脈としての自己）に属する解析対象対話例に関しては，この方法によって満足のいく分類が出来ない可能性が高い。しかし，上記以外の4つの章に属する解析対象に関しては，ほぼ6割以上の的中率を示し，特に第6章（価値の明確化）に関しては的中率が9割近くに達し，他の章の基準文書に対する類似度との弁別可能性にも全く問題がないなど，非常に有望な分類方法になりうると考えられた。

　分類が難しくなるひとつの理由としては，第7章（コミットされた行為）そして第4章（「今，この瞬間」との接触）の基準文書が他の章の解析対象対話例との間に比較的高い類似度を示したという事実が関連しているのかもしれない。しかし，このことは，両プロセスの特徴が，ACTの多くのコア・プロセスに含まれているということを意味している可能性もあり，そのこと自体は行動療法としてのACTの文脈に沿った結果であるのかもしれない。

5．まとめ

　LSAを用いた今回の方法では，ウィリングネス／アクセプタンス（第2

章）と文脈としての自己（第5章）に焦点を当てた対話例については満足のいく分類ができず，それ以外のコア・プロセスに焦点を当てた場合も，価値の明確化（第6章）を除くと的中率は6割程度にとどまるという結果であった。しかし，今回の解析方法には，以下に記すような改善の余地があることも指摘しておきたい。

　まずは，今回は解析対象対話例を除いて，そのつど基準文書群を作成したため，基準文書として完全でなかったことが考えられ，実際の面接のテキストデータに対して『ACTをまなぶ』のデータを用いて判定する場合には，エクササイズ全体から作成した基準文書群を用いるべきであろう。次に，今回は探索的な解析を行うことを目的としたため，基準文書の内容に関して事前に調整することは行わなかった。たとえば，今回はその利便性から下訳段階のテキストデータを用いており，多くの修正を加えて出版した実際のデータを使うことができなかった。また，わが国の臨床実践に即して，さらに内容的な修正を加えることで，よりよいデータベースを構築できる可能性もあるだろう。さらに，語句―文書行列の各要素に与える重みづけに関しても，今回の予備的検討の結果（第4章で重み補正6次元の方法を用いた場合の分類精度が90％を超えたこと）から，さらに細かく検討することで，全体的な分類精度を上げることも可能になるだろう。

　以上の点を含めて解析の方法論の改善を重ねることで，ACTの面接過程の適切さを評価する実用的なデータベースが構築できる可能性は十分にあると思われる。また，それと同時に，ACTの面接過程に特有の言語行動の成立・維持・変化のメカニズムに関しての基礎データを得るためにも，LSAの活用は大変有望と考えられよう。

第 IV 部

ACT と諸療法との比較・対照

第14章

機能分析心理療法（FAP）という「従兄」
FAPとACTが指向すべき明日の「機能」を探る

武藤　崇，松本明生

　機能分析心理療法（Functional Analytic Psychotherapy：FAP）とは，現在の「臨床行動分析」（clinical behavior analysis：CBA）[14]の草分け的存在であるRobert J. Kohlenbergを中心として開発されてきた行動分析的な心理療法である。つまり，FAPも徹底的行動主義（本書第1章を参照）の流れをくむアプローチである。そのため，他のアプローチと比較した場合，その方向性や手続きの点でFAPとACTは類似する点が多い。また，FAPの方がACTの確立時期より早いため，比喩的に言えばACTにとってFAPは「従兄」に当たる存在であると言えよう。本章では，両者の重要な相違点をクローズアップし，さらに両者に共通する課題や可能性を検討することとしたい。

　そこで，本章の構成は，①FAPとは何か，②FAPからみたACT，③ACTからみたFAP，④発達障害児（者）に対する行動的支援からみたFAPとACTという節から構成されている。

1．機能分析心理療法（FAP）とは何か？

1-1．FAPの基本的スタンス

　FAPはKohlenbergとTsai[11]によって確立された。このFAPの最も基礎的な考え方は，セラピーが行われているセッション内（セラピストとクライエントとの間で）で，当該の問題行動が生起し，それが直接に扱われ，かつ改善したという時が，最もセラピーの効果がみられる時である，というものである。そのような考え方は，徹底的行動主義における「行動の機能」と

いう捉え方を背景に持っている（本書の第1～5章を参照）。つまり，FAPは①すべての行動（ルール支配行動それ自体も含む）は当該文脈下にある随伴性によって形成・維持され，②行動の変化は直後の環境変化に最も影響を受けるという原理に基づいている。そのため，FAPの治療方針は，①セラピー場面と日常の問題場面との「文脈あるいは機能の類似性」をいかに高め，②その高めた状態でいかに行動を改善するかということになる。たとえば，クライエントの問題が他者からの言語的な評価を回避することであった場合，FAPではその問題状況をセラピー場面に直接に創出して問題解決を図っていくという方向性を選択するのである。

1-2. 臨床関連行動（CRB）

FAPでは上述のスタンスを具体化していく場合の分析枠として臨床関連行動（clinically relevant behaviors：CRB）という概念がまず導入される[11]。そのCRBとはセッション内で生じる臨床的に直接関係のある行動のことを指す。つまり，CRBとは，クライエントとセラピストとの関係上で生じる「リアルな」（つまり機能的な）行動であり，ロールプレイや社会的スキル訓練のように台本で決められた形態だけが類似の行動のことではない。

さらに，CRBは以下の3つにカテゴリー分けされる。そのカテゴリーとは，

CRB1：セッション内で生じるクライエントの問題行動
CRB2：クライエントの問題行動の低減に関係する適応的な行動
CRB3：クライエント自身による問題に関する言語的記述や解釈（言語行動）

の3つである。特に，FAPではCRB1とCRB3の区別が重要視される。つまり，クライエントの問題に関する記述（つまりCRB3）は，CRB1を機能的に記述しておらず，そのためCRB3はCRB2を示唆しない，ということが少なくないからである。たとえば，「他人は私のことを全く理解しようとしないため，友だちができない」と不平を言うクライエントがいたとしよう。そのクライエントは実際にそれをセラピストに訴えているとき，視線

を全く合わせず，セラピストの質問にはピントはずれな返答をし，内容をただそうとすると不快な表情を浮かべて話題を勝手に変えてしまうという行動を呈していた。明らかに，この例では，「友だちができない」ことの原因は「他人は私のことを全く理解しようとしない」（CRB 3）ことではなく，「会話中に視線を全く合わせず，セラピストの質問にはピントはずれな返答をし，内容をただそうとすると不快な表情を浮かべて話題を勝手に変えてしまうという行動」（CRB 1）であると推察できる。それによって，CRB 2 は「会話中に視線を合わせる，質問に簡潔に応答する，会話がかみ合わない場合にはその言い方を変える」という諸行動であると捉えることができるようになる。

1-3. FAPの治療テクニックに対するガイドライン――5つのルール――

KohlenbergとTsai[11, 12]は，FAPを実施していく際に指針とすべき5つのルールを挙げている。そのルールとは，

ルール1：CRBs を観察する
ルール2：CRBs を引き出す
ルール3：CRB 2s を強化する
ルール4：クライエントのCRBsに潜在的に強化的効果を持つようなセラピストの行動を観察する
ルール5：クライエントの行動に影響を与える変数に対して解釈を与える

の5つである。1-2のCRBという概念を軸に，①問題をアセスメントし，セラピストが提供する対応の強化価をアセスメントし，②セッション内に問題行動を生起させ，それに代わる適応的反応を形成，あるいは置換するという分化強化を行う。さらに，③問題を特定の強化で維持する反応クラスと捉え，その随伴的関係を言語化する。これらの作業は継続的かつ円環的に行われる。なぜなら，クライエントが有する問題の全体像を最初から把握することはできないことが多々あるからである。では，以下に各ルールに関する補足説明を加えていくことにしたい。

ルール1（CRBsを観察する）：このルールはFAPを実施する際に強調しすぎても強調しすぎることはないと言われるほど重要なルールであるとさ

れている。ルール1が達成されないと，その他の4つのルールは機能しないからである。日常的な言い回しを使うとすれば，クライエントが語る主訴に含まれた「隠れた意味」を見つけ出す作業と言ってもいいかもしれない[14]。つまり，クライエントによる発話の言語内容ばかりではなく「なぜ，今，ここで，私（セラピスト）に向けて，クライエントはこのような内容を，このような表現方法で，話しているのか」という観点で捉え，かつその機能をモニターするということである。そのように考えると「発話しない」ということも「特定の行動が生起していない」と捉えられ，その不生起に対する機能を考えていくことができるようになる。

　ルール2（CRBsを引き出す）：1-1で述べたように，FAPではセラピー場面という非日常場面をいかにして日常化するかということが最初のポイントとなる。そこで，このルール2は実質的な（つまり機能的な）セラピー場面を創出するということと同義である。そのような場面を創出することは，セラピストあるいはクライエントという社会的役割を逸脱したり，相談室という社会的設定場面を逸脱するという場合もありうるということである。もちろん，その逸脱の「範囲」は一定に決められねばならない。しかし，その「範囲」内での逸脱を積極的に指向しないと，そのような実質的なセラピー場面を創出することもできないのである。このような一定範囲内の逸脱を精神分析では「転移」と呼んできたと考えられる（転移に関する詳細な記述は，文献11の第7章を参照）。また，日常的な言い回しでは，問題に関連するようなクライエントの「よそ行きではない」あるいは「素」な状態をいかにセラピー場面で作り出すかと言えるかもしれない。そのような場面を作り出し，かつその場面でCRBを生起させることができれば，「流派が異なる」臨床心理的なテクニックを現存するものはすべて転用可能であると言える。たとえば，人から何かを指示されることを回避することが問題であるというクライエントの場合には，認知療法が頻繁に使用するホームワークを提示することが考えられる。もちろん，その場合には「セラピー場面以外でどのようなことをしているのか一度話し合っておきたいから」といった別の教示を与える必要がある。つまり，複数の意図を含んだ課題設定を考えていくということになろう。

　ルール3（CRB2sを強化する）：セラピー場面でさまざまなCRBを生起させることに成功したなら，次にすべきことはCRB2を強化し，CRB1

を消去するということである。ただし，このルールにおける「強化」とは，セラピストからの形式的な同意や賞賛でもなく，ましてやトークンや麦チョコのことでもない。あくまで，ここでの「強化」とは，日常場面でも生じうる「自然な」(natural) ものである。また，さらに重要なのは，その「強化」がクライエントごと，あるいはクライエントの反応ごとに少しずつ（時には大きく）異なるということである。つまり，セラピー場面でしか提示されないような「取って付けたような」(arbitrary) 対応は「強化」と呼べないのである。たとえば，自己開示をするのが苦手なクライエントがいたとしよう。そのクライエントがセラピー開始から数セッション後に，少しずつ自己開示的な発言をするようになった段階で，セラピストは「いいですよ。その調子！」と対応しないはずである。仮にその対応で自己開示が促進されたとしても，日常場面に般化する可能性は低い。なぜなら，そのような対応は日常場面では通常生じる可能性が低いからである。その場合，セラピストはその発言に興味を持ち，受け入れようとする姿勢（たとえば，身を乗り出す，ときどき頷くなど）を示すことになるだろう。

ルール4（クライエントのCRBsに潜在的に強化的効果を持つようなセラピストの行動を観察する）：ルール3では「自然な」強化事象を使用するというガイドラインが示された。しかし，その対応が「自然で」あったとしても，それが「機能的で」(functional) あったかは別である。セラピストの対応が「機能的で」あったか否かは，クライエントのリアクションから判断することになる。まず，クライエントの表情の変化から，セラピストの対応が強化的であったか否かをある程度は推測できる。しかし，表情の変化に乏しい，あるいは過剰に表情の変化を相手の対応に合わせるクライエントの場合には，それが判断材料とならない。つまり，そのセラピストの「自然な」対応が「機能的で」あったか否かを判断する確実な方法は，クライエントの「その後の」反応の生起頻度から判断することとなる。これは「強化」という概念の定義でもある（本書第2章を参照）。先に例として挙げた自己開示が苦手なクライエントの場合「身を乗り出す」，「ときどき頷く」というセラピストの対応が，その後の自己開示を促さないのであれば（たとえクライエントが笑顔を絶やさずにやりとりが成立していたとしても），それらは「機能的で」（つまり強化的で）あったとは言えない。そのような場合は，さらに自己開示が促進されるような対応を探っていかねばならない。つまり，

試行錯誤的に自分の対応をさまざまに試し、その結果をセルフ・モニターし、最善の対応を指向していくということである。そのために、セラピー場面をビデオカメラで撮影してチェックすることが推奨されている[11]。

ルール5（クライエントの行動に影響を与える変数に対して解釈を与える）：ここでの「解釈」とは、メンタリスティックなものではなく、三項随伴性（本書第2章を参照）で表せる具体的で行動的なレベルのものである。そのような解釈は、セラピストにとって、個々のCRBをより反応クラスとして整理することを可能にし、今後のセラピーの方向性に関する指針となる。さらに、その解釈がクライエントにとって有用なのは以下の2つの理由による。つまり、その解釈（つまり言語ルール）が、①クライエントにとって具体的な行動指針として機能し、②環境的な（人的環境も含む）制御変数に対する感受性を高める、からである。ただし、クライエントにその解釈を伝える場合、弁別刺激や強化といった専門的用語を導入する必要性はない。また、その解釈は普遍的な真理ではないことも強調する。

1-4. FAPの持つ意味(1)——従来の認知行動療法をより有効にする

FAPは、単独で使用されるより、既存のセラピー（特に行動系のもの）の効果を向上させるために使用されることが多い。Kohlenbergら[10]によれば、従来の認知行動療法（Cognitive Behavior Therapy：CBT）ではセラピー場面を対人関係を修正するための「セラピスト—クライエント関係における学習機会」（therapist-client relationship learning opportunities：TCRLOs）と積極的に捉えてこなかったとしている。さらに、FAPによってCBTの効果が向上することが実証されている[18]。

そこで、本節ではFAPによって認知療法（Cognitive Therapy：CT）の効果を高めた事例を紹介する[13]。その事例のクライエントは、35歳のうつの独身男性で、過去7年間5つの異なる個人あるいはグループの心理療法を受け、かつプロザックも効果がなかったという人物であった。セラピストは後期博士課程の大学院生で、単独でケースを担当するのは初めてであった。セラピーは、標準的なCTの手続きを実施し、進展がみられなかった場合にはFAPを付加するという方針で開始された。初回セッションから第6回セッションまではベック抑うつ質問票（Beck Depression Inventory：BDI）の得点が28から20にまで下降していった。しかし、クライエントは

第5セッションで，セラピーの進展の行き詰まりを感じるとのコメントをするようになり，BDI 得点も第7セッションでは20，第8セッションでは24と停滞するようになった。その停滞は，他者と対決（対峙）する状況において他者に自分の気持ちを表現し，要求する時に顕著であった。そのクライエントは，そのような状況で発言した場合，それは受け入れられずに否定的に評価されてしまうだろうという信念を持っていた。その信念に対して，セラピストはクライエントに，実際にそのような場面で発言し，その結果を検証することを促してきた。その結果，多少の行動の変化やその信念に対する疑念は生じたものの，日常場面での対人関係上の変化はないままだったのである。そこで，FAP を CT に付加することにし，CRB1s（他者と衝突する，否定的な感情について論議することを回避する，自分の要求を回避するなど）を生じさせ（TCRLOs の創出），CRB2s を形成・置換することが目標とされた。たとえば，「自分がホームワークをやってこないことでセラピストを当惑させたくない」という信念を実際にセッション内で話題として取り上げて TCRLO としていた。その結果，BDI 得点は，15，21，17，21，17 と徐々に下降していった。その後，フォローアップである第14セッション（セッション開始から21週目）の BDI 得点は13，第15セッション（25週目）では12となった。つまり，この事例では，一般的な認知行動療法で実施するような行動的実験のような間接的なものではなく，セラピストとクライエントとの実際のやりとりの中で直接的に再学習させることが意図されたと言ってよいだろう。

1-5. FAP の持つ意味(2)──治療同盟への示唆

治療同盟（therapeutic alliance）とは「治療者─クライエント関係の中で，治療という共通の目的のために両者が手を組んでいる部分を示す構成概念」（文献16の p.210）である。もともと精神分析学で提唱された概念であり「作業同盟」（working alliance）とも言う。つまり，治療同盟は，「転移」（transference）を含んだような「自由連想法」（free association）場面での非日常的なセラピスト─クライエントの関係性との対比で使用される用語であり，そこで生じる「抵抗」（resistance）を検証していく日常的なセラピスト─クライエントの関係性を意味していた。それが近年，精神分析学以外のセラピーでも使用されるようになり，セラピーの基盤を維持する重

要な要因であるとして注目されるようになっている（たとえば，文献25）。

　Kohlenbergら[15]によれば，治療同盟は，行動療法家から行動的テクニックに対して補助的なものであるとされるか，あるいは他の行動的テクニックを可能とする道具的なものとされてきた（たとえば，文献20，27）。一方，第3世代の行動療法ではセラピーにおける「今，ここ」性が強調されるようになり，行動療法内では治療同盟は以前より注目されるようになってきている。そのなかでもFAPはセラピーにおける変化を生み出すための**最も効果的な変数**として捉えている点で他の第3世代の行動療法とは立場を異にすると言ってよいだろう。

　FAPの観点から治療同盟を考えた場合，まず自由連想法場面におけるメタフォリカルな状態での反応や関係性と，非自由連想法的な現実的な状態での反応や関係性とを区別しない。つまり，臨床的に問題となる行動に対して，セラピスト—クライエント関係間で何らかの治療的効果が生じたか否かということ（つまり機能）が重要なのであって，その関係性の形態は問題にはならないということである。しかし，FAPにおいても，セラピスト—クライエント関係の「強さ」や「深さ」といった観点は重要であると捉えている。つまり，セラピーはインテイク直後からCRBを積極的に生起させることは難しい。そのため，セラピー開始当初は，来談したこと自体を強化し，セラピストとの継続的な談話ができたこと自体を強化していき，セラピスト—クライエント関係の基盤を築く。また，その後も，そのような関係性の基盤に対して定期的なケアは必要となってくる。その基盤を保持しながら，CRBsを生起させ，当該の問題へアプローチしていくことになる。その際，精神分析学で言われる「転移」という事態は，セラピスト以外の他者との関係性が刺激般化してCRB1が生じている状態と捉える。そして，そのCRB1をCRB2へ形成・置換し，そのCRB2を日常場面へ波及させるために，新たなCRB3（つまり，随伴性を記述したルール）を提示していくのである。つまり，もともとの治療同盟とラベリングされた関係性はCRB2やCRB3の形成・置換に関わる関係性のことであると捉えることができよう。

2．FAPからみたACT

2-1．FAPとアクセプタンス

　CordovaとKohlenberg[4]はアクセプタンスを次のように定義した。その定義とは「嫌悪事態と結びついた情動に対して，回避・逃避・攻撃するということをしないで耐えること」(p.126) というものである。ここでまず重要な捉え方としては，回避・逃避・攻撃するといった反応を引き起こす原因は，情動（たとえば，恐怖，不安，怒り）ではないということである。あくまで，回避などの反応生起の原因も外的な嫌悪事態であると捉えるのである。情動と回避等の反応は時空間的に近接して生起するため，あたかも情動が原因，反応が結果というようにみえるのである。次に重要なのは，通常私たちが嫌悪事態と言っているものは，突き詰めると常に公的（public）な環境的要因として同定することができるという捉え方である。そのため，内的な情動を抑えようとするより，外的な刺激事態の生起や接触を抑える方が容易であると考えるのである。

　それでは，どのようにアクセプタンスを促進するか。彼らは次のように述べている。彼らが有用であるとしているのは，①以前に失った強化子との接触を増やす，②生産的な行為のためのポテンシャルを高める，③ネガティブな興奮を低める，というものである。たとえば，他者から傷つけられるのが怖くて，親密な関係を避けるというクライエントがいたとしよう。しかし，特定の先天的な社会関係上の障害がない場合，もともと他者が怖かったということはないだろう。つまり，他者と関係性は一定の強化子として機能していたと考えられる。よって「安全な」条件でまず他者と接することで失った強化的機能を復元するのである。次に，他者との関係において，強化を受けやすくするためのスキル形成や機会設定をしていき，クライエントが現実的な他者とやりとりをすることができるまでポテンシャルを高めていく。そして他者と接する機会が増加していき，その結果としてネガティブな興奮は低減されていく（馴化していく）のである。

　上記の捉え方に基づいてFAPはアクセプタンスをどのように促進していくのか。前節で概観してきたように，FAPではセッション内でのセラピスト—クライエント関係で生じる学習機会（TCRLOs）を利用して，①自己

観察反応の生起頻度を高める，②自己非難反応の生起頻度を低める，③セッション内で生じる感情的反応を経験する，という方針でアクセプタンスを促進するとしている。それでは以下に個々の手続きについて触れていきたい。

自己観察反応の生起頻度を高める：まず FAP では自己観察反応は CRB 3 として捉える。次に，セラピストはクライエントに対して，セッション内における自分の思考・感情・要求・恐怖，そしてそれらに後続する自分のリアクション（回避反応など）について観察したことを言語化していく。つまり，適切な自己観察反応をモデル提示するのである。説得的に自己観察反応をするようにクライエントに教示しないのは，モデル提示の方がクライエントに機能的により有用であると考えているからである（ルール4）。また，そのときの言語化は三項随伴性に基づいた機能的な関係を含んだものでなければならない（ルール5）。なぜなら，介入前のクライエントのCRB 3は，自分の思考や感情を後続する回避反応の原因として記述していたり，その思考や感情の原因は「さらに深い内的な原因」（たとえば，自己や性格）によって解釈することが多いからである。ここでの目的や手続きを日常的な表現で要約するならば，内的な原因に還元することなく，自分の感情やその後のリアクションとの事実関係を外的な環境要因との関係で丹念に記述するような姿勢をセラピスト自らが率先して示していくことであると言ってよいだろう。

自己非難反応の生起頻度を低める：ここでの自己非難反応とは，上記の自己観察反応と拮抗する反応のことである。つまり，自己観察反応の生起頻度が上昇していけば，自己非難反応の生起頻度は下降していくと考えられる。また，自己非難反応とは，まず自分の思考や感情といった私的出来事に対して「良い―悪い」といった評価的な解釈を加える反応のことである。さらに，それらから派生して，罪悪感，羞恥心といった評価的な言語反応へと拡大していく。セラピストはこの自己非難反応の頻度を下げるように，クライエントの反応に対して評価的な判断をフィードバックしない。たとえば，ネガティブな思考や感情を持つことに対する是非を問わずに，それらを持つに至った外的な環境的な要因を一緒に探っていくのである。ここでの目的や手続きを日常的な表現で要約するならば，クライエントの評価的な記述に対して，セラピストは評価的に判断せずそれをすべて受容し，そのような評価な解釈に費やす労力を外的な環境に対する観察反応へと方向づけすることを促

していくことであると言ってよいだろう。

セッション内で生じる感情的反応を経験する：ここでの感情的反応というのは，セラピストとクライエントの間で生じるリアルなもののことを指している。そのような感情的反応を生起させるためには，それまでのセラピスト―クライエント関係で生じる感情的反応を観察し（ルール１），引き出すように強化していかねばならない（ルール２）。また，ここでの目的は，クライエントが繰り返しリアルなネガティブな感情に晒されることによって，その嫌悪性を低くしていくことである。

2-2. FACT

Callaghan ら[1]は，FAP と ACT との主要な相違点を，個人間（inter-personal）の行動問題を強調するか，個人内（intra-personal）の行動問題を強調するかという点にあると捉えた。もちろん前者が FAP，後者が ACT である。ACT はクライエントの感情的体験を特に焦点化するが，その感情が生起する対人的文脈をあまり強調しない。一方 FAP は，クライエントがどのように感情や価値を表現するかについて焦点化するが，その感情や価値の内容をあまり強調しない。そこで，彼らは FAP と ACT を統合して，"Functional-analytic Acceptance and Commitment Therapy"（FACT）というセラピーを提唱した。FACT の前提には，①ほとんどの人間が基本的に社会的な存在であり，行為のほとんどが社会的強化子の結果である，さらに②人間は言語的存在でもあり，人間の抱える苦悩のほとんどが言語の独特な機能によってもたらされる，というものであるとした。また FACT は FAP と ACT の双方の強みを利用するとしている。つまり，FACT では①体験の回避から生じる困難性に焦点化し，②クライエントの価値に沿って体験的なアクセプタンス・スキルを形成する。その場合，③セッション内で生じるセラピストとクライエントの間で有効な強化を随伴するのである。

現在までに，FAP と ACT を組み合わせて使用した，あるいは FACT を指向した研究は２件存在する。Paul ら[22]は，社交不安を伴いマリファナを常用していた露出症（exhibitionism）のクライエントに対して，Gifford ら[6]は禁煙希望者に対して適用している。この２つの研究に共通しているのは，対象者が常習性のある体外物質を取り込んでいるクライエントであるということである。

3. ACTからみたFAP

　前節までにFAPにおけるケース・フォーミュレーションや具体的な手続きの使用については紙面の関係上触れることができなかった。それらについては，Callaghanら[2]，Lopez[17]の論文で詳細に述べられている。前節までに触れてきた内容，さらに上記の2論文[2, 17]を踏まえてACTからFAPを見た場合，この両者について特筆に値する差異は以下の2点であろうと考えられる。

3-1. 関係性の「文脈」

　FAPは，セッション内のセラピスト─クライエント関係の機能性を重視するセラピーであることは上記で再三強調されてきたことである。しかし，FAPでは，その関係性の「文脈」については意外にも強調されない。一方，ACTでは（本書の第6章で触れたように），セラピスト─クライエント関係の文脈に含まれる「権力性」に対してセンシティブである。RobinsonとHayes[23]は，セラピーを受けに来るという行動の機能（一般的には「セラピー受診の動機づけ」）からセラピーの文脈を分析しようとしている。たとえば，不安を低めるために「先生」から解決策を伝授してもらおうと受診してきたクライエントがいたとしよう。その場合，受診行動は広義に捉えれば「体験の回避」によって生起している。さらに，そのような文脈で開始されたセラピーにおいて，セラピストの発言を何の疑いもなく信じ，問題解決を図った場合，その問題解決行動はプライアンスとして機能する（本書第3章参照）。つまり，そのセラピーで当該の問題が解決した場合，体験の回避やプライアンスが強化され，結局のところ行動の柔軟性が高められることはない。そればかりか，体験の回避をするためにセラピーを受診するという行動が強化されることとなる。このような強化はACTのスタンスではない。一方，FAPが認知療法との組み合わせで使用された場合，そのようなセラピー場面の「権力構造」はそのままに，問題解決が図られる。もちろん，その場合でもFAPによってセラピスト─クライエント関係の機能性は向上する。しかし，関係性の中でどのような機能を高めたかは恣意的なままである。

3-2. リアクティブ vs. プロアクティブ

　一般的には，リアクティブ（re-active）は応答的，プロアクティブ（pro-active）は前進的と訳されることが多い。日常的な（比喩的な）表現ならば，リアクティブは「後手」的，プロアクティブは「先手」的，となるかもしれない。その評価軸を使用してACTからFAPをみた場合，FAPはACTに比べてリアクティブであると捉えられる。その理由は，FAPはクライエントの「価値」について積極的に強調しないからである。もちろん，セラピーで生起している適応的な反応を日常場面で般化させる場合に，価値に沿った行動というルール支配行動を生起させる必要性は必ずしもないかもしれない。セラピー内で生じるCRBのバランスを機能的に調整・修正すれば，クライエントの主訴には対応できる。しかし，セラピー終了後の，より広範囲にわたる日常的な心理・行動的な問題解決を考えるなら，「価値」によるルール支配行動の強化は重要な役割を果たすと考えられる。つまり，「価値」という概念（本書の第8章参照）の導入により，今までの日常生活におけるさまざまな刺激にポジティブな機能を新たに付与でき，さらにネガティブな機能を軽減することができるようになるからである。つまりACTのほうがFAPより「正の強化」の拡大する可能性があるということである[26]。日常的な表現で換言すれば，ACTはFAPより，トラブルの解決ばかりでなく，「生活の質」（quality of life：QOL）の向上が期待できるのである。それゆえに，ACTはFAPより「先手」的，つまりプロアクティブであると考えられる。

　以上より，ACTからFAPをみた場合，両者は親和性が高いがFACTというような統合的なスタンスとはならない。もちろん，セッション内でのセラピスト―クライエント関係の機能性向上や，ACTセラピストのトレーニング方法としてはFAPの視点は有用であろう。しかしながら，あくまでACTをFAPによって補完するというスタンスであると考える。

4．発達障害児（者）に対する行動的支援からみた FAPとACT―パッシブ vs. アクティブ―

　やや本章の主旨とは逸脱するかもしれないが，FAPとACTの双方に共通する新たな機能について検討するため，応用行動分析の他の分野との比較

を行うこととしたい。

4-1. 発達障害児（者）への行動的支援と FAP

　Kohlenberg と Tsai による文献 11 の第 1 章において，発達障害児（者）への行動的支援は実験的行動分析による実験室実験のアナロジーで確立したため，セラピーでの機能性は重要視されてこなかったという記述がある。しかしながら，そのような記述に該当する現象は，日本においてすら 1980 年代前半までのことであり，いささか彼らの記述は不正確なものであると言わざるを得ない。たとえば，出口と山本[5]は，当該場面で生じる偶発的な言語の機能的な使用機会を積極的に捉えて言語形成・置換を行うという「機械利用型指導法」（incidental teaching）[8]という方法をまず紹介し，そのような機会をさらに増加させるためのマンド・モデル法[24]や時間遅延法[7]を紹介している。また，その当時から，自傷行動や破壊行動のような問題行動に対しても，当該行動の機能を重視した支援方法が指向されるようになっていた[3]。その後も，機能を最優先する行動的支援は洗練され続けている（たとえば，文献 28）。これらの行動的支援は FAP の問題意識やスタンスと同一なのである。

4-2. パッシブ vs.アクティブ

　前項で述べたように，発達障害児（者）への行動的支援は，支援場面の機能性を重視し，支援した当該行動の般化促進を指向してきた。望月と野崎[19]はそのようなセラピー場面を「パッシブ・シミュレーション」と呼んだ。それに対して，彼らは支援場面を「行動成立のためにはどんな環境設定が日常で不足しているかを見つける場として捉えられ，それによって環境の側の変更を要請していく」（p.53）と捉えるという指向性を新たに提唱し，それを「アクティブ・シミュレーション」と呼んでいる。さらに，行動的支援者はアクティブ・シミュレーションを指向し，支援者は環境側にシミュレーション場面で得られた「先取りした環境条件」を要請していく，という役割を主張している。この分類に従えば，FAP も ACT もパッシブ・シミュレーションである。もし，FAP や ACT もこのアクティブ・シミュレーションを同様に指向するとすれば，それは従来のセラピーという枠を超え，また従来のセラピストの役割も逸脱することになる。もちろん，病院や相談センター

で実施するような通所型の外来相談なら，このアクティブ・シミュレーションという方向性は指向しにくい。しかし，セラピストが会社や学校という組織の中に組み込まれている場合は，そのような指向性は実現可能であるように思われる[9]。たとえば，セラピストがある会社の産業カウンセラーであったとしよう。そこで，来談型のセラピーをしていたが，来談者が急増したり，類似の問題（個人的な問題を超えるような）が頻発しているような場合があるかもしれない。そのような場合，組織の仕事関連の行動に対する随伴性に問題がある可能性も考えられる。これはいくら個人のセラピーを実施しても，根本的な問題解決にはならず，セラピストのセラピーに対する動機づけも低下していくだろう。そのような場合，近年 EAP (Employee Assistance Program) と呼ばれる従業員の支援プログラムが問題解決の方法として指向されるようになってきており，その担い手が臨床心理のセラピストである場合もある。現時点ではリアクティブなプログラムであることが多い[21]。しかし，FAP や ACT が含む「機能」や「価値」という視点を拡大して，よりプロアクティブなプログラムにすることは可能である。また，そのような組織内でのセラピストなら，従業員のための援護作業として，心身の健康を増進するような機能的な変数を要請していくというアクティブ・シミュレーションも可能であると考えられるのである。

5．まとめ

　FAP，ACT ともに「機能」という考え方で対人援助を徹底していくという点では同一のスタンスである。しかし，検討してきたように，何をゴール（本書第1章を参照）とするかという点でスタンスが異なってくる。もちろん，それは研究者や実践家がどのようなゴールを選択するかにかかっている。それによって，ありうべきスタンスが決定されるだけなのである。ただし，自らが当該の文脈下で，どのようなゴールを選択しているのかということは絶えず自覚していなければならない。

第15章

マインドフルネス認知療法とACT
「第3世代の行動療法」を担う2人の登山家たち

酒井美枝，武藤 崇，伊藤義徳

*"**Claiming Our Hills**：A Beginning Conversation on the Compassion of Acceptance and Commitment Therapy and Traditional Cognitive Behavioral Therapy"*

これは，Steven C. Hayes 氏による伝統的な認知行動療法とACTの比較論文に対するコメント論文[6]のタイトルである。このようなタイトルに込められたメッセージとは何か。それは次のように解釈できるだろう。「みんなで一緒に山を登りましょう。山を登り詰めたその先には〈まったく新しい景色〉が広がっているかもしれないから…」

このようなアナロジーは，異なる文脈から生まれたものが結果的に同じ方向性に向かって発展してきたという意味において，マインドフルネス認知療法（Mindfulness-Based Cognitive Therapy：MBCT）[23]やACTにおいてもあてはめることができるかもしれない。MBCTとACTは「第3世代の行動療法」[6]や「マインドフルネス&アクセプタンス」[8]という同じ「世代」の中で共存している。しかしながら，各々の発展の歴史をたどると，両者はまったく異なる文脈から生まれてきたものと言えるだろう。その両者を比較することで明らかになるもの，それは突き詰めると，各々の背景理論の違い，ひいてはどのような枠組みに基づいて人を捉えるかという立場の違いに尽きるかもしれない。しかし，本章ではその背景理論の違いを念頭に置いたうえで，なぜMBCTやACTが同じ「第3世代の行動療法」という枠組みの中で共存しているのか，両者に共通する方向性について改めて考えてみる

ことにしたい。その際に，MBCTの開発過程やコアな治療プロセスを概観し，そのなかで明らかになったACTにおける今後の課題についても検討していこう。

なお，本章でACTと比較対照としたMBCTは「マインドフルネス」という治療原理に基づく心理療法である。「マインドフルネスに基づく心理療法」は他にもあるが，その中でMBCTを取り上げるのは次の理由による。それは，MBCTがその開発過程の中で「マインドフルネス」の原理を認知論的に理解したうえで実証的研究が積み重ねられてきたこと，さらに，それを具現化する技法の効果研究が積極的に実施されてきたという背景を持つものであるからである。ただし，注意しなければならないのはACTがあらゆる疾患に共通に用いられる治療法であるのに対し，MBCTはうつ病の再発予防という目的に特化して開発された心理療法である点である。ACTにおいても治療対象ごとにアレンジされたマニュアルが開発されるように，MBCTも「マインドフルネス」という治療原理をうつ病の再発予防に適用するようアレンジされたものである。本章では，そうしたMBCTの「アレンジ」の部分は避けながら，「マインドフルネス」の認知理論やMBCTの技法と，ACTとの相違について論じてみたい。

1．2つの心理療法における「マインドフルネス」

Baer[3]は，マインドフルネス瞑想法に関する論文の中でマインドフルネス・ストレス低減法（Mindfulness-Based Stress Reduction：MBSR）[13]やMBCT，弁証法的行動療法（Dialectical Behavior Therapy：DBT）[16]，ACTを紹介する際に2つの区別を設けている。それは「マインドフルネスに基づいた介入」と「マインドフルネスを組み込んだ介入」である[24]。Baerによると，MBCTは前者，ACTは後者として区分される。Baerはどのような理由に基づいて2つの区分に振り分けたのだろうか。それは，「マインドフルネス」をその治療原理から応用したものであるか，その原理を具現化する技法のみを応用したものであるのかの違いにある。

「マインドフルネス」(mindfulness) とは，パーリ語の「サティ」(Sati) が英訳されたことばであり[24]，「今この瞬間に，判断を加えることなく，能動的な注意を向けること」[13,14]とされる。「マインドフルネス」を心理的治

第 15 章　マインドフルネス認知療法と ACT　　257

療法に取り入れるという動きは，Kabat-Zinn による MBSR の誕生がその発展の契機となっている。MBSR は「マインドフルネス」を治療原理の根本に据え，それを具現化するために瞑想などの技法を用いた最初の心理療法プログラムである。MBCT は後述するように MBSR の治療原理や技法を応用したものであるため，プログラムのコアな部分をマインドフルネス・トレーニング（以下，MT とする）が占めている[5]。ACT においても治療言語として「マインドフルネス」という用語が使用され，実際に MT を使用する。また，アクセプタンスや脱フュージョンのエクササイズには「マインドフルネス」の構成要素を含むものも多い[1]。しかしながら，ACT はあくまで行動分析学や関係フレーム理論に基づくものであり，「マインドフルネス」の治療原理をそのまま持ち込んではいない。ACT の治療プロセスを促進する「道具」のひとつとして「マインドフルネス」を導入しているのである。では，MBCT はどのような経緯で「マインドフルネス」を治療原理として取り入れるに至ったのであろうか。次に MBCT についてその開発までの道のりを概観してみることにしよう。

2．MBCT の背景

2-1．開発プロセス

　MBCT の開発に関する詳細や背景理論のレビューについては，Segal らによる文献 22 や Segal らによる文献 23，伊藤による文献 11，伊藤らによる文献 12 を参照されたい。また，マインドフルネスと ACT に関する記述は武藤による文献 19，マインドフルネスや MBCT，ACT に関しては熊野による文献 15 において詳しくなされている。ここでは，本章において MBCT と ACT を比較するうえで必要と思われる MBCT の基本的背景を概観していこう。

　MBCT は反復性うつ病の再発予防を目的として，認知療法と MT を統合させた治療プログラムであり，これまでに多くのエビデンスが蓄積されてきた[17, 30, 31]。近年では MBCT を他の臨床領域（たとえば全般性不安障害）[4]に応用する動向もあるが，MBCT は本来うつ病の再発に関する Teasdale らの一連の基礎研究に基づいて発展してきた。彼らがプログラム開発に着手した当初，認知療法がうつ病の再発予防効果を持つというエビデンスが数多く

報告されていたが、そのメカニズムは明らかでなかった。そのなかで彼らは、相互作用認知サブシステム (Interacting Cognitive Subsystem：ICS)[27]のモデルによって認知療法の効果を説明している[29]。ICSはTeasdaleが認知科学者であるBarnardと開発した、人間のすべての活動を支えるマクロな情報処理メカニズムを説明するモデルである[11]。さらに彼らは、うつ病の再発を説明する情動処理理論[26]を考案し、その考案に至る過程で、認知療法の再発予防に重要な役割を持つ「脱中心化」とMBSRで患者が得たものが同様の特徴を持つことに注目した。そのような出発点のもと、彼らはMBSRと認知療法を統合させることでうつ病の再発予防プログラムを開発したのである。

2-2. 治療メカニズム

Teasdaleら[29]によれば、一度うつ病に罹患した人には、抑うつエピソード中にネガティブな思考や感情、記憶、抑うつ気分における連合学習が起きる。この学習性連合は、うつ病回復者が寛解時の軽いうつ気分にある際に、自動的に過去の失敗経験の記憶やネガティブな思考を引き出す。そして、それらが相互に影響を与え合う悪循環を形成することで再発の危険が生じやすくなる。つまり、うつ病再発の脆弱性は、それまでのBeckの認知理論から導き出せる「思考内容」ではなく、そのような「抑うつサイクル」[25]にあるのである。この連合は簡単に消去できるものではない。それにもかかわらず認知療法が効果をもたらすのはなぜか。それは、「抑うつサイクル」の一部にすぎない「思考内容」を変えるのではなく、サイクルが動き出す初期に気づき、再発の芽を早めに摘み取るスキルを獲得することで達成されているというのである。この自分自身の情報処理のループに気づく視点は、「メタ認知的気づき」と呼ばれる[28]。「メタ認知的気づき」とは、ネガティブな思考や感情が自身の側面や事実を表すものとしてよりも、心の中を過ぎゆく出来事と体験される認知の構えと定義されている[28]。彼らは、こうした視点を養うことが、特にうつ病の再発予防に有効であると主張したのである。

うつ病の認知的特徴として「反すう」があるが[20]、うつ病者はネガティブな記憶や思考のループを、反すうすることにより持続させている。Teasdale[26]は、こうした新しい情報が更新されない認知的に閉じた処理ループに依存した人の状態を「doingモード」と呼んでいる。このモードでは、現在

と理想や，現実と世界の間の不一致を減少させるという目標達成を目指した行動を導く処理が行われる[22]。「doing モード」自体は，私たちの情報処理の一形態であり，内的な目標に維持された行動はすべてこの処理を活用している。しかし，理想の状態が手に入らないのにそれに執着し続けることは決して望ましい結果を生まないものである。うつ病者の反すうは，そうした手に入れられないものを求め，あれこれ思案している状態と言えるのである。そこで，内的に閉じた「doing モード」から，それ以外の情報処理モードに切り換える必要がある。そのターゲットが「being モード」と呼ばれる処理である[22]。私たちは，目標に依存した処理だけではなく，外的情報を上手く取り入れたり，自分の「身体」と相談したりしながら行動を決定することがある。赤信号を見れば足を止めるし，もうお腹いっぱいになれば食べるのを止めるだろう。このような行動は，内的な目標ではなく，五感から入力された外的情報や身体感覚に依存した情報処理モードの結果生じるものであり，「認知的ループ」に対して「感覚的なループ」を形成している。「being モード」は，こうした「感覚的なループ」によって外に開かれた処理モードと言える。つまり，「メタ認知的気づき」のスキルを獲得することで，内的に閉じた「doing モード」優位の処理から，外的に開かれた「being モード」優位の処理に切り換えることが，認知療法が暗に目指してきたことであり，それを明示的に目指すものが「マインドフルネス」なのである。MBCT はこのような原理に基づいて MT を数多く含んでいるのであり，MT は「抑うつサイクル」の再活性化にいち早く気づくスキルを獲得してくために，非常に有効な訓練になるのである。

2-3. MBCT のモデルと ACT のヘキサフレックス

では，このような MBCT における一連のプロセスを ACT におけるヘキサフレックス（6 つの臨床プロセス）と並べたとき，それらは ACT においてどの治療プロセスにあたるだろうか。上に記したように「doing モード」では，望む状況と実際の状況の間の差異を埋めようとする働きや望まない状態と実際の状況との間の差異を維持しようとする働きを動機づけられているため[5, 26]，対処法としての反すうや心配を生じやすい。しかし，差を埋めようがない状況や，反復的思考が解決策を生み出さない場合には，反すう的処理が維持され，回避行動が選択される可能性が高くなる。そうした状態は

ACTで言うところの「体験の回避」として記述できるだろう。さらに，MBCTにおいて「doingモード」による反すう的，分析的な言語関連の処理から離れ，「beingモード」によって「今，ここ」の新しい情報を入力していくことは，ACTにおいて「体験の回避」を低減させ，実際の随伴性に敏感になるよう操作する「アクセプタンス」のプロセスと類似する。このように，MBCTでは知覚や身体感覚，ことば，感情などの人のあらゆる側面による相互作用から生み出される「モード」によって，うつ病の再発メカニズムを説明する。一方で，ACTでは「ことば」の理論に基づき「ことば」が人に与える影響を増減することで心理的柔軟性が高い状態と記述できるプロセスを形成していく。MBCTにおける「モード」という視点は，ACTセラピストが治療過程の中で，患者と同様の目線からその全体性を理解する際に助けとなるかもしれない。また，MBCTの背景理論では「言語的命題」は直接的には抑うつ感情を引き起こさないとされており（詳細は文献12や文献26を参照），このことはACTの治療原理やその説明の仕方に新しい示唆を与えてくれるかもしれない。

　では次にMBCTの実際について概観していきたいが，その際にMBCTにおいて「インストラクターは何をしているのか？」という切り口で見ていきたい。なぜならインストラクターの一つひとつの介入には意図があり，それらは背景理論に支えられているからである。この視点で見ていくことでMBCTの背景理論とMTとの関連性が見えてくる。実際のMBCTプログラムを概観するなかでMBCTとACTを比較し，さらにMBCTのコアな部分であるMTについてACTの文脈から見た際にどのように記述できるかについてもあわせて検討してみよう。

3．MBCTの実際：インストラクターは「何をしている」のか？

3-1．治療プロセスの実際

　MBCTの実際のプログラムについて，特に今回はMTに焦点を当てて概観していきたい。以下に示すセッションの流れはMBCTのマニュアル本[23]の翻訳本[23]と文献5に基づき，著者が概要をまとめたものである。MBCTは全8セッションからなり，各々で独自の治療目標が設定される。Segal

ら[23]によると3つのステップが設けられており，1～4セッションでは「価値判断をしないでいかにその瞬間，瞬間に意図的に注意を向けるかを学ぶこと」，5～8セッションは「気分の変化を取り扱う段階へ進むこと」，最後に「自分自身のうつ予兆にもっと気づくこと，そして，その兆候が表れたときの具体的な行動計画を立てること」を体得できるようにプログラムが組まれている。

では，各セッションでインストラクターは実際に何をしているのか。MBCTの各セッションをACTと比較したものを表15-1に示している。表15-1にあるように，両者の治療プロセスは多くの面で共通することがわかる。また，MBCTでは毎回のセッションが構造化されているのが特徴である。その構造化のひとつに，セッションの最初と最後にMTを行うことが挙げられる。Segalら[22]によれば，実践からクラスを始めることで，参加者が現在の瞬間に焦点を当てられるようにするのを助けることができる。このようなMTの実施は，日常生活からプログラムという特殊な文脈への切り換えの作用を持つと考えられる。

3-2. インストラクターの姿勢

さらに，MBCTの一連の介入を可能にするために，MBCTで重視されるインストラクターの態度として「力づけ」がある。Segalら[23]によると，インストラクターはエクササイズ後に参加者が実践した体験についてすぐに話す機会を与え，どのような感覚，思考，感情が起こり，どのようなことに気づいたかを話すように促す。インストラクターはその中で表現されたものを受け入れ，注意を向ける姿勢を取るが，そうすることで，参加者は力づけられるという。参加者の体験にインストラクターが興味を示すことで，参加者は自分の体験に興味を持ち始めるが，インストラクターの仕事はそうした種をまくことであるとされている[23]。つまり「力づけ」では，参加者のあらゆる言語報告を拾いつつも，MBCTの背景理論に基づき，参加者の体験がどちらのモードで処理されているかを分析し「beingモード」の処理を促進するよう誘導していると言えるだろう。

さらに，「力づけ」の機能を支えるために，インストラクター自身の瞑想実践が必要となるが，これはSegalら[23]によると，患者が「知的」理解だけでは答えられないような実践上の困難を経験した際に，インストラクター自

表 15-1　MBCT の 8 セッションのまとめ

テーマ	プログラム内容・目標	MBCT の背景理論からの検討	機能分析・ACT からの検討
【セッション1】自動操縦状態に気づく	●オリエンテーション（集団のルール設定，自己紹介） ●「マインドフルネス」の定義を紹介する。 ●「自動操縦状態」に気づき，そこから離れるために，MT がどのように役立つのかについて紹介する。 ○レーズン・エクササイズ，ボディースキャン	「モード」を「自動操縦状態」として解説し，私たちの日常生活がいかにそのような状態にあるかについて気づきを高める。また，それに代わる「モード」としての「マインドフルネス」を体験してもらう。	日常生活で身近な食行動を用いた瞑想による体験は驚きを生み出すが，それらは MT への取り組みに対する動機づけを高める確立操作となる。
【セッション2】うまくいかないとき	●MT が「うまくいかないとき」の心の動きを取り上げる。 ●思考・解釈が感情や行動に及ぼす影響についてエクササイズを通して検討する。 ●プログラムで達成すべき目標は何もないことを示す。 ○ボディースキャン，呼吸へのマインドフルネス	「うまくやろう」とする場合には「doing モード」による処理が働いている。そのような自身に気づくことを通して「being モード」を養うプロセスを促進させる。	MT への取り組み自体は強化しつつ「既存のアジェンダ」を手放すことを目指す "Creative Hopelessness" と類似したプロセスである。
【セッション3】呼吸へのマインドフルネス	●自身の心がさまようことに気づき，意図的に呼吸へ気づきを向けることを学ぶ。 ○マインドフル・ウォーキング，呼吸と身体へのマインドフルネス，3 分間呼吸空間法	呼吸は「今，ここ」で行われるため，呼吸に集中することで過去や未来を手放すことができる。また，呼吸に気づきを向けることで，反すうに奪われた注意資源を取り戻すことができる。この訓練は多くの状況に適用可能であり，反復することで「モード」の切り換えにつながる。	「今，この瞬間への接触」と類似したプロセスである。
【セッション4】現在にとどまる	●不快な思考，感情から逃れようとするほど，心がバラバラになることを学ぶ。 ●物事を見る別の視点として「現在にとどまる」ことを実践の中で学ぶ。 ○5 分間の「見る」「聴く」練習，3 分間呼吸空間法	心地よいことを追い求め，嫌な出来事を避けてしまう傾向に対し，「現在にとどまる」方法を探究する。「being モード」で物事を見ることを繰り返し体得していくプロセスと言える。	「体験の回避」の不機能性に焦点を当て，代替行動としての「ウィリングネス」を示す「アクセプタンス」のプロセスと類似する。

第15章 マインドフルネス認知療法とACT 263

表15-1 つづき

テーマ	プログラム内容・目標	MBCTの背景理論からの検討	機能分析・ACTからの検討
【セッション5】そのままでいる	●望まない体験に対し，「受容する，そのままでいる」といった今までと異なる関わりを実践の中で学ぶ。 ●その関わり方がなぜ再発予防に役立つかを学ぶ。 ○坐瞑想，3分間呼吸空間法	望まない体験に対し，受容するという関係づけを行い，意図的に注意を向けることで，習慣的な反応連鎖を初期に切ることができる。さらに，不快な体験に対する自身の基本的立場を「オープンである」ものへ変更できる。	「アクセプタンス」のプロセスと類似する。
【セッション6】思考は事実ではない	●思考は心に浮かんでは消える出来事にすぎず，事実ではないことを学ぶ。 ●思考との新しい関係性を知る。 ○坐瞑想，3分間呼吸空間法	ネガティブな思考や感情が心の中の出来事として体験される「メタ認知的気づき」を促進するプロセスにあたる。そうして思考や感情から距離を取れるようになると「脱中心化」が促進される。	「脱フュージョン」のプロセスと類似する。
【セッション7】自分を大切にする	●再発の前兆となる自身の変化に関するリストを作成する。 ●そのような前兆に対処するための行動計画を立て，行動活性化のメリットを学ぶ。 ○坐瞑想，3分間呼吸空間法	自身の再発の前兆を把握しておくことは，ネガティブな思考パターンの再活性化の火種を小さいうちに摘み取ることを可能にする。	このような行動活性化の操作は「コミットメントされた行為」と類似したプロセスである。
【セッション8】これからに活かす	●これまでのまとめを行う。 ●プログラム終了後の生活に活かすため，再発予防の行動計画を立て，練習を継続するための理由について取上げる。 ○ボディースキャン，終わりの瞑想（ビー玉など）	再発予防のためにはプログラム終了後においても継続的にMTに取り組み「マインドフルネス」を体得していくことが必要であり，そのための環境を最終セッションで整えている。	MTの継続に関する計画を言語化し，他の参加者と共有することは，今後もMT行動が生起する可能性を高める確率操作となる。また，最後の瞑想で，ビー玉などを使用した瞑想法を行うが，この記念品はその後の日常場面でのMT行動が生起する際の弁別刺激として機能する。

身が身をもって患者が身につける態度を「内側から」体現することを可能にするとされる。こうしたインストラクターのマインドフルネス経験値が問われるのは、彼らが参加者の「モデル」となる必要があるからと説明することもできる。参加者が洞察を得られるように「力づけ」することは、目標行動をシェイピングすることであり、その際の基準がインストラクターの経験の中にあるからである。つまり、インストラクターがその道に長けているということは、初心者のつまずきやすいポイント、つまり、ある文脈下でどのような不適切な反応が起こりやすいのか、そのような反応が生起する背景情報を推測できるということであり、その反応を変容する方法を記述できるということである。このようなインストラクターの文脈は、言うまでもなく、参加者の行動形成に確立操作として機能すると思われる。

　以上のように、MBCTの実際と背景理論のつながりを見てきたが、MBCTのプロセスとACTの治療プロセスには類似した点が多いことがわかった。また、機能分析を通してMBCTと異なる説明原理による目線から見てみると、MBCTにおいてインストラクターは背景理論や自身の体験に基づいて参加者の行動をシェイピングしており、それが一般にインストラクターの技量と呼ばれることがわかる。このように、自身の実際の介入と背景理論とを照合させたり、介入の機能を徹底的に分析することは、インストラクターが自身の随伴性に敏感になることを可能にし、その介入に柔軟性（たとえば文脈に合わせたメタファーを提供できる）をもたらす。さらに、参加者の行動変容における自身の行動の機能をアセスメントしつつ治療を進めることができる。

4．MBCTとACT

4-1．ACTにおける「価値」

　こうしてMBCTのトレーニングを積み重ねた結果として得られるものは何だろうか。それはうつ病の再発予防にとどまるものなのか。そのプロセスにおいて得られるものとは、人生にたとえ深い苦しみがあってもその中で十分に生きること、まさにKabat-Zinnのいう"*Full Catastrophe living*"[13]であるだろう。MBCTにおいて参加者は、そのような力強い理想のあり方を他の参加者やインストラクターの中に見出すこともあるかもしれない。こ

れはACTにおける「価値」と同じ機能を持つプロセスであると言えるだろう。ただし，MBCTにおいては「価値」を明確化し，強調する治療プロセスは含まれないことも多い。ここでACTに独特の治療方針が浮き彫りになる。それは「価値」を明確にする点，「コミットメント」や「行動上の変化」を治療のターゲットとする点である。ではMBCTではなぜ「価値」を特別に強調するプロセスを含まないことがあるのか。MBCTでは，MTは目的的に行うものでない点が繰り返し強調され，参加者はそのような自分にさえも気づくことが求められるが，これはMTを目的的に行うことで「beingモード」で処理されるべき情報が「doingモード」で処理される危険性を避けるためであろう。「doingモード」でうつ気分から逃れるためにMTに励んでも治療効果は得られないのである。また，うつ病の再発予防としてのMBCTでは，「価値」を明確にするプロセスよりも「ネガティブな思考パターン」にいち早く気づき，その火種を消すことが何よりも重要なのである。

4-2.「価値」の利用に伴う危険性：「Pseudo Acceptance；擬似的アクセプタンス」

ではACTはなぜ「価値の明確化」のプロセスを重視するのか。その理由は上に記したようにACTの治療方針にある。ACTにおける「価値」は，問題消去から「いかに生きるか」ということへ方向転換するために用いられる[18]。つまり，ACTの治療の最終目標は，不快な私的出来事をアクセプタンスすることではなく，あくまでも，価値に基づくコミットメントや行動上の変化を活性化することにある。MBCTでは再発予防のためにネガティブな思考パターンの再活性化にいち早く気づくことが重要であるのに対し，ACTでは「価値」に基づく「コミットメント」が治療効果を反映する。この点はMBCTとACTにおける開発過程や治療プロセスの違いを反映していると言えよう。

では「価値」に基づく行動を重視するACTではそれを積極的に打ち出すことによる危険性や弊害はないのだろうか。実際にACTには「Pseudo Acceptance；擬似的アクセプタンス」[1]という治療用語が存在する。これは，形態的には「ウィリングネス」や「アクセプタンス」を描写しているように見える患者の行動が，機能的には不快な私的出来事からの回避行動となっている状態を示す[1]。たとえば「この憂うつさをアクセプトすればこれが消え

るのですね？」といったものや，内心はモヤモヤが消えることを期待しつつ「人生を謳歌するという『価値』に向かって積極的に外出します！　そうすればきっとこのモヤモヤも消えてくれるはずだから……」といった患者の言語反応は「思考や感情をコントロールできれば問題解決できる」という「既存のアジェンダ」を保持したまま「アクセプタンス」や「価値」へのコミットメントに取り組もうとする状態を示している。つまり，「価値」を用いる際にはそれが有効に機能する治療の前提が必要になる。行動を変容させるために有効な「価値」も，その前提の有無によっては，患者をさらなる苦悩の渦に陥らせることにもなるのである。

4-3.「価値」を活かすための文脈：「Creative Hopelessness；絶望から始めよう」

そのような治療の前提はACTにおいてどのように獲得されるのだろうか。それは「思考や感情，性格が制御できれば問題解決できる」という「既存のアジェンダ」を手放すこと，そのプロセスによって生まれる。ACTではこのプロセスは「Creative Hopelessness；絶望から始めよう」[10]という治療技法により介入が可能である。「体験の回避」の軽減を目指す「アクセプタンス」において設定される"Creative Hopelessness"では「『思考・感情が制御できれば問題解決できる』というルールの存在に気づかせ，それがいかに不機能であるかを自覚し，それに立ち向かっていくこと」が目的となる[18]。これはHayes[10]によると"confronting the system"と示されるものであり，「既存のアジェンダ」という人間が共通して持つシステムに立ち向かうプロセスであると言える。また，そのようなアジェンダを手放すことを前提とするACTの治療方針を明確に示し，「価値」の有効性を高めるうえで重要な役割を持つと考えられる。しかし，この技法はACTの文脈において年々重要視されなくなってきていることがうかがえる。実際，Hayesら[10]の援助手続きでは「アクセプタンス」から独立して設定されていた"Creative Hopelessness"は，Hayesらの文献9において，セラピストが利用しやすいように変更された臨床プロセスでは「アクセプタンス」の中に組み込まれている。私たちは，ACTにおける"Creative Hopelessness"の重要性に改めて立ち戻る必要があるのかもしれない。

5．まとめ―よりよい登山のために―

　本章では，MBCTの理論的背景から実際の治療プロセスを概観し，MBCTとACTを比較するなかで，その治療プロセスにおける多くの類似点を発見することができた。一方で，両者の開発過程の違いが色濃く出るプロセスとして，ACTにおける「価値」があり，それを有効に利用するためにはACTにおける治療の前提（Creative Hopelessness）が重要であるということをMBCTを知るなかで再認識できた。その治療の前提の中核は苦を取り除こうとするシステムを手放すことにある。武藤[19]は，マインドフルネス・ブームが去った後に残るものとして「私たちの"Creative Hopelessness"」を挙げているが，"Creative Hopelessness"は「第3世代の行動療法」に共通する方向性と言えるだろう。その治療理念は，背景理論は違えども人間のシステムを科学的に理解し，尊重しつつ，その機能を有効に利用することで人の苦悩に立ち向かうことにある。だからこそ同じ「世代」に共存しているのであろう。同じ方向に向かう者同士，各々の背景理論や治療技法の機能を知ることは，自身の山の登り方，つまり，その治療プロセスや技法を洗練させることにつながる。そして今は各々登っている山は違って見えていても，その道を登りつめた先に同じ景色が待っているかもしれないのである。だからこそACTを活用しようとする私たち登山家は，自分が選んだ山をひたむきに登りつつ，時には隣の山を行く同志から何かを学ぼうとするオープンな姿勢を持つことも必要ではないだろうか。

# 第16章

森田療法と ACT

Akihiko Masuda

本章では森田療法[16]とアクセプタンス&コミットメント・セラピー (Acceptance and Commitment Therapy：ACT)[5]の比較を行う。背景の違いから表現法など異なる面もあるが，両者には「自然受容的態度」，「生きがい」に焦点を置くなど多くの共通点がみられる。本稿の比較検証では，理論，治療手続きの順をたどるが，あらかじめ以下のことをご了承いただきたい。また，両者の綿密な比較を本稿だけで完結することは不可能である。また筆者は ACT 研究・臨床の経験はある程度あるが，森田療法は知的理解にとどまっている。そこで，読者の方々にはこの章を ACT―森田療法の比較・検討の序説として捉えていただきたい。

1．森田療法の精神病理理論

本書の複数の章で ACT 理論には詳細にふれてあるので，ここでは森田理論を大まかに振り返ることから始めることにする。森田療法は 1920 年代初めに森田正馬によって，今でいう不安障害の入院治療として体系化した[8]。森田は自身の治療がすべてのクライエントに適しているとは言及しておらず，治療対象をいわゆる「森田神経質（症）」に絞っていた。そこで，彼の精神病理理論は森田神経質症の理解でもあった。

森田は，「神経質」=「ヒポコンドリー性基調」×「機会」×「精神交互作用」，と捉えた[8, 11, 16]。「機会」とはある内的反応を気にかけるようになったきっかけで，たとえば，パニック障害者が，ある日突然，会議中にはじめて強い動悸に襲われた出来事などである。ヒポコンドリー性基調，精神交互作用は以下のとおりである。

1-1. ヒポコンドリー性基調：適応不安

　森田はヒポコンドリー性基調を先天的素質として，当初は病理理論の核に据えていた[16]。ヒポコンドリーとは誰もが抱く心気性，すなわち疾病，不快気分，死を恐怖するなどの自然な傾向で，度が過ぎる場合のみ，問題となるとのことであった。しかし，最近では，ヒポコンドリー性基調は後天的であるという見解が主流になっているようである[7, 8]。そして，解釈の拡大も起こり，ヒポコンドリー性基調を「自分はうまくやっていけるだろうか」のような「適応不安」と理解するようにもなっている[19]。

1-2. 精神交互作用：とらわれ

　森田は，精神交互作用を「ある感覚に対して，注意を集中すれば，その感覚は鋭敏となり，その感覚鋭敏は，さらにますます注意をそのほうに固着させ，その感覚と注意とがあいまって交互に作用して，その感覚をますます強大にするという精神過程」と大まかに定義した（文献 16 の p.29）。これも程度の問題で，度を越すといわゆる精神疾患症状となるとのことである[8, 16]。この悪循環過程は「とらわれ」とも呼ばれて，クライエントの視野狭窄状態も表している[11]。このような注意―感覚の相互作用が，回避行動（はからい）を引き起こし，この回避行動自体も精神交互作用の一因になっているとのことである[7, 11, 16]。

1-3. 思想の矛盾（完全欲のとらわれ）

　森田はまた，精神交互作用の要因のひとつとして「思想の矛盾」を挙げていた[16]。「思想の矛盾」とは「こうでありたい」，「こうすべき」という高い理想と，現実結果との間の矛盾のことで[16]，このギャップから，クライエントはさらなる苦しみを体験する。非現実的，完璧主義的な認知などがこの一例である[8]。

1-4. 欲望論への推移

　森田は後年，精神苦を「生の欲望」と「死の恐怖」の相対的関係から解釈しはじめた[16, 17]。簡単に言えば，人が苦悩するのは，生を全うしようとする欲望が過剰にあるためで，生の欲望が過剰になると（自己防御的）その分，精神苦（恐怖）も増加するとのことである[11, 17]。森田もそうであった

が，今日の森田療法はヒポコンドリー性基調性に代わり，この欲望論から，精神交互作用，思想の矛盾，またはクライエントの問題理解を図っているようである[10]。

2．ACT と森田療法の理論的比較

行動理論に精通する者は，「森田理論は，仮説構成概念にあふれ，学問的でない」という印象を持つかもしれない。しかし，森田の著述を読み進めると彼の精神障害，治療プロセスに対する鋭い洞察力がうかがえ，近年になり彼の理論がさまざまな心理学の研究分野でサポートされていることも納得できる。そこで，安易に偏見から森田理論を否定するのは短絡的で，機能分析心理療法（Functional Analytic Psychotherapy；本書第14章を参照）の創始者 Kohlenberg が強調するように，一度行動理論的に再解釈し，そこから結論を導き出すことが得策であろう[13]。

上述したが，理論面でACTと森田療法に類似点が多いことに驚かされる。というのも，森田療法と認知行動療法の比較（文献8，14など）はそのままACTと第2世代の行動療法との比較[3]に置き換えることができるからである。この類似は両者の根本的な見解の一致によるものであるのかもしれない。

この見解（前提）とは「自然受容」である。森田は不安，悩みを体験するのは自然なこととして，自然なものをあえて削除する必要がないと主張した[16]。これはACTの「苦痛の偏在」と一致した見解である。また，森田療法の「とらわれ」と「はからい」はそのままACTの「脱フュージョン」，「体験の回避」と置き換えても問題ないであろう。欧米では，ACTをかなりラディカルな見解と捉える傾向にあるが，日本では森田療法が80年以上も前から主張していることである。では，ACTはどんな新しいことをもたらすのか，それは関係フレーム理論[2]による洗練化と体系化にあると言える。

関係フレーム理論は，なぜ自然な反応であるはずの不安が苦となるのか，なぜ注意を向けることで苦が増加していくのか，なぜ注意・回避行動が苦をもたらし，それ自体も苦となるのかなど，森田の見解からさらにもう一歩踏み込んでいる[2]。以下はその一例である。

森田は精神交互作用で，個人の活動を注意，感覚，思想，行動に区別しこの交互作用を描写的に述べ，それ以上の説明は加えなかった。説明の都合上 ACT も同様の手続きを踏むことがあるが，理論上，これらの事象はどれもある文脈下での言語刺激，言語行動と理解される。簡単に言えば，関係づけ（言語行動）により，一般に言語行動とみなされない感覚，注意，行動でも言語的機能を抱くようになるのである。つまり，個人は単に感覚を感覚として経験するのではなく，なんらかの言語的意味合いを持つ感覚を体験しているのである。同様なことがいわゆる注意，行動と定義される事象にもあてはまる。一度関係づけられたこれらの事象は比較，評価などの言語的特徴からネガティブな刺激機能を抱くようになり，既存の言語ネットワークなどとも関係づけられますます複雑化していく（本書第 2 ～ 4 章を参照）。全体として，これらのプロセスが悪循環となり，悪循環の繰り返しがさらにネットワークを複雑化するという出口のない試みが，結果として繰り返されるようになるのである[2]。論点を戻せば，ACT は人間の言語行動のさらなる理解により，森田理論を補助的にサポートしていると言える。

ここでひとつ，両者の理論解釈で陥りやすい落とし穴にふれることにする。最近，森田療法では精神交互作用を例に取り，森田理論は（感情，注意，行動，認知間で構成される）円滑論とする立場をとっている[10, 11]。安易に極端な円滑的解釈をするとなると，森田理論はある意味，機械主義的になってしまう恐れがある（本書第 1 章を参照）。これは還元理論的で森田療法の真髄とは異なる。また ACT に対しても同様なことが言え，六角形だけでの理解では同様の誤解に陥りやすい。これらの表現法で問題なのは「文脈の欠落」である。文脈的背景を無視して，クライエントの問題活動だけに焦点を当てることはその機能的理解の妨げとなる。そこで，森田と ACT を理解するうえで，両者は常に，個（行動）の背景を考慮することを認識することが重要である。

3．森田療法・治療過程

森田の健康理論は精神交互作用の打破と，苦の背景にある健康な要求の発揮（健全な生の欲望の体現）にある[11]。これが森田療法の唱える「あるがまま」である。高良[19]は「あるがまま」を 2 つの文脈から説明し，ひとつは苦

悩，不安をそのまま認め，それに抵抗したり，否定したり，ごまかしたり，回避しようと対処するのではなく，そのまま受け入れる姿勢，もうひとつは，悩みを抵抗せずに体験しながらも，個人の「生の欲望」に沿った建設的な行動に従事する姿勢である。これはACTの健康論——心理的柔軟性（psychological flexibility）——と一致した見解である。つまり，森田療法の唱えるあるがままとは能動的な活動，「気分本位」から「行動本位」，「目的本位」への移行なのである[16]。それでは，森田療法ではこのような推移をどのように実際進めていくのか。ACT的解釈を加えながら振り返ることにする。

3-1. 入院治療

時代の変化から，今日森田療法は外来治療が主流になっている[8, 12]。それでも森田療法家の多くは森田療法の真髄を入院療法と捉えているため，入院治療から振り返ることは重要かもしれない。

森田は入院治療を臥褥期，軽作業期，重作業期，実際生活（社会訓練）期の4段階に設定した[16]。入院療法では，実際生活期で治療が完全に終了するのではなく，クライエントは退院後，外来療法，通信療法，自助グループに参加することがある。原法の森田入院治療では「不問」といって，クライエントの「症状」に対する質問，訴えに踏み込まなかったが[16]，最近では入院治療でもこれらに対し柔軟に対応しているようである[8, 21]。さらに森田療法では，日記療法が併行して実施されている。

(1)臥褥期

臥褥期は1週間ほどで，クライエントはひとり部屋でトイレ，洗面，食事以外は感覚遮断の状況に隔離される[15, 16, 21]。治療者との接触も最小限に抑えられ，他者との会話は禁止されている。クライエントには不問の姿勢に加え，不安などに対しては，気を紛らわすような努力はせず，なるべくそのまま体験するよう指示を与える。

この段階の治療をトポグラフィーだけで判断すると，「いったい何をしているのか」という疑問がわいてくる。しかしクライエントの活動過程を見ていくと，臥褥期の機能が見えてくる。典型的なクライエントの場合，1日目は安静感を抱くが，2日目からは症状，過去の体験，未来への不安などさまざまなことが頭に浮かんでくるようである。またセラピストからこれらをそ

のまま体験するよう指示を受けていることから，苦悩は増大していく。しかし，この中でクライエントは苦悩を苦悩と感じないときが訪れ，この体験がクライエントに強い印象を与えるようである。それから4日目ごろに退屈感が現れ，活動を起こしたい欲求が現れてくるとのことである[15, 16]。

ACT的解釈によると，臥褥期では私的出来事に対するエクスポージャーが起こっているようである。ただ，クライエントは当初，ネガティブな私的出来事を制御しようと抵抗するが，最終的に一瞬でも「そのままの体験」を経験するのである。同時にそのままの体験から苦悩を苦悩と感じない体験が起こるが，ACT的見地から，この体験を脱フュージョンと解釈してもよいであろう。つまり森田の唱える恐怖突入は[16]，最終的にアクセプタンス，私的出来事を刺激機能の変容（脱フュージョン）を導き出しているようである。

ACTではマイルドな脱フュージョンから始め，アクセプタンスという順で治療が進められることがある。というのも，安易な恐怖突入はトラウマとなりかねないからである（ネガティブな評価に関する関係ネットワークの複雑化）。外来面接という限られた時間内で唐突に恐怖をそのまま受け入れろと要求するのはアクセプタンスのスキルを十分体得していないクライエントにとっては酷であり，逆説的な効果を生む危険がある。そこでこのようなケースの場合，ある程度，脱フュージョンを体験したうえで，ターゲットとなる私的出来事にゆるやかに突入することが適切である。誤解を招かないよう付け加えるがここでは治療の順番を指摘しているのではなく（ACTは脱フュージョン→アクセプタンス，森田はアクセプタンス→脱フュージョン），クライエントに沿った治療を臨機応変に行う重要さを指摘しているのである。

論点を戻すが，このように見ると，臥褥期は荒行である。ただ，入院療法はこのような荒行が可能な「場」を提供している[8]。ある特定のクライエントでは，逃げ道のないこの環境下で，散々苦しんだあげく，苦の超越，受容を体験するようである。ショック療法のようだが，このような過程でアクセプタンスを一瞬でも体験することは，真の体験的学習と言える。また，入院療法では外来療法で懸念されるセラピストの教示的影響もさほど考慮する必要はない。そこで，実際問題，クライエントがどこまでこの治療法を受け入れるかは別として，理論面では，特定のクライエントに対して非常に有効な

治療介入法であると言える。

(2)軽作業期・重作業期

　軽作業期はおおよそ1～2週間で，この時期から治療者との面接が行われ，施設によっては，日記治療，他のクライエントとの接触が許可される。また治療施設によっては，軽作業期と第三期の重作業期の併合もあるようである[8]。この時期は軽い作業・活動を通じ，クライエントの心身の自発的活動を促すことを目的としている[16]。重作業期は軽作業期の延長として捉えることができるが，この時期になると仕事の量，作業の範囲が広くなる。セラピストは作業をするよう指示を与えるが，どのような仕事をするか，またどのくらい仕事をするかはクライエントの自発性に任せることが多いようである。さらに施設によって重作業期は個人の軽作業から共同作業への移行期ともなり，自己中心的から，目前の仕事を協調しながらこなしていく行動パターンへの修正を行う。

　この時期，クライエントは「こんな作業をしていて大丈夫なのか」と疑いを持ちながらも作業することで「気分本位」から「行動本位」へと移行していく。また，作業の場を観察するよう指示を受け，クライエントは注意を外に向け始める[21]。森田[16]はまた重作業期の段階で，クライエントの「価値・感情の没却」を図ると述べていた。これは仕事に関する自己評価，周りからの賞賛などに気をとられるのではなく，仕事そのものをそのままこなしていく，とらわれの打破である。

　これらを見ると，作業期は臥褥期で一瞬でも体験された脱フュージョン，アクセプタンスの強化の時期と位置づけできる。作業をすることにより，外への注意が強化され，同時にこれがネガティブな私的出来事の機能低下（「とらわれ」の打破）を推進する。また，体験の回避に関する教示の機能低下から，価値に沿った行動（生の欲望，生きがい）などの文脈設定の役割も果たしているようである。

(3)実際生活（社会訓練）期

　実際生活期は1カ月程度で，新たな見解・行動を実生活へ活用する準備期と位置づけされている。ここでは適度な外泊が許可され，治療はクライエントの今後の進路選択をサポートする形をとる[15, 16]。ACTから見れば，この時期は価値，価値に沿った行動を含んだブースターセッションのようである。治療の内容は生活，生きがいへと向けられ，その妨げとなる私的出来事

の対応も同時に行われているようである。

(4)入院療法まとめ

森田入院治療は，日記療法と併行して，臥褥期，軽作業期，重作業期，実際生活（社会訓練）期の順で進められる。この段階を通じ，クライエントは気分，知性に振り回される生き方から，行動する生活へと移行していく。第一段階の臥褥期では，クライエントは問題として回避していた私的出来事と向かい合い，あるがままの姿勢を一瞬でも体験する（煩悶即解脱）[16]。第二期以降は感情（私的出来事）に対してとらわれ，はからいを，行動に従事することで低減していく。そしてACTが唱えるように，広義な意味で，内省的な意識を外に向け[4]，目的本位，行動本位へと移行していくのである。

3-2. 外来治療

森田外来療法では，治療環境の制限，クライエントの訴えに対し，セラピストが森田理論の立場から臨機応変に対応しているようである。そこでこれといった森田外来マニュアルは存在しない。また，森田外来療法では，共感，比喩，催眠，自律訓練法，セルフ・モニタリングなど，他の治療技法を森田的にアレンジして使用して進められるようである[6,8]。外来治療では治療の「場」をクライエントの実生活に置くため，面接でのクライエントとセラピストの密なやりとりが重要視されている[8]。ここでも，ACTの立場から森田外来を追うことにする。

どの心理療法にも言えることだが，森田外来では初期面接が非常に重要となる[20]。主訴の理解もあるが，ここではクライエントが森田療法に適しているかの鑑別，それに伴い治療説明，クライエントとの治療合意が目的となる。森田理論が提示しているように森田外来療法は「とらわれ」，「はからい」と翻弄しているクライエントに適している。このケースの概念化はACTのものと平行している。クライエントにこれらの傾向がみられたら，治療内容を大まかに説明し，同意を得たうえで治療が始まる。

立松[20]は森田外来の治療過程を三期に分けている。クライエントの多くは症状の削除を求めて治療に来るため，第一期では症状に焦点を置く。第二期は実生活面でのとらわれ・はからいの打破が行われ，第三期では生きがい・人生観について取り組まれるという経過をたどる。

この治療過程をみると，ACTの典型的な治療段階と重なることに気づ

く。第一期は初回面接の延長上で，症状との「つきあい方」（とらわれ，はからい）を中心に治療が進められる。これは ACT と同様，問題の「内容・形態」(content or form) ではなく，その「文脈・機能」(context or function) に焦点を当てていることを示唆している。また立松[20]のいう第一段階は，ACT の「既存の問題解決策へのチャレンジ」や「コントロールこそが問題」と重なる。さらに，立松は治療が教条的にならないよう，とらわれ・はからいの逆説性もなるべくクライエントの実際例を折り合わせて勧めることが重要と指摘している[20]。これも ACT の見解と一致している。

　クライエントがとらわれ・はからいの逆説性をある程度認識すると，第二期に移行する。ここでは，とらわれ・はからいの打破のため，クライエントの生活面に焦点を置き行動的介入を行う。私的出来事の影響で困難だと訴える活動に対し，セラピストは私的出来事をそのまま受け入れ，徐々に活動を起こしていくようサポートする。ここでも教示的な悪影響を最小限にするため，クライエントと共に活動内容を選択していくとのことである。

　すでにふれたが，とらわれが強いクライエントの場合，ACT では脱フュージョン的介入をまず行う。著者の治療経験では，何か行動するよう示唆しなくとも，脱フュージョン的介入で，クライエントの行動面で変化が現れることがある。たとえば対人恐怖を抱え 2 年間も家族，恋人以外との接触を避けていた大学生に対し，脱フュージョン的介入を行ったところ（不安の自然化），他の生徒・教授との対話，社交的活動が飛躍的に伸びたという治療経験がある。また，森田療法の外来のように，とりあえず何かしてみたらという半教条的な励ましから，行動だけでなく，アクセプタンス，脱フュージョンにも変化が起きたというケースも経験したことがある。つまり，立松[20]の唱えるように，ここでも，クライエント一人ひとりに合った臨機応変的治療が重要となっているのである。

　そして，行動，回避を繰り返すことから，クライエントが次第に行動本位になってくると，第三期，人間観，生き方の時期へと移行する。この段階に達すると，クライエントは体験的理解から「自分は今までこうだった，これからはこうしていきたい」というような生き方，人間観が話題に上るようになる。この時点まで来ると，治療が終了するとのことである[20]。

　Hayes[5]も述べているが，ACT でも治療の後半に差し掛かると人生観などの話題がおのずと上るようになる。この段階ではクライエントの活動に柔

軟性がみられ（とらわれ・はからいの減少），クライエントは困難な私的出来事を抱えながらも，価値に沿った行動にある程度コンスタントに励むようになる。この段階になると「どうして今までそんなにもこれを（初診時の訴え）気にしていたんだろう」というクライエントの感想に対し，「本当にね……」といって治療終了の案を提示する。

4．治療過程・技法における比較

　森田入院療法とACTを外形面（治療技術）で比較することは容易である。しかし，ACTと森田外来の比較はこの面でも非常に困難である。というのは，森田外来もACTも「理論に沿った治療」を強調し，技法面では「理論と一致すればどんな技法でもいい」という柔軟な姿勢を取っているからである。また，両者とも治療の形態面だけで比較することは生産的でないとし[1,8]，機能的文脈主義と一致した見解を取っている（本書の第1章を参照）。

　ただ，両者の違いを強いて挙げるとすれば，程度の差という点で，ACTの脱フュージョンは森田療法にあまり見られることのないユニークな点だと言える。クライエントの中には非常に理屈っぽく，私的出来事へのとらわれが強い者もあり，森田療法に適さない，あるいは，森田療法では非常に時間がかかるケースもある。また，私的出来事が妨害してどうしても行動に踏み切れないクライエント，あるいは実際に行動するものの，その過程で理由づけなどの言語行動が活発に起こり，とらわれの打破が困難になっているクライエントもいると推測できる。ACTは，このようなクライエントに対して脱フュージョン的介入を行う。たとえば，ACTでは観察者エクササイズなどで自己と私的出来事との間に距離感を持つ体験をしたり，メディテーションなどを利用して，意識に浮かぶ私的出来事をひとつずつ認識し，流していくエクササイズなどを行う[5]。これらの過程を通じ私的出来事を，私的出来事として体験する傾向を強化し，いわゆる評価，理由づけ，実存的錯覚など，クライエントの柔軟性の妨げとなる言語行動の機能低下を図るのである。ただ，これも程度の差で，岩井ら[8]，立松[20]の著作を読むと，森田的催眠，不安状況の詳細描写などで脱フュージョンのプロセスが起こっているようである。

森田療法は権威的でパターナリスティックなイメージがある[9, 15]。しかし時代の変化とともに，クライエントに対する治療者の共感など，森田療法でも治療スタイルに変化が起こっているようである。この変化はACTのセラピストの態度・スタンスと併行している。ここでは治療スタイルという点から，セラピストの「共感」にふれることにする。

中村[18]は森田療法における（セラピストの）共感の重要性を述べている。「共感」はクライエントへの「慰め」，「励まし」とは異なる。ACTでは苦痛の偏在からクライエントもセラピストも人間である以上，悩みにおいて違いはないとしている。そこで権威的なスタンスはとらず，たとえるなら「人生の旅仲間」としてクライエントと向かい合う[4]。中村[18]はこれを「人間性の事実の共有」と言っている。セラピストの共感は，クライエントを深い意味で勇気づけ，「生きる」ことのサポートとなっていくのである。

5．まとめ

森田療法とACTには類似点が非常に多い。こうしたなかで，「ではACTは森田療法なのか」，「どちらがオリジナルなのか」など論議がわくかもしれない。これらの質問に対する答えは視点の置き方によって異なるだろうし，細かく検討をすれば，非建設的な相違点は限りなくわいてくるようにも思える。これらを考慮して，本稿ではあまり偏った結論づけをしないよう注意した。ただし，森田療法とACTの比較は本稿で完結なのではなく，今後のメンタルヘルス促進技法の向上のためにも，両者の比較・検討をもう一歩踏み込んで行うことは生産的かもしれない。本稿がそのきっかけとなれば幸いである。

第17章

動機づけ面接とACT
MI ACTing? 私はACTしてるのか？

原井宏明

1．はじめに

1-1．動機づけ面接とACT

　動機づけ面接 (Motivational Interviewing：MI)[8]とはクライエント中心かつ目的志向的な面接のスタイルによってクライエントのアンビバレンスを探り，それを解消する方向に行動の変化を促していく技術である。1983年に初めて文献に登場する[5]。アクセプタンス&コミットメント・セラピー (Acceptance and Commitment Therapy：ACT) は1994年に登場する[3]。どちらも近頃，日本でも知られるようになった。文献からみればMIの方が10年ほど古い。PubMedとPsychINFOにてタイトルにこれらのことばがある文献を2006年3月時点にて検索すると，MIは241件，ACTは67件である。MIに関連する論文数をグラフに書くと上昇中であることがわかる（図17-1）。医学中央雑誌で日本語文献を検索するとMIは4件，ACTは0件である。

　MIとACTの両者をキーワードで持つ文献を検索したところ，ヒットしたものはなかった。したがって，本章のテーマは他にはないユニークなものであり，現時点でMIとACTの関係についてのコンセンサスはない。著者の個人的意見ということになる。著者はMIに関しては日本で初めてのトレーナーである。本章ではMIの説明，実例の提示，ACTの考えがMIにとってどのよう役立つかについて述べる。

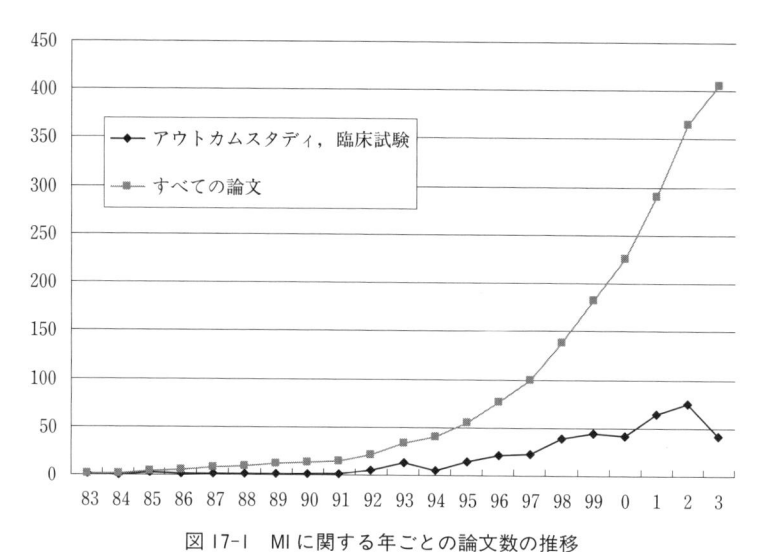

図17-1　MIに関する年ごとの論文数の推移
出典：www.motivationalinterview.org/library/biblio.htm

1-2. 著者について

(1)行動療法に触れる

　著者（原井）は精神科医である。1986年に肥前療養所に就職し，山上敏子臨床研究部長の下で行動療法を学ぶようになった。1988年から世界行動・認知療法学会に参加している。この学会に参加する理由のひとつはワークショップである。強迫性障害に対するエクスポージャーと儀式妨害 (exposure and ritual prevention：ERP) を Edna Foa から1988年のエジンバラ会議にて学んだ。帰国してすぐに主治医として担当していた不潔恐怖，手洗い儀式の患者に使った。結果は成書のとおりだった。このワークショップの資料は現在も利用している。David Barlow からパニック障害に対する内部知覚エクスポージャー (interoceptive exposure) を1992年のゴールドコースト会議にて学んだ。広場恐怖の患者に運動負荷のエクスポージャー課題を使うようにした。Linda Sobel と Mark Sobel から MI を1995年のコペンハーゲン会議にて学んだ。このときは帰国しても使うことはなかった。誰に何がどうできるのかわからなかった。

(2)MIをする

　2000年，薬物依存患者の日米比較のためにハワイに2カ月滞在した。結

果を発表するため同年5月のアメリカ精神医学会に参加した。薬物依存シンポジウムの聴衆からMIが評判になっていることを知った。2001年再びハワイに滞在した。矯正関連の職員を対象にしたワークショップに参加するとテーマはMIだった。ハワイ大学はMatrixプログラムという薬物依存治療法の臨床試験をすることになった。ロサンゼルスのMatrix InstituteにてJeanne Obert[11]のワークショップを受けた。やはりMIであった。MIを本格的に学ぶべきだと考え，William Millerに連絡をとった。研修ビデオを取り寄せ，MIの本[7]を読んだ。2001年から菊池病院においてMatrixプログラムに準拠した薬物依存治療プログラムを立ち上げ使うようになった。このときからMIを薬物依存の患者に実際に使い始めた。2003年クレタ島にてTraining for New Trainerを受け，MIトレーナーの組織 (Motivational Interviewing Network of Trainers : MINT) に加わった。勤務先の病院の薬物依存治療スタッフにMIを教えるようになった。MIに関する文献資料が必要だと考え，Millerらによる治療マニュアルを翻訳した[2]。翻訳は著者のWEBサイトに掲載している (http://homepage1.nifty.com/hharai/TIP/35/tip35_chap1.html)。訓練用DVDが必要だと考え，『動機づけ面接トレーニングビデオ 日本版〈導入編〉』を作成した。2004年に国際行動認知療法学会が神戸で開かれた。MIのワークショップとシンポジウムをMINTのメンバーに声をかけて企画した。米国のSusan ButterworthとドイツのUlfert Hapkeが応じてくれ，ワークショップを開催した。このときからMIのワークショップを日本国内の要望に応じて開くようになった。30分程度のものから丸一日のものまで年に数回行っている。

(3) ACTに触れる

ACTに触れたのは2004年のことである。8月にAkihiko Masudaが菊池病院でACTについての講演を行った。興味を持ち，ACTの本の翻訳についてMasudaに相談したところ，武藤助教授（当時）を紹介された。2005年11月の米国行動認知療法学会にて，Steven C. HaysによるACTのワークショップを受けた。著者がACTから受けた影響は先に述べたものとはかなり違う。ACTに触れることは言語行動に関する行動分析とルール支配行動に関する基礎的研究の臨床への応用について考える機会になった。これは最後に詳しく述べることにする。

2. MI とは

　行動療法を第1，第2，第3世代に分けるとすれば，MIは第2世代である。第2世代が第1世代やACTと異なるのは，臨床的観察から得られたものを帰納したものであり，理論的背景が貧弱であることである。特定の疾患や問題に対する認知行動療法の治療パッケージは一般的に，その疾患や問題に対する病因論的認知モデルを持っている。しかし，この認知モデルは，記憶や思考に関する実験的な認知科学理論とは無関係に発生したものであり，基礎的研究の裏づけが乏しい。MIはアルコール依存症の臨床的観察から生じた疑問から始まったものである。言語や動機づけに関する基礎的な学習や認知科学の理論から生じたものではない。実際，MIの多くの文献には〈動機づけ〉に関する理論的考察が欠落している。しかし，理論抜き実践のみという治療法では，ひとつのまとまったものとして認めるには不十分である。とりあえずの説明のために，いくつかの認知理論が援用されている。当初は認知不調和理論やProchaskaとDiClamenteのStages of Changeモデル[1]とMIが関連づけられることが多かった[9]。応用行動分析については，Truaxがロジャースの面接資料をもとにカウンセラーの発言とクライエントの反応の間の随伴性を分析した研究が1966年にある[13]。これ以外に言語に関する行動分析の理論がMIを含むカウンセリングに用いられることはまだない。

　MIが誕生した経過は次のようになる。Millerらが1970年代にアルコール依存症の患者を対象にした行動療法の効果検証研究を読書療法を統制群として行った。読書療法と飲酒の1年後転帰に違いがみられなかった。このようなnull studyは別の研究でも繰り返しみられた。そこで治療者ごとの違いがあるのではないかと考え，治療者ごとに飲酒転帰を調べると，かなりの個人差がみられた。面接中にみられる治療者とクライエントの発言内容と飲酒転帰の関連を調べた。その結果，治療者からは直面化やアドバイスがなく共感的である場合に，クライエントからは情動の表出があり協力的で変化の必要や希望，計画を具体的に述べている場合に，飲酒転帰が良い，とわかった[6]。飲酒転帰の良いクライエントの発言の特徴として，現実と目標そしてその間の葛藤の正確な記述があること，そしてチェンジトーク（change talk）と呼ばれる自己動機づけ発言がある。チェンジトークは5種類に分類することができ，①Desire：変わりたいという願望，②Ability：変わる能力があると言う，③Reason：変わると良いことがあると言う，④Need：変わる必要があると言う，⑤Commitment：変わる計画・これからすることについて言う，がある。治療者の発言については5つの原則，①共感，②矛盾を広げる，③言い争いを避ける，④抵抗を手玉に取る，⑤セルフエフィカシーをサポートする，としてまとめられている。

　クライエントに共感的に接し，傾聴し，クライエント自身が持つ動機づけを引き出すことがMIであるが，それだけでは，MIはロジャースのクライエント中心療法の一バージョンにすぎない。しかし，MIが一般の心理療法ではなく行動療法である。それは明示的な操作によってクライエントや治療者の言語を行動として評価し，研究の対象とし，その結果を用いて面接の方法と訓練の方法を洗練させてきたことにある。MIは動機づけという構成概念についての理論的考察には立ち入らなかった。そうではなく，治療者を操作する手順を定義し，頻度や強度を評価し，治療者行動を独立変数として，クライエントの反応を介在変数として，そして治療転帰を最終的な従属変数とした研究を積み重ねたのである。

　このようなMIの研究のツールの基本となったものがMotivational Interviewing Skill Code（MISC）[10]である。MIには多数の効果検証研究があり，その結果はメタアナリシスの形でまとめられており[4, 12]，この結果によればMIのトレーニングを受けたカウンセラーによる面接は伝統的な通常の面接をさまざまな領域で凌駕している。そして，これらのMIのトレーニングを受けたセラピストの面接内容の品質保証に使われているものが，MISCである。本章末に抄訳を示す。これを読むことによってMIの面接スタイルが求めているものがわかる。MISCはhttp://www.motivationalinterview.org/にて入手できる。全訳についてはhttp://homepage1.nifty.com/hharai/mi/にて入手できる。

3．MIの実際

　新しいやり方を人に伝えるときに一番良いのはことばによる説明よりも実際にやってみせ，そして人にやらせることである。Sobelらのワークショッ

プで MI についての講義を聴いただけでは著者には何も伝わらなかった。わかったと思えるようになったのは自分でさまざまな場面で実際に用いるようになってからである。本章では MI についてことばで説明するのではなく，実際の面接場面のやりとりを示すことによって示すことにする。面接について MISC によるコード化を行っている。面接内容とコード化の結果を見ることによって，MI に沿った治療者の発言とはどのようなものであるかがわかる。

3-1. GAD のクライエントに対する MI

これは GAD（全般性不安障害）の患者に対する面接の記録のサンプルである。初診時の主訴は「気分がすぐれない，気持ちが落ち着かない，不安・イライラ感」であった。症例は，フルタイムで勤務している 45 歳の女性であり，中学生の 2 人の息子がいる。次男は過去に医師から ADHD（注意欠陥／多動性障害）と診断されている。現在は受診や服薬はしていない。不登校はなく，学校で目立つことはない。日常の身辺整理や清潔保持は不十分であり，忘れ物が多い。本人は次男の日常生活態度を常に心配している。夫は会社員，家族 4 人で暮らしている。兄弟の喧嘩は日常茶飯事である。構造化面接（MINI）によって DSM-IV 診断がつけられており，GAD 以外には小動物に対する特定の恐怖がある。また他の精神障害や身体疾患の既往はない。昔から心配性だったと述べる。HAM-A では 29 点である。

以下は，通常のある日の面接である。T はカウンセラー，C はクライエントを意味し，番号は発言順である。右側に MISC による治療者発言のコーディング結果を示す。MISC はクライエントの反応については薬物依存の患者を想定している。このケースでは GAD の患者であることから，懸念や心配，アドバイス要求は－（変化に抵抗）にコードするようにした。変化への意思，自己コントロールの表明，受容を＋にコードするようにした（表 17-1）。

コードの意味は表 17-1 を見ていただきたい。最後に MISC サマリースコアの項目があり，ここには治療者の発言で MI に一致した反応（MICO），一致しない反応（MIIN）がリストされている。MICO は是認とクライエントのコントロールを強調する，聞き返し，リフレーミングなどがある。MIIN は許可なしにアドバイスを与える，直面化，命令，警告などである。

第17章 動機づけ面接とACT　287

表17-1　MISCによるコーディング例

	内　容	コーディング
T1	この1週間はどうでした？	開かれた質問
C1	先週金曜日に兄弟喧嘩が激しかった。長男が次男に殺すぞ，と言う。	0
T2	「殺す」ということばを聞くと誰でも不安になりますね。長男は次男にすごく怒っていたということですね。	言い換え　クライエントの感情を反映
C2	次男が長男の言うことを聞かなかったんです。それが原因で。	0
T3	次男は長男にいつも逆らうのですか？	増幅した聞き返し
C3	長男が飲もうと思って冷蔵庫で冷やしていた缶ジュースを次男が勝手に飲んでしまったんです。もうそれで，長男が逆上して。またお前が，と。	0
T4	缶ジュースがもとで殺し合いになると思われたのですね。警察を呼ばれたのですか？	パラグラフを続ける
C4	いいえ，警察を呼ぶまではなかったんですけど。でも，しかし，先生，最近，中学生の事件がよくあるのをご存じでしょう。新聞によく出ますよね。うちの子どもたちも必ずやると思います，いつか。テレビやニュースを見ると本当に起こるんじゃないかな，と思います。	心配　―
T5	なるほど，ということは，殴り合いの喧嘩から，お子さんが大怪我をし，いつか新聞の一面に載るということですね。	増幅した聞き返し
C5	まだ怪我まではいかなかったけれど。不安で不安で包丁か何かでも，持ち出されでもしたときには，えらいことになるなと思って。心配でたまりません。どうしたら喧嘩を防げるでしょうか？　先生，何か良い方法はありませんか？	心配　アドバイス要求　―
T6	わかりました。つまり，長男が包丁で刺そうとしたのですね。	パラグラフを続ける
C6	いいえ，そうじゃないけど。でも，長男がバットを持ち出して振り回したんです。バット殺人があるでしょう。	心配　―
T7	そうですか。長男がバットで弟を殴ったのですね。	パラグラフを続ける
C7	いいえ，次男がバットを出してきたんです。長男が「殺すぞ，死んでしまえ，お前はいらん，出て行け，馬鹿，アホ」と言って，次男を足で蹴ったり，殴ったり，していました。次男はしばらく殴られていましたが，しまいにバットを持ち出して，振り回しだしたんです。	0
T8	そのバットで，ガラスが割れたり，壁に穴があいたり，大変なことになったのですね。	パラグラフを続ける

表 17-1 つづき

	内　容	コーディング
C 8	そこまではなくて。長男を止めようとして、バットを持ち出して、振り回したんです。物には当たってはいないんですけど、でも、母親の私にも当たりそうだったんです。私がふたりを止めに入ったから。なんとか。	0
T 9	次男さんは他にはどんなことを？	開かれた質問
C 9	本や雑誌をばらばらにしたり、投げたり、洗濯物を投げたり。	0
T 10	もう見境いなく、手当たり次第に投げたり、壊したりしたということですか？	増幅した聞き返し
C 10	いいえ、考えて投げていました。誰も怪我はしませんでした。でも、だけど、母親の私が止めに入らないといけなかったんです。	0
T 11	まとめると、ジュースのことから兄弟が喧嘩し、兄が弟を殴り、弟がそれを止めようとしてバットで脅した、誰も怪我していないし、壊れたものはない。今回はお母様がおられたから良かったけれど、今度はきっと殺人が起こる、と思っておられるのですね。	サマライズ
C 11	はい、長男の様子がおかしくて、勉強している時間は誰も部屋に入るなと言うんです。野球部で 14 人の部員と仲良くしていて、友達も多かったんです。とても明るい子だったのに、最近、親とも話をしなくなりました。塾の友達としか話をしなくなったんです。夏休み前と様子が変わってきました。笑顔もないし、拒否的だし、食事はするけれど、家族と一緒には食べません。	心配　―
T 12	長男の様子が夏休みで変わってきた、これからもっとひどいことが起こると思うのですね。	サマライズ
C 12	ええ、長男がバットを取り上げて、包丁を持ち出したりするだろうと思います。こんなことは普通のことではありません。	心配　―
T 13	200 人の同級生の中で兄弟喧嘩をするのは、あなたのところだけど、昔の人はしなかった、と思うのですね。	増幅した聞き返し
C 13	ええ。うちは特別だと思います。	心配　―
T 14	そうすると、特別に危険な家族である、そこで、殺人が起こらないようにしたい、というのが一番の目標ということになりますね？	コントロールを強調する
C 14	はい。喧嘩がなければと思います。	変化の希望　＋
T 15	喧嘩をすれば殺人になる、と思われるのですね。	パラグラフを続ける
C 15	はい	0

表 17-1 つづき

	内　容	コーディング
T 16	喧嘩をさせないために，今までは説得をされたのですね。そして 24 時間監視するということをされた。他には何かありますか？	コントロールを強調する　開かれた質問
C 16	無理だけどふたりをばらばらに引き離すというのもあると思います。	変化への楽観視　＋
T 17	整理すると，①親からの説得，ただし，ご主人はしてくれない），②ふたりをばらばらにする，③お母様が監視する，ということになりますね。他には？	サマライズ
C 17	思いつきません。監視をずっとできたらいいけど。	0
T 18	監視をしている間は喧嘩をしない，ということですね。	言い換え
C 18	はい	0
T 19	なるほど，良かったらこの 2 週間の喧嘩の頻度とお母様が自宅におられた頻度を教えてください。この 2 週間で喧嘩は何回ありました？	開かれた質問
C 19	この間の 1 回です。	0
T 20	お母様は日中はお仕事でしたね。昼間に家におられたのは？	開かれた質問
C 20	1 日だけです。	0
T 21	喧嘩があったのは，その日ですか。	開かれた質問
C 21	はい	0
T 22	そうですか。2 週間のうち，喧嘩が 1 回，その日はお母さんが家におられた。そして，怪我は？　喧嘩をして怪我をされたことは今までに何回ありました？	サマライズ
C 22	わかりません。今度はなかったけれど。	0
T 23	息子さんが怪我をされたことは？	閉じられた質問
C 23	何回かあります。	0
T 24	そのときはいつも喧嘩のときなのですね。	閉じられた質問
C 24	そういうことはありません。	0
T 25	まとめると，この 2 週間のうち，お母様が自宅におられる日に喧嘩があった，そして，怪我をしたことはあるが，それは喧嘩のない日のこと，ということになりますね。	サマライズ
C 25	私が喧嘩をさせているということですか？　先生は，私が悪いとおっしゃるんですか？	議論する　－
T 26	ご自分が喧嘩のたねになっている，としたら，それはとても受け入れられないことなのですね。	両面を持った聞き返し　クライエントの感情を反映

表 17-1 つづき

	内　容	コーディング
C 26	ええ。それは。(沈黙)　先生，実は，私は子どもが嫌いなんです。いつも私の怖がることばかりするので。ときどき，この家から蒸発したいとか，離婚したいとか考えます。親からも子どもから一時的に離れたほうがよいとすすめられています。子どもと離れて両親と私の3人で暮らせば平和で気分的には楽と思います。一方，子どもに何かあったら自分が不幸になると思います。嫌いだけど，子どもからは離れられません。	受容　＋
T 27	そうなのですか。子どもの声や姿を見ないですんだら，どれだけ気が楽か，とよく思うのですね。事情が許せばそうしたい，と思うのですね。	言い換え　コントロールを強調する
C 27	はい。親から，そうしたらとよくそう言われるけど，でもできないんです。子どもから離れて実家に2，3日泊まることもできないんです。	否定する　－
T 28	まとめると子ども達と一緒にいるのは怖いことばかりでつらいので，離れて暮らしたい，一方，子ども達の親としての責任も捨てられない，ということですね。夫や子ども達と離れて暮らしたい気持ちを0～100とすると，どれくらいになりますか？	サマライズ　開かれた質問
C 28	50です。	0
T 29	子どもから離れてはいけない，子どもに対する責任を果たしたい，という気持ちを0～100とすると？	開かれた質問
C 29	100です。	0
T 30	そうすると，あなたの選択は，子どもたちに対する責任をとるということになりますね。そのためには，今の恐怖を受け入れるということですか？	コントロールを強調する　閉じられた質問
C 30	そうなりますね。そうですね。私としては，何もない平穏，無事な生活だったらいいのに，とよく思います。でも，自分にはいろんなことが次から次へ来るみたいです。これは，誰かのせいというのではなく，めぐり合わせなのでしょうね。いろんなことがあるのも仕方ないと思っています。	受容　＋
T 31	そうですね，嫌なこともめぐり合わせで起こってくることだ，あれこれしても仕方ない，と思うようにしよう，ということですね。そのように考えると楽になれる，ということですか？	言い換え　コントロールを強調する
C 31	はい，そうですね。気にしても仕方ないと思います。	受容　＋
T 32	なるほど，そうですね。他には気がかりはありますか？	開かれた質問
C 32	いいえ，特にありません。ありがとうございました。ほっとしました。	0
T 33	わかりました。ではまた次回の診察のときに。	構造

表 17-1 の面接の中では MIIN は T 23，24 にて閉じられた質問があるだけである。直面化や命令，アドバイス，評価などの発言はない。C 25 でクライエントは治療者の発言内容を非難しているが，治療者はそれには応じていない。T 26 では，抵抗の裏側にあるクライエントの感情を聞き返している。MI の文献ではこのようなやり方を「抵抗を手玉にとる」と呼び，よく「柔道」にたとえている。

　クライエントは最初に中立の発言があるが，C 4，5，6，11，12，13 では悪い方向に想像し心配する反応とアドバイス要求がある。T 25 はクライエントからの情報を集めてサマライズしている。その内容はクライエントの懸念とクライエントの実際の行動が相矛盾していることを意味している。これは MI の原則のひとつ，矛盾を拡げる，を行ったものである。

　T 26 ではクライエントの反論を取り入れた両面を持った聞き返しをクライエントの感情に言及しながら行っている。C 26 ではそれまで防衛的であったクライエントが，オープンな態度と正直さを示すようになっている。T 27 ではそれを聞き返し，そして，「受容」を本人のコントロールによって行うことを強調するようにしている。以降は，恐怖を受容すること（子どもと一緒に住むこと）と，避けること（離れて実家に住むこと）についてそれぞれのユーティリティー（クライエントにとっての価値）を点数化し，それらの間で選択を本人がとるようにしている。C 26 では「離れられない」から子どもから離れない，だから仕方ない，というような行き詰まりとしてのやむを得ない選択から，C 30 の「めぐり合わせ」だから，するしかない，というように，よりポジティブな受容に変わってきている。

　クライエントには問題の認識は最初からあるが，防衛的であり，状況を完全には話していない。問題解決の方向性は子どものコントロールをするアドバイスを専門家からもらう，ということであったが，最後は自分の受け止め方に話が進んでいる。セッションが進むにつれて，クライエントが自分自身について意味のある情報を提示するようになっている。最終的には，オープンな態度と正直さがみられる，言い訳や隠し事がなくなってきている。

　MI トレーニングでの目標行動クライテリアからみると，聞き返しと質問の比率（R/Q）は 2.1，開かれた質問のパーセンテージ（%OQ）は 80%，複雑な聞き返しのパーセンテージ（%CR）は 81% であり，エキスパートレベルということになる。

3-2. ACT から見た MI の面接

上記の面接を言語に関する行動分析から見てみよう。特徴として，①治療者が自分のプライベートイベントを一切タクトしていない，②ルール提示をしていない，がある。ACT からみれば次のようになる。

(1) 認知的脱フュージョン

クライエントが恐れ，話すことを避けている事柄を増幅した聞き返しの形で治療者が述べている。これを繰り返し面接の中で続けるうちにクライエントが自宅での状況を恐れずにタクトできるようになっている。当初はこうしたことばは恐怖され，避けられていた。MI のスタイルによる増幅した聞き返し (amplified reflection) が，恐怖が条件づけられていたことばに対して認知的脱フュージョンの効果をもたらしたと考えられる。

(2) 不適切なルール探索行動に対する弱化

クライエントは ADHD と診断された息子を持つ母親として精神科医との面接に臨む，というコンテキストにいる。このようなコンテキストでは C4 のような発言は通常は治療者からのアドバイス（ルール提示）が期待できる。しかし，治療者は T5 で増幅した聞き返しを行い，アドバイスを提示しない。クライエントは C5 でさらにアドバイス要求のマンド（要求の機能を持つ言語行動）「先生，何か良い方法はありませんか？」を発している。治療者は T6 でさらに増幅した聞き返しを続けている。これを繰り返した結果，クライエントからの明示的なアドバイス要求はなくなっている。

(3) Creative Hopelessness

T14，T16，T27，T30 にて本人が自分で選ぶことであるがあることをタクトしている。クライエントは最初のうち C14 のように「喧嘩がなければ」というような死人テスト（「死人にもできることは行動ではない」という目標を定める時のルール）を通過しない目標を述べている。治療者は面接の中で得られた情報をサマライズして T25 で息子ふたりの「喧嘩をなくす」というコントロールが無効であることをタクトしている。C25 でクライエントの反駁が生じている。これは，自分にとって嫌なことを述べるな，というマンドとして機能している。治療者はその背景にあるプライベートイベントを T26 でタクトしている。これが本人の情動を正確にタクトしたことになり，C26 で今まで本人がタクトすることを回避していた価値観とルールがタクトされている。これは，本人にとってアンビバレントな価値観で

(4)恐怖を受け入れ，価値観に沿ったルール支配行動を選択する

C 26 から T 31 は本人の行動目標について選択することについて話し合っている。恐怖状況を回避するか，受け入れて母親行動をとるかについてそれぞれのユーティリティー（数字で表された価値観）を述べさせ，どちらかを選択するようにしている。C 30 は恐怖を受容することを述べている。

4．まとめ

　著者としてはACTにふれることは自分のしているMIを見直す機会になった。自分自身やクライエントの行動を正確に行動のことばで述べることができるようになった。そして，GADの患者に対する問題解決の方向性を定めることができるようになった。MIにおける聞き返しとサマライズには方向性がある。上記の例は情動を受け入れ，価値を選択し，行動を起こすこと，という方向づけがあるから成立した面接である。

　「心理療法」はルール支配のようなものである。著者が触れてきたルールの中には従うことが困難だったものがある。その代表は「傾聴しなさい」，「クライエントの話を聞きなさい」というマンドであった。耳にタコができるほどマンドを受けた。しかし，やっとできるようになった，と思ったのはMIを身につけてからであった。受動的に相手の話を聞くことと，MIにおける聞き返しは似て非なるものである。そしてその違いはルール学習ではわからない。これを身につけるには「習うより慣れろ」が必要である。そしてその程度を評価する指標が必要である。MIはMISCのような指標だけでなく，訓練のためのエクササイズも含んでいる。

　カウンセラー自身にもことばに対してさまざまな条件づけがなされている。MIは論争的説得を意図的に避ける。そのためにはクライエントの主観的な体験や見方には妥当性があるのだということを前提としてカウンセリングを始める。このやり方はクライエントの意見や嗜好，信念，情動，ライフスタイルなどのさまざまな事柄について聞き入り，認め，実際に受容することでもある。一方，この方法はカウンセラーを落ち着かなくさせる。クライエントは非常識だったり，カウンセラーの眉をひそめさせたり，状況にそぐわない発言をすることもある。サンプルとして示したGADのクライエント

の心配は荒唐無稽である。T 13「200 人の同級生の中で兄弟喧嘩をするのは，あなたのところだけだ，昔の人はしなかった」の発言の後に，C 13「ええ。うちは特別だと思います」と述べている。普通の常識では，これは変だと感じ，治療者が自分の気持ちをタクトすることが普通の反応である。「そんなことちょっとあり得ないでしょう。心配しすぎです」と言うのが日常の普通の会話である。それでも，このような発言をオープンに受け止めつづけ，クライエントの心配のそばに寄り添い，カウンセラーが自分の理解を再評価し，そして最後にクライエントの見方の妥当性と整合性をチェックできるところまでこぎつけている。これは大変疲れることである。MI を身につけるとはカウンセラー自分自身が変わることでもある。

　MI は方法論的行動主義の良い実例である。MI は臨床での発見から帰納された方法であり，学習理論の発展ではない。「動機づけ」という構成概念について，理論的考察をしないまま，心理評定や効果研究を積み重ねて現在の MI に到達している。発展の仕方から見れば ACT とは対極的である。ACT のような理論背景がなく，臨床の発見だけなのに，その臨床のコンテキストと無関係なところへの応用が広がっている。MI には整合性のある理論が欠けている。成立当初に借りてきた理論のいくつかは陳腐化し，使われなくなった。しかし，そのようなものがなくても，MI の実用上の価値は変わらない。

　一方では理論を持たないことが MI の今後の研究の発展の妨げになるかもしれない。近年の言語行動に関する基礎的研究の進歩は著しい。ルール支配行動や刺激等価性，潜在性抑制，行動モーメンタム，行動経済学などは動機づけ面接の方法を大きく変えていく可能性がある。

Motivational Interviewing Skill Code (MISC) Coder's Manual
動機づけ面接スキルコードマニュアル（その一部）
William R. Miller, Ph.D., University of New Mexico（翻訳　原井宏明）

英語の原文は http://casaa.unm.edu/ にあり、Public Domain である。著者の許可を得て翻訳した。全訳は http://homepage1.nifty.com/hharai/mi/ にあり、これも Public Domain である。

全体的治療者評価
受容（Acceptance）（無条件のポジティブな言及とも呼ぶ）
平等主義（Egalitarianism）（権威主義の反対）
共感（Empathy）（正確な理解とも呼ぶ）
誠実さ（Genuiness）（調和とも呼ぶ）
温かさ（Warmth）
スピリット（Spirit）
　治療者が MI の基本的なスピリットを示している程度を示す。

全体的なクライエントの評価
感情（情動）（Affect, Emotion）
協力（Cooperation）
開示（Disclosure）
関与（Engagement）

全体的な相互作用の評価（Global Interaction Ratings）
協同（Collaboration）
利得（Benefit）

個別の発話に関する評価　治療者行動
アドバイス
　治療者がアドバイスや助言、解決、可能性のある行動を示唆したり、提供したりする。これらは通常、アドバイスが提供されていることを示す言語が含まれている。

是認（Affirm）
　セラピストがなにかポジティブな、ほめることをクライエントに言う。

評価（Appreciation）
　治療者がクライエントの気質や性質、長所について好意的なコメントをする。コメントは通常、安定した、内在的なクライエントの特徴であり、時間や状況にかかわらず存在するが、努力も必要とするような、クライエントのある一面に対するポジティブな言及である。

自信（Confidence）
　治療者はクライエントが何かをしたり、変化を起こしたりする能力についての自信について触れたり、クライエントの自己効力感をサポートする。これらは特定の課題やゴール、変化と関連している。

強化（Reinforcement）
　一般的な〈賞賛〉の発言であり、クライエントの特定の性質に対する直接のコメントではないものである。自己効力感にも直接触れることはない。短いことが多

い。「よくやれましたね」、「すごい」、「そのとおり」、「やったね」、「ありがとう」。

直面化（Confront）
　治療者が直接的に否定し，反駁し，修正し，指摘し，辱め，咎め，説得し，批判し，判断し，訓示し，からかい，あるいはクライエントの正直さに疑問をなげかけたりする。これらは，〈ロードブロック〉であり，特定の否定的・父権的性質や，非難を伴う不平等な力関係，否定性を持つ。

命令（Direct）
　治療者が命令を下し，指令し，指図する。言語は命令形になる。「それを言ってはいけません」，「そこから抜け出して仕事を探しなさい」「あなたは○○する必要があります」，「あなたに○○をしてほしいと思います」。

コントロールを強調する（Emphasize Control）
　クライエントに選択の自由と自律，決断する能力，個人が負うべき実行責任があることを認め，または強調する。これは，ネガティブな表現であることもある。「誰にもあなたに命令することはできませんよ」。咎めたり，欠点をあぶりだしたりするようなトーンはない。クライエントに何かを成し遂げる能力があることをサポートする発言はコントロールを強調する，にコードする。

促進（Facilitate）
　「そのまま続けて」，「それから？」，というようなことばと同じ機能を持つ単純な発話である。

情報提供（Inform）
　治療者がクライエントに情報を提供したり，説明したり，フィードバックを提供したりする。これはアドバイスではない。もしアドバイスが含まれるならば，アドバイスとしてコードしなさい。情報提供は以下のように分類できる。

個人的フィードバック（Personal Feedback）
　クライエントに関する情報で，クライエントがまだ知らないものである。したがって，聞き返しではない。これらの発言は「あなたの○○は」，「あなたの場合」のようなことばを含むことが多いが，含まない場合もある。情報提供がその個人に当てはまると解釈してはならない。直接的な個人的情報を提供しているのでなければ，それは一般的情報である。

自己開示（Self-Disclosure）
　これは治療者自身に関する情報をクライエントに提供するものである。これは治療者個人の人生における過去の出来事や経験に関する開示や，現時点での治療者の個人的な反応，気持ちをクライエントに明らかにすることを含む。

　一般的情報提供

質問（Question）
治療者が情報を集め，理解し，クライエントの過去を引き出すために質問をする。一般的に，これらは，次のようなことばから始まる。「誰が，何を，なぜ，いつ，どのように，どこで」などである。命令形で表されることがある。

閉じられた質問
　これは短い回答を期待している。「はい」，「いいえ」や特定の事実，数字などである。これは，「スポイルされた開かれた質問」を含む。これは，治療者が開か

れた質問で始めたけれども，最後に閉じられた質問で終わるものである．
　開かれた質問
　　閉じられた質問ではないものであり，自由な反応を許すものである．
懸念表明（Raise Concern）
治療者がクライエントのゴールや計画，意図に対して可能性のある問題を指摘する．治療者は直接的あるいは間接的に許可を最初に得ないで行うことがある．アドバイスと同様に下位分類が必要である．事前の許可はクライエントからの求めの形をとるときがある（私のプランについてどう思いますか？）．治療者がクライエントに提供してよいかどうかを尋ねる場合がある（あなたのプランについて私の気になるところを話してもかまわないですか？）．間接的な形の許可要求もあり，これは治療者の心配を無視してもよいという許可をクライエントに与える形の発言になる．

聞き返し
クライエントが述べたことばの内容や意味を反映した陳述を治療者がすることである．通常は，クライエントが話した直後に行われる．誰が，なぜ，どんな，というような質問を聞き返しとしてコードしてはいけない．4つのタイプに分類する．
　繰り返し（Repeat）
　言い換え（Rephrase）
　　クライエントの述べたことによく似ているが，軽く言い換えを加えることである．同義語に言い換えることが多い．クライエントの述べたことと同じことであるが，それを別の表現をしたことになる．
　パラフレーズ（Paraphrase）
　　クライエントの述べたことについて，意図する方向に変化させたり，加えたりして，クライエントの述べることの意味に言及することである．治療者はクライエントがまだ直接には述べていない何かを話す．これには3つのレベルが含まれる．
　増幅した聞き返し（Amplified Reflection）
　　クライエントに聞き返す内容が強調されたり，強度が強められたり，誇張されたりされる．
　両面を持った聞き返し（Double-Sided Reflection）
　　アンビバレンスの両面がひとつの聞き返し反応に込められている．
　パラグラフを続ける（Continuing the paragraph）
　　クライエントによってまだ表現されていない次の発言の内容を治療者が予測して述べること．
　聞き返しにおける隠喩と直喩（Metaphor and Simile）
　感情を聞き返す（Reflection fo Feeling）
　　クライエントがその前に感情をことばにしていないところで感情を聞き返す．
　サマライズ
　　クライエントの発話の最低でも2つ以上の聞き返しを，そして最低でひとつは直前ではない，以前の発言からのものを含めて，まとめたものである．両面を持った聞き返しについて，直前のクライエントの発言が片側だけを含んでいて他の片側については以前の発言から汲み取られている場合に限っては，この聞き返しを

サマライズとコードする。クライエントの直前の発言が両側を含んでいる場合，両面を持った聞き返しは，繰り返しや言い換え，（通常）パラフレーズにコードする。

リフレーム（Reframe）
クライエントが表出した経験のほかの意味を示唆し，その経験に新しい光を当てること。

サポート（Support）
支持的，理解のあるコメントであり，是認や聞き返しとしてコードできないものである。これらは状況に対するコメントやクライエントに同意したり，その立場に立つ性質を持つ。「おっしゃることはよくわかります」，「それはあなたにとってとても大変なことだったのですね」，「それは尋常ではないですね」。クライエントに対する同情や慈悲に関する発言（是認ではない）はサポートとしてコードする。「あなたのことを心配しています。この1週間気がかりでした」。〈ひねりをきかせた同意〉はリフレームのあとにサポートがあるものであり，両者をコードする。

構造（Structure）
セッションで何が起こるかについてコメントすること，セッションの次の部分に移行させるために用いられる。次に何が起こるかについてクライエントに予期させるために用いられる。

警告（Warn）
セラピストが警告や脅しをする。クライエントが特定の行動を起こさない場合は，否定的な結末がやってくることを意味する。

クライエント行動の評価

? 質問（Ask）
クライエントが情報を求めたり，質問したり，治療者のアドバイスや意見を探索する。

0 追従／中立（Follow/Neutral）
クライエントの反応が続いているが，変化に抵抗（変化から遠ざかる）でもチェンジトーク（変化に向かう動き）でもないものである。次のように定義される。（注意：全体の流れに沿わない発言は一般的に「変化に抵抗」にコードすること）。追従/中立のカテゴリーは「そのとおり」，「OK」，「わかりました」などの短い単語やフレーズを含む。

— 変化に抵抗（Resist Change）
クライエントの反応に整合性が欠けていたり，変化から遠ざかる方向への動きを反映している。注意：ここでの変化とはどのような変化であっても良いのではなく，特定の目的の方向への変化である。たとえば，問題飲酒の治療という状況の中での変化である。「変化に抵抗」やチェンジトークは飲酒行動の変化に関連してコードされる。クライエントは他の課題についてもチェンジトークを表現することができる。たとえば，人間関係の変化，新しいアパートへの引越し。しかし，これらは，目的とする変化との関係がはっきりしている場合でなければコードしない。

変化に抵抗は抵抗的性質を持つ必要はない。情動的な反応を伴う必要もない。クライ

エントの述べていることが，目標行動を変える気持ちがない，ということを反映していることがキーである。この場合，現状維持や逆行することを望んでいることになる。一般的に4つのタイプがある。

議論する（Arguing）
クライエントが治療者に不同意し，直接的に治療者の発言の正しさに挑み，治療者の個人的な権威に疑問を投げかけ，治療者に敵意を表現する。「ええ，でも，だけど」のような反応を含む。

割り込む（Interrupting）
クライエントが割り込み，治療者の話を防衛的な態度で妨げる。治療者が話している間に，適切な間や沈黙を待たずに，話し始めたり，直接的に治療者の話に治療者を除外するような言い方をする。「まあ，ちょっと待ってください」。

否定する（Negating）
これらの反応は問題の認識が欠けていることや協力する意思がないこと，責任を受け止める気持ちがないこと，アドバイスに従う気持ちがないこと，変化する気がないことを意味する。これらは，究極的には，自己動機づけ発言の反対である。なぜ変化が起こりえないのか，なぜ役に立たないのか，他人が問題の原因であるとして責めたり，治療者の示唆に不同意したり，行動の言い訳をしたり，否定的な結果について免責を求めたり，リスクや危険を過少視したり，悲観的であったり，やる気がなかったり，変化する希望や意思がないこと，などの例がある。

追従しない（Not Following）
クライエントが質問に答えず，治療者を無視したり，話の流れに従っていない証拠がある。これらは，不注意や（治療者の発言に追従していない），質問に答えない，何も発声しない，治療者が話している内容とは別の方向に話題を切り換える，などがある。言語的回答の場合は，情報を提供していないものである。たとえば，「私は知らない」なども，コードされる。

＋ チェンジトーク（Change Talk）
クライエントが以下の4つのカテゴリーの反応の最低1つを示す。それは目標行動への変化の方向に進む性質がある。それぞれの異なった自己動機づけ発言をカウントする。異なった短い反応をひとつの＋反応としてコードしてはいけない。たとえばクライエントが変化する利点についていくつかの異なった反応をリストしたのであれば，それぞれを別々にチェンジトークとしてカウントする。チェンジトークには4つの普通のタイプがある。

問題の認識（Problem Recognition）
クライエントがリスクや危険，自己や他人に対する否定的な結果を認識する。否定的な結果についての自己責任をとる，など。

懸念（Concern）
クライエントが自分の現在の状況について懸念を表明する。

希望/変化の意思（Desire / Intention to change）
クライエントが変化への希望，あるいは変化する意思を述べる。

楽観主義（Optimism）
クライエントが自分の能力や変化を達成する能力について楽観的に述べる（セル

フエフィカシー）。変化への希望や意思を伴う場合も伴わない場合もある。
チェンジトークは治療者の質問に対する回答として起こることもある。実際，開かれた質問は MI におけるチェンジトークを引き出すためのひとつのよくある方法である。単純な，一音節の反応であってもチェンジトークにコードできる。

MISC サマリースコア

以下は MI の品質を示す指標として推奨されている行動指標である。

聞き返しと質問の比率（R/Q）
R/Q は全体の質問の和で聞き返しの和を除したものである。

開かれた質問のパーセンテージ（% OQ）
% OQ は開かれた質問が行われた数を全体の質問の数の和（開かれた質問と閉じられた質問の合計）で除したものである。

複雑な聞き返しのパーセンテージ（% CR）
% CR は，パラフレーズ＋サマライズの合計を全体の聞き返しの和で除したものである。

MI 一致反応（MICO）
MICO 反応は動機づけ面接（Miller & Rollnick, 1991）にて直接的に指示された反応（是認，クライエントのコントロールを強調する，聞き返し，リフレーミング）である。

MI 不一致反応（MIIN）
MIIN は直接的に禁止された反応（許可なしにアドバイスを与える，直面化，命令，警告）である。

MI 一致反応のパーセンテージ（% MIC）
% MIC は MICO の数を MICO と MIIN の合計で除したものである。

治療者発言時間パーセンテージ（% TTT）
% TTT は治療者の発言時間の合計（分）を治療者の発言時間とクライエントの発言時間の合計で除したものである。

MI トレーニングでの目標行動クライテリア

初心者からエキスパートのセラピストのパフォーマンスのデータからみて，次のようなベンチマークを推奨している。

行動指標	理想的（エキスパート）レベル	閾値レベルの能力
治療者全体評価	＞6.0	＞5.0
聞き返しと質問の比率（R/Q）	＞2.0	＞1.0
開かれた質問のパーセンテージ（% OQ）	＞70％	＞50％
複雑な聞き返しのパーセンテージ（% CR）	＞50％	＞40％
10 分間聞き返し反応率 RR 10	＞15	＞10
MI 一致反応のパーセンテージ（% MIC）	＞90％	＞80％
治療者発言時間パーセンテージ（% TTT）	＜50％	＜60％

理想的なMIに沿った話し方をことばでまとめると以下のようになる。
治療者は；
- クライエントが話す時間よりも短く話せ
- 最も多い反応はクライエントの述べたことに対する聞き返しでなくてはならない
- 平均すると，1回の質問について2回聞き返しする
- 聞き返しをするときは，複雑な聞き返しが半分以上になるように
- 質問をするときは，開かれた質問が大半になるように
- クライエントの準備段階のレベルの先にいかないように（警告，直面化，歓迎されないアドバイス，命令，問題になっている事柄の良い側に治療者が立つこと）

Miller, W. R. & Rollnick, S. (1991). *Motivational interviewing*：*Preparing people to change addictive behavior*. New York：Guilford Press.

第18章

フォーカシングとの小さな一歩：
体験過程的アプローチとしての ACT

武藤 崇

　まず，本章をフォーカシング（focusing）の提唱者である Gendlin の以下の引用によって始めさせていただきたい。

> フォーカシングはなぜ有効なのだろうか。「プロセス」がこれほど賢いのはどういうわけなのだろうか。「賢い」のはからだである。しかし，もちろん，ここでいうからだは単に生理学に還元されるような身体でもなければ，機械としての身体でもない。そのからだとは，あなたが生きている根元にほかならない。このからだはあなたと別のものではない。あなたはあなた，身体は身体といった具合に二分されるようなものではない。あなたのからだは，あなたのいる状況に働きかけ，状況を作り出す。そしてその相互作用の大部分は意識的思考以前に起こっている。あなたがこの生きる過程に注意を向け，それとともに進んで行きさえすれば，単に車や機械を運転するように単にからだを運転している場合よりも，より広く大きな可能性と選択の道を探っていけるだろう（文献3；邦訳は日笠摩子氏による，p.508）。

　驚くべきことに，フォーカシングを「行動分析学」，からだを「行動」，身体を「動作」と置換すると，Skinner や Hayes による記述ではないかと見まがうほどである。それほどに ACT とフォーカシングとは「近い」存在であると考えられる[註1]。それは Hayes らによる ACT マニュアル "Acceptance and commitment therapy"[6]のサブ・タイトルである「行動変化に対する体験過程的アプローチ」（an experiential approach to behavior

---

註1）この場合の「行動」という語句は第1章と第2章で使用した意味で使用されている。

change）にも如実に反映されている。そこで，本章では体験過程的な方法の「大先輩」であるフォーカシングの「胸を借りる」ことによって，現行のACTをリフレクティブに捉えていくこととしたい。ただし，Gendlinは実存主義の哲学者でもあるため[8]，ACTとフォーカシングの相互作用は本章のみでは到底完結できるものではない。そのため，本章はあくまで，フォーカシングとの相互作用における「はじめの小さな一歩」（a first small step with focusing）にすぎないことを予めお断りしておきたい。

　本章は，①Gendlinから見た行動療法・認知療法，②フォーカシングからのACTへの示唆，③ACTからのフォーカシングへの示唆，で構成されている。

1．Gendlinから見た行動療法・認知療法

　Gendlinは，『フォーカシング指向心理療法』(Focusing-oriented psychotherapy) という著書（邦訳書では下巻）の中で，さまざまな心理療法を体験過程的方法（experiential method）あるいはフォーカシングという観点から統合する試みを行っている[3]。その中の第17章で行動療法を，第18章で認知療法を扱っている。

1-1．アクション・ステップス

　文献3の第17章は上記のタイトルで，5節から構成されている。その節は，①害のない（harmless）アクション，②新しいからだのエネルギーを実践するアクション，③極少（tiny）ステップのプログラム—オペラント療法，④オペラント法をいかに体験過程化（experientalize）させるか，⑤アクション・ステップスの使用を通常のセラピーに組み込む，⑥こころ（psyche）とアクションとの関係，の5つである。

　一般的に，行動関係でない研究者が執筆する心理療法の概論書において行動療法が紹介・説明される場合，レスポンデント条件づけを基礎とする系統的脱感作，オペラント条件づけを基礎とするシェイピング，プログラム学習，トークン・エコノミーが紹介される。さらに，前者は恐怖症，後者は障害児・者に対する問題行動の軽減に関する事例紹介がなされる[註2]。この第17章においても，②，③，④という節で，シェイピングとプログラム学習

が取り上げられている。また，Gendlin が指摘する行動療法に対する批判は少なくとも ACT については全く当てはまらない。しかし，その誤解の一つひとつを取り上げて詳細に弁明することはここでは控えたい。そのような行為はあまり生産的なことでないと考えるからである。それより，一般の心理療法家があまり指摘をしない Gendlin 独自の行動療法への視点を取り上げることとしたい。

　この第 17 章で Gendlin が強調するのは「人間における『内』と『外』は，生きる過程の両側面にすぎない」(In human being the inner and outer are two sides of the same life process；p.237) ということである。そのため，(a)外的な変化から内面の変化が引き起こされることもある，(b)外的，あるいはアクションのレベルでの変化がなくて，内面的変化だけが変わることはない，(c)本来的には心理療法と行動療法との対立などない，と捉えている。このように捉えるのは，「私たちはからだで（と共に）状況を『生きて』いる」(We "live" our situations with our bodies；p.237) という認識によるものであると考えられる。この認識に基づき，体験過程に関係するようなシェイピングとプログラム学習の使用方法を提案しているのが特徴である。この認識と提案は，一般的な認知行動療法においても十分通用するものであると言えよう。

1-2. 認知療法

　文献 3 の第 18 章は上記のタイトルで，11 節から構成されている。それらは，①標準的な認知療法の方法，②セラピー中における認知的方法の体験過程的な使用，③認知は体験を組織化する際の基礎なのか？　④体験過程的に関係づけられた思考とは何か？　⑤認知か，認知ではないかは一時的な区別にすぎない，⑥どのようにして認知的なリフレーミングが可能となるのか？　⑦リフレーミングが効果的なときはいつか？　⑧認知が効果的な時に次に探究すべきなのは何か？　⑨思考は何であって，何でないか？　⑩再び基本的な疑問：体験の秩序は認知によるものなのか？　⑪認知的介入が低頻度かつ短期間でよい（でなければならない）理由，の 11 節である。

　この第 18 章で Gendlin が強調するのは「人の変化に及ぼす第一義の要因

註 2）「一般的に」というよりは「最大限に紹介されている場合でも」という記述が正確かもしれない。

は認知ではなく,体験過程である」と要約できよう。そのため,①認知変容は体験過程の変化によって引き起こされる,②体験過程の変化を伴わない認知変容は人に影響を及ぼさない,③認知的介入が必要な場合は非常に限定的なものである,と捉えている。この内容は第17章の行動療法に対するときのスタンスより対立的であると言える。また,このようなGendlinによる認知療法に対する批判もACTについては全く当てはまらない。それどころか,その批判は,そのままACTによる第2世代の行動療法(つまり認知療法と同義)への批判となる。

2．フォーカシングからACTへの示唆

 前節で見てきたように,Gendlinによる行動療法・認知療法に対する捉え方や批判は,ACTのスタンスや捉え方とは全く齟齬がない。そこで,本節ではGendlinが指摘しなかった「フォーカシングからみたACTへ」の示唆を検討していく。

2-1. クライエントとセラピストの関係性

 本書の第6章にて,効果的なACTのクライエントとセラピストの関係性について触れた。その関係性は,強く,開いていて,受容的で,相互的で,敬意に満ち,好意的であるという特徴を持っていた。特に,①セラピストも程度の違いこそあれクライエントと同種の問題を抱える存在であり,②「先生―生徒」,「医者―患者」といった関係ではない対等な関係性を指向し,③そのためACTのスタンスはクライエントばかりでなく,セラピスト自身にも適応される。その一方でACTの具体的な援助手続きは,パラドックス,エクササイズ,メタファーといったクライエントに積極的に働きかけるものである。それはややもすると,「先生―生徒」,「医者―患者」と類似の権力的構造を生み出し,クライエントを指示待ちの状態にする(つまりプライアンスの生起)危険性がある。もちろん,そのような状態に至ればセラピーが進展しなくなる。その時点で,スーパーバイズなどを受けることによってラディカルにACTスタンスを点検・修正すればよいとも言える。
 しかし,フォーカシング指向心理療法では,セラピーにおいて次のような優先事項を明示している。その優先事項とは,まず「人間の存在」(人がそ

こにいる），次に「リフレクション」としての傾聴，3番目としてフォーカシングの方法論となっている（たとえば，Gendlinによる文献3の第23章,ジェンドリン・池見による文献4の第2章）。つまり，クライエントとセラピストの関係性，特にその存在的意義のみを強調する。つまり，セラピストは何らかの条件があるために存在してもよいというのではなく，その関係性の「間に何も挟み込まれていない」，ただ同じ人間同士として存在しているということを示すことが求められる。もちろん，フォーカシングが臨床心理学の中ではロジャーズによるパーソン・センタードなセラピーに分類されるとはいえ，「人間存在」（人がそこにいる）という強調は，ACTセラピストにとってもまさに傾聴に値するものであると言えよう。その理由は，ACTが対等な関係を指向し，社会的文脈を重要視し，機能に徹底しようとするからである。そのようなセラピー場面における「今，ここ」あるいは「一期一会」的な特徴（もちろん，これ自体もACTのスタンスのひとつ）を強調するためにも，「関係性」の重要性を喚起させる「何らかの」弁別刺激は，セラピーの理論，手順やテクニックより先に強調されるべきであろう。

　さらに，フォーカシングでは，その技法を使用するというレベルにおいても，適切な関係性を損なわないような手続きが明確にされている。たとえば，Gendlin[3]の第9章では，①フォーカシングを最初に実施する場合，セラピストは「試しにちょっとやってみましょうか？」という提案の仕方をする，②少しずつ導入する，③フォーカシング以外の方法で体験過程を推し進めることも模索する，④フォーカシングの阻害要因それ自体にフォーカシングする，⑤クライエントに教示の拒否権を与える，⑥「④と⑤」でもうまくいかないときは傾聴や関係性の再構築にステップ・バックする，などといった具体的な方法が挙げられていた。また，フォーカシングのやり方のみをトレーニングする人と，カウンセリングを実施するセラピストとを分けて，それぞれを並行してセラピーを実施していくという方法も行われているそうである。もちろん，ACTセラピストも強引にエクササイズを実施することもなく，段階的にメタファーやパラドックスを導入していくことは行う。しかし，セラピーが進展しなくなり，関係性がスムースでなくなったときに「帰るべき場所」というものが明確にされていない。また，後者の例のように，セラピーが複数体制で実施され，その機能によって役割が分化しているとい

うのは興味深いシステムである。機能によって関わる人物を代えるということは文脈刺激の変化となりうるため，ACTにおいてもそのようなシステムが利用可能かもしれない。

2-2.「価値」の選択方法

　フォーカシングの方法は，ACTにおけるマインドフルなエクササイズとトポグラフィカルな類似点は多い（文献12，本書第7章）。しかし，その使用目的は非常に異なる。ACTでは，脱フュージョン，文脈としての自己，「今，この瞬間」を体験的に理解してもらうために使用している。つまり，脱意味化のために使用している。一方，フォーカシング指向心理療法では，逆に新奇な意味生成のために使用しているように見える[3]。ACTにおいて意味生成を必要とするのはコミットメントの領域，特に「価値」の選択においてである（本書第8章を参照）。そこで，「フェルト・センス」(felt sense) を利用した「価値」の選択方法の可能性を検討してみたい。
　たとえば，以下のような日常的な体験をしたことはないだろうか。何か具体的なイメージを持たずに，日常的に身につけるもの（洋服など）をひとりで買いに出かけたとしよう。その場合，複数の店舗に入り，そこの店員からさまざまな商品が提示される。そのうちの数点を実際に試着してみたりする。その中で一番気に入った商品を絞るまでに至った。しかし，それにもかかわらず，「悪くないんだけど，『何か』ね……」という言語化できないモヤモヤした感じやしっくりこない感じがしたことはないだろうか。その場合，あなたはその商品を購入するだろうか。おそらく購入しないだろう。たとえ購入したとしても，それを身につける機会はかなり少ないのではないだろうか。ここでの「モヤモヤした感じやしっくりこない感じ」をフェルト・センスと呼ぶなら，それは今までに選択してきた「傾向」（言語化できない）を暗示していると考えられないだろうか（文献3の第21章を参照）。行動分析学的に言えば，そのフェルト・センスがある場合にはその購入品を身につけるという反応頻度が低く，逆にそのセンスが消失した場合（あるいは「そう，これだ！」と感じた場合）には，その品を身につけるという反応頻度が高い。つまり，そのようなセンスが，ある選択反応の弁別刺激となっている可能性があるということである。ただし，そのセンスはその人の今までの反応傾向を指し示すだけであり，それがその人の生活に望ましい結果をもたら

すか否かは別次元の問題である。
　上記のようなフェルト・センスの使用方法が妥当であるとすれば、ACTにおける価値の選択の際に応用可能であると考えられる。通常、ACTではその選択に使用される手続きは、生活の各領域から、クライエントがセラピストと協議しながら、価値を明確にしていく（本書の第8章を参照）。その際、今まで無自覚だった価値が立ち上がってくることもある。そのときに、セラピストの価値が混入されてしまう危険性もありうる。そこで、セラピストの中立性をより保持するためにも、フェルト・センス（あるいはフェルト・シフト）を利用したフォーカシングの方法が利用できるかもしれない。今後、フェルト・センスがある選択反応の弁別刺激となっているか否かの検証も含めて、そのような価値選択に関する支援方法が可能かを検討することは有意義なことであると考えられる。

2-3. セラピスト養成の方法

　増田[9]によれば、ACTセラピストのトレーニング方法はルール支配行動（第3章を参照）を基盤に構成されている。具体的には、①ルール的学習期、②個人ケース担当開始期、③個人ケース多数担当期に大別される。つまり、知識やモデリングによってACTをまず「頭」で理解し、次にクライエントに柔軟にACT的な対応ができるようにしていくという方針である。もちろん、①の段階でも、セラピストを目指す人たち自身を対象に、3日間のワークショップを実施し、クライエントがACTにおいて体験するものと擬似の内容を体験するという機会が設定されている。しかし、そのようなルール支配行動を基盤としたトレーニング方針によって、②の段階においてクライエントに対する柔軟性を欠いた対応をセラピストは頻発することとなる。たとえば、クライエントの予期しない反応に戸惑う、説得的な対応が多い、セラピストのペースでセラピーを行う（先を急ぐなど）、エクササイズやメタファー導入のタイミングが適切ではない、といったことが挙げられている。確かに、この方針を採用すれば、セラピスト自身がルール支配行動の問題点を体験的に克服していくというプロセスが含まれ、ACTを実施するうえでは有用であるとも考えられる。しかし、その一方で、セラピストがセラピー中に生起させるべき行動は、各種スポーツに必要とされる特殊なスキルや外国語会話スキルと機能的に類似であると考えられ、随伴性形成行動として確

立されることが望ましいとも考えられる。つまり，セラピストの行動がルール支配行動を基盤にしてスキル形成されることが果たして有用で効率的であるか否かは検討の余地があると言えよう。

　そこで，ACTセラピスト養成の初期段階のトレーニング方法として，非セラピー文脈（ワークショップなど）でフォーカシングを採用することも有用ではないかと考える。その理由は，本節の2-1でも触れたように，フォーカシングがセラピストとクライエントとのスムーズな関係性を維持し続けることにより敏感であることと，マインドフルなエクササイズと類似の手続きであることが挙げられる。特に後者については，手続き実行上のタイミングやその進行・対応方法が参考になると考えられる。たとえば，フェルト・シフトなどが生じたときのクライエントの反応は，メタファーがそのクライエントに機能しているか否かを判断する際の弁別刺激としても応用できる可能性がある。さらに，フォーカシングをエクササイズの設定という観点から捉えれば非常にシンプルな構造（たとえば「オモチャの兵隊の行進」エクササイズと比較すると）であり，初期段階にあるトレーナーにも運用しやすいということも考えられる。先述したように，フォーカシングは意味生成のための手続きであるため，そのままACTにおけるマインドフルネスやアクセプタンスを促進する手続きとして採用することは難しい（その理由は次節で触れることとしたい）。しかし，ルール支配行動を基盤としたスキル形成と並行して，このようなフォーカシングを応用した随伴性形成行動によるセラピスト・スキルの形成も初期段階から導入することも有用であるのかもしれない。

3．ACTからフォーカシングへの示唆

　本節ではACTからフォーカシングへの示唆を検討する。まず，以下のACT研究者とフォーカシング研究者との架空会話から始めることとしたい。

　日本のある大きな心理系の学会にて，ACT研究者（Mとする）がシンポジウム直後のフォーカシング研究者（A氏とする）に質問をするという場面設定である。この2人は互いに面識はなく，共通の知人もいないという状

図 18-1　第1問でMがA氏に提示した図形

態であったとする。

M：先生！　ご講演を興味深く拝聴しました。ありがとうございました。私，アクセプタンス＆コミットメント・セラピーという機能的文脈主義に基づく第3世代の行動療法を研究している者です。――名刺を差し出す――お疲れのところ恐縮なのですが，いくつか，ご質問させていただいてよろしいでしょうか？

A：（アクセプタンス＆コミ……なんとか？……第3世代の行動療法？　知らないなぁ。早く一息つきたいのに……）あぁ，はい。いいですよ。

M：ありがとうございます。では……はい！　ここでクイズです。まず，この絵をご覧ください。

A：（おいおい。なんだ不躾に。やっかいなヤツに引っかかっちゃったなぁ……）

　　――Mは相手の表情の変化におかまいなく話を続ける――

M：この欠けた月のような図形（図18-1）を4つ使って，円を生成してください。制限時間は1分です。ヨーイ……スタート！

A：（えぇ？　ちょっと……仕方ないなぁ……ササっと解いて終わりにしないと。でも，どうやって……ん～）

――そうこうしているうちに1分が経過する――

M：はい，終了です！　残念！！　これはですね……

　　――Mは4枚のカードを図18-2のように動かす――

A：これは円じゃない！　円のように見えるだけだ！

M：だから「生成」と言ったじゃないですかぁ。では，気を取り直して，第2問です

A：（あぁ！　もぅ！　強引なヤツだな！　今度は何だ？）

図18-2　第1問の解答としてMがA氏に提示した図形

M：フォーカシングにおけるフェルト・センスを図示した場合，先生はどちらがジェンドリンが提唱するところのフェルト・センスをより適切に表現しているとお思いになりますでしょうか。右でしょうか？　それとも左でしょうか？　必ずどちらかを選択してください。制限時間はございません（図18-3）。では，どうぞ。

A：(今度は，フェルト・センスって……)

A：んん……

――A氏は身を乗り出して食い入るように図を見比べ始める――

A：(いつもははっきりと円では描かないけど，左の図のように描くなぁ。左かな……じゃぁ，ひだ……んん～……何か「しっくり」こないなぁ……待てよ，右の図……さっきの「円」だな。何で，身体の内側に1つあって，外側に3つなんだろう？　3つに意味があるのか？　ジェンドリンが提唱する……って言っていたよなぁ……ジェンドリン……ジェンドリン……状況「内」的な「からだ」……相手のプレゼンス……リフレクション……そうか！　「からだ」は自分と相手の「あいだ」にあって，そして「開かれている」……確かに，身体の内側にあって「閉じた」円のように描くよりは……なるほど……)

――A氏は何か「霧が晴れた」ような表情を浮かべ，右の図を指しながら――

A：こっちの「円」の方がより……

――と，その時，Mが「かぶせる」ように――

M：先生は第1問で「それは円じゃない！」と思い切り否定しましたよね？　お忘れですか？　多くの方が，右の図のような「主体的輪郭」と呼ばれる錯視を見せられると「円ではない」とおっしゃいます。しかし，いざ内的

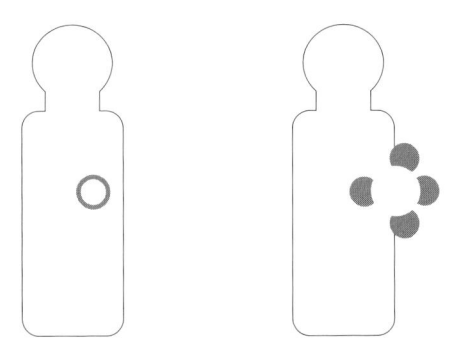

図 18-3　第 2 問で M が A 氏に提示した図形

な側面を語るときには，いとも簡単に「それは円だ」とおっしゃる。私たちは，そのような内的な円，つまり錯視ですが，そのことを「仮説構成概念」と言って繰り返し，その矛盾や弊害について指摘をしてきました。しかし，一向にそれは報われません……報われないどころか，現在はそれを脳の構造へと還元させて考えることこそ「科学的」だと言わんばかりです！　まったく！　しかし，私たちは「風」の存在を，頬に当たる「圧」や木々の揺れという「状況証拠」からしか知ることができない。もちろん「こころ」や「からだ」も然りです。そのような「主体的輪郭」のような「浮き上がってくるような『見え方』」を成り立たせていることこそが，コトバの持つ本来的な特性なんです。それについての自覚がなさすぎ……
——さすがの A 氏も M の話に割って入る——
A：君はいったい，何が言いたいんだ！　初対面なのに，失礼じゃないか！　何が「アクセプタンス」だ！「アクセプタンス」が聞いてあきれる！
—— A 氏は M の名刺を机に叩きつけて，その場を後にした——
M：ちょっと，ちょっと待ってください……ちょ……（あ～……A さん，行っちゃったよ……「アクセプタンス」って，不快な内的体験や感情に対する「受容」のことなのに……これって「A さんは『体験の回避』をした」ってことだよなぁ）

この架空会話でまず意図したのは，前節で指摘した，ルール支配行動を基盤に ACT を学んだ場合に生じるかもしれない弊害を具体的に示すことであった。もちろん，この会話はセラピー場面ではないが，立場を異にする者同

士の相互作用と捉えれば，セラピーにおける相互作用と機能的に類似した点を多く含んでいるだろう。そのような会話において，ACT 研究者であるMは，初対面のA氏に対して，以下のようなミスを犯している。そのミスとは，①初対面なのにいきなりエクササイズを使用した，②やりとりを自分のペースで進めた，③A氏の意味生成を受けることなく，説得口調で持論を展開した，④その結果，相互作用を続行不能にした，⑤その結果をACTの理論で自分に都合良く解釈した，ということであると考えられる。これは，相手のリアクションの変化に柔軟に対応せずに，予め考えておいたエクササイズや持論を展開しただけになっている。さらに，相互作用それ自体を壊しても，それを自分の生起させた行動の問題とせずに，ACT理論を援用してM自身が「体験の回避」を行っている。

　では次に，上記の架空会話の「内容」について検討していくこととしたい。

3-1．フェルト・センスの視覚化──「何か」を実体化させる機序──

　『フォーカシング指向心理療法（上）』の日本語版への序に，以下のようなジェンドリンによる一節がある。

> 　ただ，気をつけて見ておきたいことは，「からだ」に入っていくというときに，すべてをバイパスして平和的なところ，瞑想的な「からだだけ」といったところに入っていくことがあるが，フォーカシングではそこまではいかない。フォーカシングはその中間にある。それは確かに「からだ」を扱っているのだが，ここで言う「からだ」は，状況を抱えたからだ，問題を抱えたからだ，状況を生きているからだなのである。日本で，からだに注意を向けると言うと，状況を置き去りにして，すぐに宇宙的で平和な「からだ」に入ってしまうことがある。どちらも大切なのだが，フォーカシングでいう「からだ」は，状況─内のからだである。（文献3の日本語版〔上巻〕，p.3）

　この一節からもわかるように，フェルト・センスはSkinner[11]が言うところの仮説構成概念ではないことは明白である。つまり，ある行動的問題を合理的に説明するために導入される仮説的な概念ではない。しかしながら，いざそれを視覚的に表記すると，身体の「内」（ときには外）にフェルト・セ

ンスが「実体」的に描かれることがある（たとえば，文献 2 ）。確かに，初心者にフェルト・センスというものを説明する際には，実体しているかのように表記することは有用かもしれない。しかし，その際に，重要な「状況─内」的なからだ，他者のプレゼンスや他者によるリフレクションという重要な成立要件を描き落としてしまうことになる[註3]。そのため「からだだけ」という誤解も喚起されやすくなる。

そこで，図 18-3 の右図のように「主体的輪郭」という錯視を応用して，フェルト・センスを表記してみてはどうだろうか。そのように表記すると，身体に内部に感受できる「何か」について，さらに身体外との関係性についても表記できる。しかも，「開いている」ということも視覚的に表現できる。さらに，「図と地」の反転を必要とする図柄であるため，「フォーカスしていく」（focusing）ということもイメージしやすくなるかもしれない。

では，なぜ，このような視覚化の提案が ACT から可能なのだろうか。実は，このような主体的輪郭のような概念の使用方法を ACT 理論内で巧妙に使用しているからなのである。たとえば，アクセプタンスという概念がそれに該当する。このアクセプタンスという概念は「体験の回避」のオルタナティブでしかないのである[5]。つまり，体験の回避の補集合的な概念でしかない（本書第 4 章の図 4-6 を参照）。そのため定義や表記が非常に困難なのである[10]。しかし，そのようなラベリングによって，補集合的な内容があたかも実体的なものになり，それに積極的な注目を与えていくという効能がある[註4]。その一方で，そのような言語プロセスを熟知しておかないと，セラピスト本人が「言い訳」的に，つまり仮説構成概念的に，その概念を使用してしまう危険性がある（たとえば「そのクライエントが外出できないのは嫌悪刺激をアクセプタンスできていないからだ」のように）。それはフェルト・センスを身体の内部に描くことによって，「からだだけ」という指向性を高めてしまう危険性を孕んでいることと類似しているのである。

3-2. フォーカシングの使用方法─意味の構築における恣意性─

次に，フォーカシングの使用方法を ACT から検討してみたい。まず，

註3）もちろん，上記の一節以外にも，繰り返し Gendlin によって非実体的な「からだ」が強調されている（たとえば，文献 3 ，4 ）。
註4）このような語は「否定主導語」（trouser-word）[1]と呼ばれる。

Gendlinによるフォーカシングの教示を見てみよう。その教示とは，①間を置く（クリアリング・ア・スペース），②フォーカシングを続けていく事柄を選ぶ，③フェルト・センスの形成，④見出し（ハンドル）をつける，⑤見出しの響鳴，⑥問いかけ，⑦受け止める（受容）の7工程である[7]。一方，ACTにおけるマインドフルなエクササイズは，フォーカシングの①と⑦の手続きのみである。そして，ACTでは前概念的な感覚を焦点化せずに，すでにネーミング可能な感情や思考のみを扱う。つまり，フォーカシングでは，意味の脱構築を実施し，その後新奇な意味の構築を行う。一方ACTでは意味の脱構築のみを行うと言えよう。しかし，両アプローチともに，意味に関する評価はせずに（あるいは評価にとらわれずに），そのままアクセプタンスするという構えである。

　このように両アプローチを要約すると，フォーカシングは「内容」を重視，ACTは「文脈」を重視するアプローチということである。換言すれば，フォーカシングは「一旦は開いた状態にするが再度閉じさせる」ことをし，ACTは「開いたままにしておく」ことをする。ACTからフォーカシングを見た場合，その「閉じ方」に一抹の不安感を感じざるを得ない。もし，徹底的にパーソン・センタードの立場を採るならば，その「閉じ方」の恣意性（arbitrariness）が保障されていなければならない。たとえば，上記の架空会話でMが第2問でA氏に提示したように，必ず提示した選択肢の中から意味を選ばねばならないとしたら，その場合A氏は恣意性を保障されてはいない。たとえA氏が「モヤモヤ」から「スッキリ」へと感覚的なものが変化したとしてもである。

　そのような恣意性を保障するには，まず，どちらの選択肢も拒否する権利が保障されていなければならない。次に，フォーカサーはいつも決まった相手（同じ価値観を持つ集団に所属していれば，それは「決まった相手」と同義）で行ってはならない，あるいはフォーカサーは新奇な意味構築がなされた後に「これは私との間で生成された意味であることを忘れないでね。だから，そのまま鵜呑みにしてはいけませんよ」ということを確認する必要がある。さらに，本節の3-1で検討したようにフェルト・センスは「主体的輪郭」的なものであることを予め説明しておく必要もある。それはクライエントが，そもそも無意識のように新しい意味が身体の深部にあり，それを発掘しただけなのだと思い込ませないようにするためである。

このような諸条件を明示・保障しておかないと，セラピストは意図的あるいは非意図的にクライエントを一方的にコントロールすることができてしまう。一見すると，クライエントは古い窮屈な意味から解放されたように見える。多くの場合，クライエント本人も感覚的にそのように感受していることが多いだろう。しかし，クライエントは逆に「一回り大きい」閉鎖した意味へと再度回収されてしまっている危険性がある。つまり，フェルト・センスが新たな「こころ」として再導入されただけとなることもありうる。さらに悪い場合には，それが電池交換をするかのように「自分のこころ」が「他者のこころ」と交換されてしまう危険すらある。このような危険性は，フォーカシングに限定されたものではなく，「内容とその書き換え」を主題にするすべての心理援助技法に当てはまる。それはACTの「価値」の選択に関する手続き（前節の2-2を参照）も例外ではない[註5]。

註5) もしかすると，このような危険性は限りなく僅かであり，それを殊更に大きく取り上げているのかもしれない。しかし，問題なのは，その確率の高さではなく，生じうる危険性の大きさであると考える。

文　献

第 I 章

1) Barnes-Holmes, D. (2000). Behavioral pragmatism : No place for reality and truth. *The Behavior Analyst*, **23**, 191-202.
2) Barnes-Holmes, D. (2004). A reply to Leigland's "Is a new version of philosophical pragmatism necessary? A Reply to Barnes-Holmes". *The Behavior Analyst*, **27**, 113-116.
3) Bennet-Levy, J., Butler, G., Fennell, M., Hackman, A., Mueller, M., & Westbrook, D. (2004). *Oxford guide to behavioral experiments in cognitive therapy*. New York : Oxford University Press.
4) 出口光 (1987). 行動修正のコンテクスト. 行動分析学研究, **2**, 48-59.
5) de Shazer, S. (1994). *Words were originally magic*. New York : W. W. Norton & Co., Inc.
6) Freedman, J. & Combs, G. (1996). *Narrative therapy : The social construction of preferred realities*. New York : W. W. Norton & Co., Inc.
7) Gendlin, E. T. (1978). *Focusing*. New York : Bantam Books, Inc.
8) Gergen, K. J. (1985). The social constructionist movement in modern psychology. *American Psychologist*, **40**, 266-275.
9) Hayes, S. C. (1991). The limit of technological talk. *Journal of Applied Behavior Analysis*, **24**, 417-420.
10) Hayes, S. C. (1993). Analytic goals and the varieties of scientific contextualism. In S. C. Hayes, L. J. Hayes, H. W. Reese, & T. R. Sarbin (Eds.), *Varieties of scientific contextualism*. Reno, NV : Context Press. pp.11-33.
11) Hayes, S. C., Hayes, L. J., & Reese, H. W. (1988). Finding the philosophical core : A review of Stephen C. Pepper's world hypotheses. *Journal of the Experimental Analysis of Behavior*, **50**, 97-111.
12) Hayes, S. C., Pistorello, J., & Walser, R. D. (1995). Communicating behavioral views and techniques to practicing clinicians. *Journal of Behavior Therapy and Experimental Psychiatry*, **26**, 107-112.
13) Hayes, S. C., Strosahl, K. D., & Wilson, K. G. (1999). *Acceptance and commitment therapy : An experiential approach to behavior change*. New York : Guilford Press.
14) Holloway, I. (1997). *Basic concepts for qualitative research*. Malden, MA : Blackwell Science, Inc.
15) 小森康永 (1999). ナラティブ・セラピーを読む. ヘルスワーク協会.

16) 黒崎宏 (1997). 論理実証主義. コンサイス20世紀思想事典. 三省堂. pp.934-935.
17) Kopala, M. & Suzuki, L. A. (1999). *Using qualitative methods in psychology*. Thousand Oaks, CA : Sage Publication, Inc.
18) Leigland, S. (2003). Is a new version of philosophical pragmatism necessary? A Reply to Barnes-Holmes. *The Behavior Analyst*, **26**, 297-304.
19) McNammee, S. & Gergen, K. J. (1992). *Therapy as social construction*. Thousand Oaks, CA : Sage Publication, Inc.
20) 望月　昭 (1989). デニーズへようこそ，お客様の平均年収は？：応用行動分析から. 発達の遅れと教育, **380**, 16-19.
21) 望月　昭 (1993). 行動記録が難しいのはなぜ？（行動変化の観察と評価；第1回）. 月刊実践障害児教育, **21**, 86-89.
22) 望月　昭 (1997). "コミュニケーションを教える"とは？：行動分析学によるパラダイム・チェンジ. 山本淳一，加藤哲文（共編）. 障害児者のコミュニケーション行動の実現を目指す応用行動分析学入門. 学苑社, pp.2-25.
23) 武藤崇 (2001). 行動分析学と「質的分析」（現状の課題）. 立命館人間科学研究, **2**, 33-42.
24) Odom, S. L. & Haring, T. G. (1994). Contextualism and Applied Behavior Analysis : Implications for early chidhood education for children with disabilties. In R. Gardner, D. M. Sainato, J. O. Cooper, T. E. Heron, W. L. Heward, J. W. Eshlemen, & T. A. Grossi (Eds.), *Behavuior analysis in education : Focus on measurably superior instruction*. Pacific Grove : CA : Brooks/Cole Publishing Company. pp.87-99.
25) Pepper, S. C. (1942). *World hypotheses : A study in evidence*. Berkeley : University of California Press.
26) Perls, F. S. (1973). *The Gestalt approach & eye witness to therapy*. Palo Alto, CA : Science and Behavior Books, Inc.
27) Roche, B. & Barnes-Holmes, D. (2003). Behavior analysis and social constructionism : Some points of contact and departure. *The Behavior Analyst*, **26**, 215-231.
28) 佐藤方哉 (1983). 言語行動. 佐藤方哉（編）. 学習II. 東京大学出版会, pp.183-214.
29) 佐藤方哉 (1985). 行動心理学は徹底的行動主義に徹底している. 理想, **625**, 124-135.
30) 佐藤方哉 (2001). 言語への行動分析学的アプローチ. 日本行動分析学会（編）. ことばと行動：言語の基礎から臨床まで. ブレーン出版, pp.3-22.
31) Shimp, C. P. (2001). Behavior as a social construction. *Behavioural Process*, **54**, 11-32.

32) Skinner, B. F. (1945). The operational analysis of psychological terms. *Psychological Review*, **52**, 271-277.
33) Skinner, B. F. (1974). *About behaviorism*. New York : Alfred A, Knopf.
34) Zuriff, G. (1998). Against metaphysical social constructionism in psychology. *Behavior and Philosophy*, **26**, 5-28.

第 2 章

1) Baer, D. M. & Sharman, J. A. (1964). Reinforcement control of generalized imitation in young children. *Journal of Experimental Child Psychology*, **1**, 37-49.
2) Baer, D. M. & Deguchi, H. (1985). Generalized imitation from a radical-behavioral viewpoint. In S. Reiss & R. R. Bootzin (Eds.), *Theoretical issues in behavior therapy*. Orland, FL : Academic Press, pp.179-217.
3) Bandura, A. (1969). *Principles of behavior modification*. New York : Holt, Rinehart & Winston.
4) Barnes, D. & Hampson, P. J. (1993). Learning to learn : The contribution of behavior analysis to connectionist models of inferential skills. In G. Orchard (Ed.), *Neural computing research and applications* : *Proceedings of the Second Irish Neural Networks Conference*. London : Institute of Physics Pub., pp.129-138.
5) Barnes, D. & Keenan, M. (1993). A transfer of functions through derived arbitrary and non-arbitrary stimulus relations. *Journal of the Experimental Analysis of Behavior*, **59**, 61-81.
6) Baum, W. M. (2005). *Understanding behaviorism* : *Behavior, culture, and evolution*. Malden, MA : Blackwell Publishing.
7) Carr, E. G. & Durand, V. M. (1985). Reducing behavior problems through functional communication training. *Journal of Applied Behavior Analysis*, **18**, 111-126.
8) Catania, A. C., Horne, P., & Lowe, C. F. (1989). Transfer of function across members of an equivalence class. *The Analysis of Verbal Behavior*, **7**, 99-110.
9) Chomsky, N. (1959). A review of B. F. Skinner's verbal hehavior. *Language*, **35**, 26-58.
10) Eikeseth, S., Rosales, R. J., Duarte, A., & Baer, D. M. (1997). The quick development of equivalence classes in paper-and-pencil format through written instructions. *The Psychological Record*, **47**, 275-284.
11) Gatch, M. B. & Osborne, J. G. (1989). Transfer of contextual stimulus function via equivalence class development. *Journal of the Experimental*

Analysis of Behavior, **51**, 369-378.
12) Halow, H. F. (1949). The formation of learning sets. *Psychological Review*, **162**, 1243-1248.
13) Hayes, S. C. (1989). *Rule-governed behavior : Cognition, contingencies, and instructional control.* New York : Plenum.
14) Hayes, S. C. (1991). A relational control theory of stimulus equivalence. In L. J. Hayes & P. N. Chase (Eds.), *Dialogues on verbal behavior : The first international institute on verbal relations.* Reno, NV : Context Press, pp.9-30.
15) Hayes, S. C. (1994). Relational frame theory : A functional approach to verbal events. In S. C. Hayes, L. J. Hayes, M. Sato, & K. Ono (Eds.), *Behavior analysis of language and cognition.* Reno, NV : Context Press, pp.9-30.
16) Hayes, S. C. (1998). Understanding and treating the theoretical emaciation of behavior therapy. *The Behavior Therapist*, **21**, 67-68.
17) Hayes, S. C., Barnes-Holmes, D., & Roche, B. (2001). *Relational frame theory : A post-Skinnerian account of human language and cognition.* New York : Kluwer Academic/Plenum Publishers.
18) Hayes, S. C., Fox, E., Gifford, E. V., Wilson, K. G., Barnes-Holmes, D., & Healy, O. (2001). Derived relational responding as learned behavior. In S. C. Hayes, D. Barnes-Holmes, & B. Roche (Eds.), *Relational frame theory : A post-Skinnerian account of human language and cognition.* New York : Kluwer Academic/Plenum Publishers, pp.21-49.
19) Hayes, S. C. & Hayes, L. J. (1992). Verbal relations and the evolution of behavior analysis. *American Psychologist*, **47**, 1383-1395.
20) Kohlenberg, B. K., Hayes, S. C., & Hayes, L. J. (1991). The transfer of contextual control over equivalence classes through equivalence classes : A possible model of social stereotyping. *Journal of the Experimental Analysis of Behavior*, **56**, 505-518.
21) 松岡勝彦, 野呂文行, 小林重雄 (1996). 自閉症の道具に対する要求行動の形成―機能的一致による代替道具の要求―. 行動療法研究, **22**, 25-33.
22) Miller, G. A. (1965). Some preliminaries of psycholinguistics. *American Psychologist*, **20**, 15-20.
23) 望月 昭 (1978). 観察学習と般化模倣―社会的学習への行動分析的アプローチ. 心理学評論, **21**, 251-263.
24) 望月 昭, 野崎和子, 渡辺浩志 (1986). 聾精神遅滞者における要求言語行動の獲得―複数モード使用のためのプログラム. 聴覚言語障害, **15**, 133-145.
25) 望月 昭, 野崎和子 (1993). 聴覚言語障害児における「抽象概念」の獲得援助

に関する予備的展望:「物には名前がないこと」への理解への教育段階的アプローチ．聴覚障害, **22**, 39-49.
26) 武藤　崇 (2001)．言語の行動調整機能:「ふるまい」に影響を及ぼす「ことば」の獲得．日本行動分析学会 (編)．ことばと行動:言語の基礎から臨床まで．ブレーン出版, pp.149-166.
27) 武藤　崇, ヘイズ S. C. (2008)．対称性バイアスにおけるアブダクションとインダクションとのベスト・バランスとは何か:文脈的行動科学からのコメント．認知科学, **15** (3), 482-495.
28) 野呂文行, 山本淳一, 加藤哲文 (1992)．自閉症児におけるコミュニケーション・モードの選択に及ぼす要因の分析―サイン・書字・音声の機能的使用のための訓練プログラム．特殊教育学研究, **30**, 25-36.
29) 小野浩一 (2001)．言語機能の高次化:ルール支配行動とオートクリティック．日本行動分析学会 (編)．ことばと行動:言語の基礎から臨床まで．ブレーン出版, pp.167-187.
30) 坂上貴之 (2002)．悪くはない出発．坂上貴之, 巽　孝之, 宮坂敬造, 坂本　光 (編著)．ユートピアの期限．慶應義塾大学出版会, pp.375-391.
31) 佐藤方哉 (1976)．行動理論への招待．大修館書店．
32) 佐藤方哉 (1983)．言語獲得の理論的背景．山口　薫, 佐藤方哉 (編著)．ことばの獲得:言語の基礎と臨床．川島書店．
33) 佐藤方哉 (2001)．言語への行動分析学的アプローチ．日本行動分析学会 (編)．ことばと行動:言語の基礎から臨床まで．ブレーン出版, pp.3-22.
34) Sidman, M. (1971). Reading and auditory-visual equivalences. *Journal of Speech and Hearing Research*, **14**, 5-13.
35) Sidman, M. (1990). Equivalence relations : Where do they come from? In D. E. Blackman & H. Lejeune (Eds.), *Behavior analysis in theory and practice* : *Contributions and controversies*. Brighton, UK : Erlbaum, pp.93-114.
36) Skinner, B. F. (1950). Are theories of learning necessary? *Psychological Review*, **57**, 193-216.
37) Skinner, B. F. (1957). *Verbal behavior*. New York : Appleton-Century-Crofts.
38) Skinner, B. F. (1974). *About behaviorism*. New York : Alfred A, Knopf.
39) Skinner, B. F. (1981). Selection by consequences. *Science*, **213**, 501-504.
40) Skinner, B. F. (1984). Selection by consequences. *Behavioural and Brain Sciences*, **7**, 477-510.
41) Silverman, K., Anderson, S. R., Marshall, A. M., & Baer, D. M. (1986). Establishing and generalizing audience control of new language repertoires. *Analysis and Intervention in Developmental Disabilities*, **6**, 21-40.

42) 杉山尚子, 島宗 理, 佐藤方哉, マロット R. W., マロット M. E. (1998). 行動分析学入門. 産業図書.
43) Stokes, T. F. & Baer, D. M. (1977). An implicit technology of generalization. *Journal of Applied Behavior Analysis*, **10**, 349-367.
44) Stokes, T. F. & Osnes, P. G. (1989). An operant pursuit of generalization. *Behavior Therapy*, **20**, 337-355.
45) 丹治信春 (1996). 言語と認識のダイナミズム：ウィトゲンシュタインからクワインへ. 勁草書房.
46) 丹治信春 (1997). クワイン：ホーリズムの哲学. 講談社.
47) 山本淳一 (1992). 刺激等価性―認知機能・言語機能の分析―. 行動分析学研究, **7**, 1-39.
48) 山本淳一 (2001). 言語の獲得と拡張：条件性弁別と刺激等価性. 日本行動分析学会（編）. ことばと行動：言語の基礎から臨床まで. ブレーン出版, pp.49-74.

第3章

1) Association for Contextual Behavioral Science (2010). Resources for learning RFT : RFT Tutorial. Association for Contextual Behavioral Science http://contextualpsychology.org/rft_tutorial (August 30, 2010)
2) Bach, P. A. & Moran, D. J. (2008). *ACT in practice : case conceptualization in acceptance and commitment therapy*. Oakland : New Harbinger Publications. (バッハ P. A., モラン D. J., 武藤 崇, 吉岡昌子, 石川健介, 熊野宏昭〔監訳〕〔2009〕. ACT を実践する. 星和書店.)
3) Barnes-Holmes, D., Stewart, I., Dymond, S., & Roche, B. (1999). A behavior-analytic approach to some of the problems of self : A relational frame analysis. In M. J. Dougher (Ed.), *Clinical behavior analysis*. Reno : Context Press. pp.47-74.
4) Barnes-Holmes, Y., Barnes-Holmes, D., Roche, B., & Smeets, P. M. (2001). Exemplar training and a derived transformation of function in accordance with symmetry : I. *The Psychological Record*, **51**, 287-308.
5) Blackledge, J. T. (2007). Disrupting verbal process : Cognitive defusion in acceptance and commitment therapy and other mindfulness-based psychotherapies. *The Psychological Record*, **57**, 555-577.
6) ブラックレッジ J. T., モーラン D. J., 木下奈緒子（訳）(2009). 臨床家のための「関係フレーム理論」. こころのりんしょう à・la・carte, **28**, 87-97.
7) Dougher, M., Perkins, D. R., Greenway, D., Koons, A., & Chiasson, C. (2002). Contextual control of equivalence-based transformation of functions. *Journal of the Experimental Analysis of Behavior*, **78**, 63-94.

8) Dymond, S. & Barnes, D. (1995). A transformation of self-discrimination response functions in accordance with the arbitrarily applicable relations of sameness, more-than, and less-than. *Journal of the Experimental Analysis of Behavior*, **64**, 163-184.
9) Dymond, S., May, R. J., Munnelly, A., & Hoon, A. E. (2010). Evaluating the evidence base for relational frame theory：A citation analysis. *The Behavior Analyst*, **33**, 97-117.
10) Dymond, S., Roche, B., Forsyth, J. P., Whelan, R., & Rhoden, J. (2007). Transformation of avoidance response functions in accordance with same and opposite relational frames. *Journal of the Experimental Analysis of Behavior*, **88**, 249-262.
11) Guerin, B. (1992). Behavior Analysis and the social construction of self-knowledge. *American Psychologist*, **47**, 1423-1432.
12) Hayes, S. C. (1991). The limits of technological talk. *Journal of Applied Behavior Analysis*, **24**, 417-420.
13) Hayes, S. C., Barnes-Holmes, D., & Roche, B. (2001). *Relational frame theory：A post-Skinnerian account of human language and cognition*. New York：Plenum Press.
14) Ramnerö J., & Törneke, N. (2008). *The ABCs of human behavior：Behavioral principles for the practicing clinicians*. Oakland：New Harbinger & Reno：Context Press.
15) Rehfeldt, R. A. & Barnes-Holmes, Y. (Eds.) (2009). *Derived relational responding：Applications for learners with autism and other developmental disabilities*. Oakland：New Harbinger Publications.

第 4 章

1) Alvero, A. M. & Austin, J. (2006). An implementation of protocol analysis and the silent dog method in the area of behavioral safety. *The Analysis of Verbal Behavior*, **22**, 61-79.
2) Ayllon, T. & Azrin, N. H. (1968). Reinforcer sampling：A technique for increasing the behavior of mental patients. *Journal of Applied Behavior Analysis*, **1**, 13-20.
3) Baer, D. M. & Sharman, J. A. (1964). Reinforcement control of generalized imitation in young children. *Journal of Experimental Child Psychology*, **1**, 37-49.
4) Barnes, D. & Keenan, M. (1993). Concurrent activities and instructed human fixed-interval performance. *Journal of the Experimental Analysis of Behavior*, **59**, 501-520.

5) Barrett, D. H., Deitz, S. M., Gaydos, G. R., & Quinn, P. C. (1987). The effects of programmed contingencies and social conditions on responses stereotypy with human subjects. *The Psychological Record*, **37**, 489-505.
6) Bentall, R. P., Lowe, C. F., & Beasty, A. (1985). The role of verbal behavior in human learning : II. Developmental differences. *Journal of the Experimental Analysis of Behavior*, **43**, 165-181.
7) Blakely, E. & Schlinger, H. (1987). Rules : Function-altering contingency -specifying stimuli. *The Behavior Analyst*, **10**, 183-187.
8) Cabello, F., Luciano, C., Gomez, I., & Barnes-Holmes, D. (2004). Human schedule performance, protocol analysis, and the "silent dog" methodology. *The Psychological Record*, **54**, 405-422.
9) Catania, A. C. (1995). Higher-order behavior classes : Contingencies, beliefs, and verbal behavior. *Journal of Behavior Therapy and Experimental Psychiatry*, **26**, 191-200.
10) Catania, A. C. (1998). *Learning*. 4th ed. New Jersey : Prentice Hall.
11) Catania, A. C., Shimoff, E., & Matthews, B. A. (1982). Instructed versus shaped human verbal behavior : Interactions with nonverbal responding. *Journal of the Experimental Analysis of Behavior*, **38**, 233-248.
12) DeGrand, R. J. & Buskist, W. F. (1991). Effects of accuracy of instructions on human behavior : Correspondence with reinforcement contingencies matters. *The Psychological Record*, **41**, 371-384.
13) Ericsson, K. A. & Simon, H. A. (1984). *Protocol analysis : Verbal reports as data.* The MIT Press.
14) 藤田　勉，福島直子，佐藤方哉 (1983). ヒトにおけるDRLパフォーマンスに及ぼす教示の効果. 基礎心理学研究, **2**, 47-54.
15) 藤田　勉，佐藤方哉 (1986). ヒトにおけるDRLパフォーマンスに及ぼす教示の効果 [II]. 基礎心理学研究, **5**, 93-97.
16) Galizio, M. (1979). Contingency-shaped and rule-governed behavior : Instructional control of human loss avoidance. *Journal of the Experimental Analysis of Behavior*, **31**, 53-70.
17) Harzem, P., Lowe, C. F., & Bagshaw, M. (1978). Verbal control in human operant behavior. *The Psychological Record*, **28**, 405-423.
18) Hayes, S. C. (1986). The case of the silent dog - Verbal reports and the analysis of rule : A review of Ericsson and Simon's protocol analysis : Verbal reports as data. *Journal of the Experimental Analysis of Behavior*, **45**, 351-363.
19) Hayes, S. C., Brownstein, A. J., Haas, J. R., & Greenway, D. E. (1986). Instructions, multiple schedules, and extinction : Distinguishing rule-gover-

ned from schedule-controlled behavior. *Journal of the Experimental Analysis of Behavior*, **46**, 137-147.
20) Hayes, S. C., Douglas, W., & Bissett, R. T. (1998). Protocol analysis and the "silent dog" method of analyzing the impact of self-generated rules. *The Analysis of Verbal Behavior*, **15**, 57-63.
21) Hayes, S. C. & Hayes, L. J. (1992). Verbal relations and the evolution of behavior analysis. *American Psychologist*, **47**, 1383-1395.
22) Hayes, S. C. & Ju, W. (1997). The applied implications of rule-governed behavior. In W. O'Donohue (Ed.), *Learning and behavior therapy*. New York : Allyn & Bacon, pp.374-391.
23) Hayes, S. C., Kohrenberg, B. S., & Hayes, L. J. (1991). The transfer of specific and general consequential functions through simple and conditional equivalence relations. *Journal of the Experimental Analysis of Behavior*, **56**, 119-137.
24) Hayes, S. C. & Wolf, M. R. (1984). Cues, consequences and therapeutic talk : Effects of social context and coping statements on pain. *Behaviour Research and Therapy*, **22**, 385-392.
25) Hockenberg, T. D. & Joker, V. R. (1994). Instructed versus schedule control of humans' choice in situations of diminishing returns. *Journal of the Experimental Analysis of Behavior*, **62**, 367-383.
26) Joyce, J. H. & Chase, P. N. (1990). Effect of response variability on the sensitivity of rule-governed behavior. *Journal of the Experimental Analysis of Behavior*, **54**, 251-262.
27) Ju, W. C. & Hayes, S. C. (2008). Verbal establishing stimuli : Testing the motivative effect of stimuli in a derived relation with consequences. *The Psychological Record*, **58**, 339-363.
28) 海保博之,原田悦子（編）(1993). プロトコル分析入門—発話データから何を読むか—. 新曜社.
29) Kaufman, A., Baron, A., & Kopp, R. E. (1966). Some effects of instructions on human operant behavior. *Psychonomic Monograph Supplements*, **11**, 343-350.
30) Laties, V. G. & Weiss, B. (1963). Effect of concurrent task on fixed-interval responding in humans. *Journal of the Experimental Analysis of Behavior*, **6**, 431-436.
31) Leander, L. G., Lippman, L. G., & Meyer, M. E. (1968). Fixed-interval performance as related to subjects' verbalizations of the reinforcement contingency. *The Psychological Record*, **18**, 469-474.
32) LeFrancois, J. R., Chase, P. N., & Joyce, J. H. (1988). The effects of a

variety of instructions on human fixed-interval performance. *Journal of the Experimental Analysis of Behavior*, **49**, 383-393.
33) Lippman, L. G. & Meyer, M. E. (1967). Fixed interval performance as related to instructions and to subjects' verbalizations of the contingency. *Psychonomic Science*, **8**, 135-136.
34) Lowe, C. F., Beasty, A., & Bentall, R. P. (1983). The role of verbal behavior in human learning: Infant performance on fixed-interval schedules. *Journal of the Experimental Analysis of Behavior*, **39**, 157-164.
35) Lowe, C. F., Harzem, P., & Bagshaw, M. (1978). Species differences in temporal of behavior II : Human performance. *Journal of the Experimental Analysis of Behavior*, **29**, 351-361.
36) Lowe, C. F. & Higson, P. J. (1981). Self-instructional training and cognitive behaviour modification : A behavioural analysis. In G. Davey (Ed.), *Applications of conditioning theory*. London : Methuen. pp.162-188.
37) Matthews, B. A., Shimoff, E., Catania, A. C., & Sagvolden, T. (1977). Uninstructed human responding: Sensitivity to ratio and interval contingencies. *Journal of the Experimental Analysis of Behavior*, **27**, 453-467.
38) 松本明生，大河内浩人 (2002)．ルール支配行動：教示・自己ルールとスケジュールパフォーマンスの機能的関係．行動分析学研究，**17**，20-31．
39) 松本明生，大河内浩人 (2005)．自己教示による痛みの制御に及ぼす社会的基準設定の影響―Hayes & Wolf (1984) の再検討―．大阪教育大学紀要第IV部門，**53** (2), 37-48．
40) 大河内浩人 (1996)．スケジュール履歴効果の刺激性制御―教示と弁別性スケジュール制御の影響―．行動分析学研究，**10**，118-129．
41) Poppen, R. L. (1989). Some clinical implications of rule-governed behavior. In S. C. Hayes, *Rule-governed behavior : Cognition, contingencies, and instructional control*. Reno : Context press, pp.325-357.
42) Rosenfarb, I. & Hayes, S. C. (1984). Social standard setting: The achilles heel of informational accounts of therapeutic change. *Behavior Therapy*, **15**, 515-528.
43) Rosenfarb, I. S., Newland, C., Brannon, S. E., & Howey, D. S. (1992). Effect of self-generated rules on the development of schedule-controlled behavior. *Journal of the Experimental Analysis of Behavior*, **58**, 107-121.
44) 佐藤方哉 (2001)．言語への行動分析学的アプローチ．行動分析学会（編）．ことばと行動―言語の基礎から臨床まで―．ブレーン出版，pp.3-22．
45) Schlinger, H. & Blakely, E. (1987). Function-altering effects of contingency-specifying stimuli. *The Behavior Analyst*, **10**, 41-45.
46) Shimoff, E., Catania, A. C., & Matthews, B. A. (1981). Uninstructed

human verbal responding : Sensitivity of low-rate performance to schedule contingencies. *Journal of the Experimental Analysis of Behavior*, **36**, 207-220.
47) Skinner, B. F. (1953). *Science and human behavior*. New York : Macmillan.
48) Skinner, B. F. (1957). *Verbal behavior*. New York : Appleton-Century-Crofts.
49) Skinner, B. F. (1969). *Contingencies of reinforcement : A theoretical analysis*. New York : Appleton-Century-Crofts.
50) Stokes, T. F. & Baer, D. M. (1977). An implicit technology of generalization. *Journal of Applied Behavior Analysis*, **10**, 349-367.
51) Stokes, T. F. & Osnes, P. G. (1989). An operant pursuit of generalization. *Behavior Therapy*, **20**, 337-355.
52) 田中善大, 嶋崎恒雄 (2007). 行動としての認知・言語―高次精神活動の行動分析的検討―. 関西学院大学紀要人文論究, **57** (1), 32-51.
53) Tanaka, Y. & Shimazaki, T. (2008). Effect of self-generated rule on instructed/shaped nonverbal behavior. The 34th Annual Convention of the Association for Behavior Analysis, Chicago, USA.
54) Torgrud, L. J. & Holborn, S. W. (1990). The effect of verbal performance descriptions on nonverbal operant responding. *Journal of the Experimental Analysis of Behavior*, **54**, 273-291.
55) Weiner, H. (1964). Conditioning history and human fixed-interval performance. *Journal of the Experimental Analysis of Behavior*, **7**, 383-385.
56) Weiner, H. (1965). Conditioning history and maladaptive human operant behavior. *Psychological Reports*, **17**, 935-942.
57) Weiner, H. (1969). Human behavioral persistence. *The Psychological Record*, **20**, 445-456.
58) Wulfert, E., Greenway, D. E., Farkas, P., Hayes, S. C., & Dougher, M. J. (1994). Correlation between self-reported rigidity and rule-governed insensitivity to operant contingency. *Journal of Applied Behavior Analysis*, **27**, 659-671.
59) Zettle, R. D. & Hayes, S. C. (1982). Rule-governed behavior : A potential theoretical framework for cognitive-behavior therapy. In P. C. Kendall (Ed.), *Advances in cognitive behavioral research and therapy (Vol. 1)*. San Diego : Academic Press, pp.73-118.
60) Zettle, R. D. & Hayes, S. C. (1983). Effect of social context on the impact of coping self-statements. *Psychological Reports*, **52**, 391-401.

第 5 章

1) Hayes, S. C. (1991). The limit of technological talk. *Journal of Applied Behavior Analysis*, **24**, 417-420.
2) Hayes, S. C. & Grundt, A. M. (1997). Metaphor, meaning and Relational Frame Theory. In C. Mandell & A. McCabe (Eds.), *The problem of meaning : Behavioral and cognitive perspectives*. Amsterdam, Netherlands : Elsevier Science Publishers, pp.117-146.
3) Hayes, S. C., Luoma, J. B., Bond, F. W., Masuda, A., & Lillis, J. (2006). Acceptance and commitment therapy : Model, processes and outcomes. *Behavior Research and Therapy*, **44**, 1-25.
4) Hayes, S. C. & Wilson, K. G. (1994). Acceptance and commitment therapy : Altering the verbal support for experiential avoidance. *The Behavior Analyst*, **17**, 289-303.
5) 平澤紀子 (2003). 積極的行動支援 (Positive Behavior Support) の最近の動向―日常場面の効果的な支援の観点から―. 特殊教育学研究, **41** (7), 37-43.
6) McCurry, S. M. & Hayes, S. C. (1992). Clinical and experimental perspectives on metaphorical talk. *Clinical Psychology Review*, **12**, 763-785.
7) 武藤　崇 (2001). 支援のための"OS (Operation System)"の開発に向けて：平澤・藤原論文 (2000) へのコメント. 行動分析学研究, **15**, 67-72.
8) 齋藤　環 (2003). 心理学化する社会：なぜ、トラウマと癒しが求められるのか. PHP 研究所.
9) 坂野雄二 (2002). パニック障害. 下山晴彦, 丹野義彦 (編). 講座臨床心理学 3 異常心理学 I. 東京大学出版会, pp.59-80.
10) 杉山尚子, 島宗　理, 佐藤方哉, マロット R. W., マロット M. E. (1998). 行動分析学入門. 産業図書.
11) Stewart, I. & Barnes-Holmes, D. (2001). Understanding metaphor : A relational frame perspective. *The Behavior Analyst*, **24**, 191-199.
12) Stewart, I., Barnes-Holmes, D., Hayes, S. C., Lipkins, R. (2001). Relations among relations : Analogies, metaphors, and stories. In S. C. Hayes, D. Barnes-Holmes, & B. Roche (Eds.), *Relational frame theory : A post-Skinnerian account of human language and cognition*. New York : Kluwer Academic/Plenum Publishers, pp.73-86.
13) Wagner, D. & Zanakos, S. I. (1994). Chronic thought suppression. *Journal of Personality*, **62**, 615-640.

【参考文献】

Hayes, S. C., Barnes-Holmes, D., & Roche, B. (2001). *Relational frame theory : A post-Skinnerian account of human language and cognition*. New York : Kluwer Academic/Plenum Publishers.

Hayes, S. C., Strosahl, K. D., & Wilson, K. G. (1999). *Acceptance and commitment therapy : An experiential approach to behavior change.* New York : Guilford Press.

Wilson, K. G., Hayes, S. C., & Zettle, R. D. (2001). Psychopathology and psychotherapy. In S. C. Hayes, D. Barnes-Holmes, & B. Roche (Eds.), *Relational frame theory : A post-Skinnerian account of human language and cognition.* New York : Kluwer Academic/Plenum Publishers, pp.211-237.

第6章

1) Addis, M. E. & Jacobson, N. S. (1996). Reasons for depression and the process and outcome of cognitive-behavioral psychotherapies. *Journal of Consulting and Clinical Psychology*, **64**, 1417-1424.

2) American Psychiatric Association. (2000). Diagnostic and statistical manual of mental disorders (4th ed.). Washington, D. C. : Author.

3) Bach, P. B. & Hayes, S. C. (2002). The use of acceptance and commitment therapy to present the rehospitalization of psychotic patients : A randomized controlled trial. *Journal of Consulting and Clinical Psychology*, **70**, 1129-1139.

4) Barnes-Holmes, D., Hayes, S. C., & Dymond, S. (2001). Self and self-directed rules. In S. C. Hayes, D. Barnes-Holmes, & B. Roche (Eds.), *Relational frame theory : A post-Skinnerian account of human language and cognition.* New York : Plenum Press, pp.119-139.

5) Beck, A. T. (1993). Cognitive therapy : Past, present, and future. *Journal of Consulting and Clinical Psychology*, **61**, 194-198.

6) Beck, A. T., Rush, A. J., Shaw, B. F., & Emery, G. (1979). *Cognitive therapy for depression.* New York : Guilford Press.

7) Borkovec, T. D., Hazlett-Stevens, H., & Diaz, M. L. (1999). The role of positive beliefs about worry in generalized anxiety disorder and its treatment. *Clinical Psychology and Psychotherapy*, **6**, 126-138.

8) Cioffi, D. & Holloway, J. (1993). Delayed costs of suppressed pain. *Journal of Personality and Social Psychology*, **64**, 274-282.

9) Eifert, G. H. & Forsyth, J. P. (2005). *Acceptance and commitment therapy for anxiety disorders : A practitioner's treatment guide to using mindfulness, acceptance, and values-based behavior change strategies.* New York : New Harbinger.

10) Feldner, M. T., Zvolensky, M. J., Eifert, G. H., & Spira, A. P. (2003). Emotional avoidance : An experimental test of individual differences and

response suppression using biological challenge. *Behaviour Research and Therapy*, 41, 403-411.
11) Hayes, S. C. (2004a). Acceptance and commitment therapy and the new behavior therapies : Mindfulness, acceptance, and relationship. In S. C. Hayes, V. M. Follette, & M. M. Linehan (Eds.), *Mindfulness and acceptance : Expanding the cognitive-behavioral tradition*. New York : Guilford Press, pp.1-29.
12) Hayes, S. C. (2004b). Acceptance and commitment therapy, relational frame theory, and the third wave of behavioral and cognitive therapies. *Behavior Therapy*, 35, 639-665.
13) Hayes, S. C., Follette, V. M., & Linehan, M. M. (Eds.). (2004). *Mindfulness and acceptance : Expanding the cognitive behavioral tradition*. New York : Guilford Press. (春木　豊〔監修〕, 武藤　崇, 伊藤義徳, 杉浦義典〔監訳〕〔2005〕. マインドフルネス&アクセプタンス—認知行動療法の新次元. ブレーン出版.)
14) Hayes, S. C., Fox, E., Gifford, E. V., Wilson, K. G., Barnes-Holmes, D., & Healy, O. (2001). Derived relational responding as learned behavior. In S. C. Hayes, D. Barnes-Holmes, & B. Roche (Eds.), *Relational frame theory : A post-Skinnerian account of human language and cognition*. New York : Plenum Press, pp.21-49.
15) Hayes, S. C., Luoma, J. B., Bond, F. W., Masuda, A., & Lillis, J. (2006). Acceptance and commitment therapy : Model, processes and outcomes. *Behaviour Research and Therapy*, 44, 1-25.
16) Hayes, S. C., Masuda, A., Bissett, R., Luoma, J., & Guerrero, L. F. (2004). DBT, FAP, and ACT : How empirically oriented are the new behavior therapy technologies? *Behavior Therapy*, 35, 35-54.
17) Hayes, S. C., Masuda, A., & De Mey, H. (2003). Acceptance and commitment therapy and the third wave of behavior therapy (Acceptance and commitment therapy : een derde-generatie gedragstherapie). *Gedragstherapie (Dutch Journal of Behavior Therapy)*, 2, 69-96.
18) Hayes, S. C. & Strosahl, K. D. (2004). *A practical guide to acceptance and commitment therapy*. New York : Springer.
19) Hayes, S. C., Strosahl, K. D., Bunting, K., Twohig, M. P., & Wilson, K. G. (2004). What is acceptance and commitment therapy? In S. C. Hayes & K. D. Strosahl (Eds.), *A practical guide to acceptance and commitment therapy*. New York : Springer, pp.3-29.
20) Hayes, S. C., Strosahl, K. D., & Wilson, K. G. (1999). *Acceptance and commitment therapy : An experiential approach to behavior change*. New

York : Guilford Press.
21) Hayes, S. C., Wilson, K. G., Gifford, E. V., Follette, V. M., & Strosahl, K. (1996). Emotional avoidance and behavioral disorders : A functional dimensional approach to diagnosis and treatment. *Journal of Consulting and Clinical Psychology*, **64**, 1152-1168.
22) Heffner, M. & Eifert, G. H. (2004). *The anorexia workbook : How to accept yourself, heal your suffering, and reclaim your life*. New York : New Harbinger.
23) Link, B. G. (1987). Understanding labeling effects in the area of mental disorders : An assessment of the effects of expectations of rejection. *American Sociological Review*, **52**, 96-112.
24) Marcks, B. A. & Woods, D. W. (2005). A comparison of thought suppression to an acceptance-based technique in the management of personal intrusive thoughts : A controlled evaluation. *Behaviour Research and Therapy*, **43**, 433-445.
25) Martin, G. & Pear, J. (1996). *Behavior modification : What it is and how to do it* (5th ed.), Upper Saddle River, NJ : Prentice-Hall.
26) Orsillo, S. M., Roemer, L., Block-Lerner, J., LeJeune, C., & Herbert, J. D. (2004). ACT with anxiety disorders. In S. C. Hayes & K. D. Strosahl (Eds.), *A practical guide to acceptance and commitment therapy*. New York : Springer, pp.103-132.
27) Sanchez-Craig, M., Annis, H. M., Bornet, A. R., & MacDonald, K. R. (1984). Random assignment to abstinence and controlled drinking : Evaluation of a cognitive-behavioral program for problem drinkers. *Journal of Consulting and Clinical Psychology*, **52**, 390-403.
28) Smart, L. & Wegner, D. M. (1999). Covering up what can't be seen : Concealable stigma and mental control. *Journal of Personality and Social Psychology*, **77**, 474-486.
29) Wegner, D. M., Schneider, D. J., Carter, S. R., & White, T. L. (1987). Paradoxical effects of thought suppression. *Journal of Personality and Social Psychology*, **53**, 5-13.
30) Wilson, K. G. & Byrd, M. R. (2004). ACT for substance abuse and dependence. In S. C. Hayes & K. D. Strosahl (Eds.), *A practical guide to acceptance and commitment therapy*. New York : Springer, pp.153-184.
31) Wilson, K. G., Hayes, S. C., Gregg, J., & Zettle, R. D. (2001). Psychopathology and psychotherapy. In S. C. Hayes, D. Barnes-Holmes, & B. Roche (Eds.). *Relational frame theory : A post-Skinnerian account of human language and cognition*. New York : Plenum Press, pp.211-237.

32) Wilson, K. G. & Murrell, A. R. (2004). Values work in acceptance and commitment therapy : Setting a course of behavioral treatment. In S. C. Hayes, V. M. Follette, & M. M. Linehan (Eds.), *Mindfulness and acceptance : Expanding the cognitive-behavioral tradition.* New York : Guilford Press, pp.120-151.

第 7 章

1) Eifert, G. & Forsyth, J. P. (2005). *Acceptance and commitment therapy for anxiety disorders : A practitioner's treatment guide to using mindfulness, acceptance, and values-based behavior change strategies.* Oakland, CA : New Harbinger Publications, Inc.
2) Hayes, S. C., Luoma, J. B., Bond, F. W., Masuda, A., & Lillis, J. (2006). Acceptance and commitment therapy : Model, processes and outcomes. *Behavior Research and Therapy*, **44**, 1-25.
3) Hayes, S. C. & Smith, S. (2005). *Get out of your mind & into your life : The new acceptance and commitment therapy.* Oakland, CA : New Harbinger Publications, Inc.
4) Hayes, S.. C., Strosahl, K. D., & Wilson, K. G. (1999). *Acceptance and commitment therapy : An experiential approach to behavior change.* New York : Guilford Press.
5) Strosahl, K. D., Hayes, S. C., Wilson, K. G., & Gifford, E. V. (2004). An ACT primer : Core therapy processes, intervention strategies, and therapist competencies. In S. C. Hayes & K. D. Strosahl (Eds.), A practical guide to acceptance and commitment therapy. New York : Springer Science+Business Media, Inc., pp.31-58.

第 8 章

1) Addis, M. E. & Krasnow, A. D. (2000). A national survey of practicing psychologist's attitudes toward psychotherapy treatment manuals. *Journal of Consulting and Clinical Psychology*, **68**, 331-339.
2) American Psychiatric Association (1994). *Diagnostic and statistical manual of mental disorders* (4th ed.). Washington DC, American Psychiatric Association.
3) Bach, P. & Hayes, S. C. (2002). The use of acceptance and commitment therapy to prevent rehospitalization of psychotic patients : A randomized controlled trial. *Journal of Consulting and Clinical Psychology*, **70** (5), 1129-1139.
4) Barlow, D. H. (1988) *Anxiety and its disorders : The nature and treat-*

ment of anxiety and panic. New York : Guilford Press.
5) Beck, A. T., Rush, J., Shaw, B., & Emery, G. (1979). *Cognitive therapy of depression*. New York : Guilford Press.
6) Beck, A. T., Ward, C. H., Mendelson, M., Mock, J. E., & Erbaugh, J. K. (1961). An inventory for measuring depression. *Archives of General Psychiatry*, **4**, 561-571.
7) Eifert, G. H. & Forsyth, J. P. (2005). *Acceptance and commitment therapy for anxiety disorders : A practitioner's treatment guide to using mindfulness, acceptance, and values-based behavior change strategies*. Oakland : New Harbinger Publications.
8) Hayes, S. C. (Ed.). (1989). *Rule-governed behavior : Cognition, contingencies, and instructional control*. New York : Plenum Press.
9) Hayes, S. C. (2002). Buddhism and acceptance and commitment therapy. *Cognitive and Behavioral Practice*, **9**, 58-66.
10) Hayes, S. C. (2004) Acceptance and commitment therapy and the new behavior therapies : Mindfulness, acceptance, and relationships. In S. C. Hayes., V. M. Follette, & M. M. Linehan (Eds.), *Mindfulness and acceptance : Expanding the cognitive-behavioral tradition*. New York : Guilford Press, pp.1-29.
11) Hayes, S. C., Lumoa, J. B., Bond, F. W., Masuda, A., & Lillis, J. (2006). Acceptance and commitment therapy : Model, processes, and outcomes. *Behaviour Research and Therapy*, **44** (1), 1-25.
12) Hayes, S. C., Strosahl, K. D., Luoma, J. B., Smith, A. A., & Wilson, K. G. (2004). ACT case formulation. In S. C. Hayes & K. D. Strosahl (Eds.), *A practical guide to acceptance and commitment therapy*. New York : Springer Science Business MediaInc, pp.59-73.
13) Hayes, S. C., Strosahl, K. D., & Wilson, K. G. (1999). *Acceptance ad commitment therapy : An experiential approach to behavior change*. New York : Guilford Press.
14) Hayes, S. C., Strosahl, K. D., Wilson, K. G., Bissett, R. T., Pistorello, J., Toarmino, D., Polsuny, M. A., Dykstra, T. A. Batten, S. V., Bergan, J., Stewart, S. H., Zvolensky, M. J., Eifert, G. H., Bond, F. W., Forsyth, J. P., Karekla, M., & McCurry, S. M. (2004). The Acceptance and Action Questionnaire (AAQ) as a measure of experiential avoidance. *The Psychological Record*, **54**, 553-578.
15) Hayes, S. C. & Wilson, K. G. (2003). Mindfulness : Method and process. *Clinical Psychology : Science and Practice*, **10** (2), 161-165.
16) Hayes, S. C., Wilson, K. G., Gifford, E. V., Follette, V. M., & Strosahl,

K. (1996). Experiential avoidance and behavioral disorders : A functional dimensional approach to diagnosis and treatment. *Journal of Consulting and Clinical Psychology*, **64**, 1152-116.
17) Jacobson, N. S., Dobson, K. S., Truax, P. A., Addis, M. E., Koerner, K., Gollan, J. K., Gortner, E., & Prince, S. E. (1996). A component analysis of cognitive-behavioral treatment for depression. *Journal of Consulting and Clinical Psychology*, **64**, 295-304.
18) Kohlenberg, R. J. & Tsai, M. (1991). *Functional analytic psychotherapy : Creating intense and curative therapeutic relationships.* New York : Plenum Press.
19) Linehan, M. M. (1993). *Cognitive-behavioral treatment of borderline personality disorder.* New York : Guilford Press.
20) Masuda, A., Hayes, S. C., Twohig, M. P., Cardinal, C. D., & Washio, Y (in press). *The separable impact of a cognitive defusion technique on the believability and discomfort of negative self-relevant thoughts.*
21) 武藤　崇, 山岸直基 (2005). 心理的柔軟性とlagスケジュール・パフォーマンスとの関係: "Acceptance and Action" に対する行動アセスメントツールの開発に向けての予備的研究. 日本行動分析学会第23回年次大会発表論文集, p.84.
22) Persons, J. B. (2005). Empiricism, mechanism, and the practice of cognitive-behavior therapy. *Behavior Therapy*, **36**, 107-118.
23) Sanderson, W. C., DiNardo, P. A., Rappe, R. M., & Barlow, D. H. (1990). Syndrome co morbidity in patients diagnosed with a DSM-III-R anxiety disorder. *Journal of Abnormal Psychology*, **99**, 308-312.
24) Seligman, M. E. & Beagley, G. (1975). Learned Helplessness in the rat. *Journal of Comparative and Physiological Psychology*, **88**, 534-541.
25) 丹野義彦 (2000). 認知行動アプローチ―臨床科学をめざして―. 現代のエスプリ, 392, pp.5-221.
26) Wilson, K. G. & Groom, J. (2002). *The Valued Living Questionnaire.* Available from the first author at the Department of Psychology, University of Mississippi, Oxford, MS.
27) Wilson, L. G. & Murrell, A. R. (2004). Values-centered interventions : Setting a course for behavioral treatment. In S. C. Hayes, V. M. Follette, & M. M. Linehan (Eds.), *Mindfulness and acceptance : Expanding the cognitive-behavioral tradition.* New York : Guilford Press, pp.120-151.

第9章

1) Baer, R. A., Smith, G. T., & Allen, K. B. (2004). Assessment of mindfulness by self-report : The Kentucky inventory of mindfulness skills. *Assess-*

ment, **11**, 191-206.
2) Baer, R. A., Smith, G. T., Hopkins, J., Krietemeyer, J., & Toney, L. (2006). Using self-report assessment methods to explore facets of mindfulness. *Assessment*, **13**, 27-45.
3) Blackledge, J. T. (2010). Personal Values Questionnaire-II : New, improved, and tastier. Association for Contextual Behavioral Science ⟨http://contextualpsychology.org/node/4840⟩ (August 20, 2010)
4) Blackledge, J. T., & Ciarrochi, J. (2005). New Social Values Survey version. Association for Contextual Behavioral Science ⟨http://contextualpsychology.org/new_svs_version⟩ (August 20, 2010)
5) Blackledge, J. T., & Ciarrochi, J. (2006). Personal Values Questionnaire. Presented at the annual conference of Association for Behavior Analysis, Atlanta, GA.
6) Blackledge, J. T., & Hayes, S. C. (2006). Using acceptance and commitment training in the support of parents of children diagnosed with autism. *Child and Family Behavior Therapy*, **28**, 1-18.
7) Bond, F. W. & Bunce, D. (2000). Mediators of change in emotion-focused and problem-focused worksite stress management interventions. *Journal of Occupational Health Psychology*, **5**, 156-163.
8) Bond, F. W., Hayes, S. C., Baer, R. A., Carpenter, K. M., Orcutt, H. K., Waltz, T., & Zettle, R. D. (2009). *Preliminary psychometric properties of the Acceptance and Action Questionnaire-II : A revised measure of psychological flexibility and acceptance*. Unpublished manuscript.
9) Brown, K. W. & Ryan, R. M. (2003). The benefits of being present : Mindfulness and its role in psychological well-being. *Journal of Personality and Social Psychology*, **84**, 822-848.
10) Cardaciotto, L., Herbert, J. D., Forman, E. M., Moitra, E., & Farrow, V. (2008). The assessment of present-moment awareness and acceptance : The Philadelphia mindfulness scale. *Assessment*, **15**, 204-223.
11) Chadwick, P., Hember, M., Symes, J., Peters, E., Kuipers, E., & Dagnan, D. (2008). Responding mindfully to unpleasant thought and images : Reliability and validity of the Southampton mindfulness questionnaire SMQ. *British Journal of Clinical Psychology*, **47**, 451-455.
12) Cheron, D.M., Ehrenreich, J.T., & Pincus, D.B. (2009). Assessment of parental experiential avoidance in a clinical sample of children with anxiety disorders. *Child Psychiatry and Human Development*, **40**, 383-403.
13) Ciarrochi, J., Bilich, L., & Godsell, C. (2010). Psychological flexibility as a mechanism of change in acceptance and commitment therapy. In R. A.

Baer (Ed.), *Assessing mindfulness & acceptance processes in clients*: *Illuminating the theory and practice of change*. Oakland, CA: New Harbinger Publications, Inc., pp.51-76.
14) Dahl, J., Wilson, K. G., Luciano, C., & Hayes, S. C. (2005). *Acceptance and commitment therapy for crhonic pain*. Reno: Context press.
15) Dempster, M., Bolderston, H., Gillanders, D., & Bond, F. (2009). The development of a measure of cognitive fusion: The Cognitive Fusion Questionnaire. Association for Contextual Behavioral Science ⟨http://contextualpsychology.org/node/4249⟩ (September 1, 2010)
16) Feldman, G., Hayes, A., Kumar, S., Greeson, J., & Laurenceau, J. P. (2007). Mindfulness and emotion regulation: The development and initial validation of the cognitive and affective mindfulness scale revised (CAMS-R). *Journal of Psychopathology and Behavioral Assessment*, **29**, 177-190.
17) Feldner, M. T., Zvolensky, M. J., Eifert, G. H., & Spira, A. P. (2003). Emotional avoidance: An experimental test of individual differences and response suppression using biological challenge. *Behavior Research and Therapy*, **41**, 403-411.
18) Gifford, E. V., Antonuccio, D. O., Kohlenberg, B. S., Hayes, S. C., & Piasecki, M. M. (2002). Combining Bupropion SR with acceptance and commitment-based behavioral therapy for smoking cessation: Preliminary results from a randomized controlled trial. Presented at the annual meeting of the Association for Advancement of Behavioral Therapy, Reno, NV.
19) Greco, L. A. & Hart, T. A. (2005). Diabetes Acceptance and Action Scale for Children and Adolescents (DAAS). Association for Contextual Behavioral Science ⟨http://contextualpsychology.org/DAAS_Measure⟩ (August 31, 2010)
20) Greco, L. A., Lambert, W., & Baer, R. A. (2008). Psychological inflexibility in childhood and adolescence: Development and evaluation of the avoidance and fusion questionnaire for youth. *Psychological Assessment*, **20**, 93-102.
21) Greco, L. A., Smith, G. T., & Baer, R. A. (2009). Children's Acceptance and Mindfulness Measure (CAMM). Association for Contextual Behavioral Science ⟨http://contextualpsychology.org/CAMM⟩ (September 1, 2010)
22) Gregg, J. A., Callaghan, G. M., Hayes, S. C., & Glenn-Lawson, J. L. (2007). Improving diabetes self-management thorough acceptance, mindfulness, and values: A randomized controlled trial. *Journal of Consulting*

and Clinical Psychology, **75**, 336-343.
23) Hayes, S. C., Bissett, R., Korn, Z., Zettle, R. D., Rosenfarb, I., Cooper, L., & Grundt, A. (1999). The impact of acceptance versus control rationales on pain tolerance. *The Psychological Record*, **49**, 33-47.
24) Hayes, S. C., Bissett, R., Roget, N., Padilla, M., Kohlenberg, B. S., Fisher, G., Masuda, A., Pistorello, J., Rye, A. K., Berry, K., & Niccolls, R. (2004). The impact of acceptance and commitment training and multicultural training on the stigmatizing attitudes and professional burnout of substance abuse counselors. *Behavior Therapy*, **35**, 821-835.
25) Hayes, S. C., Luoma, J. B., Bond, F. W., Masuda, A., & Lillis, J. (2006). Acceptance and commitment therapy: Model, processes and outcome. *Behaviour Research and Therapy*, **44**, 1-25.
26) Hayes, S. C., Strosahl, K. D., Wilson, K. G., Bissett, R. T., Pistorello, J., Toarmino, D., Polusny, M., A., Dykstra, T. A., Batten, S. V., Bergan, J., Stewart, S. H., Zvolensky, M. J., Eifert, G. H., Bond, F. W., Forsyth J. P., Karekla, M., & McCurry, S. M. (2004). Measuring experiential avoidance: A preliminary test of a working model. *The Psychological Record*, **54**, 553-578.
27) Haynes, S. N. (1978). *Principles of behavioral assessment*. New York: Gardner Press.
28) Hesser, H., Westin, V., Hayes, S. C., & Andersson, G. (2009). Clients' in session acceptance and cognitive dfusion behaviors in acceptance-based treatment of tinnitus distress. *Behaviour Research and Therapy*, **47**, 523-528.
29) Hollon, S. D. & Kendall, P. C. (1980). Cognitive self-statements in depression: Development of an automatic thoughts questionnaire. *Cognitive Therapy and Research*, **4**, 383-395.
30) Kishita, N., Ohtsuki, T., Shimada, H., & Muto, T. (2010). Examining the Effects of Cognitive Defusion Versus Thought Distraction on Verbal Stimulus Functions and Public Speaking Anxiety. Presented at the annual convention of the Association for Behavioral and Cognitive Therapies, San Francisco, CA.
31) 木下奈緒子，山本哲也，嶋田洋徳 (2008). 日本語版 Acceptance and Action Questionnaire-II作成の試み. 日本健康心理学会第21会大会発表論文集, 46.
32) Lappalainen, R., Lehtonen, T., Skarp, E., Taubert, E., Ojanen, M., & Hayes, S. C. (2007). The impact of CBT and ACT models using psychology trainee therapists: A preliminary controlled effectiveness trial. *Behavior Modification*, **31**, 488-511.

33) Levin, M., Stromberg, C., Villatte, J., Waltz, T., & Hayes, S. (2010). Testing the impact of a breif acceptance, mindfulness and values intervention on mutiple features of task persistence. Presented at the annual meeting of the Association for Contextual Behavioral Science, Reno, NV.
34) Lillis, J. & Hayes, S. C. (2008). Measuring avoidance and inflexibility in weight related problems. *International Journal of Behavioral Consultation and Therapy*, 4, 348-354.
35) Lundgren, T. (2006). Validation and reliability data of the Bull's-Eye. Presented at the Second World Conference on ACT, RFT, and Contextual Behavioral Science, London.
36) Lundgren, T., Dahl, J., & Hayes, S. C. (2008). Evaluation of mediators of change in the treatment of epilepsy with acceptance and commitment therapy. *Journal of Behavior Medicine*, 31, 225-235.
37) Murrell, A. R., Coyne, L. W., & Wilson, K. G. (2004). ACT with children, adolescents, and their parents. In S. C. Hayes & K. D. Strosahl (Eds). *A practical guide to acceptance and commitment therapy*. New York：Springer, pp.249-273.
38) 武藤 崇 (2009). 価値とACT. こころの臨床ä・la・carte, 29, 105-110.
39) 武藤 崇, 山岸直基 (2005). 心理的柔軟性とlagスケジュール・パフォーマンスとの関係："Acceptance and Action"に対する行動アセスメントツールの開発に向けての予備的研究. 日本行動分析学会第23回年次大会発表論文集, p.84.
40) Sandoz, E. K. (2010). *Assessment of body image flexibility*：*An evaluation the body image-acceptance and action questionnaire*. Unpublished dissertation. University of Mississippi.
41) Shawyer, F., Ratcliff, K., Mackinnon, A., Farhall, J., Hayes, S. C., & Copolov, D. (2007). The voices acceptance and action scale (VAAS)：Pilot data. *Journal of Clinical Psychology*, 63, 593-606.
42) 高橋 稔, 武藤 崇, 多田昌代, 杉山雅彦 (2002). 痛み耐性の増大に及ぼすacceptance rationaleの効果—acceptanceエクササイズとFEARエクササイズの比較—. 行動療法研究, 28, 35-46.
43) Vowles, K. E., McCracken, L. M., & Eccleston, C. (2008). Patient functioning and catastrophizing in chronic pain：The mediating effects of acceptance. *Health Psychology*, 27, 136-143.
44) Walach, H., Buchheld, N., Buttenmüller, V., Kleinknecht, N., & Schmidt, S. (2006). Measuring mindfulness—the Freiburg mindfulness inventory (FMI). *Personality and Individual Differences*, 40, 1543-1555.
45) Westin, V., Hayes, S. C., & Andersson, G. (2008). Is it the sound or your relationship to it？ The role of acceptance in predicting tinnitus impact.

Behaviour Research and Therapy, **46**, 1259-1265.
46) Wilson, K. G. & DuFrene, T. (2009). *Mindfulness for two : An acceptance and commitment therapy approach to mindfulness in psychotherapy*. Oakland : New Harbinger Publications.
47) Wilson, K. G., Sandoz, E. K., Flynn, M. K., & Slater, R. M. (2010). Understanding, assessing and treating values process in mindfulness-and acceptance-based therapies. In R. A. Baer (Ed.), *Assessing mindfulness & acceptance processes in clients : Illuminating the theory and practice of change*. Oakland : New Harbinger Publications, Inc., pp.77-106.
48) Wilson, K. G., Sandoz, E. K., & Kitchens, J. (2010). The Valued living questionnaire : Defining and measuring valued action within a behavioral framework. *The Psychological Record*, **60**, 249-272.
49) Wood, J. J., McLeod, B.D., Sigman, M., Hwang, W. C., & Chu, B. C. (2003). Parenting and childhood anxiety : Theory, empirical findings, and future directions. *Journal of Child Psychology and Psychiatry*, **44**, 134-151.
50) Zettle, R. D. & Hayes, S. C. (1986). Dysfunctional control by client verbal behavior : The context of reason giving. *The Analysis of Verbal Behavior*, **4**, 30-38.

第 10 章

1) Barnes, D., Lawlor, H., Smeets, P. M., & Roche, B. (1996). Stimulus equivalence and academic self-concept among mildly menatally handicapped and nonhandicapped children. *The Psychological Record*, **46**, 87-107.
2) Barnes-Holmes, D., Barnes-Holmes, Y., Power, P., Hayden, E., Milne, R., & Stewart, I. (2006). Do you really know what you believe? Developing the implicit relational assessment procedure (IRAP) as a direct measure of implicit beliefs. *The Irish Psychologist*, **32**, 169-177.
3) Barnes-Holmes, D., Barnes-Holmes, Y., Smeets, P. M., Cullinan, V. A., & Leader, G. (2004). Relational frame theory and stimulus equivalence : Conceptual and procedural issues. *International Journal of Psychology and Psychological Therapy*, **4**, 181-214.
4) Barnes-Holmes, D., Barnes-Holmes, Y., Stewart, I., & Boles, S. (2010). A sketch of the implicit relational assessment procedure (IRAP) and the relational elaboration and coherence (REC) model. *The Psychological Record*, **60**, 527-542.
5) Barnes-Holems, D., Hayden, E., Barnes-Holmes, Y., & Stewart, I. (2008). The implicit relational assessment procedure (IRAP) as a response-time

and event-related-potentials methodology for testing natural verbal relations : A preliminary study. *The Psychological Record*, **58**, 497-516.
6) Barnes-Holmes, D., Murphy, A., & Barnes-Holmes, Y. (2010). The implicit relational assessment procedure : Exploring the impact of private versus public contexts and the response latency criterion on pro-white and anti-black stereotyping among white Irish individuals. *The Psychological Record*, **60**, 57-66.
7) Barnes-Holmes, D., Murtagh, L., Barnes-Holmes, Y., & Stewart, I. (2010). Using the Implicit Association Test and the Implicit Relational Assessment Procedure to measure attitudes toward meat and vegetables in vegetarians and meat-eaters. *The Psychological Record*, **60**, 287-306.
8) Barnes-Holmes, D., Staunton, C., Barnes-Holmes, Y., Whelan, R., Stewart, I., Commins, S., Walsh, D., Smeets, P. M., & Dymond, S. (2004). Interfacing relational frame theory with cognitive neuroscience : Semantic priming, the Implicit Association Test, and event related potentials. *International Journal of Psychology and Psychological Therapy*, **4**, 215-240.
9) Barnes-Holmes, D., Waldron, D., Barnes-Holmes, Y., & Stewart, I. (2009). Testing the validity of the implicit relational assessment procedure and the Implicit Association Test : Measuring attitudes toward Dublin and country life in Ireland. *The Psychological Record*, **59**, 389-406.
10) Cullinan, V. A., Barnes, D., & Smeets, P. M. (1998). A precursor to the relational evaluation procedure : Analyzing stimulus equivalence. *The Psychological Record*, **48**, 121-145.
11) Cullinan, V. A., Barnes-Holmes, D., & Smeets, P. M. (2001). A precursor to the relational evaluation procedure : Searching for the contextual cues that control equivalence responding. *Journal of the Experimental Analysis of Behavior*, **76**, 339-349.
12) Dawson, D. L., Barnes-Holmes, D., Hart, A. J., Gresswell, D. M., & Gore, N. J. (2009). Assessing the implicit beliefs of sexual offenders using the implicit relational assessment procedure : A first study. *Sexual Abuse : A Journal of Research and Treatment*, **21**, 57-75.
13) De Houwer, J. (2002). The Implicit Association Test as a tool for studying dysfunctional associations in psychopathology : Strengths and limitation. *Journal of Behavior Therapy and Experimental Psychiatry*, **33**, 115-133.
14) De Houwer, J. (2006). What are implicit attitudes and why are we using them? In R. W. Wiers & A. W. Stacy (Eds.), *The handbook of implicit cognition and addiction*. Thousand Oaks, CA : Sage Publishers, pp.11-28.

15) Fields, L., Reeve, K. F., Varelas, A., Rosen, D., & Belanich, J. (1997). Equivalence class formation using stimulus-pairing and yes-no responding. *The Psychological Record*, **47**, 661-686.
16) Gavin, A., Roche, B., & Ruiz, M. R. (2008). Competing contingencies over derived relational responding : A behavioral model of the Implicit Association Test. *The Psychological Record*, **58**, 427-441.
17) Greenwald, A. G., McGhee, D. E., & Schwartz, J. L. K. (1998). Measuring individual differences in implicit cognition : The Implicit Association Test. *Journal of Personality and Social Psychology*, **74**, 1464-1480.
18) Greenwald, A. G., Nosek, B. A., & Banaji, M. R. (2003). Understanding and using the Implicit Association Test : I. An improved scoring algorithm. *Journal of Personality and Social Psychology*, **85**, 197-216.
19) Hayes, S. C., Barnes-Holmes, D., & Roche, B. (Eds.) (2001). *Relational frame theory : A post-Skinnerian account of human language and cognition*. New York : Kluwer Academic/Plenum Publisher.
20) Leslie, J. C., Tierney, K. J., Robinson, P., Keenan, M., Watt, A., & Barnes, D. (1993). Differences between clinically anxious and non-anxious subjects in a stimulus equivalence training task involving threat words. *The Psychological Record*, **43**, 153-161.
21) McKenna, I. M., Barnes-Holmes, D., Barnes-Holmes, Y., & Stewart, I. (2007). Testing the fake-ability of the implicit relational assessment procedure (IRAP) : The first study. *International Journal of Psychology and Psychological Therapy*, **7**, 253-268.
22) 大月 友, 神村栄一, 杉山雅彦 (2007). 食行動異常度と食事や体型・体重に対する潜在的な態度との関連：Implicit Association Test (IAT) を用いた実験心理学的アプローチ. 行動療法研究, **33**, 13-24.
23) O'Toole, C. & Barnes-Holmes, D. (2009). Three chronometric indices of relational responding as predictors of performance on a brief intelligence test : The importance of relational flexibility. *The Psychological Record*, **59**, 119-132.
24) O'Toole, C., Barnes-Holmes, D., & Smyth, S. (2007). A derived transfer of functions and the Implicit Association Test. *Journal of the Experimental Analysis of Behavior*, **88**, 263-283.
25) Power, P., Barnes-Holmes, D., Barnes-Holmes, Y., & Stewart, I. (2009). The implicit relational assessment procedure (IRAP) as a measure of implicit relative preferences : A first study. *The Psychological Record*, **59**, 621-640.
26) Roche, B. & Barnes, D. (1997). A transformation of respondently condi-

tioned stimulus function in accordance with arbitrarily applicable relations. *Journal of the Experimental Analysis of Behavior*, **67**, 275-301.
27) Roche, B., Barnes-Holmes, Y., Barnes-Holmes, D., Stewart, I., & O'Hora, D. (2002). Relational frame theory : A new paradigm for the analysis of social behavior. *The Behavior Analyst*, **25**, 75-91.
28) Vahey, N. A., Barnes-Holmes, D., Barnes-Holmes, Y., & Stewart, I. (2009). A first test of the implicit relational assessment procedure (IRAP) as a measure of self-esteem : Irish prisoner groups and university students. *The Psychological Record*, **59**, 371-388.
29) Watt, A., Keenan, M., Barnes, D., & Cairns, E. (1991). Social categorization and stimulus equivalence. *The Psychological Record*, **41**, 33-50.
30) Whelan, R. & Barnes-Holmes, D. (2004). The transformation of consequential functions in accordance with the relational frames of same and opposite. *Journal of the Experimental Analysis of Behavior*, **82**, 177-195.

第 11 章

1) Association for Contextual Behavioral Science (ACBS). http://contextualpsychology.org/
2) Bach, P. & Hayes, S. C. (2002). The use of acceptance and commitment therapy to prevent the rehospitalization of psychotic patients : A randomized controlled trial. *Journal of Consulting and Clinical Psychology*, **70** (5), 1129-1139.
3) Bergin, A. E. (1971). The evaluation of therapeutic outcomes. In A. E. Bergin & S. L. Garfield (Eds.), *Handbook of psychotherapy and behavior change : An empirical analysis*. New York : Wiley, pp.217-270.
4) Block, J. A. (2003). Acceptance or change of private experiences : A comparative analysis in college students with public speaking anxiety. *Dissertation Abstracts International : Section B : The Sciences and Engineering, 63*.
5) Bond, F. W. & Bunce, D. (2000). Mediators of change in emotion-focused and problem-focused worksite stress management interventions. *Journal of Occupational Health Psychology*, **5** (1), 156-163.
6) Branstetter, A. D., Wilson, K. G., Hildebrandt, M., & Mutch, D. (2004). Improving psychological adjustment among cancer patients : ACT and CBT. *Paper presented at the Association for Advancement of Behavior Therapy*. New Orleans.
7) Chambless, D. L., Baker, M. J., Baucom, D. H., Beutler, L. E., Calhoun, K. S., Crits-Christoph, P. et al. (1998). Update on empirically validated

therapies, II. *The Clinical Psychologist*, **51** (1), 3-16.
8) Cohen, J. (1988). *Statistical Power Analysis for the Behavioral Sciences, ed 2.*: Hillsdale, Erlbaum.
9) Corrigan, P. W. (2001). Getting ahead of the data : A threat to some behavior therapies. *The Behavior Therapist*, **24** (9), 189-193.
10) Crits-Christoph, P., Frank, E., Chambless, D. L., Brody, C., & Karp, J. F. (1995). Training in empirically validated treatments : What are clinical psychology students learning? *Professional Psychology : Research and Practice*, **26** (5), 514-522.
11) Dahl, J., Wilson, K. G., & Nilsson, A. (2004). Acceptance and commitment therapy and the treatment of persons at risk for long-term disability resulting from stress and pain symptoms : A preliminary randomized trial. *Behavior Therapy*, **35** (4), 785-801.
12) Eysenck, H. J. (1952). The effects of psychotherapy : An evaluation. *Journal of Consulting Psychology*, **16**, 319-324.
13) Eysenck, H. J. (1978). An exercise in mega-silliness. *American Psychologist*, **33** (5), 517-517.
14) Forman, E. M., Herbert, J. D., Moitra, E., Yeomans, P. D., & Geller, P. A. (2007). A randomized controlled effectiveness trial of acceptance and commitment therapy and cognitive therapy for anxiety and depression. *Behavior Modification*, **31** (6), 772-799.
15) 古川壽亮 (2000). エビデンス精神医療―EBPの基礎から臨床まで. 医学書院.
16) Gaudiano, B. A. (2009). Öst's (2008) methodological comparison of clinical trials of acceptance and commitment therapy versus cognitive behavior therapy : Matching apples with oranges? *Behaviour Research and Therapy*, **47** (12), 1066-1070.
17) Gaudiano, B. A. & Herbert, J. D. (2006). Acute treatment of inpatients with psychotic symptoms using acceptance and commitment therapy : Pilot results. *Behaviour Research and Therapy*, **44** (3), 415-437.
18) Gifford, E. V., Kohlenberg, B. S., Hayes, S. C., Antonuccio, D. O., Piasecki, M. M., Rasmussen-Hall, M. L. et al. (2004). Acceptance-based treatment for smoking cessation. *Behavior Therapy*, **35** (4), 689-705.
19) Glass, G. V. (1976). Primary, secondary, and meta-analysis of research. *Educational Researcher*, **5**, 3-8.
20) Gratz, K. L. & Gunderson, J. G. (2006). Preliminary data on acceptance-based emotion regulation group intervention for deliberate self-harm among women with borderline personality disorder. *Behavior Therapy*, **37** (1), 25-35.

21) Gregg, J. A., Callaghan, G. M., Hayes, S. C., & Glenn-Lawson, J. L. (2007). Improving diabetes self-management through acceptance, mindfulness, and values : A randomized controlled trial. *Journal of Consulting and Clinical Psychology*, **75** (2), 336-343.
22) Hayes, S. C. (1987). A contextual approach to therapeutics change. In N. S. Jacobson (Ed.), *Psychotherapists in clinical practice : cognitive and behavioral perspectives*. Guilford Press, pp.327-387.
23) Hayes, S. C., Bissett, R., Roget, N., Padilla, M., Kohlenberg, B. S., Fisher, G. et al. (2004). The impact of acceptance and commitment training and multicultural training on the stigmatizing attitudes and professional burnout of substance abuse counselors. *Behavior Therapy*, **35** (4), 821-835.
24) Hayes, S. C., Luoma, J. B., Bond, F. W., Masuda, A., & Lillis, J. (2006). Acceptance and commitment therapy : Model, processes and outcomes. *Behaviour Research and Therapy*, **44** (1), 1-25.
25) Hayes, S. C., Masuda, A., Bissett, R., Luoma, J., & Guerrero, L. F. (2004). DBT, FAP, and ACT : How empirically oriented are the new behavior therapy technologies? *Behavior Therapy*, **35**, 35-54.
26) Hayes, S. C., Strosahl, K. D., & Willson, K. G. (1999). *Acceptance and commitment therapy : An experiential approach to behavior change*. New York : Guilford Press.
27) Hayes, S. C., Wilson, K. G., Gifford, E. V., Bissett, R., Piasecki, M., Batten, S. V. et al. (2004). A preliminary trial of twelve-step facilitation and acceptance and commitment therapy with polysubstance-abusing methadone-maintained opiate addicts. *Behavior Therapy*, **35** (4), 667-688.
28) Hedges, L. V. & Olkin, I. (1985). *Statistical methods for meta-analysis*. Orlando : Academic Press.
29) Herbert, J. D. (2002). The dissemination of novel psychotherapies : A commentary on Corrigan, Gaynor, and Hayes. *The Behavior Therapist*, **25** (7-8), 140-144.
30) Jacobson, N. S. & Truax, P. (1991). Clinical significance : A statistical approach to defining meaningful change in psychotherapy research. *Journal of Consulting and Clinical Psychology*, **59**, 12-19.
31) Johnston, M., Foster, M., Shennan, J., Starkey, N. J., & Johnson, A. (2010). The effectiveness of an acceptance and commitment therapy self-help intervention for chronic pain. *The Clinical Journal of Pain*, **26** (5), 393-402.
32) 金沢吉展 (2001). 効果研究とプログラム評価研究. 下山晴彦, 丹野義彦 (編). 講座臨床心理学2 臨床心理学研究. 東京大学出版会, pp.181-202.

33) Kazdin, A. E. (1977). Assessing the clinical or applied significance of behavior change through social validation. *Behavior Modification*, **1**, 427-452.
34) Lappalainen, R., Lehtonen, T., Skarp, E., Taubert, E., Ojanen, M., & Hayes, S. C. (2007). The impact of CBT and ACT models using psychology trainee therapists : A preliminary controlled effectiveness trial. *Behavior Modification*, **31** (4), 488-511.
35) Levin, M. & Hayes, S. C. (2009). Is acceptance and commitment therapy superior to established treatment comparisons? *Psychotherapy and Psychosomatics*, **78**, 380.
36) Lillis, J., Hayes, S. C., Bunting, K., & Masuda, A. (2009). Teaching acceptance and mindfulness to improve the lives of the obese : a preliminary test of a theoretical model. *Annals of Behavioral Medicine*, **37**, 58-69.
37) Lundgren, T., Dahl, J., Melin, L., & Kies, B. (2006). Evaluation of acceptance and commitment therapy for drug refractory epilepsy : A randomized controlled trial in south africa - A pilot study. *Epilepsia (Series 4)*, **47** (12), 2173-2179.
38) Lundgren, T., Dahl, J., Yardi, N., & Melin, L. (2008). Acceptance and commitment therapy and yoga for drug-refractory epilepsy : A randomized controlled trial. *Epilepsy & Behavior*, **13** (1), 102-108.
39) 増田明彦 (2009). ACTに関する実証研究の展望. こころのりんしょうà・la・carte, **28**, 122-130.
40) 松見淳子 (2004). カウンセリングとEBC. 内山喜久雄, 坂野雄二 (編). エビデンス・ベースト・カウンセリング. 志文堂, pp.37-47.
41) Montesinos, F., Luciano, M. C., & Ruiz, F. J. (2006). ACT for common problematic worries : random application of a brief protocol. *Paper presented at The Second World Conference on ACT, RFT and Contextual Behavioural Science*. London.
42) Öst, L.-G. (2008). Efficacy of the third wave of behavioral therapies : A systematic review and meta-analysis. *Behaviour Research and Therapy*, **46** (3), 296-321.
43) Öst, L.-G. (2009). Inventing the wheel once more or learning from the history of psychotherapy research methodology : Reply to Gaudiano's comments on Öst's (2008) review. *Behaviour Research and Therapy*, **47** (12), 1071-1073.
44) Paul, G. L. (1965). Effects of insight, desensitization, and attention-placebo treatment of anxiety : An approach to outcome research in psy-

chotherapy. *Dissertation Abstracts*, **25**, 5388-5389.
45) Powers, M. B. & Emmelkamp, P. M. G. (2009). Response to "Is acceptance and commitment therapy superior to established treatment comparisons?". *Psychotherapy and Psychosomatics*, **78**, 380-381.
46) Powers, M. B., Vording, M. B. Z. V. S., & Emmelkamp, P. M. G. (2009). Acceptance and commitment therapy : A meta-analytic review. *Psychotherapy and Psychosomatics*, **78**, 73-80.
47) Pull, C. B. (2008). Current empirical status of acceptance and commitment therapy. *Current Opinion in Psychiatry*, **22**, 55-60.
48) Roemer, L., Orsillo, S. M., & Salters-Pedneault, K. (2008). Efficacy of an acceptance-based behavior therapy for generalized anxiety disorder : Evaluation in a randomized controlled trial. *Journal of Consulting and Clinical Psychology*, **76** (6), 1083-1089.
49) Roth, A. & Fonagy, P. (2006). *What works for whom? : A critical review of psychotherapy research (2 ed.)*. New York, London : Guilford Press.
50) Ruiz, F. J. (2010). A review of acceptance and commitment therapy (ACT) empirical evidence : Correlational, experimental psychopathology, component and outcome studies. *International Journal of Psychology & Psychological Therapy*, **10** (1), 125-162.
51) 西條剛央 (2005). 構造構成主義とは何か―次世代人間科学の原理. 北大路書房.
52) Sheldon, T. A., Song, F., & Davey-Smith, G. (1993). Critical appraisal of the medical literature : How to assess whether health care interventions do more good than harm. In M. F. Dmmmond & A. Maynard (Eds.), *Purchasing and providing cost-effective health care*. London : Churchill Livingstone, pp.31-48.
53) Smith, M. L. & Glass, G. V. (1977). Meta-analysis of psychotherapy outcome studies. *American Psychologist*, **32** (9), 752-760.
54) 丹野義彦 (2001). エビデンス臨床心理学―認知行動療法の最前線. 日本評論社.
55) Tapper, K., Shaw, C., Ilsley, J., Hill, A. J., Bond, F. W., & Moore, L. (2009). Exploratory randomised controlled trial of a mindfulness-based weight loss intervention for women. *Appetite*, **52** (2), 396-404.
56) Twohig, M. P. (2008). A randomized clinical trial of acceptance and commitment therapy versus progressive relaxation training in the treatment of obsessive compulsive disorder. *Dissertation Abstracts International : Section B : The Sciences and Engineering, 68*.
57) Twohig, M. P. & Crosby, J. M. (2010). Acceptance and commitment therapy as a treatment for problematic internet pornography viewing. *Behavior Therapy*.

58) 内山喜久雄，坂野雄二 (2004). エビデンス・ベースト・カウンセリング. 志文堂.
59) Wicksell, R. K., Ahlqvist, J., Bring, A., Melin, L., & Olsson, G. L. (2008). Can exposure and acceptance strategies improve functioning and life satisfaction in people with chronic pain and whiplash-associated disorders (WAD)？：A randomized controlled trial. *Cognitive Behaviour Therapy*, **37** (3), 169-182.
60) Wicksell, R. K., Melin, L., Lekander, M., & Olsson, G. L. (2009). Evaluating the effectiveness of exposure and acceptance strategies to improve functioning and quality of life in longstanding pediatric pain - a randomized controlled trial. *Pain*, **141** (3), 248-257.
61) Wilson, G. T. (1995). Empirically validated treatments as a basis for clinical practice：Problems and prospects. In S. C. Hayes, V. M. Follette, R. M. Dawes & K. E. Grady (Eds.), *Scientific standards of psychological practice*：*Issues and recommendations*. Reno, NV：Context Press, pp.163-196.
62) Wolpe, J. (1958). *Psychotherapy by reciprocal inhibition*. (ウォルピ, J., 金久卓也〔監訳〕〔1977〕. 逆制止による心理療法. 誠信書房.)
63) Woods, D. W., Wetterneck, C. T., & Flessner, C. A. (2006). A controlled evaluation of acceptance and commitment therapy plus habit reversal for trichotillomania. *Behaviour Research and Therapy*, **44** (5), 639-656.
64) 山田剛史 (2001). 一事例実験とメタ分析. 下山晴彦，丹野義彦（編）. 講座臨床心理学2 臨床心理学研究，pp.203-222.
65) Zettle, R. D. (1985). Cognitive therapy of depression：A conceptual and empirical analysis of component and process issues. *Dissertation Abstracts International, 46*.
66) Zettle, R. D. (1989). Group cognitive and contextual therapies in treatment of depression. *Journal of Clinical Psychology*, **45**, 438-445.
67) Zettle, R. D. (2003). Acceptance and commitment therapy (ACT) vs. systematic desensitization in treatment of mathematics anxiety. *Psychological Record*, **53** (2), 197-215.
68) Zettle, R. D. & Hayes, S. C. (1986). Dysfunctional control by client verbal behavior：The context of reason giving. *The Analysis of Verbal Behavior*, **4**, 30-38.
69) Zettle, R. D. & Rains, J. C. (1989). Group cognitive and contextual therapies in treatment of depression. *Journal of Clinical Psychology*, **45**, 438-445.
70) Zettle, R. D., Rains, J. C., & Hayes, S. C. (2011). Processes of change in

acceptance and commitment therapy and cognitive therapy for depression : A mediational reanalysis of Zettle and Rains. *Behavior Modification*, **35** (3), 265-283.

第 12 章

1) Campbell-Sills, L., Barlow, D. H., Brown, T. A., & Hofmann, S. G. (2006). Acceptability and suppression of negative emotion in anxiety and mood disorders. *Emotion*, **6** (4), 587-595.
2) Creswell, J. D., Welch, W. T., Taylor, S. E., Sherman, D. K., Greunewald, T. L., & Mann, T. (2005). Affirmation of personal values buffers neuroendocrine and psychological stress responses. *Psychological Science*, **16**, 846-851.
3) De Young, K. P., Lavender, J. M., Washingto, L. A., Looby, A., & Anderson, D. A. (2010). A controlled comparison of the word repeating technique with a word association task. *Journal of Behavior Therapy and Experimental Psychiatry*, **41** (4), 426-432.
4) Forman, E. M., Hoffman, K. L., McGrath, K. B., Herbert, J. D., Brandsma, L. L., & Lowe, M. R. (2007). A comparison of acceptance-and control-based strategies for coping with food cravings : An analog study. *Behaviour Research and Therapy*, **45**, 2372-2386.
5) Forman, E. M., Herbert, J. D., Moitra, E., Yeomans, P. D., & Geller, P. A. (2007). A randomized controlled effectiveness trial of acceptance and commitment therapy and cognitive therapy for anxiety and depression. *Behavior Modification*, **31** (6), 772-799.
6) Gaudiano, B. A., Herbert, J. D., & Hayes, S. C. (2010). Is it the symptom or the relation to it? Investigating potential mediators of change in acceptance and commitment therapy for psychosis. *Behavior Therapy*, in Press.
7) Hayes, S. C., Bissette, R., Korn, Z., Zettle, R. D., Rosenfarb, I., Cooper, L., & Grundt, A. (1999). The impact of acceptance versus control rationales on pain tolerance. *The Psychological Record*, **49**, 33-47.
8) Hayes, S. C., Bissett, R., Roget, N., Padilla, M., Kohlenberg, B. S., Fisher, G., Masuda, A., Pistorello, J., Rye, A. K., Berry, K., & Niccolls, R. (2004). The impact of acceptance and commitment training and multicultural training on the stigmatizing attitudes and professional burnout of substance abuse counselors. *Behavior Therapy*, **35**, 821-835.
9) Liverant, G. I., Brown, T. A., Barlow, D. H., & Roemer, L. (2008). Emotion regulation in unipolar depression : The effects of acceptance and sup-

pression of subjective emotional experience on the intensity and duration of sadness and negative affect. *Behaviour Research and Therapy*, **46**, 1201-1209.
10) Marks, B. A. & Woods, D. W. (2005). Comparison of thought suppression to an acceptance-based technique in the management of personal intrusive thoughts : a controlled evaluation. *Behaviour Research and Therapy*, **43** (4), 433-45.
11) Marcks, B. A. & Woods, D. W. (2007). Role of thought-related beliefs and coping strategies in the escalation of intrusive thoughts : An analog to obsessive-compulsive disorder. *Behaviour Research and Therapy*, **45**, 2640-2651.
12) Masuda, A., Hayes, S. C., Sackett, C. F., & Twohig, M. P. (2004). Cognitive defusion and self-relevant negative thoughts : Examining the impact of a ninety year old technique. *Behaviour Research and Therapy*, **42**, 477-485.
13) Masuda, A., Hayes, S. C., Twohig, M. P., Drossel, C., Lillis, J., & Washio, Y. (2008). A parametric study of cognitive defusion and the believability and discomfort of negative self-relevant thoughts. *Behavior Modification*, **33** (2), 250-262.
14) Masuda, A., Twohig, M. P., Stormo, A. R., Feinstein, A. B., Chou, Y., & Wendell, J. W. (2010). The effects of cognitive defusion and thought distraction on emotional discomfort and believability of negative self-referential thoughts. *Journal of Behavior Therapy and Experimental Psychiatry*, **41**, 11-17.
15) Najmi, S., Riemann, B. C., & Wegner, D. M. (2009). Managing unwanted intrusive thoughts in obsessive compulsive disorder : Relative effectiveness of suppression, distraction, and acceptance. *Behaviour Research and Therapy*, **47**, 494-503.
16) Páez-Blarrina, M. B., Luciano M. C., Gutiérrez-Martínez, O., Valdivia, S., Rodriguez, M., & Ortega, J. (2008). Coping with pain in the motivational context of values : Comparison between an acceptance-based and a cognitive-control-based protocol. *Behavior Modification*, **32** (3), 403-422.
17) 髙橋　稔，武藤　崇，多田昌代，杉山雅彦（2002）．痛み耐性の増大に及ぼす acceptance rationale の効果—acceptance エクササイズと FEAR エクササイズの比較—．行動療法研究，**28** (1), 35-46.
18) Varra, A. A., Hayes, S. C., Roget, N., & Fisher, G. (2008). A randomized control trial examining the effect of acceptance and commitment training on clinician willingness to use evidence-based pharmacotherapy. *Journal*

of Consulting and Clinical Psychology, **76**, 449-458.

第13章
1) 石田基広 (2008). Rによるテキストマイニング入門. 森北出版.
2) ルオマ J. B., ヘイズ S. C., ウォルサー R. D. (著), 熊野宏昭, 高橋 史, 武藤 崇 (監訳) (2009). ACT (アクセプタンス&コミットメント・セラピー) をまなぶ―セラピストのための機能的な臨床スキル・トレーニング・マニュアル. 星和書店.
3) 豊田秀樹 (2008). データマイニング入門―Rで学ぶ最新データ解析. 東京図書.

第14章
1) Callaghan, G. M., Gregg, J. A., Marx, B., Kohlenberg, B. S., & Gifford, E. (2004). FACT : The utility of an integration of functional analytic psychotherapy and acceptance and commitment therapy to alleviate human suffering. *Psychotherapy : Theory, Research, Practice, Training*, **41**, 195-207.
2) Callaghan, G. M., Summers, C. J., & Weidman, M. (2003). The treatment of histrionic and narcissistic personality disorder behaviors : A single-subject demonstration of clinical effectiveness using functional analytic psychotherapy. *Journal of Contemporary Psychotherapy*, **33**, 321-339.
3) Carr, E. G. & Durand, V. M. (1985). Reducing behavior problems through functional communication training. *Journal of Applied Behavior Analysis*, **18**, 111-126.
4) Cordova, J. V. & Kohlenberg, R. J. (1994). Acceptance and the therapeutic relationship. In S. C. Hayes, N. S. Jacobson, V. M. Follette, & M. J. Dougher (Eds.), *Acceptance and change : Content and context in psychotherapy*. Reno, NV : Context Press, pp.125-140.
5) 出口 光, 山本淳一 (1985). 機会利用型指導法とその汎用性の拡大：機能的言語の教授法に関する考察. 教育心理学研究, **33**, 350-360.
6) Gifford, E. V., Kohlenberg, B. S., Hayes, S. C., Antonuccio, D. O., Piasecki, M. M., Rasmussen-Hall, M. L., & Palm, K. M. (2004). Acceptance-based treatment for smoking cessation. *Behavior Therapy*, **35**, 689-705.
7) Halle, J. W., Marshall, A. M., & Spradlin, J. E. (1979). Time delay : A technique to increase language use and facilitate generalization in retarded children. *Journal of The Association for Persons with Severe Handicaps*, **10**, 21-30.
8) Hart, B. & Risley, T. R. (1975). Incidental teaching of language in the

preschool. *Journal of Applied Behavior Analysis*, **8**, 411-420.
9) Hayes, S. C. (2004). Fleeing from the elephant: Language, cognition and post-Skinnerian behavior analytic science. *Journal of Organizational Behavior Management*, **24**, 155-173.
10) Kohlenberg, R. J., Kanter, J. W., Boling, M., Wexner, R., Parker, C., & Tsai, M. (2004). Functional analytic psychotherapy, cognitive therapy, and acceptance. In S. C. Hayes, V. M. Follette, & M. M. Linehan (Eds.) *Mindfulness and acceptance: Expanding the cognitive-behavioral tradition*. New York: Guilford Press, pp.96-119.
11) Kohlenberg, R. J. & Tsai, M. (1991). *Functional analytic psychotherapy: A guide for creating intense and curative therapeutic relationships*. New York: Plenum.（大河内浩人〔監訳〕．機能分析心理療法．金剛出版．）
12) Kohlenberg, R. J. & Tsai, M. (1994a). Functional analytic psychotherapy: A behavioral approach to treatment and integration. *Journal of Psychotherapy Integration*, **4**, 175-201.
13) Kohlenberg, R. J. & Tsai, M. (1994b). Improving cognitive therapy for depression with functional analytic psychotherapy: Theory and case study. *The Behavior Analyst*, **17**, 305-320.
14) Kohlenberg, R. J., Tsai, M., & Dougher, M. J. (1993). The dimensions of clinical behavior analysis. *The Behavior Analyst*, **16**, 271-282.
15) Kohlenberg, B. S., Yeater, E. A., & Kohlenberg, R. J. (1998). Functional analytic psychotherapy, the therapeutic alliance, and brief psychotherapy. In J. Safran & C. Muran (Eds.) *The therapeutic alliance in brief psychotherapy*. Washington, D.C.: American Psychological Association, pp.63-93.
16) 栗原和彦（1992）．治療同盟．氏原 寛，小川捷之，東山紘久，村瀬孝雄，山中康裕（共編）．心理臨床大事典．培風館．
17) Lopez, F. J. (2003). Jealousy: A case of application of functional analytic psychotherapy. *Psychology in Spain*, **7**, 88-98.
18) McCullough, J. P. (2000). *Treatment for chronic depression: Cognitive behavioral analysis system of psychotherapy (CBASP)*. New York: Guilford Press.
19) 望月 昭，野崎和子（1998）．学習したことばをどう般化させるか．月刊実践障害児教育，**304**，50-53．
20) O'Donohue, W. (1995). The scientist-practitioner: Time allocation in psychotherapy. *The Behavior Therapist*, **18**, 117-119.
21) Oher, J, M. (1999). *The employee assistance handbook*. New York: John Wiley & Sons.（内山喜久雄，島 悟〔監訳〕〔2005〕．EAPハンドブック．フェスメック．）

22) Paul, R. H., Marx, B. P., & Orsillo, S. M. (1999). Acceptance-based psychotherapy in the treatment of an adjudicated exhibitionist : A case example. *Behavior Therapy*, **30**, 149-162.
23) Robinson, P. R. & Hayes, S. C. (1997). Acceptance and commitment : A model for integration. In N. A. Comming, J. L. Comming, & J. N. Johnson (Eds.), *Behavioral health in primary care : A guide for clinical integration*. Madison : Psychosocial Press.
24) Rogers-Warren, A. K. & Warren, S. E. (1980). Mand for verbalization : Facilitating the display of newly trained language in children. *Behavior Modification*, **4**, 361-382.
25) Safran, J. D. & Muran, J. C. (2000). *Negotiating the therapeutic alliance : A relational treatment guide*. New York : Guilford Press.
26) Skinner, B. F. (1991). The non-punitive society（罰なき社会）. 行動分析学研究, **5**, 87-106.
27) Wolpe, J. (1958). *Psychotherapy by reciprocal inhibition*. Stanford, CA : Stanford University Press.
28) 山本淳一, 加藤哲文（1997）. 障害児者のコミュニケーション行動の実現を目指す応用行動分析学入門. 学苑社.

第15章

1) Bach, P. A. & Moran, D. J. (2008a). Mindfulness to clinical work. In P. A. Bach & D. J. Moran, *ACT in practice : Case conceptualization in acceptance & commitment therapy*. New Harbinger Publications. pp.189-202.（酒井美枝〔訳〕〔2009a〕. マインドフルネスを臨床的なワークに取り入れる. 武藤 崇, 吉岡昌子, 石川健介, 熊野宏昭〔監訳〕. ACT〔アクセプタンス＆コミットメント・セラピー〕を実践する. 星和書店, pp.319-344.）
2) Bach, P. A. & Moran, D. J. (2008b). Creative hopelessness : When the solution is the problem. In P. A. Bach & D. J. Moran, *ACT in practice : Case conceptualization in acceptance & commitment therapy*. New Harbinger Publications. pp.175-188.（酒井美枝〔訳〕〔2009b〕.「絶望から始めよう」：「解決策」が問題である場合. 武藤 崇, 吉岡昌子, 石川健介, 熊野宏昭〔監訳〕. ACT〔アクセプタンス＆コミットメント・セラピー〕を実践する. 星和書店, pp.295-318.）
3) Baer, R. A. (2003). Mindfulness training as a clinical intervention : A conceptual and empirical review. *Clinical Psychology : Science and Practice*, **10**, 125-143.
4) Craigie, M. A., Rees, C. S., Marsh, A., & Nathan, P. (2008). Mindfulness-based cognitive therapy for generalized anxiety disorder : A preliminary

evaluation. *Behavioural and Cognitive Psychotherapy*, **36**, 553-568.
5) Crane, R. (2008). *Mindfulness-based cognitive therapy*. London and New York：Routledge.
6) Hayes, S. C. (2004). Acceptance and commitment therapy, rationale frame theory, and the third wave of behavioral and cognitive therapies. *Behavior Therapy*, **35**, 639-665.
7) Hayes, S. C. (2008). Climbing our hills：A beginning conversation on the comparison on acceptance and commitment therapy and traditional cognitive behavioral therapy. *Clinical Psychology：Science and Practice*, **15**, 286-295.
8) Hayes, S. C., Follette, V. M., & Linehan, M. M. (2004). *Mindfulness and acceptance：Expanding the cognitive-behavioral tradition*. New York：Guilford Press.
9) Hayes, S. C., Luoma, J. B. Bond, F. W., Masuda, A., & Lillis, J. (2006). Acceptance and commitment therapy：Model, processes and outcomes. *Behaviour Research and Therapy*, **44**, 1-25.
10) Hayes S. C., Strosahl, K. D., & Wilson, K. G. (1999). *Acceptance and commitment therapy：An experiential approach to behavior change*. New York：Guilford Press.
11) 伊藤義徳（2006）．感情と認知行動療法．北村英哉，木村　晴（編）．感情研究の新展開．ナカニシヤ出版，pp.263-278.
12) 伊藤義徳，長谷川晃，甲田宗良（2010）．うつ病の異常心理学―再発予防とマインドフルネス認知療法の観点から．感情心理学研究，**18**, 51-63.
13) Kabat-Zinn, J. (1990). *Full catastrophe living：Using the wisdom of your body and mind to face stress, pain, and illness*. New York：Delacorte.
14) Kabat-Zinn, J. (1994). *Wherever you go, there you are：Mindfulness meditation in everyday life*. New York：Hyperion.
15) 熊野宏昭（2009）．二十一世紀の自分探しプロジェクト―キャラの檻から出て，街に出かけよう．サンガ新書．
16) Linehan, M. M. (1993). *Cognitive-behavioral treatment of borderline personality disorder*. New York：Guilford Press.（大野　裕〔監訳〕．境界性パーソナリティ障害の弁証法的行動療法．誠信書房．）
17) Ma, S. H. & Teasdale, J. D. (2004). Mindfulness-based cognitive therapy for depression：replication and exploration of differential relapse prevention effects. *Journal of Consulting and Clinical Psychology*, **72**, 31-40.
18) 武藤　崇，増田暁彦（2006）．ACT手続きの概要．武藤　崇（編著）．アクセプタンス＆コミットメント・セラピーの文脈―臨床行動分析におけるマインドフルな展開―．ブレーン出版，pp.119-136.

19) 武藤　崇 (2010). マインドフルネス・ブームが去った後に何が残るのか―私たちの"creative hopelessness". 不安障害研究, 2, 57-59.
20) Nolen-Hoeksema, S. (1991). Responses to depression and their effects on the duration of depressive episodes. *Journal of Abnormal Psychology*, **100**, 569-582.
21) Rachman, S. J. (1996). Salkovskis, P. M. (Eds.) *Trends in cognitive behavioral therapie.* (岩本隆茂〔訳〕〔1998〕. 認知療法と行動療法の動向. 坂野雄二, 岩本隆茂〔監訳〕. 認知行動療法. 金子書房, pp.1-32.)
22) Segal, Z. V., Teasdale, J. D., & Williams, J. M. G. (2004). Mindfulness-based cognitive therapy : theoretical rationale and empirical status. In S. C. Hayes, V. M. Follette, & M. M. Linehan (Eds.) *Mindfulness & Acceptance : Expanding the cognitive-behavioral tradition.* New York : Guilford Press. pp.45-65. (伊藤義徳〔訳〕〔2005〕. マインドフルネス認知療法　その理論と実証的研究. 春木　豊〔監修〕, 武藤　崇, 杉浦義典, 伊藤義徳〔監訳〕. マインドフルネス&アクセプタンス―認知行動療法の新次元―. ブレーン出版, pp.69-96.)
23) Segal, Z. V., Williams, J. M. G., & Teasdale, J. D. (2002). Mindfulness-based cognitive therapy for depression : A new approach to preventing relapse. New York : Guilford Press. (越川房子〔監訳〕〔2007〕. マインドフルネス認知療法―うつ病を予防する新しいアプローチ. 北大路書房.)
24) Segal, Z. V., Williams, J. M. G., & Teasdale, J. D. (2002). *Mindfulness-based cognitive therapy for depression : A new approach to preventing relapse.* New York : Guilford Press. (菅村玄二〔2007〕. 補遺　マインドフルネス心理療法と仏教心理学. 越川房子〔監訳〕. マインドフルネス認知療法―うつ病を予防する新しいアプローチ. 北大路書房.)
25) Teasdale, J. D. (1988). Cognitive vulnerability to persistent depression. *Cognition & Emotion*, **2**, 247-274.
26) Teasdale, J. D. (1999). Emotional processing, three modes of mind and the prevention of relapse in depression. *Behavior Research and Therapy*, **37**, 53-77.
27) Teasdale, J. D. & Barnard, P. J. (1993). *Affect, cognition, and change : Re-modelling depressive thought.* Hove and New York : Psychology Press.
28) Teasdale, J. D., Moore, R. G., Hayhurst, H., Pope, M., Williams, S., & Segal, Z. V. (2002). Metacognitive awareness and prevention of relapse in depression : Empirical evidence. *Journal of Consulting and Clinical Psychology*, **70**, 275-287.
29) Teasdale, J. D., Segal, Z. V., & Williams, J. M. G. (1995). How does cognitive therapy prevent depressive relapse and why should attentional

control (mindfulness) training help? *Behavior Research and Therapy*, **33**, 25-39.
30) Teasdale, J. D., Williams, J. M., Soulsby, J. M., Segal, Z. V., Ridgeway, V. A., & Lau, M. A. (2000). Prevention of relapse/recurrence in major depression by mindfulness-based cognitive therapy. *Journal of Consulting and Clinical Psychology*, **68**, 615-623.
31) Williams, J. M. G., Duggan, D. S., Crane, C., & Fennell, M. J. V. (2006). Mindfulness-based cognitive therapy for prevention of recurrence of suicidal behavior. *Journal of Clinical Psychology*, **62**, 201-210.

第16章

1) Hayes, S. C. (2004). Acceptance and commitment therapy, relational frame theory, and the third wave of behavioral and cognitive therapies. *Behavior Therapy*, **35**, 639-665.
2) Hayes, S. C., Barnes-Holmes, D., & Roche, B. (2001). *Relational frame theory : A post-Skinnerian account of human language and cognition*. New York : Plenum Press.
3) Hayes, S. C., Follette, V. M., & Linehan, M. M. (2004). *Mindfulness and acceptance : Expanding the cognitive behavioral tradition*. New York : Guilford Press. (春木 豊〔監修〕, 武藤 崇, 伊藤義徳, 杉浦義典〔監訳〕〔2005〕. マインドフルネス&アクセプタンス―認知行動療法の新次元―. ブレーン出版.)
4) Hayes, S. C. & Smith, S. (2005). *Get out of your mind and intro your life*. New York : New Harbinger Publications.
5) Hayes, S. C., Strosahl, K. D., & Wilson, K. G. (1999). *Acceptance and commitment therapy : An experiential approach to behavior change*. New York : Guilford Press.
6) 市川光洋 (2005). 外来療法III：社会恐怖・対人恐怖. 北西憲二, 中村 敬 (編). 森田療法. ミネルヴァ書房, pp.215-227.
7) 岩井 寛 (1986). 森田療法. 講談社.
8) 岩井 寛, 阿部 亭 (1975). 森田療法の理論と実際. 金剛出版.
9) 北西憲二 (1998). 実践・森田療法：悩みを活かす生き方. 講談社.
10) 北西憲二 (2005a). 森田療法の歴史. 北西憲二, 中村 敬 (編). 森田療法. ミネルヴァ書房, pp.3-19.
11) 北西憲二 (2005b). 森田療法の基本的理論. 北西憲二, 中村 敬 (編). 森田療法. ミネルヴァ書房, pp.20-39.
12) 北西憲二, 中村 敬 (編) (2005). 森田療法. ミネルヴァ書房.
13) Kohlenberg, R. J. & Tsai, M. (1991). *Functional analytic psychotherapy :*

Creating intense and curative therapeutic relationships. New York：Plenum.（大河内浩人〔監訳〕〔印刷中〕．機能分析心理療法．金剛出版．）
14）久保田幹子（2005）．外来森田療法Ⅳ：強迫性障害．北西憲二，中村　敬（編）．森田療法．ミネルヴァ書房，pp.230-245.
15）黒木俊秀（2005）．入院療法Ⅰ：森田療法原法の実際．北西憲二，中村　敬（編）．森田療法．ミネルヴァ書房，pp.72-87.
16）森田正馬（1960）．神経質の本態と療法．白揚社．
17）森田正馬（1995）．精神衰弱と強迫観念の根治法（新版）．白揚社．
18）中村　敬（2005）．森田療法における診断と治療面接の進め方．北西憲二，中村　敬（編）．森田療法．ミネルヴァ書房，pp.40-53.
19）高良武久（1976）．森田療法のすすめ．白揚社．
20）立松一徳（2005）．外来療法．北西憲二，中村　敬（編）．森田療法．ミネルヴァ書房，pp.99-126.
21）舘野　歩，中村　敬（2005）．入院治療Ⅱ：第三病院方式．北西憲二，中村　敬（編）．森田療法．ミネルヴァ書房，pp.88-98.

第17章

1）Ginsburg, J. I. D. (2001). Using motivational interviewing to enhance treatment readiness in offenders with symptoms of alcohol dependence. *Dissertation Abstracts International : Section B : The Sciences and Engineering* (Vol. 61). US：Univ Microfilms International, p.4404.
2）Handmaker, N. S., Miller, W. R., & Manicke, M. (1999). Findings of a pilot study of motivational interviewing with pregnant drinkers. *Journal of Studies on Alcohol* (Vol. 60). US：Alcohol Research Documentation, pp.285-287.
3）Hayes, S. C. & Wilson, K. G. (1994). Acceptance and commitment therapy：Altering the verbal support for experiential avoidance. *Behavior Analyst* (Vol.17). US：Assh for Behavior Analysis, pp.289-303.
4）Hettema, J., Steele, J., & Miller, W. R. (2005). Motivational interviewing. *Annual Review of Clinical Psychology*, **1** (1), 91-111.
5）Miller, W. R. (1983). Motivational interviewing with problem drinkers. *Behavioural Psychotherapy* (Vol. 11). US：Cambridge Univ Press, pp.147-172.
6）Miller, W. R. & Joyce, M. A. (1979). Prediction of abstinence, controlled drinking, and heavy drinking outcomes following behavioral self-control training. *J Consult Clin Psychol*, **47** (4), 773-775.
7）Miller, W. R. & Rollnick, S. (1991). *Motivational interviewing*：*Preparing people to change addictive behavior*. New York：Guilford Press, pp.xvii,

348.
8) Miller, W. R., & Rollnick, S. (2002). *Motivational interviewing : Preparing people for change (2nd ed.)*. New York : Guilford Press, pp.xx, 428.
9) Miller, W. R. & Rollnick, S. (2004). Talking oneself into change : Motivational interviewing, stages of change, and therapeutic process. *Journal of Cognitive Psychotherapy*, **18** (4), 299-308.
10) Moyers, T., Martin, T., Catley, D., Harris, K. J., & Ahluwalia, J. S. (2003). Assessing the integrity of motivational interviewing interventions : Reliability of the motivational interviewing skills code. *Behavioural and Cognitive Psychotherapy*, **31** (2), 177-184.
11) Obert, J. L., McCann, M. J., Marinelli-Casey, P., Weiner, A., Minsky, S., Brethen, P. et al. (2000). The matrix model of outpatient stimulant abuse treatment : history and description. *J Psychoactive Drugs*, **32** (2), 157-164.
12) Rubak, S., Sandbaek, A., Lauritzen, T., & Christensen, B. (2005). Motivational interviewing : a systematic review and meta-analysis. *Br J Gen Pract*, **55** (513), 305-312.
13) Truax, C. B. (1966). Reinforcement and non-reinforcement in Rogerian psychotherapy. *Journal of Abnormal Psychology*, **71**, 1-9.

第18章

1) Austin, J. L. (1962). *Sense and sensibilia*. Oxford : Oxford University Press. （丹治信春，守屋唱進〔訳〕．知覚の言語：センスとセンシビリア．勁草書房．）
2) 福盛英明，森川友子（2005）．マンガで学ぶフォーカシング入門：からだをとおして自分の気持ちに気づく方法．誠信書房．
3) Gendlin, E. T. (1996). *Focusing-oriented psychotherapy : A manual of the experiential method*. New York : Guiford Press. （村瀬孝雄，池見 陽，日笠摩子〔監訳〕〔1998〕．フォーカシング指向心理療法(上)：体験過程を促す聴き方．金剛出版／村瀬孝雄，池見 陽，日笠摩子〔監訳〕〔1999〕．フォーカシング指向心理療法(下)：心理療法の統合のために．金剛出版．）
4) ジェンドリン E. T., 池見 陽（1999）．セラピープロセスの小さな一歩：フォーカシングからの人間理解．金剛出版．
5) Hayes, S. C., Luoma, J. B., Bond, F. W., Masuda, A., & Lillis, J. (2006). Acceptance and commitment therapy : Model, processes and outcomes. *Behavior Research and Therapy*, **44**, 1-25.
6) Hayes, S. C., Strosahl, K. D., & Wilson, K. G. (1999). *Acceptance and commitment therapy : An experiential approach to behavior change*. New York : Guiford Press.

7) 池見　陽 (1997). フォーカシング：創造性の根源. 池見　陽（編）. フォーカシングへの誘い：個人的成長と臨床に生かす「心の実感」. サイエンス社.
8) Levin, E. D. (1997). *Language beyond postmodernism : Saying and thinking in Gendlin's philosophy*. Evanston, IL : Northwestern University Press.
9) 増田暁彦 (2006). ACT セラピストができるまで：治療家トレーニング. 立命館大学オープン・リサーチ・センター整備事業（臨床人間科学の構築—対人援助のための人間環境研究）シンポジウム「連携と融合を可能とするものは何か？—行動をめぐる QOL 拡大のために—」.（発表資料）
10) 武藤　崇, 高橋　稔 (2002). Acceptance and commitment therapy における Acceptance という語の機能とは何か—"Acceptance"に対する内容分析・機能分析—. 日本行動療法学会第 28 回大会発表論文集, pp.154-155.
11) Skinner, B. F. (1953). *Science and human behavior*. New York : The Free Press.
12) 高橋　稔, 武藤　崇, 多田昌代, 杉山雅彦 (2002). 痛み耐性の増大に及ぼす Acceptance rationale の効果—Acceptance エクササイズと FEAR エクササイズの比較—. 行動療法研究, **28**, 35-46.

編者あとがき

　3月11日，作業予定が半年以上遅れてしまっていた本書の編集をしていたちょうどその時,「それ」が起こりました。その知らせは，関東に在住している知人からのメールでした。

　当初，この「あとがき」では，2006年にアクセプタンス＆コミットメント・セラピー（ACT）に関する日本オリジナルな専門書が公刊されてから5年が経過し，その5年の間で，日本におけるACTに「劇的な」出来事が連続して起きた（いろいろな偶然や幸運も含めて）ことを感慨深く振り返るつもりでいました。しかし，3月11日に，千年に一度と言われるほどの「劇的な」惨事が生じてしまった，今となっては，そのような5年はあまりに「取るに足らない」こととなってしまいました。

　人は，あまりに「劇的な」惨事に遭遇すると，自らの「文脈」を簡単に失ってしまう，ということを何かで読んだことがあります。まさに，そのような感覚を今，実感しています。しかし，そうならないためにも「今，私のできることは何か」を考えなくてはなりません。少なくとも，私自身は，「ACTを生きる」ことに徹していくことであると考えています。

　この「あとがき」が，あまりに「取るに足らない」ものになる日が一日でも早く来ることを祈りつつ，少しでも，ACTが誰かのお役に立てることを願ってやみません。

　最後に，本書の刊行にあたり，迅速かつ丁寧な編集・校正作業をしてくださった星和書店編集部の桜岡さおり氏に感謝を申し上げます。ありがとうございました。

2011年3月22日の「コミットメント」として
武藤　崇

著者一覧 （五十音順）

伊藤義徳（いとう よしのり）　琉球大学教育学部生涯教育課程　准教授
　（第 15 章共著）

大月　友（おおつき とむ）　早稲田大学人間科学学術院　専任講師
　（第 3 章共著，第 10 章共著）

木下奈緒子（きのした なおこ）　同志社大学大学院心理学研究科　博士後期課程
　（第 3 章共著，第 9 章，第 10 章共著）

熊野宏昭（くまの ひろあき）　早稲田大学人間科学学術院　教授
　（第 13 章）

酒井美枝（さかい みえ）　同志社大学大学院心理学研究科　博士後期課程
　（第 15 章共著）

髙橋　稔（たかはし みのる）　目白大学人間学部心理カウンセリング学科　准教授
　（第 12 章）

田中善大（たなか よしひろ）　関西学院大学大学院文学研究科　大学院研究員
　（第 4 章）

原井宏明（はらい ひろあき）　医療法人和楽会なごやメンタルクリニック　院長
　（第 17 章）

MASUDA, Akihiko（増田暁彦）　Georgia State University　Assistant professor
　（第 6 章共著，第 7 章共著，第 16 章）

松本明生（まつもと あきお）　北里大学獣医畜産学部　助教
　（第 14 章共著）

三田村仰（みたむら たかし）　同志社大学心理学部心理臨床センター　相談員
　（第 11 章）

武藤　崇（むとう たかし）　編者略歴参照
　（第 1 章，第 2 章，第 5 章，第 6 章共著，第 7 章共著，第 14 章共著，第 15 章共著，第 18 章）

吉岡昌子（よしおか まさこ）　愛知大学文学部　助教
　（第 8 章）

■編者略歴

武藤　崇（むとう　たかし）　同志社大学心理学部心理学科 教授
埼玉県生まれ。臨床心理士。
1992年筑波大学第二学群人間学類を卒業，1998年に筑波大学大学院心身障害学研究科修了（博士〔心身障害学〕；筑波大学）。
1998年に筑波大学心身障害学系の技官・助手を経て，2001年4月から2010年3月まで立命館大学文学部准教授，2010年4月より現職。
著書・訳書に，『認知行動療法家のためのACTガイドブック』（共訳，星和書店，2011），『対人援助学の可能性』（共編著，福村書店，2010），『ACT（アクセプタンス＆コミットメント・セラピー）をはじめる』（共訳，星和書店，2010），『臨床行動分析のABC』（共監訳，日本評論社，2009），『行動分析』（共編著，ミネルヴァ書房，2007）などがある。

ACT（アクセプタンス＆コミットメント・セラピー）ハンドブック
臨床行動分析によるマインドフルなアプローチ

2011年9月13日　初版第1刷発行

編　者　武藤　崇
発行者　石澤雄司
発行所　㈱星和書店
　　　　〒168-0074　東京都杉並区上高井戸1-2-5
　　　　電話　03（3329）0031（営業部）／03（3329）0033（編集部）
　　　　FAX　03（5374）7186（営業部）／03（5374）7185（編集部）
　　　　http://www.seiwa-pb.co.jp

© 2011　星和書店　　Printed in Japan　　ISBN978-4-7911-0785-8

- 本書に掲載する著作物の複製権・翻訳権・上映権・譲渡権・公衆送信権（送信可能化権を含む）は㈱星和書店が保有します。
- JCOPY　〈(社)出版者著作権管理機構 委託出版物〉
　本書の無断複写は著作権法上での例外を除き禁じられています。複写される場合は，そのつど事前に(社)出版者著作権管理機構（電話 03-3513-6969,
　FAX 03-3513-6979, e-mail: info@jcopy.or.jp）の許諾を得てください。

ACT(アクセプタンス&コミットメント・セラピー)をはじめる

セルフヘルプのためのワークブック

[著] スティーブン・C・ヘイズ、スペンサー・スミス
[訳] 武藤 崇、原井宏明、吉岡昌子、岡嶋美代
B5判　344頁　本体価格 2,400円

アクセプタンス&コミットメント・セラピーは、最新の科学的な心理療法。苦悩は、避けられないもの。苦悩を避けようとかコントロールしようとすることが、さらなる苦悩の原因となる。ACTは、苦悩のように個人のコントロールの出来ないものをアクセプト(受け入れ)し、自分の求める生き方を自覚し、生活を豊かにする方法を提供する。本書は、楽しくエクササイズを行いながらその方法を身につけられる、セルフヘルプのためのワークブックである。

ACT(アクセプタンス&コミットメント・セラピー)を実践する

機能的なケース・フォーミュレーションにもとづく臨床行動分析的アプローチ

[著] パトリシア・A・バッハ、ダニエル・J・モラン
[監訳] 武藤 崇、吉岡昌子、石川健介、熊野宏昭
A5判　568頁　本体価格 4,500円

本書は、ACTを実施するうえで必要となるケース・フォーミュレーションを主として解説する。ACTを、個々の治療に生かしていく方法を探求し具体的に説明する。体験の回避によって特徴づけられるような、さまざまな臨床上の問題に対して、どのようにケースを概念化していくか、ACTを実施していくか、ということを、詳細な事例を具体的に説明し、記述しながら、行っていく。また、本書は、行動を見るための新鮮な方法も紹介する。

発行：星和書店　http://www.seiwa-pb.co.jp　価格は本体(税別)です

ACT（アクセプタンス＆コミットメント・セラピー）をまなぶ
セラピストのための機能的な臨床スキル・トレーニング・マニュアル

［著］J・B・ルオマ、S・C・ヘイズ、R・D・ウォルサー
［監訳］熊野宏昭、高橋 史、武藤 崇

A5判　628頁　本体価格 3,500円

ACTは、関係フレーム理論から情報を得て、言語がどのように機能し、それが人間の苦しみや悲惨さの増大につながっていくのかを探究している。ACTでは、個人の行動とその行動が起こる文脈に焦点を置く。クライエントが言語に縛られず、心理的柔軟性をもって価値に基づいた生活を送れるようにアクティブに働きかける。本書は、豊富な事例を含む解説や実践エクササイズで、ACT臨床家として必要な姿勢や技法を身につけることができる。

『ACT（アクセプタンス＆コミットメント・セラピー）をまなぶ』学習用DVD
ACTをみる：エキスパートによる面接の実際

J・B・ルオマ、S・C・ヘイズ、R・D・ウォルサー
［監訳］熊野宏昭、高橋 史、武藤 崇

A5判　箱入り　DVD1枚　収録時間：約2時間7分
［A5判付属テキスト］104頁　本体価格 6,000円

『ACT（アクセプタンス & コミットメント・セラピー）をまなぶ』の学習用DVD。『ACTをまなぶ』の中のコア・コンピテンシーの主要なものを取り上げ、セラピストとクライエントの面接をロールプレイで紹介する。そのセラピストのやり方がACTに合致しているか、そうでないかを判断し、丁寧に確認しながら進めていくため、まさにACTの生きた体験学習が可能になる。スクリプトのすべてを掲載した**読みやすい日本語テキスト付き**。

発行：星和書店　http://www.seiwa-pb.co.jp　価格は本体（税別）です

認知行動療法家のための
ACT（アクセプタンス&コミットメント・セラピー）ガイドブック

［著］ジョセフ・V・チャロッキ、アン・ベイリー
［監訳］武藤 崇、嶋田洋徳
［訳］武藤 崇、嶋田洋徳、黒澤麻美、佐藤美奈子
A5判　300頁　本体価格 3,200円

認知行動療法家は、すでにACTの技法を知っているし、その技法を使ってさえいる。本書は、新時代のCBTのための完全利用ガイドである。認知行動療法家がすでに身につけてきた技法を新しい"臨床のOS"上で実際に"動かして"みる。そうすれば、ACTの哲学や理論がスルスルと理解できるようになるだろう。

行動分析学研究
アンソロジー 2010

［編］日本行動分析学会
［責任編集］藤 健一、望月 昭、武藤 崇、青山謙二郎
B5判　320頁　本体価格 3,500円

日本行動分析学会創立30周年を記念して刊行された。日本行動分析学会の学会誌「行動分析学研究」から珠玉の論文21編を集め、新たに論文へのコメントを追加した。行動分析学初学者の「行動分析学的な研究とはどのようなものか」という問いに具体的に答えるために編纂された一冊である。テーマは哲学、理論、基礎実験、応用実験、実践と多岐にわたる。

発行：星和書店　http://www.seiwa-pb.co.jp　価格は本体（税別）です